## Herausgeber

Prof. Dr. Georg Maas

Prof. Dr. Ines Mainz

## Autoren

Prof. Rayan Abdullah, Leipzig

Prof. Dr. Barbara Alge, Rostock

Dr. Jens Arndt, Halle (Saale)

Dr. Stefan Auerswald, Droyßig

Dr. Dorothee Barth, Hamburg

Margrit Bethin, Halle (Saale)

Prof. Dr. Reinhard C. Böhle, Flensburg

Dr. Axel Brunner, Potsdam

Prof. Dr. Georg Maas, Halle (Saale)

Prof. Dr. Ines Mainz, Leipzig

Kaspar Mainz, Leipzig

Linda Rudolf, Bernburg

Susan Störel, Leipzig

Sascha Paul Stratmann, Leipzig

Julia Veigel, Leipzig

# DREIKLANG

## 7/8

Musikbuch für den Unterricht
an allgemeinbildenden Schulen

# Inhaltsverzeichnis

**Ouvertüre**
8 Musik bewegt
10 Mitspielmusik
12 Tanz-Training
14 Hip-Hop-Tanz
16 Die Stimme
18 Musik und wir
20 Musik als Beruf oder Hobby
21 Gehörschäden
22 Fermate ⌢

**Rock- und Popmusik**
26 Stile und Sounds
28 Rockinstrumente
32 Jugendliche Rebellion – Rock 'n' Roll
34 Beatles-Songs als Lebensgefühl
36 Bad Boys – The Rolling Stones
37 Gitarrenvirtuosen
38 Eine musikalische Glitzerwelt – Disco
39 ABBA
40 Hardrock und Heavy Metal
41 Punkrock
42 Deutschsprachige Rockmusik – Aus Ost und West
44 Elektronische Musik – Techno/Hip-Hop
45 Hip-Hop – Made in Germany
48 Idole und Images – Madonna und Michael Jackson
50 Musikvideos – Mit den Augen hören
52 Fermate ⌢

**Jazztime**
56 Die Wurzeln des Jazz
58 Der Blues
60 Jazz-Stimmen
62 Jazz instrumental
64 Fermate ⌢

**Lieder zum Nachdenken**
68 Wenn Worte nicht mehr ausreichen
72 Träume, Wünsche, Hoffnungen
74 Nationalhymnen
76 Politische Trugbilder
78 Lieder und Politik
80 Schlager
82 Fermate ⌢

**Musik ohne Grenzen**
86 Orient – Arabische Musik
88 Afrika – Ghana
90 Südostasien – Indonesien
92 Südamerika – Peru
94 Fermate ⌢

**Musik und Szene**
98 Eine Inszenierung entsteht
100 *Der Freischütz* von Carl Maria von Weber
104 *Romeo und Julia* von Sergej Prokofjew
106 *West Side Story* von Leonard Bernstein
110 *Grease* – ein Filmmusical
112 Fermate ⌢

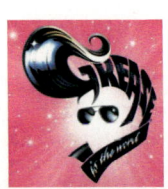

**Hören mit Programm**
116 Winterimpressionen – *Der Winter* aus den *Vier Jahreszeiten* von Antonio Vivaldi
120 Ein bewegtes Leben – *Peer Gynt* von Edvard Grieg
124 Nachtszenen – *Danse macabre* von Camille Saint-Saëns, *Eine Nacht auf dem kahlen Berge* von Modest Mussorgski
126 Angstvisionen – *Der Untergang des Hauses Usher* von Edgar Allan Poe, Claude Debussy und dem Alan Parsons Project
130 Fermate ⌢

## Musikgeschichte(n)

- 134 Barock in England – *Feuerwerksmusik* von Georg Friedrich Händel
- 138 Barock in Deutschland – *Weihnachtsoratorium* von Johann Sebastian Bach
- 142 Barock in Frankreich – *Persée* von Jean-Baptiste Lully
- 144 Wiener Klassik – *Sinfonie Nr. 39 in g-Moll* von Joseph Haydn
- 146 Wiener Klassik – *Klarinettenkonzert in A-Dur* von Wolfgang A. Mozart
- 148 Wiener Klassik – *Klaviersonate Nr. 8 in c-Moll* von Ludwig van Beethoven
- 150 Virtuosentum in der Romantik – *Caprice in a-Moll für Violine solo* von Niccolò Paganini
- 152 Von der Romantik ins 21. Jahrhundert
- 154 Fermate ⌒

## Aufforderung zum Tanz

- 158 Tanzbegegnungen
- 160 Tanzrevolte
- 162 Amerikanische Tänze Ende des 19. Jahrhunderts
- 164 Bürgerliche Tänze der Klassik
- 166 Höfische Tanzformen der Renaissance
- 168 Fermate ⌒

## Musik und Medien

- 172 Klangbilder hören, aufzeichnen und gestalten
- 174 Musik festhalten und wiedergeben
- 176 Der Computer als Tonstudio
- 178 Hörspiele – Mit den Ohren sehen
- 180 Filmmusik
- 184 Musik im Fernsehen
- 186 Fermate ⌒

## Musiklabor

- 190 Rhythmus in der Rock- und Popmusik
- 191 Taktarten und Taktwechsel
- 192 Synkopen
- 193 Triolen
- 194 Fermate ⌒
- 196 Kadenz in Dur
- 197 Dreiklänge und ihre Umkehrungen
- 198 Molltonleitern
- 199 Kadenz in Moll
- 200 Dorisch
- 202 Fermate ⌒
- 204 Intervalle
- 206 Quintverwandtschaften
- 207 Quintenzirkel-Training
- 208 Fermate ⌒
- 210 Komponieren
- 212 Improvisieren
- 214 Fermate ⌒

## Lieder, Spielstücke und Tänze

- 218 Du, ich und wir
- 234 Aus aller Welt
- 246 Durch Tag und Jahr

## Biografische Skizzen

- 258 Johann Sebastian Bach
- 259 Georg Friedrich Händel
- 260 Wolfgang A. Mozart
- 261 Ludwig van Beethoven
- 262 Niccolò Paganini
- 263 Carl Maria von Weber
- 264 Claude Debussy
- 265 Leonard Bernstein
- 266 The Beatles
- 267 Michael Jackson

- 268 Musiklexikon

## Anhang

- 274 Sachwortverzeichnis
- 277 Personenverzeichnis
- 279 Lieder, Spielstücke und Tänze (nach Kapiteln)
- 280 Lieder, Spielstücke und Tänze (alphabetisch)
- 282 Hörbeispielverzeichnis
- 286 Bildverzeichnis
- 287 Zwischentitel, Illustrationen, Quellenverzeichnis
- 288 Impressum

# Ouvertüre

# Musik bewegt

> Ich liebe die Musik fanatisch. Ich kann nicht einen Tag leben, ohne Musik zu hören, ohne Musik zu spielen, mit Musik zu arbeiten, über sie nachzudenken. Und all dies ist unabhängig von meinem Beruf als Musiker. Ich bin ein „Fan". *Leonard Bernstein*

**▶ 1** *Und wie geht es euch mit der Musik?*

Musik der Gegenwart wie der Vergangenheit, unserer direkten Umgebung und verschiedener Länder ist Inhalt eures Musikunterrichts.

**▶ 2** *Hört euch die Musikausschnitte aus unterschiedlichen Bereichen an, die euch im Musikunterricht begegnen werden. Welche Bilder rufen sie in euch hervor?*
VI | 36, 44, 47, 50, 72, 75, 82

**▶ 3** *Lernt euer Schülerbuch, den „Dreiklang", besser kennen, indem ihr euch in Partner- oder Gruppenarbeit Fragen ausdenkt, die eure Mitschüler mithilfe des Buchs beantworten müssen (zu den Kapitelthemen, den Fermate-Seiten, den Instrumentensymbolen, dem Musiklexikon usw.).*

*Let's Play!*  
Jens Arndt, Ines Mainz

Rhythmusostinato

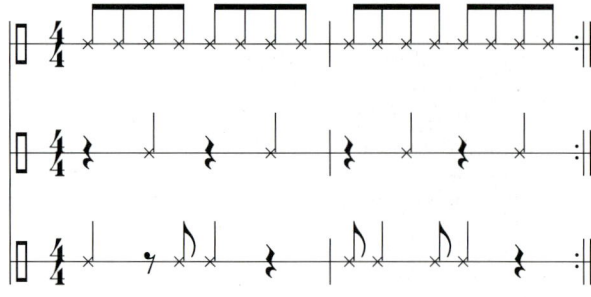

**▶ 4** *Musiziert gemeinsam „Let's Play!".*
a) *Wählt geeignete Gegenstände (Stühle, Tische, Tafel usw.) für das Rhythmusostinato. Achtet auf den Einsatz der Stimmen und spielt zur Musik.* I|1
b) *Erarbeitet erst in Stimmgruppen die Melodie, Begleitung und Bassstimme. Musiziert dann zusammen.*
c) *Ihr könnt auch den Melodieverlauf und den Rhythmus verändern. Ein Dirigent gibt die Stimmeinsätze.*

## Musizieren mit Rhythmusinstrumenten

Cabasa (Kettenrassel)
Cajón
Cowbell (Kuhglocke)
Maracas (Kugelrassel)
Agogo
Djembé
Holzblocktrommel
Tamburin (Handtrommel)
Claves (Klanghölzer)
Pandero (Schellentrommel)

**》► 5** *Welche der abgebildeten Instrumente gibt es bei euch? Unterscheidet die Selbstklinger von den Fellklingern.*

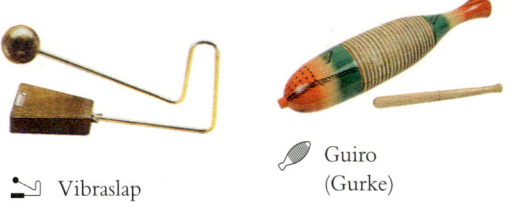

Vibraslap
Guiro (Gurke)

Bongos

Congas

**》► 6** *Begleitet den Song „Earth Intruders" (2007) von Björk mit geeigneten Rhythmusinstrumenten und den folgenden Rhythmen.* 1|2

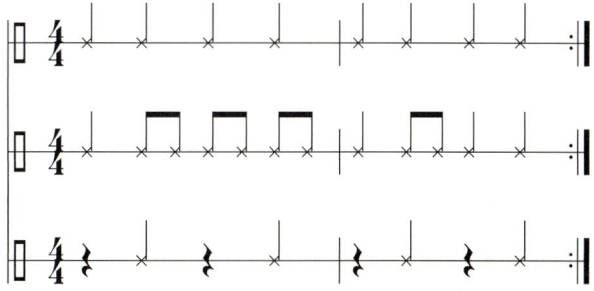

Wie im gesamten „Dreiklang", so auch im Kapitel „Lieder, Spielstücke und Tänze", findet ihr viele Musizierangebote, die sich mit den oben genannten Instrumenten begleiten lassen. ↗ S. 216–257

# Mitspielmusik

**Johann Strauß**   *Tritsch-Tratsch-Polka*

Neujahrskonzert der Wiener Philharmoniker im Großen Musikvereinssaal in Wien

Einleitung ( ———•———•——— )

Polka                                                                                  Mitspielpartitur: Arnold Reusch

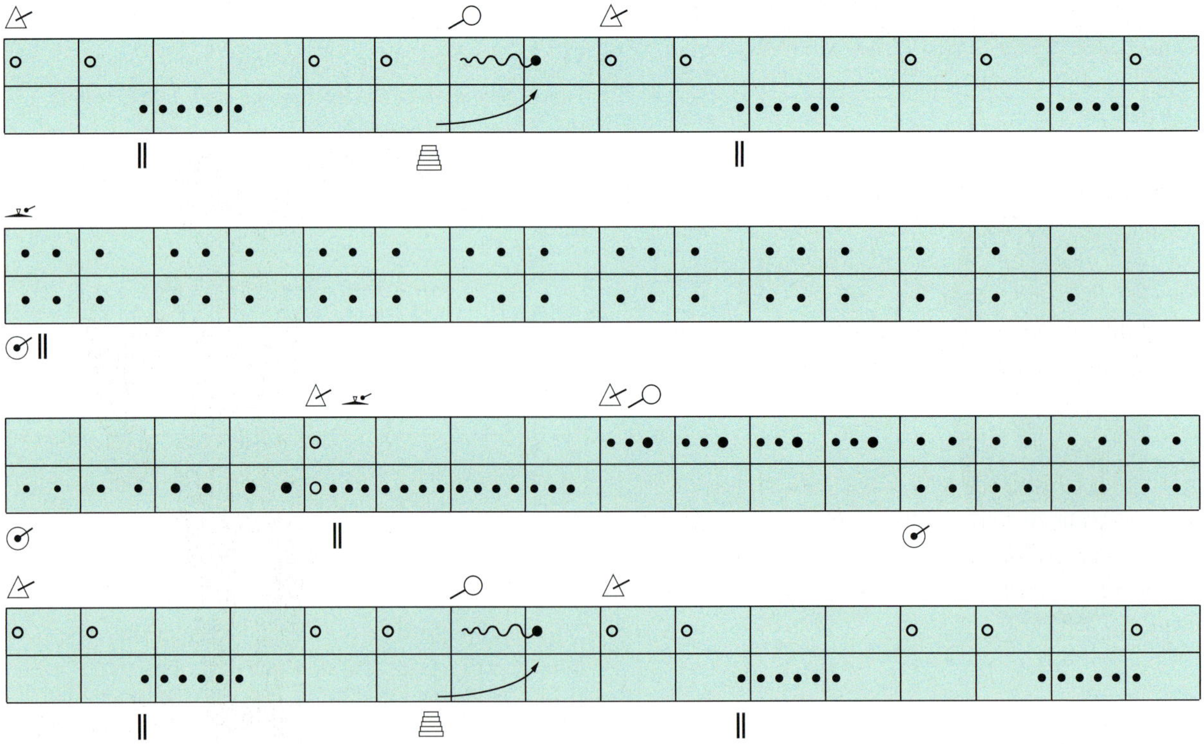

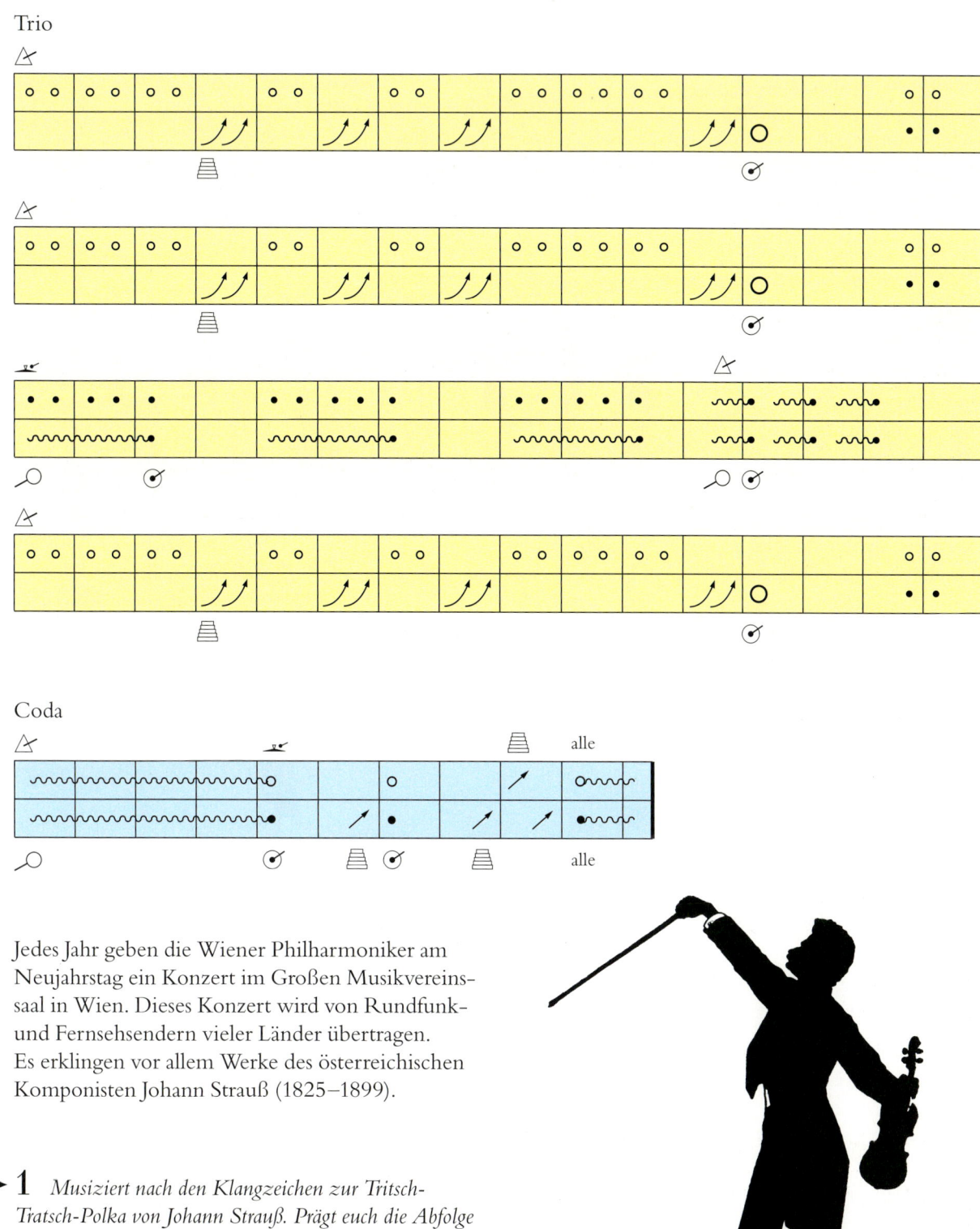

Jedes Jahr geben die Wiener Philharmoniker am Neujahrstag ein Konzert im Großen Musikvereinssaal in Wien. Dieses Konzert wird von Rundfunk- und Fernsehsendern vieler Länder übertragen. Es erklingen vor allem Werke des österreichischen Komponisten Johann Strauß (1825–1899).

1 *Musiziert nach den Klangzeichen zur Tritsch-Tratsch-Polka von Johann Strauß. Prägt euch die Abfolge der einzelnen Abschnitte     ein. Achtung: An einer Stelle erklingen als Überleitung nochmals die Einleitungstakte.* 1|3

Johann Strauß
(Scherenschnitt)

# Tanz-Training

**Warm-up**

Wenn man intensiv tanzen möchte, ist es wichtig, seinen Körper darauf vorzubereiten: Die Muskulatur muss erwärmt (*engl.* to warm up) und gedehnt werden, damit bei den Tanzbewegungen keine Verletzungen auftreten. Wichtig ist aber auch eine motivierende und im Tempo geeignete Musik, die den Bewegungsablauf unterstützt.

》▶ **1** *Wählt eine ruhige Begleitmusik und beginnt mit Dehnungsübungen, die jeweils mehrfach nacheinander und sehr langsam ausgeführt werden.*

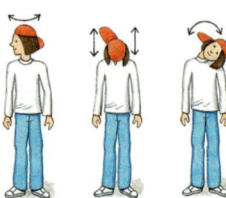

1. Kopf-Isolation
• Kopf abwechselnd nach rechts und links zur Seite drehen
• nach unten und oben neigen
• Ohr zur Schulter bewegen (abwechselnd nach rechts und links)

2. Schulter- und Arm-Isolation
• Schultern abwechselnd heben und fallen lassen
• Schultern vorwärts und rückwärts kreisen
• Arme vorwärts und rückwärts kreisen

3. Abrollen
• Kopf locker hängen lassen
• Oberkörper Wirbel für Wirbel Richtung Boden abrollen, Beine bleiben gestreckt, einen Moment hängen lassen
• Knie beugen und Oberkörper Wirbel für Wirbel aufrollen

4. Waden dehnen
abwechselnd ein Bein lang nach hinten setzen, dabei das vordere Knie beugen und halten

5. Oberschenkel dehnen
mit der Hand den Spann fassen, den Fuß an das Gesäß ziehen und halten

6. Seitbeugen
wechselseitige seitliche Gewichtsverlagerung des Oberkörpers, Gewicht bleibt auf beiden Beinen in der Mitte

》▶ **2** *Nun wird das Übungstempo gesteigert, um die Muskulatur zu erwärmen und den Kreislauf anzuregen. Das Tempo der Musik soll entsprechend schneller sein.*

7. Jogging
• locker am Platz laufen
• die Fersen zum Po
• die Knie heben

8. Trampolin-Sprünge
• von beiden Beinen abspringen
• beim Landen nachfedern
• Sprunghöhe allmählich steigern

》▶ **3** *Findet passende Musik zum Warm-up und denkt euch neue Übungen zum Erwärmen aus.*

# Poptanz

Mit den folgenden Tanzbausteinen lassen sich vielfältige Choreografien zu Popmusik entwickeln. Ihr könnt sie passend zu den Formteilen (siehe rechts) aneinanderreihen, abwandeln oder durch andere euch bekannte Schritte bzw. improvisierte Zwischenteile ergänzen.

Formteile

*Intro* (*engl.* Vorspiel)
*Verse* (*engl.* Strophe)
*Chorus* (*engl.* Refrain)
*Bridge* (*engl.* Überleitung)
*Break* (*engl.* Pause)
*Coda* (*engl.* Nachspiel)

Seitanstellschritt

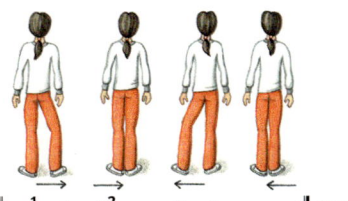

||: re[1] seit – li[2] ran – li seit – re ran :|| (8 ZZ)[3]

1 re: rechts
2 li: links
3 ZZ: Zählzeiten

Kreuzschritt

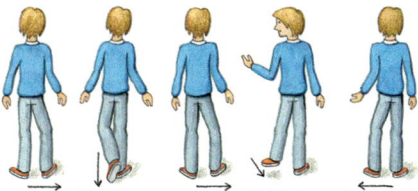

re seit – li hinter – re seit – li kick und zurück (oder Schlusssprung) (8 ZZ)

Step Turn

re seit – ½ Drehung über vorn – ½ Drehung über hinten – li und ran und zurück (8 ZZ)

Diamond Step

||: re vor li – li diagonal zurück – re Bein setzt breit neben li – li vor :|| (8 ZZ)

Kick Ball Change

||: re kickt vorwärts – re zurück – gleichzeitig li heben – li aufstellen :|| (8 ZZ)

)►4 *Erarbeitet die einzelnen Tanzbausteine erst ohne Musik.*

)►5 *In welchem Ablauf erklingen in dem Discohit „YMCA" die oben genannten Formteile? Bestimmt die Länge der Teile und entwickelt eine passende Choreografie dazu. Probiert verschiedene Aufstellungen aus (Formation, Reihe usw.).*
↗ *S. 38*  ◎ I|50

)►6 *Wendet die Tanzbausteine auch auf einen Discohit eurer Wahl an und kombiniert sie mit neuen Elementen.*

# Hip-Hop-Tanz

Zur Hip-Hop-Kultur gehört neben der Musik (Pop, Funk und Hip-Hop), lässiger Kleidung, Graffiti und DJing auch der Tanz. (↗ S. 45 ff.) Der Breakdance kam in den frühen 1970er-Jahren in den USA auf. Was als Straßentanz unter Jugendlichen begann, entwickelte sich zu einer weltweit anerkannten Tanzform, die viel Disziplin, Übung und akrobatische Fähigkeiten der Tänzer einfordert.

Breakdance-Battle

Um herauszufinden, welcher Hip-Hop-Tänzer der beste ist, werden *Battles* (engl. Kämpfe) veranstaltet. Hierzu formiert sich die Gruppe in einem Halbkreis. Nacheinander stellen einzelne Tänzer in der Kreismitte passend zur Musik ihr Können zur Schau. Bevor gewechselt wird, erstarrt der Tänzer für eine kurze Zeit in seiner letzten Position, dem *Freeze* (engl. Einfrieren), dann wird er vom nächsten Tänzer abgelöst. Am Ende gewinnt, wer die schwierigste und waghalsigste *Performance* (engl. Aufführung, Leistung) zeigt.

Bevor man allerdings dieses Niveau erreicht, sollte man mit kurzen Bewegungsabfolgen beginnen. Die folgenden Tanzbausteine steigen in ihrem Schwierigkeitsgrad. Die Beschreibungen klingen vielleicht komplizierter als sie tatsächlich sind.

Tanzbaustein 1

- Schritt re seit und die Arme locker zur Seite werfen
- li Bein hinter dem re Bein kreuzen und die Arme locker vor dem Körper überkreuzen
- Sprung auf dem li Bein, dabei kickt das re Bein zur re Seite und die re Faust wird nach oben geworfen
- Schritt re seit, li Bein hinter dem re Bein kreuzen und die re Faust nach unten werfen
- Wiederholung li Seite

Tanzbaustein 2

- Sprung auf das li Bein, das re Bein kickt nach li diagonal
- Schritt re, Schritt li überkreuzt vor dem re Bein, li Schulter nach vorn
- re Bein Schritt seit nach hinten, li Bein ransetzen, dabei die Arme zur Seite wegstrecken und wieder zum Körper bringen
- mit drei kleinen Sprüngen auf beiden Beinen über re drehen, Beine stehen parallel
- Sprung auf beide Beine zusammen, re Bein kickt nach vorn über den Boden
- re Knie heben und re Bein wieder neben dem li Bein absetzen, die Arme unterstützen die Bewegung

Tanzbaustein 3

- Sprung in die Hocke, mit den Händen vorn abstützen
- re Bein schräg nach li vorn strecken oder Sprung in Liegestütz mit gegrätschten Beinen
- re Bein absetzen, li Bein vor dem re Bein überkreuzen oder wieder Sprung aus Liegestütz in die Hocke
- re Bein hinter dem li Bein aufstellen und mit einer halben Drehung nach vorn aufstehen oder aus der Hocke aufspringen

》▶ **1** Übt die Tanzbausteine zu einem aktuellen Hip-Hop-Song eurer Wahl. Kombiniert sie mit eigenen Elementen und entwickelt eine Choreografie. ↗ S. 13

Geprägt wird der Tanz vor allem durch das *Breaking* (*engl.* to break, brechen). Das sind *Freestyle*-Elemente (*engl.* „Freistil") wie das *Footwork* (schnelle Bewegungen der Füße) und die *Power Moves* (akrobatische Elemente am Boden). Dazu gehören der *Head Spin* (eine Drehung auf dem Kopf), der *Back Spin* (eine Drehung auf dem oberen Teil des Rückens) und die *Windmill* (eine kreiselnde Bewegung auf Brust und Schultern, bei der die Hände benutzt werden, um immer neuen Schwung zu holen). Das *Popping* bezeichnet roboterartige Bewegungen. Beim *Locking* schleudert man einzelne Körperteile scheinbar unkontrolliert von sich weg und bringt sie blitzschnell wieder in ihre ursprüngliche, kontrollierte Ausgangsform zurück.

》▶ **2** *Welche der oben genannten Freestyle-Elemente findet ihr auf den Fotos wieder?*

》▶ **3** *Vielleicht habt ihr in eurer Klasse Spezialisten, die spontan Elemente des Tanzes vorführen können. Im Internet finden sich viele kurze Filme zur Anschauung.*

》▶ **4** *Tauscht euch über Kinofilme aus, in denen Breakdance eine wichtige Rolle spielt. Beschreibt, welche Rolle der Tanz in der Filmhandlung einnimmt.*

Filmszene aus „Step Up 3D" (USA 2010)

# Die Stimme

## Stimmgattungen

Bei der folgenden Berichterstattung über ein Konzert musste ein Sportreporter für einen erkrankten Konzertkritiker einspringen:

„Das Konzert wurde eröffnet durch einen heftigen Angriff der Mannschaft A, die in schnellen Melodiefolgen in den hohen Tönen versuchte, das Geschehen in den Frauenstimmen zu dominieren. Dem stemmte sich Team B entgegen, indem es als zweite Frauenstimme versuchte, mit weiten ruhigen Melodiebögen in der tieferen Stimmlage das hektische Treiben von Mannschaft A zu unterbinden. Als Nächstes griff Mannschaft C als erste Männerstimme in das Geschehen ein. Voller Selbstbewusstsein erkämpfte sich die hohe Männerstimme zunächst einen musikalischen Vorteil, der aber unmittelbar nach dem Einsetzen von Team D in souveräner Tiefe schnell wieder wettgemacht wurde."

》➤ **1** Findet für die vier Stimmgattungen Sopran, Alt, Tenor und Bass die richtigen Mannschaften.

》➤ **2** Bestimmt in dem Musikbeispiel die Reihenfolge der Stimmeinsätze. ⊙ V|33

## Ausdruck und Stimme

*Nothing Compares 2 U (to you)*  (Prince)

1. It's been seven hours and fifteen days, since you took your love away.
   I go out every night and sleep all day, since you took your love away.
   Since you've been gone I can do whatever I want, I can see whomever I choose.
   I can eat my dinner in a fancy restaurant, but nothing, I said nothing, can take away these blues,

   'cos nothing compares, nothing compares 2 U.

2. It's been so lonely without you here, like a bird without a song.
   Nothing can stop these lonely tears from falling. Tell me baby, where did I go wrong?
   I could put my arms around every boy I see, but they'd only remind of you.
   I went to the doctor and guess what he told me, guess what he told me. He said:
   "Girl, you better try to have fun, no matter in what you do." But he's a fool,

   'cos nothing compares, nothing compares 2 U.

3. All the flowers that you planted, mama, in the back yard, all died when you went away.
   I know that living with you, baby, was sometimes hard, but I'm willing to give it another try.

   Nothing compares, nothing compares 2 U.
   Nothing compares, nothing compares 2 U.
   Nothing compares, nothing compares 2 U.

Die Interpretation dieses Songs von Prince verhalf Sinéad O'Connor 1990 zu ihrem musikalischen Durchbruch. Ihre Stimme variiert dabei:
- kräftig, laut gesungen
- angeschliffene, kehlige Töne
- leise und zurückhaltend gesungen
- umspielte lang gezogene Töne

》➤ **3** Findet diese Gestaltungsweisen im Lied und ordnet sie den Farben zu. Beschreibt die Wirkung auf den Text. ⊙ I|4

### Deine Stimme verändert sich

Mit dem Eintreten in die Pubertät ist auch die Stimme von den körperlichen Veränderungen betroffen. Bedingt durch die einsetzende Produktion von Geschlechtshormonen beginnen die Stimmorgane und das sie umgebende Muskelgewebe zu wachsen. Diesen Prozess bezeichnet man als Mutation. Auch wenn die Stimme dabei unzuverlässiger wird, sollte man auf das Singen nicht verzichten.

#### Die Veränderung der Jungenstimme

Bei Jungen führt das Wachsen der Stimmlippen und des Kehlkopfes zum Absinken der Stimmlage um etwa eine Oktave. Vom biologischen Ablauf her unterscheidet man *Prämutation* (ca. 9–12 Jahre), *Mutation* (ca. 12–16 Jahre) und *Postmutation* (ca. 16–18 Jahre). In der Prämutation werden die höchsten Töne der Stimme brüchig und diese im Klang dunkler. In der eigentlichen Mutationsphase klingt die Stimme rau und belegt. Tonausfall, Überschlagen und Wegbrechen der Stimme (Stimmbruch) ist eine Folge des heftigen Wachstums der Stimmorgane. Der Tonumfang der Stimme ist erheblich eingeengt (Einbrechen in der Höhe, noch keine nennenswerte Tiefe). In der Postmutation stabilisiert sich die Stimme und gewinnt an Umfang.

### Die Veränderung der Mädchenstimme

Die Mutation der Mädchenstimme wird häufig kaum wahrgenommen. Bei einigen Mädchen sinkt die Stimme um etwa eine Terz, bei anderen bleibt sie gleich. Gelegentlich äußert sich die Mutation der Mädchenstimme in kurzzeitigen Heiserkeitsphasen. Letztendlich erhält die Stimme einen neuen Klang.

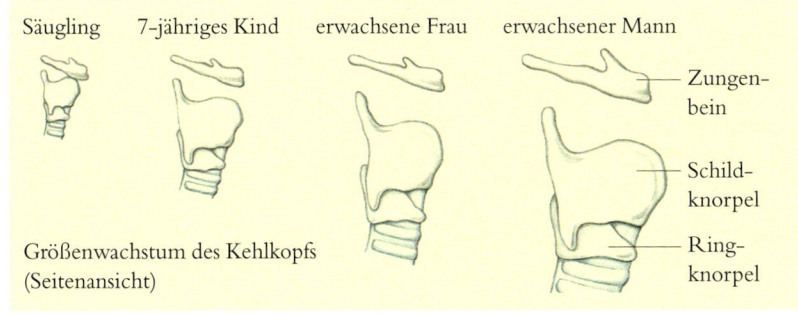

Größenwachstum des Kehlkopfs (Seitenansicht): Säugling, 7-jähriges Kind, erwachsene Frau, erwachsener Mann — Zungenbein, Schildknorpel, Ringknorpel

》▶ **4** *Erklärt den Begriff der Mutation der Stimme. Worin bestehen hier die Unterschiede bei Jungen und bei Mädchen?*

》▶ **5** *Findet euren eigenen Ton.*
*a) Summt gleichzeitig und ohne auf die anderen zu hören leise einen Ton, bei dem sich eure Stimme wohlfühlt. Variiert die Lautstärke (Dynamik) und achtet auf den Zusammenklang mit den anderen Stimmen in eurer Klasse.*
*b) Singt gemeinsam: Beginnt mit euren eigenen höchsten Tönen und vollzieht eine Abwärtsbewegung mit der Stimme bis zu euren tiefsten Tönen. In welche Stimmgattung würdet ihr euch selbst einordnen?*

# Musik und wir

## Musik im Alltag

Viele Menschen behaupten, sie könnten ohne Musik nicht leben. Im Alltag begleitet uns Musik überall. Vom Erwachen bis zum Schlafen kann man sie hören – im Radio, Fernsehen und Internet, mit MP3-Playern oder anderen Tonträgern. Musik gehört zum Leben einfach dazu. ↗ S. 175

Jason schaltet so richtig ab, wenn er vor seinem Computer sitzt. Das ist seine Welt.

Tabea versinkt in eine andere Welt, indem sie ein Buch liest und dabei Musik hört.

Für die Geschwister Tabea und Jason hat Musik unterschiedliche Bedeutungen: Während Jason häufig im Internet nach Musiktiteln sucht und sie herunterlädt und sich mit Computerspielen die Zeit vertreibt, liest Tabea gern und hört dabei ihre Lieblingsmusik. Sie genießt es, allein zu sein, muss aber anschließend unbedingt mit ihrer Freundin über alles reden und häufig auch über die Musik. Beide Geschwister schauen sich aber auch gern gemeinsam Musikvideos an. Manchmal kommt es dabei zum Streit über die Musik und Bands.

▶ 1 *Beschreibt, wie wichtig euch Musik im Alltag ist und in welchen Situationen ihr sie hört. Vergleicht eure eigenen Erfahrungen im Umgang mit Musik mit denen eurer Geschwister und Freunde.*

▶ 2 *Entwickelt eine kurze Szene, in der sich Tabea und Jason über Musik streiten. Dabei soll deutlich werden, was die beiden an ihrer jeweiligen Lieblingsmusik mögen und was sie an der Musik des anderen nicht gut finden.*

### Musikgeschmack

So wie Tabea und Jason eigene musikalische Vorlieben haben, geht es den meisten Menschen. Spielt dabei das Geschlecht eine Rolle? Gibt es typische Musik für Mädchen oder Jungen?

▶ 3 *Führt ein einfaches Experiment durch: Jeder nimmt zwei kleine neutrale Zettel und vermerkt unten rechts sein Geschlecht (w: weiblich, m: männlich). Notiert oben auf dem einen Zettel „Jungenmusik" auf dem anderen „Mädchenmusik". Schreibt darunter jeweils einen aktuellen Musiktitel, den ihr für Mädchen oder für Jungen passend haltet. Sammelt anschließend die Zettel ein und zählt aus, welche Titel wie oft als „Jungenmusik" bzw. „Mädchenmusik" genannt wurden. Was sagt euch das Ergebnis?*

## Musik zu bestimmten Gelegenheiten

Voll peinlich. Seit einiger Zeit finde ich einen gut aussehenden Jungen aus meiner Parallelklasse echt nett. Er ist sehr aufmerksam und hilfsbereit. Nach der letzten Probe der Schulband hat er sogar mein Saxofon getragen, da ich sowieso schon alle Hände voll hatte. Ich mag ihn sehr und ich glaubte, er mich auch. Da habe ich meinen ganzen Mut zusammengenommen und ihm gesagt, wie sehr ich in ihn verknallt bin. Er lachte und meinte, dass er nur freundlich ist und mehr nicht drin sei. Nun bin ich vollkommen verzweifelt! Zuhause bekam ich auch noch Stress mit meiner Mutter. Ich hatte die Schultasche in den Flur geworfen und hörte in meinem Zimmer Musik. „Dreh die Musik leiser!", brüllte sie.

**4** *Sucht die passende Musik.*
*a) Spekuliert, welche Musik das Mädchen wohl hört.*
*b) Welche Musik würdest du in so einer Stimmung hören? Welche Wirkung sollte sie auf dich haben?*
*c) Bringt Musikbeispiele mit, die zu drei völlig verschiedenen Stimmungen passen und stellt sie euch gegenseitig vor. Gibt es jeweils musikalische Gemeinsamkeiten?*

## Wirkungen von Musik

Wie die Forschung gezeigt hat, mögen viele Menschen bestimmte Musik nur bei besonderen Gelegenheiten. Dieselbe Musik kann offenbar unterschiedlich wirken. Dabei sind sowohl gefühlsmäßige Reaktionen wahrnehmbar als auch körperliche (Gänsehaut, Pulsfrequenz u. Ä.).

**5** *Habt ihr schon einmal Menschen beobachtet, die Musik hören? Beschreibt, was euch aufgefallen ist (Haltung, Bewegungen, Mimik usw.).*

**6** *Experimentiert.*
*a) Zu welchen Gelegenheiten könnten diese Musikstücke passen?*
◎ I|13; I|48; III|19; V|37; VI|57
*b) Betrachtet das Gemälde und lasst es auf euch wirken. Sucht unabhängig voneinander die passende Musik dazu und vergleicht sie.*
*c) Dreht das Experiment um: Einigt euch auf ein Musikstück und malt dazu ein eigenes Bild.*

**7** *Nennt Gründe, warum in Geschäften, Restaurants, Bahnhöfen usw. Musik erklingt. Nehmt Beispiele vor Ort auf und vergleicht. Nach welchen Kriterien wird solche Musik ausgewählt?* ↗ S. 172 ff.

Johannes Itten, Blaugrüner Klang, 1917

# Musik als Beruf oder Hobby

》▶ **1** *Überlegt, welche Musikberufe im Zusammenhang mit den Fotos stehen. Erkundigt euch darüber, welche musikalischen Voraussetzungen mitgebracht werden sollten und welche Ausbildung jeweils erforderlich ist. Vielleicht könnt ihr einige Vertreter dieser Berufe an ihrem Arbeitsplatz aufsuchen und mit ihnen ins Gespräch kommen.*

》▶ **2** *Musik kann euch genauso als Hobby ein Leben lang begleiten. Welche Rolle spielt die Musik bis heute in eurem Leben? Und wie stellt ihr sie euch in der Zukunft vor?*

# Gehörschäden

Das Ohr ist ein sensibles Hörorgan, dessen wesentliche Teile von außen nicht sichtbar sind. Beim Hören setzen Schallwellen das Trommelfell in Schwingung. Diese Bewegungen werden durch die Gehörknöchelchen (Hammer, Amboss, Steigbügel) auf die Hörschnecke übertragen, wo sie in Nervenimpulse umgewandelt werden. Eine entscheidende Funktion übernehmen dabei die Haarzellen, die sich im Innern der Hörschnecke befinden. Im Falle ihrer Schädigung wird das Hörvermögen irreparabel beeinträchtigt. Man spricht von Schwerhörigkeit. In Deutschland hat diese bei Jugendlichen stark zugenommen. Einigen Studien zufolge hören viele Kinder und Jugendliche schon so schlecht, dass ein dauerhafter Gehörverlust zu befürchten ist.

》▶ **3** *Welche Gründe könnte es für diese Entwicklung geben?*

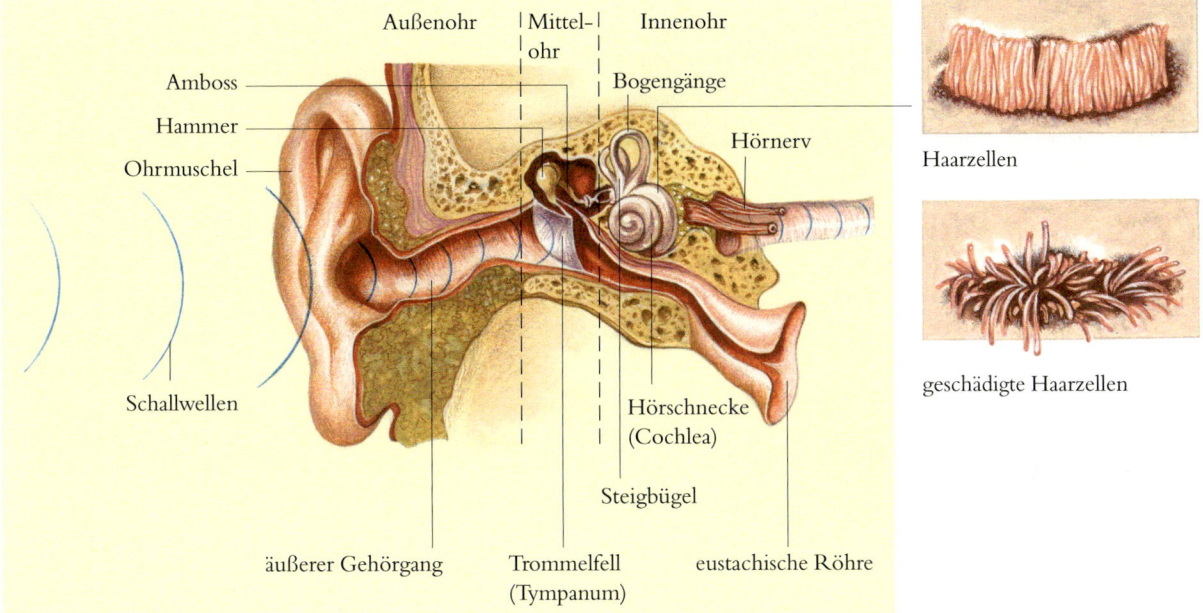

Haarzellen

geschädigte Haarzellen

Die allgemeine Geräuschkulisse in unserer Umwelt hat sich verstärkt. So hat z. B. der Lärm durch den Straßenverkehr oder bei großen Sportveranstaltungen zugenommen. Das Musikhören über Ohrhörer im Alltag ist zur Selbstverständlichkeit geworden. Laute Musik gehört für viele Menschen heute zum persönlichen Lebensgefühl.
„Musik soll Spaß machen – nicht taub". So lautet ein Warnhinweis des Bayrischen Ministeriums für Umwelt und Gesundheit. Auch die Europäische Kommission, Mediziner, Eltern- und Berufsverbände fordern Maßnahmen zur Begrenzung der Gesundheitsrisiken.

》▶ **4** *Tauscht euch über Erfahrungen aus, bei denen ihr an eure akustische Schmerzgrenze gestoßen seid.*

》▶ **5** *Recherchiert und wertet aus.*
*a) Findet heraus, welche maximalen Lautstärkewerte (Schallleistungspegel) in der Musik erreicht werden können bzw. zulässig sind (z. B. Open-Air-Konzert, Sinfonieorchester, Gesangsstimmen, Discothek).*
*b) Sammelt Lautstärkeangaben zu unterschiedlichen Schallquellen aus eurem Alltag (z. B. motorisierte Fahrzeuge, Flugzeuge, Blätterrauschen, Spülmaschine).*
*c) Sortiert die Ergebnisse und tragt alles in einer Tabelle zusammen.*

## Klassenmusizieren

Musizieren erfordert immer Teamgeist, egal ob man in einem Sinfonieorchester, in einer Band oder gemeinsam mit der Klasse spielt. Gegenseitige Rücksichtnahme und viel Aufmerksamkeit sind ein wesentliches Prinzip für eine erfolgreiche Probe. Das bedeutet konzentriertes Zuhören, wenn einzelne Stimmgruppen proben, Geduld und Anstrengungsbereitschaft sowie ein aufmerksames Abnehmen der Einsätze, des Tempos und der dynamischen Gestaltung durch den Dirigenten. Für die Mühen wird man mit einem tollen gemeinschaftlichen Klangerlebnis belohnt.
Damit ihr zu einem guten Ergebnis kommt, helfen euch folgende Vorgehensweisen.

### Vorbereitung

1. beim mehrfachen Hören von Musik auf Melodie und Begleitung achten; mitsummen oder Rhythmen leise mitspielen
2. beim Notenlesen über eine passende Instrumentierung nachdenken, je nach Klangvorstellung und vorhandenen Instrumenten Alternativen bedenken (z. B. Keyboard-Sounds)

### Üben

1. Rhythmen erarbeiten (Alltagsgegenstände, Körperinstrumente, Vocal Percussion) ↗ S. 190
2. Melodien singen (Notennamen, Silben)
3. musikalische Formen erfassen
4. wenn möglich, Stimmen auswendig lernen

### Gemeinsam musizieren

1. Stimmen einzeln spielen
2. Stimmen zusammenführen (Tempo richtet sich nach der schwierigsten Stimme)
3. gleichzeitig auf sich und die anderen konzentrieren
4. zu einem gemeinsamen Ausdruck finden (Tempo, Artikulation und Dynamik)
5. Spielfreude und Ausstrahlung entwickeln

Tipp: Nehmt eure Ergebnisse auf, hört sie euch an und bemüht euch um ständige Verbesserung.

## Einsingübungen

Die Stimme muss auf das Singen gut vorbereitet werden. Dazu gehören Atemtechniken und Stimmübungen von unterschiedlichen Tonhöhen aus, um die Kopf- und Bruststimme zu aktivieren.

1. Streckt euch, öffnet weit den Mund und gähnt wohlig.
2. Atmet tief in den Bauch hinein, sodass er sich wie ein Luftballon aufbläst. Lasst die Luft ganz langsam auf *pff* wieder heraus bis sich „Lufthunger" einstellt, und wiederholt die Übung.
3. Legt beide Hände auf den Bauch und lasst mit kurzen, aber intensiven Atemstößen auf *p*, *t*, *k* die Luft heraus. Fühlt dabei, wie intensiv sich eure Bauchdecke bewegt.
4. Beginnt mit eurem jeweils höchsten Ton ein Glissando (*frz.* gleiten) nach unten auf *m* oder *ng* zu summen, gestaltet Wellenbewegungen mit eurer Stimme.
5. Wählt Tonsilben wie *si*, *sü*, *so*, *sa*, und legt einen Anfangston fest: Singt einen Dreiklang aufwärts und abwärts. Setzt die Übung immer einen Halbton höher fort.

## Ein Lied einstudieren

1. Sprecht den Text im richtigen Rhythmus und achtet auf eine deutliche Aussprache, auch bei den Wortendungen.
2. Findet schwierige Stellen in der Melodie und wiederholt sie oft (Intervallsprünge usw.).
3. Legt die Artikulation und Stellen, an denen gemeinsam geatmet wird, fest.
4. Entwickelt eine zum Text passende dynamische Gestaltung. Probiert auch, leise zu singen und dabei besonders deutlich zu artikulieren.

## Vorbereitungen zum Tanzen

Zum Tanzen braucht man in der Regel Platz, aber auch geeignete Kleidung und passendes Schuhwerk.

1. Die Kleiderwahl hängt mit dem Tanzstil zusammen, beim Poptanz sind durchaus Hosen passend, während die Mädchen bei historischen Tänzen eher im Rock ein stimmiges Bewegungs- und Stilgefühl entwickeln können. Generell sinnvoll sind flache Tanzschuhe. ↗ S. 158 ff.
2. Das Tanzen sollte durch eine Erwärmung des Körpers (dehnen, strecken) vorbereitet werden. ↗ S. 12

## Eine Choreografie umsetzen

1. Erarbeitet und skizziert Schritte, Schrittfolgen und Raumwege.
2. Übt zunächst langsam ohne Musik, dann im Tempo zur Musik.

》▶ **1** *Wählt einen Musiziersatz, ein Lied oder einen Tanz aus dem Kapitel „Lieder, Spielstücke und Tänze" aus und wendet die Methoden an.*

# Rock- und Popmusik

# Rock- und Popmusik – Stile und Sounds

Elvis Presley

Shania Twain

Lady Gaga

**Rock- und Popmusik** bezeichnet eine Musik, die ursprünglich für ein jugendliches Publikum entstand und sich von den USA ausgehend weltweit verbreitet hat. Im Verlauf ihrer Geschichte entwickelten sich viele unterschiedliche **Musikstile**. Manche Stile waren typisch für eine bestimmte Zeit (z. B. Disco ↗ S. 38), andere haben sich bis in die Gegenwart fortentwickelt (z. B. Heavy Metal ↗ S. 40). Die Stilrichtungen werden vor allem von einem typischen *Sound* (*engl.* Klang, Klangfarbe) geprägt. Er wird bestimmt durch die Instrumente (Besetzung, Spielweise), die verfügbare Tontechnik und die Interpretation.
Der Begriff Rock entstand als Verkürzung von **Rock 'n' Roll**, einem Musikstil aus den 1950er-Jahren, mit dem Jugendliche damals gegen ihre Eltern rebellierten. ↗ S. 32
**Popmusik** steht für „populäre Musik" und bezeichnet Unterhaltungsmusik, die ein möglichst breites Publikum ansprechen soll. Die Popularität der Musik lässt sich in *Charts* (*engl.* Hitlisten) ablesen. Sie listen die bestverkauften Tonträger auf, die beliebtesten *Hits* (*engl.* Schlager) oder die in Internetportalen am häufigsten gewählten Titel.

» **1** *Beschreibt erst die Bilder und überlegt, aus welcher Zeit sie stammen. Ordnet dann die Musikausschnitte den Musikern zu und vergleicht den Klang. Setzt die Reihe mit aktuellen Künstlern fort.*
◉ 1 | 5, 6, 26

» **2** *Welche Stile der Rock- und Popmusik kennt ihr? Beschreibt deren prägende musikalische Merkmale und nennt Beispiele. Würdet ihr sie eher als Rock oder Pop bezeichnen?*

» **3** *Forscht im Internet nach unterschiedlichen Charts. Wie sind sie zustande gekommen und welches sind die aktuellen Hits?*

Populäre *Songs* (*engl.* Lied) verfügen oft über einen pulsierenden Rhythmus, der zum Mittanzen anregt. Sie enthalten meist eine besonders einprägsame Textzeile, die **Hookline** (*engl.* „Hakenzeile"). Diese wird häufig wiederholt und „hakt" sich deshalb beim Hören im Gedächtnis fest.

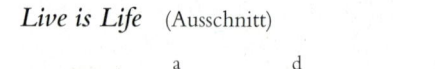
*Live is Life* (Ausschnitt) — Opus

» **4** *Spielt die Stimmen in verschiedenen Gruppen und singt die Hookline zum internationalen Hit (1985) von Opus. Welche Bedeutung könnte die Titelzeile haben?* ◉ 1 | 7

## Fankult

Parallel zur musikalischen Entwicklung der Rock- und Popmusik veränderte sich auch der Kleidungsstil. Die Art der Kleidung und das äußere Erscheinungsbild dienten dabei oft als Zeichen, um sich als Fan eines bestimmten Stars oder eines Musikstils zu erkennen zu geben. Dies funktioniert auch heute noch.

**5** Diese Fans zeigen, für welche Musik sie sich begeistern.
a) Wie heißen die zugehörigen Musikstile?
b) Nennt typische Kleidungsmerkmale weiterer musikalischer Stile. Gestaltet eine Collage unter dem Motto „Zeig mir, was du trägst, und ich sage dir, was du hörst."

**6** Bereitet eine Karaoke-Show vor. Wählt jeweils einen Song eurer Pop-Idole aus und übt ihn. Bei einer Aufführung könnt ihr euch entsprechend kleiden und inszenieren.

## Live!

Besonders eindrucksvoll ist Rock- und Popmusik bei einem Livekonzert (engl. live, lebend). Zwischen vielen anderen Fans kann man seine Stars erleben und sich von der Bühnenshow beeindrucken lassen. Oft wird ein solcher Konzertbesuch zum Erlebnis, an das man sich noch Jahre später erinnert. Einzelne Konzerte oder Festivals werden veranstaltet, um Gelder für einen guten Zweck einzunehmen, wie im Falle von „Live Aid" im Jahr 1985 (siehe rechts). Bei dem bis dahin größten Rock- und Popfestival der Geschichte traten alle Musiker ohne Gage auf, damit die Einnahmen von 100 Millionen Euro für die Bekämpfung der Armut in Äthiopien gespendet werden konnten.

**7** Welche Livekonzerte habt ihr schon selbst besucht oder im Fernsehen verfolgt? Beschreibt eure Erlebnisse und vergleicht sie mit dem Foto.

**8** Stellt Informationen über vergangene und jährlich stattfindende Festivals zusammen.

# Rockinstrumente

Unterrichtsszene aus dem Kinofilm „School of Rock" (USA 2003)

>► **1** *Beschäftigt euch mit den typischen Instrumenten einer Rockband.*
*a) Sammelt Informationen zu den vier Instrumenten Keyboard, E-Gitarre, E-Bass und Schlagzeug.* ↗ S. 29, 30
*b) Findet zu jedem Instrument repräsentative Musiker und stellt sie vor.*
*c) Welche Instrumente würdet ihr am liebsten spielen können? Begründet eure Antwort.*
*d) Ihr könnt auch Musiker einladen, die euch die Instrumente vorstellen und ausprobieren lassen.*

## Der E-Bass (Bassgitarre)

Zusammen mit dem Schlagzeug bildet der elektrische Bass, kurz E-Bass, in der Rockmusik die Rhythmusgruppe. Er ist eine Weiterentwicklung des Kontrabasses, hat wie dieser meist vier Saiten mit der Stimmung E-A-D-G und wird elektrisch verstärkt. Der Bassist spielt die tiefen Töne in der Band und übernimmt damit eine wichtige Funktion in der Musik. Der Bass kann beispielsweise ein Ostinato spielen, das als Grundlage Teile eines Songs durchzieht, oder – sehr selten – als Soloinstrument verwendet werden.

>► **2** *Macht euch mit dem Klang des E-Basses vertraut.* I|8–13
*a) Entdeckt in den ersten drei Beispielen jeweils den Einstieg des E-Basses und beschreibt seine Wirkung.*
*b) Benennt in den folgenden Ausschnitten die jeweilige Funktion des Basses (Ostinato oder Soloinstrument).*

Bassstimmen   (Ausschnitte)

Die Stimme der Bassgitarre wird im Bassschlüssel notiert, um nicht zu viele Hilfslinien unter das Notensystem schreiben zu müssen. Er umschließt die vierte Notenlinie und legt dort das *f* fest. Von dieser Notenlinie lassen sich alle Töne bestimmen lassen.

>► **3** *Hört die Bassstimmen aus der Musik heraus und ordnet sie den Musikstücken zu. Spielt die Notenauszüge und beschreibt die jeweilige Besonderheit.* 10 I|8,14–15

# Keyboards

Als Keyboards (*engl.* Tastaturen) bezeichnet man in der Rockmusik Tasteninstrumente, die eines gemeinsam haben: Sie funktionieren mit Strom und benötigen einen elektrischen Verstärker, damit sie hörbar sind. Über Erfindungen wie Hammond-Orgel (1934/39), Fender Rhodes E-Piano (1965) oder Hohner Clavinet (ca. 1970) entwickelten sich die heutigen Keyboards. Sie verfügen über eine Fülle an Klängen und bieten neben synthetischen Fantasieklängen oft auch die „klassischen" Sounds ihrer Vorgänger an.

Oft werden Keyboards mit Computern verbunden, wodurch die Grenzen zwischen Musikinstrument, Computer und Aufnahmestudio verwischen. Voraussetzung hierfür ist der Midi-Standard[1], der ein einheitliches Format für den digitalen Datenaustausch festlegt.

》► 4  *Welche Gründe könnte es gegeben haben, Keyboards zu entwickeln, die in der Rock- und Popmusik oft das Klavier ersetzen?*

》► 5  *Unterscheidet klassische Keyboardsounds und beschreibt sie.*
I|8, 16–20

[1] Midi: Abk. für Musical Instrument Digital Interface

*Oxygène*  (Part IV)  Jean Michel Jarre

Zu den erfolgreichsten Pionieren der elektronischen Rockmusik gehört der Franzose Jean Michel Jarre (* 1948). Der Sohn eines berühmten Filmkomponisten hatte 1977 mit *Oxygène* (*frz.* Sauerstoff) einen großen internationalen Hit.

》► 6  *Spielt die Melodie mit unterschiedlichen Sounds. Mit welchen klingt sie gut, mit welchen weniger? Woran kann das liegen?*  I|21

# Das Schlagzeug

Das Schlagzeug (*engl.* drumset) setzt sich aus mehreren Instrumenten zusammen, die mit Fußmaschinen und Holzschlägeln (*engl.* sticks) oder Jazzbesen (*engl.* brushes) gespielt werden.

》► 7  *Probiert Spieltechniken mit und ohne Schlagzeug aus.* ↗ S. 190
VI|43

## Die E-Gitarre

Viele Jugendliche, die sich für Rock- und Popmusik begeistern, entscheiden sich, Gitarre spielen zu lernen und Bands zu gründen. Die elektrische Gitarre, E-Gitarre, wird in der Band als Rhythmusgitarre (Begleitung) und Soloinstrument (Solist als Musiker mit stiltypischer, oft anspruchsvoller Spieltechnik) eingesetzt. Das ursprüngliche Klangbild einer E-Gitarre, der sogenannte *Clean Sound* (*engl.* clean, sauber, rein) kann durch Effektgeräte verändert werden, die der Musiker durch Fußschalter während des Spiels bedient. Gebräuchliche Klangeffekte sind *Distortion* (*engl.* Verzerrer), *Wah-Wah* (lautmalerisch) und *Chorus* (Schwebeklang, Dopplungseffekt).

Wesentlich geprägt wird der Gitarrenklang aber auch durch die eingesetzte Verstärkertechnik. Selbst bei aufwendigen Bühnenaufbauten mit großen Lautsprechertürmen verwenden Gitarristen auf der Bühne zusätzlich vergleichsweise kleine Gitarrenverstärker. Diese bestehen aus einer Lautsprecherbox und einem Verstärkerteil mit Klangregelmöglichkeiten. In Zusammenspiel von Instrument und Verstärkertechnik bieten sich dem Gitarristen vielfältige Klangmöglichkeiten. Beispielsweise lassen sich Töne sehr lange aushalten oder Rückkopplungen erzeugen.

**1** *Lernt diese Gitarren-Effekte kennen.* I|22–28
a) *Beschreibt den jeweiligen Höreindruck und vergleicht mit dem ursprünglichen Gitarrenklang.*
b) *Erkennt, in welcher Reihenfolge der Clean Sound und die Effekte in der Rock- und Popmusik zum Einsatz kommen.*

Der Song *Knockin' on Heaven's Door* von Bob Dylan zum Film „Pat Garrett jagt Billy the Kid" (USA 1973) wurde ein Welterfolg. Er eignet sich besonders gut, um ihn mit einer Klassenband zu spielen. ↗ S. 72 f.

**2** *Musiziert diesen Klassiker.*
a) *Worum geht es in dem Song? Beschreibt seinen musikalischen Ablauf.* I|29
b) *Erarbeitet den Song stimmweise. Singt und spielt anschließend gemeinsam.*

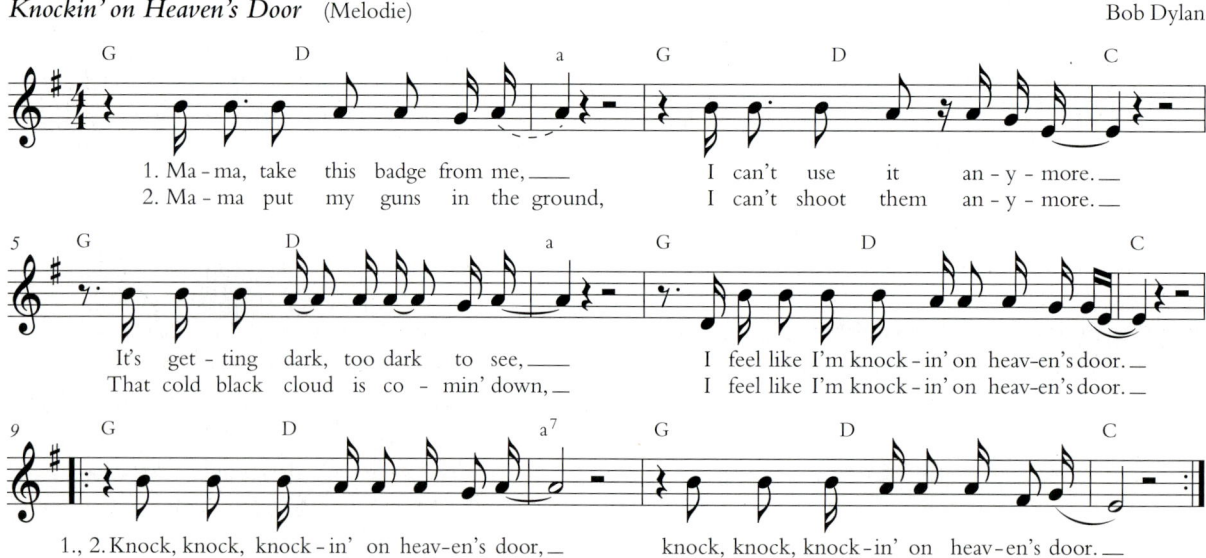

*Knockin' on Heaven's Door* (Melodie) — Bob Dylan

1. Ma-ma, take this badge from me, I can't use it an-y-more.
2. Ma-ma put my guns in the ground, I can't shoot them an-y-more.

It's get-ting dark, too dark to see, I feel like I'm knock-in' on heav-en's door.
That cold black cloud is co-min' down, I feel like I'm knock-in' on heav-en's door.

1., 2. Knock, knock, knock-in' on heav-en's door, knock, knock, knock-in' on heav-en's door.

Strophe (Band-Arrangement)  Satz: Jens Arndt

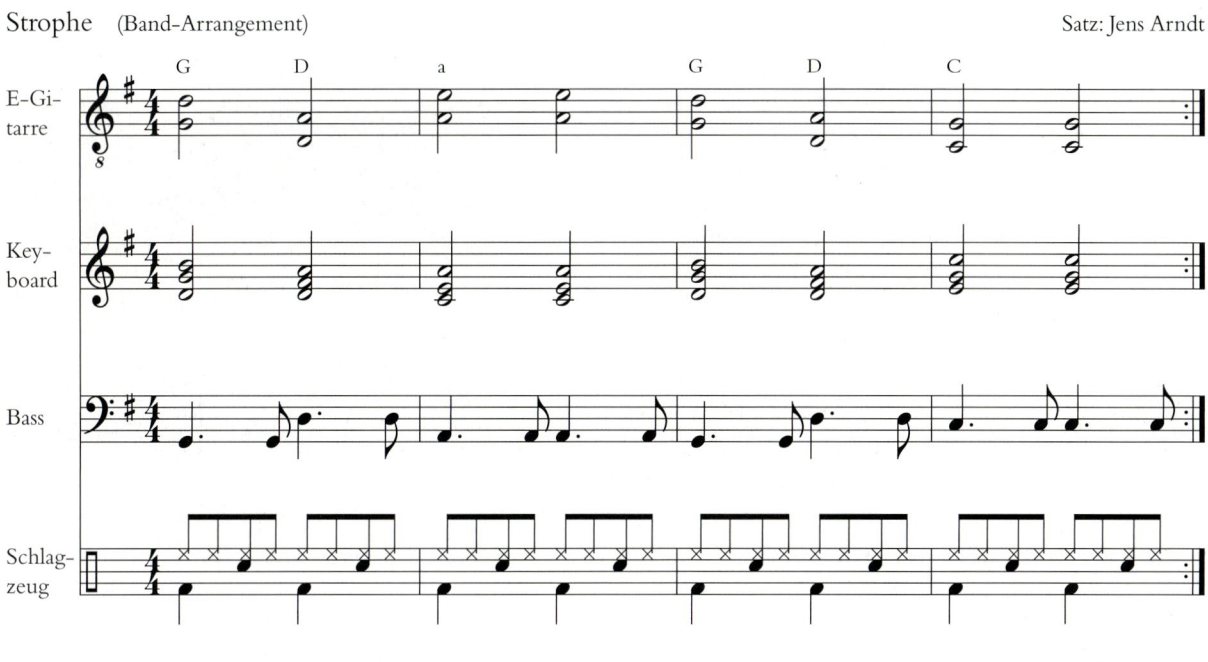

Refrain (Band-Arrangement)  Satz: Jens Arndt

*Knockin' on Heaven's Door* ist so beliebt, dass der Song immer wieder von Musikern nachgespielt und neu aufgenommen wurde. Solche Neuaufnahmen durch andere Musiker bezeichnet man als **Coverversionen** (*engl.* to cover, verdecken).

➤ **3** *Vergleicht die Coverversionen von Guns N'Roses und Randy Crawford mit dem Original (Besetzung, Tempo u. a.).*
*a) Überlegt, aus welchen Gründen diese Coverversionen entstanden sein könnten.*
*b) Beschreibt, wie ihr euch die jeweilige Interpretation in einer Konzertsituation vorstellt.*
*c) Welche Fassung gefällt euch am besten? Begründet eure Wahl.* I|30,31

# Jugendliche Rebellion – Rock 'n' Roll

Filmszene aus „Die Saat der Gewalt" (USA 1955)

Es ist im Jahr 1955, als ein Film in den USA die Zuschauer schockiert: „Die Saat der Gewalt". Er handelt von kriminellen Schülern an einer New Yorker Highschool, die ihrem neuen Lehrer Richard Dadier, einem ehemaligen Soldaten im Zweiten Weltkrieg, das Unterrichten fast unmöglich machen und auch seine schwangere Frau bedrohen. Für die Titelmusik suchte der Regisseur einen Song, der dem Publikum signalisieren sollte, dass die Jugendlichen im Film völlig verwahrlost sind. Er fand das, was er suchte, in der Plattensammlung des Sohnes seines Hauptdarstellers: die B-Seite einer wenig erfolgreichen Single. ↗ S. 272

Bill Haley (im schwarzen Jackett) and his Comets, die Interpreten von *Rock Around the Clock*

》► **1** *Stellt euch vor, wie eure Eltern reagieren würden, wenn ihr den Song „Rock Around the Clock" (1954) zu Hause laut spielen würdet. Musiziert den Ohrwurm. Mit welcher Musik könnte man Eltern heutzutage nerven?* ↗ S. 246 f. ◉ I|32

Um zu verstehen, warum sich damals (weiße) Erwachsene über diesen Song aufregten, muss man ihn mit der Musik vergleichen, wie sie zu dieser Zeit vor allem für Erwachsene im Radio gespielt wurde. Gesungen wurden diese Schlager oft von Filmstars, deren Stimmen durch die Mikrofone im Tonstudio oder auf der Bühne so verstärkt wurden, dass sie besonders angenehm und einschmeichelnd klangen.

》► **2** *Hört diesen beliebten Titel aus einem Unterhaltungsfilm desselben Jahres. Vergleicht beide Filmsongs im Tempo, in der Instrumentierung und im Gesangsvortrag. Beschreibt, wovon die Texte handeln.* ◉ I|33

Mit dem Film „Die Saat der Gewalt" wurde sein Titelsong schlagartig berühmt und Jugendliche strömten in die Kinos. Es war kein Zufall, dass gerade ein Film diesem Song zum Durchbruch verhalf, denn in den USA sendeten lediglich einzelne regionale Rundfunkstationen Musik für Jugendliche. So gab es oft kleine Hits, die aber nur im Umkreis eines bestimmten Senders bekannt wurden. Die Kinoketten hingegen zogen sich über das gesamte Land.

# Stars des Rock 'n' Roll

Die neuartige, bei Jugendlichen beliebte, Musik wurde als Rock 'n' Roll bezeichnet. Der Rundfunk-Discjockey (➚ S. 44) Alan Freed hatte diesen Namen Anfang der 1950er-Jahre geprägt, um den starken Rhythmus dieser Musik mit Betonungen auf der 2. und 4. Zählzeit hervorzuheben. Der Name bezeichnete gleichzeitig die Musik und das Tanzen, denn die Jugendlichen wollten die Musik nicht nur hören, sondern sich dazu regelrecht austoben. Dabei mussten auch die Kleidung und die Frisur stimmen. ➚ S. 160
Eine Besonderheit des R & R bestand darin, dass es bei den Stars keine Rolle spielte, ob sie schwarz oder weiß waren. Dadurch wurden die in den USA damals üblichen unterschiedlichen Hitparaden für „schwarze" und „weiße" Musik unsinnig.

Chuck Berry (*1926) schrieb und interpretierte viele Rock 'n' Roll-Klassiker, die auch heute noch als besonders typisch für die Zeit des Rock 'n' Roll angesehen werden. Einprägsame E-Gitarren-Intros und witzige Texte prägten seine Songs wie *Johnny B. Goode* oder *Sweet Little Sixteen*. Es geht in den Liedern um Jugendliche und deren Musik. So auch in *Roll over Beethoven*: „Sagt Tschaikowski, dass Rock 'n' Roll besser ist als Beethoven", heißt es sinngemäß im Text. Berry wurde zum Vorbild zahlloser Gitarristen. Typisch bei seinen Auftritten war sein sogenannter Duck walk (*engl.* „Entengang"). ➚ S. 169

Little Richard, mit richtigem Namen Richard W. Penniman (*1932), spielte bei seinen wilden Bühnenshows das Klavier gelegentlich mit Füßen oder Ellbogen. Auch sein Gesangsstil mit spitzen Schreien oder Kieksern passte zu diesem hemmungslosen Auftreten. Mit Long Tall Sally wollte er einen Song schreiben, der so schnell war, dass kein anderer Musiker ihn nachsingen könnte. Trotzdem wurde dieser Hit mehrfach gecovert. ➚ S. 31

Elvis Presley (1935–1977), der „King" (*engl.* König), wie er auch heute noch von seinen Fans genannt wird, gilt als der herausragende Interpret des Rock 'n' Roll. Die unverwechselbare tiefe, kraftvolle Stimme wurde zum Markenzeichen. Seine Hüftbewegungen beim Singen brachten ihm den Spitznamen „Elvis, the Pelvis" (*engl.* Becken) ein und galten als unanständig. Deshalb wurde er im Fernsehen nach seinem ersten Auftritt nur noch oberhalb der Hüfte gezeigt. Elvis wurde auch zu einem erfolgreichen Schauspieler und Showstar in Las Vegas.

**》➤ 3** *Ordnet die drei Songs aus dem Jahr 1956 den Interpreten zu. Begründet eure Entscheidung.*
I | 5, 34, 35

**》➤ 4** *Musiziert und tanzt weitere Rock 'n' Roll-Titel.* ➚ S. 169, 246

# Beatles-Songs als Lebensgefühl

Als die Beatles am 4. September 1962 die Abbey Road Studios in London betraten, um ihre erste Schallplatte aufzunehmen, sollte dies der Beginn einer beispiellosen Musikkarriere werden. Die vier Musiker aus der nordenglischen Industrie- und Hafenstadt Liverpool hatten durch Vermittlung ihres Managers Brian Epstein einen Schallplattenvertrag bei der großen Plattenfirma EMI erhalten. Es sollte ein fantastisches Geschäft für den Konzern werden. Musikalisch betreut wurde die Band im Studio von dem Produzenten George Martin, der sich zu einem wichtigen Förderer für die unerfahrenen Musiker entwickelte. ↗ S. 176

The Beatles: George Harrison, John Lennon, Ringo Starr, Paul McCartney (1964)

**1** Informiert euch über die Anfänge der Beatles in den „Biografischen Skizzen". ↗ S. 266

**2** Epstein sorgte dafür, dass die Beatles ihren Kleidungsstil änderten. Vergleicht die beiden Fotos: Wie haben sich das Erscheinungsbild und die Besetzung geändert? Welcher der Musiker ist als Linkshänder erkennbar?

**3** Welche Bands oder Musiker kennt ihr, die ihren Stil (ihr Image) im Laufe ihrer Karriere verändert haben? ↗ S. 48

**4** Die Beatles hörten als Schüler begeistert amerikanische Musik und versuchten, ihre Lieblingstitel dann selbst nachzuspielen.
a) Hört euch einen dieser nachgespielten Songs an. Welchem Musikstil lässt er sich zuordnen? ⊙ 1|34
b) Vergleicht die Beatles-Version mit dem Original. ⊙ 1|36

The Beatles: Pete Best, George Harrison, John Lennon, Paul McCartney, Stuart Sutcliffe (1960)

## Beatlemania – *All My Loving*

Anfang 1963 gelang es den Beatles innerhalb kurzer Zeit mit von Lennon und McCartney gemeinsam komponierten Songs die Hitparaden in Großbritannien zu erobern. Der Ruhm der Band verbreitete sich schnell weltweit, die ersten US-Auftritte wurden zur Sensation: Noch nie waren englische Rockmusiker so erfolgreich in den USA. Die Beatles-Begeisterung brach Rekorde. Kehrseite des Erfolges: Die Hysterie der jugendlichen Fans, als Beatlemania bezeichnet, machte den Musikern ein normales Alltagsleben unmöglich, und bei Konzerten war die Musik wegen der kreischenden Fans kaum zu hören.

**5** Singt das Lied „All My Loving". Hört euch anschließend die Aufnahme an. Achtet auf die Instrumentierung, den Gesang und Abweichungen im Ablauf. Wo haben die Musiker Breaks in allen Stimmen platziert? Beschreibt deren Effekt. ↗ S. 13, 224
⊙ 1|37

Rock- und Popmusik 35

## Summer of Love – *All You Need Is Love*

Die zweite Hälfte der 1960er-Jahre war erfüllt von bunten Farben in der Mode und einer friedfertigen Grundstimmung unter den Jugendlichen: Hippies, auch Blumenkinder genannt, forderten „Make love, not war" und protestierten damit gegen den Vietnamkrieg der USA. Der Höhepunkt wurde im Sommer 1967 erreicht, dem sogenannten Summer of Love. Die Beatles steuerten die inoffizielle Hymne dazu bei: In der ersten weltweiten Live-Fernsehshow „Our World", einer technischen Sensation, sangen sie als Vertreter Großbritanniens den neuen Song *All You Need Is Love* vor rund 400 Millionen Zuschauern.

Die Carnaby Street in London galt als Zentrum der „Swinging Sixties".

## Das Ende – *Let It Be*

Die Karriere der Beatles war kurz. Erstaunlich, wie stark sich die Musik der Band in dieser Zeit veränderte und zahllose andere Musiker künstlerisch anregte. Als einfallsreiche Songwriter und überzeugende Interpreten ihrer eigenen Musik schufen die Beatles zahllose Songs, die auch heute noch häufig im Radio gesendet oder von anderen Musikern gespielt werden. ↗ S. 52

Die Beatles waren eine begeisternde Liveband. Trotzdem zogen sie sich nach einem Konzert im August 1966 in San Francisco von der Bühne zurück. Sie wollten musikalisch andere Wege gehen als nur immer wieder dieselben Hits zu spielen. Auf der Suche nach Neuem experimentierten die Musiker mit ungewöhnlichen Instrumentenbesetzungen, nutzten Neuerungen der Aufnahmetechnik im Tonstudio und gaben entscheidende Impulse für die Entwicklung der Musikvideos. ↗ S. 50 f., 185

Bei einer Pressekonferenz verkündete McCartney am 10. April 1970 das Ende der Beatles: Die Freunde von einst waren zerstritten und wollten getrennte musikalische Wege gehen.

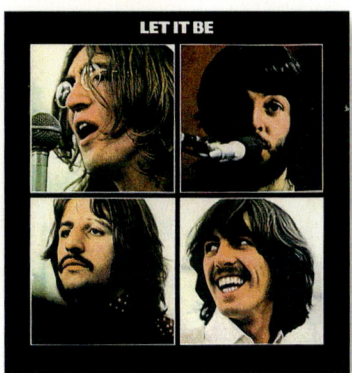

**》► 6** Beschreibt musikalische Auffälligkeiten im Song „All You Need Is Love". I|38,39
a) Bestimmt die Musikzitate am Anfang und am Ende des Titels. Wie interpretiert ihr diese Gestaltungsidee der Beatles?
b) Warum könnte es schwieriger sein, die Strophe mitzusingen als den Refrain?

**》► 7** Hört den Anfang des Songs „Let It Be" und singt selbst.
↗ S. 225   I|40

**》► 8** Betrachtet das Cover des letzten Beatles-Albums. Vergleicht die Gestaltung mit dem Foto links oben. Welche „Botschaft" könnte das Cover für die Fans gehabt haben?

**》► 9** Befragt Verwandte und Bekannte, die in den 1960er-Jahren zur Schule gingen. Was können sie euch über die Beatles erzählen? Welche Parallelen erkennt ihr zur heutigen Zeit?

# Bad Boys – The Rolling Stones

Die Rolling Stones (Abk. Stones) gründeten sich 1962 in London um Mick Jagger und Keith Richards und spielen bis in die Gegenwart. Sie sind damit eine der langlebigsten und erfolgreichsten Bands der Rockmusik. Benannt haben sie sich nach einer Textzeile aus dem Bluessong von Muddy Waters. 1963 erhielten die Stones ihren ersten Plattenvertrag – ausgerechnet von der Plattenfirma, die im Jahr zuvor die Beatles abgelehnt hatte und sich nun über das entgangene Geschäft ärgerte. Die Stones wurden neben den Beatles zu den wichtigsten Vertretern der Beatmusik, wie die englische Rockmusik in den frühen 1960er-Jahren genannt wurde. Der Name verweist auf die starken Beats (engl. Akzente) auf allen Zählzeiten, vor allem auf den Zählzeiten 2 und 4 im ¼-Takt (engl. backbeat).

Wie alles begann

Die Stones während der „Biggest Bang Tour 2008"

»▶ **1** *Betrachtet beide Fotos und recherchiert: Welche der Musiker sind von Anfang an dabei? Wie alt waren sie bei der „Biggest Bang Tour 2008"? Vergleicht die Ergebnisse mit dem Alter eurer Eltern und Großeltern.*

»▶ **2** *Obwohl die beiden Bands miteinander befreundet waren und Lennon/McCartney extra für die Kollegen einen der ersten Stones-Hits komponierten, galten die Stones als „Anti-Beatles". Beschreibt Gemeinsamkeiten und Unterschiede beider Bands anhand der Aufnahmen und Bilder. ↗ S. 34f., 266  I│41,42*

Mit dem Erfolg der Stones einher ging die Inszenierung der Band als „Bürgerschreck". Provokationen gehörten zum Tagesgeschäft: Ausschweifender Alkohol- und Drogenkonsum und zahlreiche Frauengeschichten der Bandmitglieder lieferten ein Image, das genussvoll von den Medien ausgeschlachtet wurde.

»▶ **3** *Überlegt, weshalb sich die Band für die herausgestreckte Zunge als Logo entschieden hat.*

Musikalisch geprägt sind viele Songs der Stones durch markante Riffs auf der Gitarre, gespielt von Keith Richards. Diese sich wiederholenden einprägsamen Akkordfolgen oder Tonreihen durchziehen weite Teile der Songs und bilden die Basis für den typischen Gesang von Mick Jagger.

»▶ **4** *Der Song „(I Can't Get No) Satisfaction" (1965) ist einer der bekanntesten der Stones. Singt ihn und beschreibt die Rolle der Riffs. ↗ S. 226  I│43*

# Gitarrenvirtuosen

Rock- und Popmusik

Große Begeisterung lösten Ende der 1960er-Jahre Gitarristen aus, die ihre Instrumente besonders virtuos beherrschten. In England sorgte ein junger Gitarrist für Aufsehen: Eric Clapton. Schon mit 18 Jahren wurde der 1945 geborene Musiker Mitglied der Yardbirds, mit der er einige Hits hatte. Sein Ruhm wuchs so schnell, dass er nach drei Jahren 1966 die Band verließ und mit dem Schlagzeuger Ginger Baker sowie dem Bassisten Jack Bruce die erste Supergroup[1] der Rockmusik gründete: Cream.

[1] *engl.* Bezeichnung für eine Band, deren Mitglieder schon vor der Gründung der Gruppe berühmt waren.

Die Band Cream

**5** *Ein bekannter Titel von Cream ist „Badge" (1969).* 1|44
a) Bestimmt die herausragenden Merkmale des Gitarrenspiels.
b) Den Titel komponierte Clapton mit einem Freund zusammen, mit dem ihn eine lebenslange Freundschaft verband. Der Freund spielte unter dem Pseudonym „L'angelo misterioso" („Der geheimnisvolle Engel") bei der Aufnahme mit. Wer findet heraus, um wen es sich handelte?

Mit der Auflösung von Cream 1968 startete Clapton eine beeindruckende Solokarriere, die sich besonders auf sein anspruchsvolles Gitarrenspiel stützt. Manchmal erkennt man den Musiker schon nach wenigen Akkorden.

**6** *Die Anfangsakkorde von „Layla" (1970) verkaufte Clapton für eine Werbekampagne. Für welches Produkt würdet ihr mit dieser Musik werben?* 1|45

Auch in der heutigen Rock- und Popmusik prägen virtuose Gitarristen mit ihrem Spiel den Sound ihrer Band und damit deren Stil. Dabei entwickelten sie viele neue Spieltechniken auf der Gitarre, wodurch beispielsweise die Spielgeschwindigkeit wesentlich gesteigert wurde. Oft kommen vielfältige Effektgeräte zum Einsatz, die über Fußschalter bedient werden. ↗ S. 30

**7** *Lasst euch von drei Virtuosen auf der Gitarre beeindrucken. Beschreibt die jeweiligen Besonderheiten und Schwierigkeiten des Spiels.* 1|46–48

Oft verwenden Gitarristen im Studio oder auf der Bühne mehrere Gitarren, wechseln zwischen den Songs die Instrumente. Dies hat vor allem musikalische Gründe, denn jedes Instrument hat seinen ganz besonderen Klang. Deshalb lassen sich anspruchsvolle Musiker ihre Instrumente von Gitarrenbauern nach eigenen Vorstellungen anfertigen.

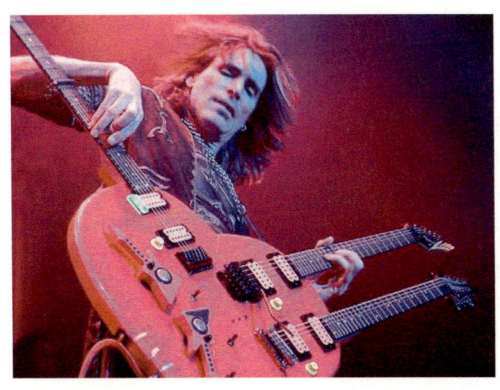

Steve Vai mit einer Spezialanfertigung in Herzform

# Eine musikalische Glitzerwelt – Disco

Tony, ein junger Verkäufer in einem Farbengeschäft in New York, hat wegen seiner mangelnden Schulausbildung kaum Zukunftsperspektiven. Seine Freunde sind in Drogengeschäfte und Schlägereien verwickelt. Mit den strengen Eltern gibt es andauernd Streit. Kein Wunder, dass es Tony jeden Samstagabend auf die Tanzfläche zieht. Anders als im Alltag wird er dort von allen bewundert. Zusammen mit der ebenfalls talentierten Stephanie will er versuchen, in der Glamour-Welt Manhattans den Durchbruch als Tänzer zu schaffen.

Von Tony handelt „Saturday Night Fever", der große Filmerfolg aus den USA im Jahr 1977. Besonders der Soundtrack (*engl.* Filmmusik) des Films schlug bei den Kinobesuchern voll ein. Auch die großartigen Tanzfähigkeiten des noch unbekannten Hauptdarstellers John Travolta fanden zahlreiche Nachahmer. Der Film, der auf einer Zeitungsreportage beruht, machte die Glitzerwelt der Discomusik schlagartig berühmt.

*Durchgestylt bis in die Fußspitzen: Filmplakat mit John Travolta als Tony in „Saturday Night Fever" (USA 1977)*

▶ **1** *Hört euch den Song „Night Fever" aus dem Film an.* ◉ I|49
a) *Welche musikalischen Merkmale machen ihn auch heute noch „Disco-tauglich"? Beschreibt Auffälligkeiten im Gesang, der typisch für die Band, die Bee Gees, war.*
b) *Wovon handelt der Text?*

Disco war als Musikstil der 1970er-Jahre zeitweise so dominant, dass die Radiostationen kaum noch andere Songs spielten. Entstanden war der Stil in New York, wo in geheimen Nachtclubs für ein vorwiegend homosexuelles, afro- und lateinamerikanisches Publikum Schallplatten zum Tanzen aufgelegt wurden.

Ähnlich wie Stephanie und Tony im Film, freuten sich die jungen Leute in den 1970er-Jahren regelmäßig auf den Discobesuch am Freitag- oder Samstagabend. Man machte sich dafür richtig schick, trug hohe Plateauschuhe, Anzüge und Glitzerkostüme statt Jeans. Zum Mix der Discjockeys (Abk. DJs) wurden dann ausgiebige Tanzpartys gefeiert. ↗ S. 45

▶ **2** *Übt eine Choreografie zum Discosong „YMCA" (1978) der Village People aus den USA ein. Passend zum Refrain gibt es weitverbreitete Bewegungen, die ihr im Internet finden könnt.* ↗ S. 13 ◉ I|50

▶ **3** *Vergleicht die Darstellung der damaligen Discoszene mit euren Erfahrungen.*

# ABBA

**ABBA: Die Sieger von Brighton**
**Was ABBA hinter verschlossenen Türen treiben**
**ABBA intim – glückliche Paare**
**So zerbrach das Glück von Björn und Agnetha**
**Zehn Treffer von ABBA**
**ABBA als Briefmarke**
**BRAVO fand den Vater von Anni-Frid**
**ABBA haben Super-Solopläne**
**ABBA-Doppelgänger räumen ab**
**Benny: ABBA bleiben zusammen**

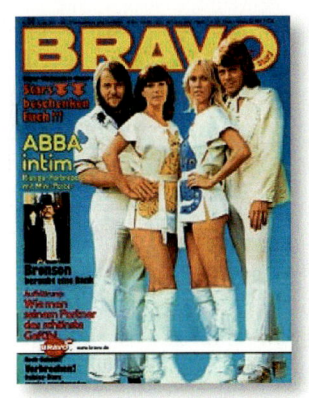

Benny Andersson, Anni-Frid Lyngstad, Agnetha Fältskog und Björn Ulvaeus (von links)

**▶ 4** *Was verraten diese Schlagzeilen aus der Jugendzeitschrift BRAVO aus den Jahren 1974–1992 über den Werdegang der Gruppe ABBA, ihre Arbeitsweise, ihr Ansehen bei den Fans und die persönlichen Hintergründe? Bringt sie in die zeitlich richtige Reihenfolge.*

Mitte der 1970er-Jahre waren die vier Schweden die erfolgreichste Band der Welt. Ungewöhnlich, denn üblicherweise wurde der Musikmarkt von englischen und amerikanischen Künstlern dominiert. Doch für ABBA kam der Erfolg nicht ganz unerwartet. Sie waren schon vor Gründung der Band im Jahre 1972 namhafte Solokünstler mit musikalischer Ausbildung.

## Der Hit *Waterloo*

1974 traten ABBA mit dem selbst geschriebenen Song *Waterloo* beim Eurovision Song Contest in Brighton vor rund 500 Mio. Fernsehzuschauern an und gewannen deutlich. Bald führten sie mit dem Titel in 14 Ländern die Charts an. ↗ S. 80

**▶ 5** *Überlegt, warum der Song zum Siegertitel gekürt wurde.* I|51

Benny (Keyboard) und Björn (Gitarre) gelang es immer wieder, eingängige Melodien zu erfinden, die originell arrangiert und mit einem unwiderstehlichen Tanzrhythmus unterlegt zu Ohrwürmern wurden, beliebt bei Jung und Alt. Die beiden Frauen sorgten mit ihren ausgebildeten Gesangsstimmen für einen brillanten Klang und entwarfen selbst die spektakuläre Bühnenkleidung. 1982 lösten sich ABBA auf. Dennoch sind ihre Hits unvergessen. Die Alben erreichen nach wie vor hohe Verkaufszahlen, viele bekannte ABBA-Songs sind im Musical *Mamma Mia* (seit 1999 in London) und dem gleichnamigen Kinofilm (2008) zu hören. Zudem gibt es etliche Coverversionen. ↗ S. 31, 52

**▶ 6** *Vergleicht „Gimme! Gimme! Gimme!" (1979) mit Yngwie Malmsteens gleichnamiger Bearbeitung (1999) und Madonnas „Hung Up" (2005).* ↗ S. 48  I|52–54

# Hardrock und Heavy Metal

*Smoke On the Water* (Riff)  Deep Purple

Powerchords

Der Song aus dem Jahr 1972 der englischen Band Deep Purple besitzt wohl einen der bekanntesten Riffs. Hier stellt ihn die Gitarre vor, die eine Folge von Powerchords (*engl.* „Kraftakkorde") spielt. Solche Akkorde klingen sehr „druckvoll".

Seit den späten 1960er-Jahren entwickelte sich der Hardrock, eine von großer Lautstärke, verzerrten Gitarrenklängen (oft Powerchords) sowie einem bis zum Schreien gesteigerten Gesangsstil geprägte Musik. Deep Purple gehörte zu den ersten Bands, die diesen Stil populär machten und ihn in die Hitparaden brachten.

Doch es ging musikalisch noch härter: Ab 1980 sprach man deshalb von Heavy Metal (*engl.* Schwermetall). Die Texte dieses Musikstils beschreiben oft Mystisches, Satanisches, Todes- oder Hassorgien. Entsprechend düster und aggressiv werden die Live-Auftritte üblicherweise inszeniert. Entgegen diesem gewalttätigen Gebaren pflegen die Fans der Metal-Szene (Metaller, Metalheads oder Heavies) auf den Konzerten untereinander einen rücksichtsvollen und hilfsbereiten Umgang. Beim besonders beliebten Headbanging (*engl.* Kopfschütteln) und dem Spiel auf der „Luftgitarre" fühlen sich die Fans wohl.

**1** *Erarbeitet die Besonderheiten des Songs.* 1|55
a) Untersucht den Ablauf und beschreibt, wie sich das Stück aus dem Riff entwickelt.
b) Spielt den Riff zum Original mit E-Gitarren oder mit einer entsprechenden Klangfarbe auf Keyboards. Aus welchen Intervallen bestehen Powerchords? ↗ h. V. 7
c) Informiert euch über die Hintergründe der Entstehung des Songs: Wovon handelt der Text?

Wildes Schütteln des Kopfes im Rhythmus der Musik, sodass die langen Haare durch die Luft geschleudert werden

**2** *Worin unterscheidet sich der Song „Hell Patrol" (1990) von Judas Priest von „Smoke On the Water" (im Ablauf, Gesangsstil usw.)? Argumentiert: Welchen Titel würdet ihr dem Hardrock, welchen dem Heavy Metal zurechnen?* 1|56

**3** *Typisch für Hardrock- und Heavy-Metal-Bands sind aber auch hymnische Balladen wie „The Wizard" (1972) von Uriah Heep.*
a) Singt den Song und vergleicht den Text mit den Coverbildern.
↗ S. 223  1|57
b) Welche der beschriebenen Themen und Rituale des Heavy Metal finden sich noch in den Abbildungen wieder?

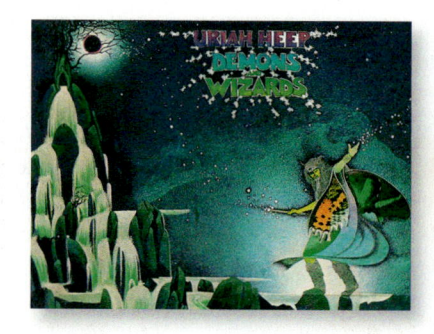

# Punkrock

Rock- und Popmusik  41

Der **Punkrock** (meist nur: Punk) entwickelte sich Mitte der 1970er-Jahre, besonders in London. Zu seinen musikalischen Wegbereitern gehörten Bands wie die Sex Pistols und The Clash.

Typisch sind u. a. provozierendes und rebellisches Verhalten und Aussehen als Protest gegen Bürgerlichkeit, Spießigkeit und Angepasstheit. Hierzu gehörte auch das Schlagwort „No Future" (*engl.* es gäbe keine Zukunft).

Charakteristisch für die Musik ist die bewusst gewählte Schlichtheit in Form, Klangbild, Spielweise und Harmonik. Hierdurch demonstrierte man die Verachtung für die damalige etablierte Rock- und Discomusik.

**▶ 4** *Beschreibt das Aussehen der Band Sex Pistols sowie das Cover und spekuliert zunächst, wie wohl der zugehörige Song geklungen haben mag. Vergleicht anschließend eure Erwartungen mit der Musik.* I|58

**▶ 5** *Welche der geschilderten Gestaltungsmerkmale werden im Song „White Riot" (1977) von The Clash erkennbar?* I|59

**▶ 6** *Diskutiert, was aus der damaligen Sicht der Punks Gegenstand ihres gesellschaftlichen Protests gewesen sein könnte. Was sind heute eure „Aufreger"?*

In den 1980er-Jahren entstanden Punk-Szenen in verschiedenen Ländern, so auch in beiden Teilen Deutschlands. Zunehmend verbanden Punk-Bands ihre Songtexte und Auftritte mit politischen Anliegen. Die Beziehungen zwischen Musikern und Publikum waren eng. Es entwickelten sich Rockkonzert-Aktionen zwischen den Bands und ihren Fans wie das *Stagediving*, *Pogo* und die *Wall of death*.

**▶ 7** *Informiert euch über diese und weitere Konzertrituale und überlegt, wie sie entstanden sein könnten.*

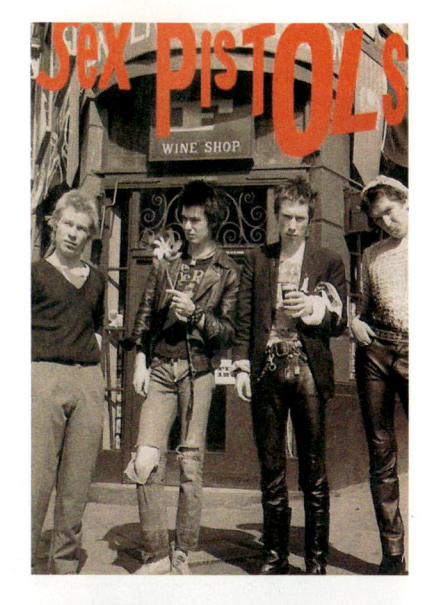

Mit ihrem zweiten Titel *God Save the Queen* hatten die Sex Pistols 1977 ihren Durchbruch und größten Erfolg.

**▶ 8** *Vergleicht die Plattenhülle des Albums „London Calling" von The Clash (1979) mit der Hülle der ersten Langspielplatte von Elvis Presley aus dem Jahr 1956. Was wollte die englische Band wohl zum Ausdruck bringen? Berücksichtigt bei euren Überlegungen auch den zeitlichen Abstand zwischen beiden Einspielungen.*

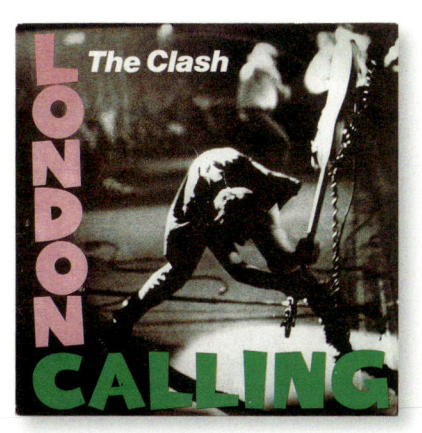

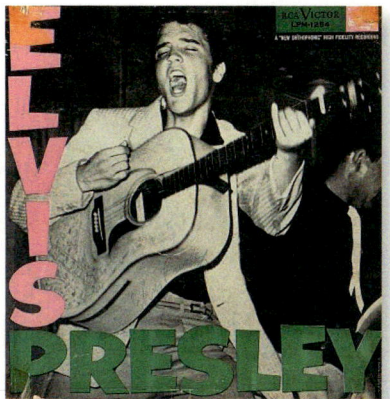

# Deutschsprachige Rockmusik – Aus Ost und West

**1** *Hört euch in die Musik der 1980er-Jahre hinein.* I|60
a) *Woran erkennt ihr, dass dieses Lied bekannt und beliebt ist? Habt ihr ähnliche Situationen schon einmal selbst miterlebt?*
b) *Wie würdet ihr den Song nennen? Findet im Internet den tatsächlichen Titel.*

Der Song entstand 1984 und stammt von der Band NENA, benannt nach ihrer Sängerin Susanne „Nena" Kerner. Sie war damals unter Schülern in Deutschland die beliebteste Band: Keine andere war so oft auf dem Cover der Jugendzeitschrift BRAVO abgebildet. Ihren Durchbruch hatte die Gruppe zwei Jahre früher: Mit der Neuen Deutschen Welle (NDW) wurden schlagartig viele Musiker bekannt, die ihre Songs auf Deutsch sangen. Das war deshalb ungewöhnlich, weil bis dahin die deutsche Sprache in der Bundesrepublik nur selten für Rock- und Popmusik verwendet wurde. Deutsch galt als Sprache des Schlagers. ↗ S. 80

Anfang der 1980er-Jahre übertrafen aber plötzlich die Verkaufszahlen der NDW-Hits in Westdeutschland ihre englischsprachige Konkurrenz aus den USA und Großbritannien: Man sang deutsch.

Nena
* 1960 in Hagen (Ruhrgebiet)

**2** *Vergleicht die drei besonders erfolgreichen Musiktitel aus dem Jahr 1982: „Der Kommissar" von Falco, „Da, da, da" von Trio und „Sommersprossen" von UKW.* I|61–63
a) *Worauf könnte sich der damals geprägte Begriff „Spaßkapelle" beziehen?*
b) *Spielt die folgenden kurzen Noten und ordnet sie den Musikausschnitten zu. Beschreibt, was die Songs so einprägsam macht.*

Als Begründer der deutschsprachigen Rockmusik wird oft Udo Lindenberg bezeichnet. Schon Anfang der 1970er-Jahre sang er provozierende und nachdenkliche Lieder zu rockigen Klängen. Zu seinen frühen Erfolgen gehört *Wir wollen doch einfach nur zusammen sein* (1973).

**3** *Lernt das Lied kennen.* II|1
a) *Wovon handelt der Text? Klärt unbekannte Begriffe und Namen.*
b) *Beschreibt die musikalische Atmosphäre des Songs.*
c) *Welche besondere Rolle spielen Gitarren in dem Lied? Findet eine Erklärung für den instrumentalen Abschnitt.*

Udo Lindenberg
* 1946 in Gronau (Westfalen)

Die Teilung Deutschlands nach dem Zweiten Weltkrieg in die Bundesrepublik und die Deutsche Demokratische Republik (DDR) hatte auch gravierende Auswirkungen auf die Rockmusik. Während sich die Rockmusiker im Westen Deutschlands an englischsprachigen Songs versuchten und Udo Lindenberg zunächst als Sonderfall betrachtet wurde, mussten sich die Beat-Musiker in der DDR frühzeitig mit deutschen Texten befassen, falls sie ihre Spielerlaubnis erhalten wollten. Nur mit dieser „Pappe" (Musikersprache) durften Bands oder Liedermacher auftreten. So konnte der Staat darüber wachen, dass keine kritischen Lieder vorgetragen wurden. Da auch alle Medien vom Staat und der „Partei der Arbeiterklasse" SED[1] kontrolliert wurden, stand die Rockmusik unter ständiger politischer Kontrolle und wurde von der Stasi[2] überwacht. Gleichzeitig erhielten viele der Musiker eine gute Ausbildung und vielfältige Auftrittsgelegenheiten in Betrieben oder bei öffentlichen Kulturveranstaltungen.

[1] Sozialistische Einheitspartei Deutschlands
[2] Umgangssprachliche Bezeichnung für das Ministerium für Staatssicherheit, den Geheimdienst der DDR

》▶ 4 *Von welchen Themen handeln diese Lieder: „I. L. D." (1988) von Rockhaus, „Halte durch" (1988) von Gerhard Gundermann und „Raus aus der Spur" (1983) von Silly?* II|2–4

》▶ 5 *Beschreibt, worum es in dem Lied „Wand an Wand" (1987) von City geht und was seine „geheime Botschaft" sein könnte.* II|5

》▶ 6 *Informiert euch über den Werdegang der Band Silly.*

Die Band Silly mit der Sängerin Tamara Danz (1988)

Silly bei einem Live-Konzert in Berlin (2010) mit der Sängerin Anna Loos

1989 wurde die Kritik der Bevölkerung der DDR an der Staatsführung immer heftiger. Es kam zu wöchentlichen Demonstrationen in Leipzig und anderen Städten. Die Rockmusiker und Liedermacher trugen dazu bei, indem sie mutig eine Protesterklärung verfassten und unterschrieben. Schließlich wurden am 9. November 1989 die Grenzen nach Westdeutschland geöffnet und es kam ein Jahr später zur Wiedervereinigung der beiden deutschen Staaten. Damit endete auch die offizielle Teilung der Rockmusik.

# Elektronische Musik – Techno

**▶ 1** Worum geht es in dem Song aus dem Jahr 1978? Welche Beziehung seht ihr zwischen dem Text und der Musik? II|6

**▶ 2** Bewegt euch entweder am Platz oder durch den Raum passend zur Musik und singt die Hookline mit.

Kraftwerk bei der Inszenierung des Songs *Wir sind die Roboter*

Der Musikstil *Elektro* entstand in den 1970er-Jahren, einer Zeit, in der vermehrt elektronische Instrumente (vor allem Keyboards) entwickelt und in der Musik verwendet wurden. Auch früher schon gab es Musiker und Tüftler, die in Kompositionen elektronische Klangerzeuger einsetzten. Karlheinz Stockhausen (1928–2007) experimentierte schon in den 1960er-Jahren mit elektronischen Klängen und wurde zu einem wesentlichen Vorbild für die Band Kraftwerk. Diese feierte mit ihrer Musik weltweit große Erfolge und beeinflusst bis heute viele Gruppen.

**▶ 3** Vergleicht die Aufnahmen „Master and Servant" (1984) von Depeche Mode und „Lost Again" (1984) von Yello mit dem Titel von Kraftwerk. II|7,8

*Techno* ist eine rhythmusorientierte elektronisch produzierte Tanzmusik, die sich in den 1990er-Jahren etablierte. Sie wird fast ausschließlich von *Discjockeys* am Computer produziert und von ihnen vor allem in großen Discotheken präsentiert. (↗ S. 38) Dabei werden auch bekannte Melodien als *Remix* (engl. Neuabmischung) dem Stil der Technomusik angepasst. Charakteristisch ist der schnelle hämmernde ¼-Takt, mit Betonungen vom Bass und der Bassdrum auf jeder Viertelnote. Sich ständig wiederholende *Loops* (engl. Tonschleifen) und nicht bewusst hörbare tiefe Frequenzen (Infraschall) erzeugen eine regelrecht hypnotische Wirkung auf die Tänzer. Die menschliche Stimme wird in der Technomusik meist technisch bearbeitet und vor allem als Klangfarbe eingesetzt. Je nach Tempo und Klangbild unterscheidet man in der Technomusik unterschiedliche Stile. ↗ S. 176

**▶ 4** Lernt die Technoszene kennen. Stellt Informationen zu folgenden Begriffen zusammen: Trance, Gabber, Ambient, Rave und Loveparade. Sucht passende Klangbeispiele.

**▶ 5** Oft dient bei Techno-Titeln ein bekannter Hit oder eine Filmmusik als Vorlage für einen Remix. Vergleicht diesen mit dem Original. Begründet, welche Fassung euch besser gefällt. II|9; VI|31

Vielleicht zum letzten Mal in Berlin: Die Loveparade (2006)

# Hip-Hop

Rock- und Popmusik 45

Als der Titel *Rapper's Delight* der Sugarhill Gang 1979 veröffentlicht wurde, sorgte er für Aufsehen und machte eine neue Musikrichtung in den USA bekannt, die im Song direkt am Anfang des Vokalteils genannt wurde.

>► **6** *Überlegt gemeinsam.*
 *a) Wie heißt der Stil und was könnte den Zuhörern ungewöhnlich erschienen sein?*
 *b) Wie stellt ihr euch die Musiker vor, wie die Art des Vortrags? In welcher Umgebung könnten sie ihren Titel vorgetragen haben?* II|10

Hip-Hop ist mehr als nur Musik. Er ist eine Kultur- und Lebensform, die in dem vor allem von Schwarzen bewohnten Stadtviertel Bronx in New York entstand. ↗ S. 14

>► **7** *Beschreibt die auf den Fotos dargestellten Erkennungszeichen der Hip-Hop-Kultur und ergänzt um weitere euch bekannte Besonderheiten. Findet passende Fachwörter.*

Der *Rap* ist ein rhythmischer Sprechgesang und stammt ursprünglich aus den USA. In den 1970er-Jahren sagten Discjockeys die Musikstücke in Clubs an. Sie taten dies in Reimen zum Rhythmus der Musik, um das Publikum „aufzuheizen". Dabei benutzten sie die *Turntables* (engl. Schallplattenspieler) auch als Musikinstrumente, indem sie die Platten von Hand bremsten, zurückdrehten und miteinander mischten. So entstand beispielsweise die Technik des *Scratching* (engl. to scratch, kratzen).

Das Rappen wurde von farbigen Jugendlichen aufgegriffen. Auf den Straßen trugen sie ihre eigenen Texte vor. Sie begleiteten sich mit Musik aus *Ghettoblaster* (engl. transportable Radiorekorder) und bauten Teile bekannter Songs in ihre eigenen Titel ein. In virtuosen, witzigen oder beleidigenden *Battles* (engl. hier: Sprechduellen) versuchten sie sich gegenseitig zu übertrumpfen. Der *Master of Ceremony* (engl. Abk. MC, Zeremonienmeister) achtete darauf, dass die Regeln eingehalten wurden und das *Mic* (engl. Mikrofon) zwischen den Kontrahenten weitergereicht wurde. ↗ S. 38

>► **8** *Welche Bezüge entdeckt ihr in der Musik zu den im Text genannten Informationen?* II|11

>► **9** *Was verbindet die Versionen von „Empire State of Mind" (2009) von Alicia Keys und Jay Z? Beziehn „Love on a Two Way-Street" (1970) des Gesangstrios The Moments ein. Wer sollte als Komponist des ersten Titels genannt werden?* II|12–14

# Hip-Hop – Made in Germany

**Die Fantastischen Vier**

Die Fantastischen Vier, 1989 gegründet und 2009 bei ihrem „Heimspiel" anlässlich des 20-jährigen Bandbestehens

Auch außerhalb der USA wurde Hip-Hop beliebt. Zu den Gruppen, die in Deutschland Hip-Hop mit der deutschen Sprache zusammenbrachten, gehören Die Fantastischen Vier. Seit sie mit *Die da?!* (1992) den ersten deutschsprachigen Rap-Hit landeten, zählen sie zu den bekanntesten Rappern Deutschlands.

*Populär*                  Michael Beck, Thomas Dürr, Andreas Rieke, Michael Schmidt

1. Ahhh, ich steh auf sie, ich find sie cool,
   hör mir das Tape noch mal an, weil ich's zurückspul.
   Denn das ist meine Mucke, Alter, die geht ab, sag ich dir.
   Komm mit zum Vorverkaufsschalter, Mann, und schnapp sie dir,
   die Karten, die auf dich warten, gekauft von dem gesparten Geld.
   Durch die ganze Welt führn meine Fahrten, weil es mir gefällt
   die Band zu erleben, die Ideen, die sie mir geben zu leben,
   mich den Liedern hinzugeben, mit Postern zu umkleben.
   Die T-Shirts gut zu pflegen, die Platten aufzulegen,
   meine Eltern überreden, bis sie sagen: „Meinetwegen."
   Wenn sie mich fragen, weswegen, dann fällt mir das Überlegen nicht schwer,
   denn sie sind gut und deshalb POPULÄR. Pop – Pop – Populär …

2. Sie stehn an jeder Ecke, aber nicht bei mir,
   denn das Gedudel dieser Säcke steht mir echt bis hier.
   Denn jede Sau kennt sie aus dem TV und aus dem Radio und so
   dringt ihr Gelall, ihre Show - kurz - überall
   umgeben sie dich, umzingeln dich, berieseln und umringen dich.
   Die alten Sachen fand ich ja ganz gut, die Neuen nicht.
   Mit ihren miesen Tricks können die mich nicht locken,
   weil ich weiß, die können nix, nur Kohle abzocken.
   Im Moment haben sie wohl genug in ihrer Band davon.
   Trend ist auch ein Argument, weil meine Schwester kennt sie schon,
   doch irgendwann sind sie dran und dann kennt sie keiner mehr.
   Gestern niemand, morgen tot und dazwischen was? POPULÄR. Pop – Pop – Populär …

3. Ja, ja, komm ruhig her, Mann, und hau mich an.
Hau mich an, ob ich dir auch ein Autogramm geben kann.
Hau mich an, was ich mir plötzlich alles leisten kann.
Mach mich an, sag zu mir: „Fang was anderes an, lass die anderen ran."
Hau mich an, und dann nimm mein Bild von deiner Wand
und schau mich an, und dann nimm mein Wort aus deinem Verstand
und hör mich an, und dann gib mir deine Hand und mach dich locker
und sei kein Oberstübchenhocker.

4. Denn wenn du glaubst, mit dem Geld, das ich hab, kann ich mir alles kaufen,
dann hast du vergessen, dass die Dinge hier ganz anders laufen.
Spielt keine Rolle, wie du deinen Hunger stillst,
das Geld, das du nicht hast, kauf dir das, was du nicht willst.
Hoffnungen, Gehässigkeiten, ungewollte Lässigkeiten,
Vorurteile, Vorurteile, andere große Kleinigkeiten.
Feinde oder Freunde, es gibt viele Stars,
sterben kannst du nicht, wenn du in aller Leute Köpfe warst.
Doch jetzt ist das Leben und ich muss es tun.
Mit meinem Willen zu Villen und einer Buddel voll Ruhm.
Denn hier oben wär kein anderer, wenn ich nicht bekannter wär,
doch ich hass es, ich brauch es, ich hol es und ich rauch es.
POPULÄR. Pop – Pop – Populär …

»▶ **1** *Setzt euch mit dem Text auseinander.* II|15
a) *Vergleicht die erste Strophe mit euren eigenen Erfahrungen.*
b) *Aus welcher Perspektive werden die anderen Strophen gerappt?*
c) *Diskutiert die Vor- und Nachteile des „Populär-Seins".*

»▶ **2** *Rappt, musiziert und tanzt gemeinsam.*
a) *Die Rapper: Verteilt den Text strophenweise auf mehrere Gruppen und sprecht ihn rhythmisch. Nutzt dabei das Playback. Bewegt euch passend zum „Groove" von einem Bein auf das andere.*
b) *Die Band: Übt zunächst die Bass-drum-Stimme, anschließend jede Stimme einzeln und schließlich alle Stimmen zusammen.*
c) *Die Dancer: Erstellt eure eigene Choreografie mithilfe der Tanzbausteine.* ↗ *S. 13 ff.*
d) *Setzt nach einer Probephase alles zusammen und inszeniert den Rap zum Original.* II|15

»▶ **3** *Sucht nach populären Musikerinnen im deutschen Hip-Hop.*

# Idole und Images – Madonna und Michael Jackson

**Einmal ein Star sein?**

》▶ **1** *Diskutiert gemeinsam über eure Vorstellungen, was einen Künstler zum Star werden lässt. Überlegt, welche Voraussetzungen und Bedingungen für eine große Karriere notwendig sind.*

> Nein, das will ich eigentlich nicht. Obwohl es den Vorteil hätte, dass man z. B. viel Geld verdient und man ständig auf Reisen ist. Aber ich hätte zu große Angst, vor so vielen Leuten aufzutreten.

> Ja, ich wäre gerne ein Star, weil mich dann alle bewundern! Aber manchmal nervt es bestimmt, wenn in den Medien Gerüchte verbreitet werden und man immer im Rampenlicht steht. Trotzdem: Im Großen und Ganzen fänd ich das toll.

**Madonna – The Queen of Pop**

Madonna erfindet sich über die Jahre hinweg immer wieder neu (1985–2005).

》▶ **2** *Vergleicht die Aufnahmen aus den Jahren 1985, 1995 und 2005.*
*a) Beschreibt den unterschiedlichen Charakter der Musik. Achtet dabei auf das Tempo, den Rhythmus und die Instrumente.*
*b) Recherchiert nach Musikvideos zu den Hörbeispielen und findet heraus, auf welche Weise Madonna ihr Image veränderte.* ↗ S. 50  II | 16, 17; I | 54

Madonna Louise Veronica Ciccone wird am 16. August 1958 in den USA geboren. Die Familie ist arm. Ihre Mutter stirbt, als sie fünf Jahre alt ist. Ihr Vater erzieht sie streng und schickt sie auf eine Klosterschule. Madonna ist sehr ehrgeizig und zeigt in der Schule hervorragende Leistungen. Ihr Vater unterstützt dies und gibt ihr für jede „Eins" 25 Cent. Neben der Schule beginnt sie eine Klavier- und Ballettausbildung. Für ihr Interesse an Ballett und klassischer Musik wird sie von ihren Mitschülern häufig gehänselt. Sie reagiert darauf rebellisch, schminkt sich nicht wie andere Mädchen und will sich insgesamt nicht anpassen.

In New York startet sie ihre Gesangskarriere bei der Rockband Breakfast Club, allerdings ohne Erfolg, sodass sie als Kellnerin und Studiosängerin arbeiten muss. 1983 gelingt ihr der internationale Durchbruch mit dem Song *Holiday*. Mit dem Erfolgs-Album *Like A Virgin* festigt die Sängerin bereits ein Jahr später ihr Image als Popidol. In den Folgejahren schafft sie es immer wieder, sich an verändernde Musikstile anzupassen bzw. selbst Trends zu setzen und ihr eigenes Image stets neu zu definieren. Provokante Bühnenshows und Musikvideos sorgen auch heute noch für Skandale, wodurch sie für die Medien immer interessant bleibt. Auch als Schauspielerin, Autorin und Produzentin sowie durch ein eigenes Modelabel versucht sie immer, das öffentliche Interesse herauszufordern.

# Michael Jackson – The King of Pop

The Jackson Five (1969), in der Mitte Michael

Michael Jackson
\* 1958 in Gary (Indiana)
† 2009 in Los Angeles (Kalifornien)

》➤ 3   *Michael Jackson war in dieser Einspielung elf Jahre alt. Worin besteht das besondere Können des damaligen Kinderstars?* II | 18

》➤ 4   *Findet prägende stilistische Merkmale in diesen beiden Aufnahmen. Achtet besonders auf den Gesang, die Basslinie und den Rhythmus.* II | 19, 20

》➤ 5   *Vergleicht die Biografien von Madonna und Jackson.*
*a) Überlegt, welche Auswirkungen die Kindheit möglicherweise auf ihr späteres Leben hatte.*
*b) Warum ist Madonna über einen so langen Zeitraum dauerhaft erfolgreich?*
*c) Worin besteht das künstlerische Potenzial bei Jackson, wofür er auch über seinen Tod hinaus zum „King of Pop" stilisiert wird?* ➚ S. 267

》➤ 6   *Vergleicht eure Antworten zu Aufgabe 1 mit den neu gewonnenen Erkenntnissen aus den beiden Biografien.*

Michael Jackson wird als siebentes von neun Kindern geboren. Die Familie lebt in ärmlichen Verhältnissen. Der Vater erkennt die Begabungen seiner Kinder, insbesondere die von Michael und versucht kompromisslos, seinen eigenen Traum von einem besseren Leben durch seine Jungen zu verwirklichen. Michael erregt mit seinem großen Gesangs- und Bewegungstalent schon als Fünfjähriger Aufsehen: Er nimmt sich andere Tänzer und Musiker zum Vorbild und übt so lange, bis er ihre Bewegungen genau imitieren kann. Bereits mit elf Jahren wird er *Leadsänger* (engl. to lead, anführen, leiten) der Jackson Five und legt 1969 mit seinem ersten Hit *I Want You Back* als Solist den Grundstein für eine große Karriere. Aufgrund der vielen Auftritte, Proben und Studioaufnahmen kann er keine Schule dauerhaft besuchen. So fehlt ihm über die Jahre der Kontakt zu Gleichaltrigen; Freunde findet er eher unter Erwachsenen.

Sein Album „Thriller" (1982) ist das bis heute meistverkaufte Album der Rock- und Popgeschichte. In den dazugehörigen Musikvideos kann Jackson seinen artistischen Tanzstil wirkungsvoll in Szene setzen.

Er gilt als der erfolgreichste *Entertainer* (engl. Unterhalter) der 1980er- und 1990er-Jahre und führte das Leben eines unnahbaren Superstars, der einerseits mit seiner Musik die Welt retten wollte, andererseits durch verschiedene Affären, Skandale und kosmetische Operationen häufig für Schlagzeilen sorgte.

# Musikvideos – Mit den Augen hören

Die Stars der Rock- und Popmusik verdanken ihre Erfolge nicht zuletzt Musikvideos, die im Musikfernsehen oder im Internet zu sehen sind. Solche in der Regel professionell mit großem Aufwand hergestellten Musikvideos setzen die Musiker und ihre Songs in Szene. ↗ S. 185

Evanescence, *Bring me to life* (2003)

… Wake me up inside,
call my name and save me from the dark. …

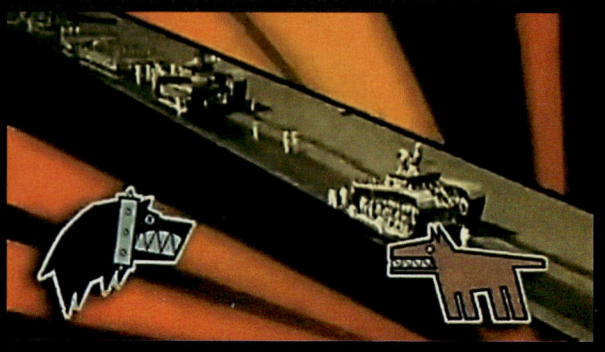

Mr X & Mr Y, *Viva la Revolucion* (1999)

… Intercontinental techno-electro,
yo, yo, yo … act like you know! …

Die Toten Hosen, *Strom* (2008)

… Und alles steht unter Strom
vom ersten bis zum letzten Ton. …

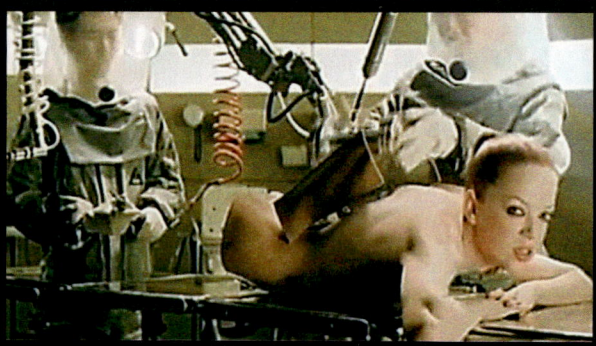

Garbage, *The World Is Not Enough* (1999)

… We know when to kiss
and we know when to kill. …

▶ **1** *Betrachtet die Standbilder und hört die dazugehörige Musik. Entdeckt die Textstellen: In welchem Verhältnis stehen sie zu den jeweiligen Abbildungen?* ⊙ II|21–24

Als Zuschauer kann man nicht immer sofort erkennen, was Bild und Musik miteinander zu tun haben. Hier lohnt es sich, genauer hinzuschauen und zuzuhören. Auch wenn sich in der Umsetzung die Kategorien oft überschneiden, lassen sich drei Gestaltungsprinzipien unterscheiden.
• Performance-Clips setzen die Interpreten in Szene.
• Concept-Clips erzählen eigene Geschichten, die sich unterschiedlich weit von den Liedinhalten entfernen können.
• Trailer werden für Filmsongs produziert und mischen Bilder aus dem Film mit Aufnahmen der Interpreten.

▶ **2** *Schaut euch die Musikvideos nach Möglichkeit an. Wo würdet ihr sie einordnen?*

**Ein Profi berichtet**

Philipp Stölzl (geb. 1967 in München), Regisseur der vier Beispiele auf der linken Seite, hat für internationale Stars wie Madonna und Mick Jagger Musikvideos gedreht. Im Interview sprach er über seine Arbeit.

Beim ersten Anhören schießen einem 20–30 Ideen in den Kopf, dann beginnt das Aussortieren und Ausarbeiten. Am Ende bleiben zwei, drei Konzepte übrig, die ich dann den Künstlern vorschlage.

Nachdem die Band ihren Song präsentiert hat, entwickelt sich ein Dialog über die Musik und die eigenen Ideen zur visuellen Gestaltung. Es ist immer ein gemeinschaftlicher Weg und ein sehr spannender Prozess.

Ein Musikvideo baut meist auf drei Säulen auf, zwischen denen du einen Spagat hinbekommen musst: das sind emotionale Farbigkeit, ein zentraler Aufhänger – ähnlich der Hookline in der Musik – und das Image, das du dem Künstler geben willst.

In den 1990er-Jahren war der Stellenwert von Musikvideos noch hoch. Jeder sprach darüber. Heute ist das Genre etwas ausgereizt, und die Plattenfirmen geben immer weniger Geld dafür aus.

Einen Song, der nicht toll ist, den kriegst du auch nicht zum Fliegen. Es wäre ein Fehler, den dann zu machen. Es muss funken, sonst geht es nicht.

Meine Musikvideos versuche ich meist an der Musik entlang zu strukturieren. Bei dem einen Video für die Toten Hosen sind z. B. bestimmte Bilder immer an den markanten Gitarrenlauf gekoppelt. Bei *Viva la revolucion* hingegen spiegelt sich der Charakter der Musik in schnellen Bildwiederholungen wider. Manchmal schaue ich auch nur, zu welchen Überraschungen die Performance des Künstlers führt.

» ► 3   *Überlegt euch, welche Fragen dem Regisseur im Interview gestellt worden sein könnten.*

» ► 4   *Lernt Stölzl näher kennen und recherchiert über seinen beruflichen Werdegang.*

Das Anschauen von Musikvideos gehört für viele Jugendliche zu den beliebten Freizeitaktivitäten. Dabei entwickelt sich ein Gespür für die Beurteilung solcher Videos.

» ► 5   *Tauscht euch über Musikvideos aus, die euch besonders gut gefallen, und begründet, warum.*

» ► 6   *Projekt: Produziert ein eigenes Musikvideo.*
   *a) Wählt einen Musiktitel aus.*
   *b) Entscheidet, welches Gestaltungsprinzip ihr umsetzen wollt.*
   *c) Bezieht auch die Tipps von Stölzl ein.*

# Fermate

**Spiele zu Stars und Stilen der Rock- und Popmusik**

**Spiel 1**  Stimmen (wieder) erkennen

**1** *Manche berühmte Stars haben es sich nicht nehmen lassen, auch einmal auf Deutsch zu singen. Hört drei Beispiele und benennt die Musiker.* II|25–27

**Spiel 2**  Internationale Stilelemente in deutschsprachiger Popmusik entdecken

**2** *Ordnet den Musikstücken die folgenden Stile zu: Punk, Rock 'n' Roll, Heavy Metal und Disco.* II|28–31

**Spiel 3**  Stilwandel in Coverversionen aufspüren

Die Popmusik hat sich im Laufe ihrer Geschichte vielfältig musikalisch entwickelt. Dies führte dazu, dass manchmal bekannte Songs in neu entstandenen Stilen interpretiert, gecovert, wurden.

**3** *Bestimmt die Stile und vergleicht die Bearbeitungen mit dem jeweiligen Original.*
a) *Ein Rock 'n' Roll-Titel von Eddie Cochran (1938–1960) aus dem Jahr 1958 wurde zwölf Jahre später von der Band UFO erneut in die Charts gebracht.*
b) *Ein Hit der Bee Gees aus dem Film „Nur Samstag Nacht" (USA 1977) lieferte das Material für die gleichnamige Neufassung von N-trance.* ↗ S. 38
c) *Einen Beatles-Titel findet ihr in ungewohntem Gewand wieder.*
d) *Der Komiker Otto bringt sein Publikum mit einem Volkslied zum Lachen.*
II|32–38

**Spiel 4**  Stilmix entwirren

Manchmal werden auch Stile und Musikstücke sehr raffiniert miteinander verwoben. Dabei können Musikstile aufeinanderprallen, die eigentlich unvereinbar scheinen: Es kommt zum *Style-Clash* (engl. Zusammenprall von Stilen).

**4** *Hört euch die drei „gemixten" Songs an und bestimmt anschließend deren Zutaten. Die Illustration kann euch dazu Tipps geben.* I|55; II|39–44; VI|6

》▶ 5  Schreibt eine kurze Theaterszene und führt sie auf. Es darf auch gelacht werden. Mögliche Ausgangssituationen:
a) Ihr wollt zu einem Konzert von eurer Lieblingsband oder eurem Lieblingsstar gehen, aber eure Eltern sind dagegen. Überzeugt sie, dass die Musik etwas Besonderes ist und es viel beeindruckender sein wird, das Konzert zu besuchen, als nur die Musik zu hören.
b) Eure Eltern wollen Musik beim gemeinsamen Essen hören, die sie in ihrer eigenen Jugendzeit „cool" fanden. Ihr mögt diese Musik aber nicht, sondern wollt stattdessen klassische Musik von Beethoven, Mozart oder Vivaldi hören.

In Cleveland (USA) gibt es die „Rock and Roll Hall of Fame", in die nur die bedeutendsten Rockmusiker der Geschichte und Gegenwart aufgenommen werden, in Gronau (Westfalen), der Heimatstadt von Udo Lindenberg, das deutsche „Rock 'n' Pop-Museum". ↗ S. 42

》▶ 6  Projekt: Gestaltet euer eigenes Popmuseum, eine Ausstellung „Die Geschichte der Popmusik bis zur Gegenwart". Bildet hierzu Gruppen, die sich jeweils auf ein Jahrzehnt oder einen Stil konzentrieren und ein passendes Poster anfertigen. Es soll einen Eindruck von der Lebenswelt, von der Mode, den Freizeitinteressen von Jugendlichen und den bekannten Musikern vermitteln. Bezieht auch historische Quellen wie Zeitungsartikel, Schallplattenkritiken und Zitate mit ein. Eine CD-Zusammenstellung mit Musik der Zeit darf nicht fehlen. Ihr könnt sie zusätzlich „live" musizieren.

> Die Gitarre ist okay als Hobby, John, aber du wirst nie davon leben können.

> Sein Gesang glich seinem Gesicht: dümmlich, stumpfsinnig und brutal. Der Bursche war völlig unmusikalisch, krächzte wie eine an Keuchhusten leidende Krähe und suchte solch stimmliche Nachteile durch wildes Hüftschwingen wettzumachen.

> Ich erinnere mich an den Weg zum Aufnahmestudio. Auf der anderen Straßenseite war ein Park, in dem ich all die Kinder spielen sah. Es machte mich traurig und ich hätte am liebsten geweint, dass ich stattdessen arbeiten musste.

》▶ 7  Findet heraus, zu welchen im Kapitel vorgestellten Musikern diese Zitate passen und baut diese oder weitere in eure Ausstellung ein.

》▶ 8  Wählt einen Musiktitel aus, den ihr als Klassenband einstudiert und aufführt. Überlegt, wie ihr euren Auftritt gestalten könnt: durch stilistisch passende Kostüme und ein angemessenes Rahmenprogramm (Moderation, Choreografie, Dekoration). Sucht eine Gelegenheit, das Programm euren Mitschülern, Eltern und Freunden zu präsentieren.

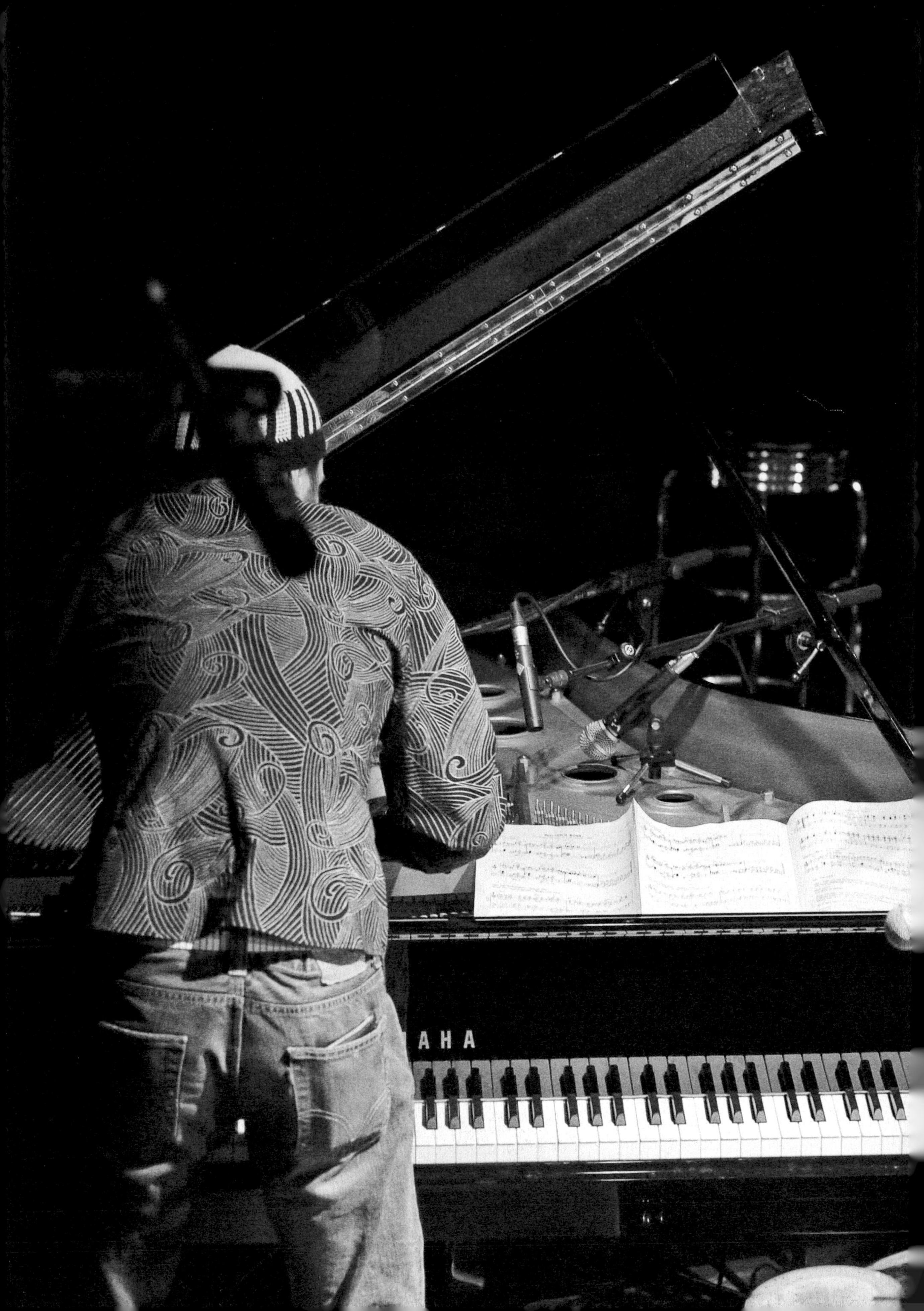
AHA

# Jazztime

# Die Wurzeln des Jazz

„Man trieb die Gefangenen – oft genug mit Peitschen und Stockhieben – auf die Sklavenschiffe. Ihr Schluchzen und ihre leidvollen Lieder haben meine Seele oft sehr in Unruhe versetzt. Nicht wenige erdolchten, erhängten oder ertränkten sich." (Auszug aus einem zeitgenössischen Bericht)

1492 erreichte Kolumbus mit seinen Schiffen Amerika und bald schon begann die Kolonisierung des „neuen" Kontinents: Europäische Auswanderer wollten sich dort eine Existenz aufbauen. Im Süden der heutigen USA war die Arbeit auf den Feldern bei großer Hitze von den Einwanderern kaum zu leisten. Sie kauften deshalb afrikanische Sklaven. Diese wurden von Sklavenhändlern regelrecht gejagt und mit großen Schiffen nach Amerika gebracht, wo sie auf Märkten verkauft wurden.

**1** *Wie stellt ihr euch die Empfindungen der Afrikaner während der Überfahrt und bei der Ankunft in Amerika vor? Welche Rolle mag die Musik gespielt haben?*

Die überwiegend aus Westafrika stammenden Menschen brachten ihre eigene Musikkultur nach Amerika. Afrikanische Musik ist eng mit der Natur und dem Gemeinschaftsleben verbunden. Die unterschiedlichsten Instrumente werden aus Naturmaterialien gebaut, Tänze und Gesänge gehören zur Gemeinschaft dazu. Die Musik ist gekennzeichnet durch ihre vielschichtige rhythmische Gestaltung. ↗ S. 88

Ein afrikanisches Rhythmusmodell

**2** *Lernt die Wirkung afrikanischer Rhythmen kennen.*
*a) Sprecht mit und klatscht die Rhythmusstimmen leise auf den Oberschenkeln oder die Tischplatte. II|45*
*b) In welcher Reihenfolge setzen die fünf Instrumente ein? II|46*
*c) Gestaltet das Modell mit Stimmen und Instrumenten. Setzt nacheinander ein.*
*d) Bewegt euch im Metrum oder entwickelt eine weitere Rhythmusstimme mit Körperinstrumenten.*

1 li: linke Hand
2 re: rechte Hand

# Worksongs

Afrikaner pflegten in ihrer Heimat das Zusammenleben. Familienfeiern, Feste und andere Rituale wurden durch gemeinschaftliches Musikmachen und Tanzen geprägt. In Amerika jedoch wurde den Afrikanern das Musizieren, die heimatliche Sprache und die Ausübung ihrer Religion verboten.
Zur Arbeit durften die Sklaven jedoch Worksongs (*engl.* Arbeitslieder) singen, mit denen die eintönige und harte Arbeit erträglicher wurde. Außerdem konnten Gefühle, Wünsche und Hoffnungen darin ausgedrückt werden. Diese Art des improvisatorischen Gesangs kann als Vorstufe der Jazzmusik bezeichnet werden.
Worksongs wurden nicht aufgeschrieben. Weil besonders beliebte Lieder aber mündlich weiterverbreitet wurden, hat man auch heute noch eine Vorstellung davon, wie die Gesänge der Sklaven geklungen haben könnten.

Willis J. Plummer, Picking cotton, 1906

➤ **3** *Sucht nach Gründen, warum die Weißen ihren Sklaven weitgehend verboten, deren traditionelle Musik zu pflegen. Wie mögen die Afrikaner mit diesem Verbot umgegangen sein?*

### *Pick a bale of cotton*   Worksong aus den USA

1. Jump down, turn a-round to pick¹ a bale² of cot-ton, jump down, turn a-round to pick a bale a day.
1.–5. Oh, Lor-dy pick a bale of cot-ton, oh, Lor-dy pick a bale a day.

2. Me and my girl
can pick a bale of cotton,
me and my girl
can pick a bale a day.

3. Me and my wife ...

4. Me and my friend ...

5. Me and my poppy³ ...

1 to pick: pflücken, sammeln
2 bale: Ballen
3 poppy: (hier) Papa

Häufig sangen die Arbeiter nach dem *Call-and-Response-Prinzip*: Ein Vorsänger gab die Melodie und einen Text vor und die anderen Arbeiter antworteten musikalisch im Chor mit einem gleichbleibenden Text oder indem sie den vorgegebenen Text aufgegriffen. Dieses Prinzip findet sich auch in Spirituals und Gospels als geistliche Vorformen des Jazz wieder. ↗ S. 70, 236 f., 257

➤ **4** *Singt den Worksong und überlegt, wie ihr ihn im Wechsel zwischen einem Vorsänger und den anderen Baumwollpflückern gestalten könnt.*

# Der Blues

*Why I Sing the Blues*

> Jeder möchte wissen, warum ich den Blues singe. Na ja, ich kenn' mich seit Langem recht gut aus hier und dabei hab ich verflucht viel Unrecht einstecken müssen! (Strophe 1)
> Ich hab in so 'ner miesen Getto-Bude gehaust, ich wäre fast erfroren vor Kälte. Und ich hörte die Ratten, die den Bettwanzen sagten, dass die Küchenschaben endlich abhauen sollten. (Strophe 3)
> Wisst ihr, die Gesellschaft erzählte mir: Du bist zum Verlierer geboren. Alle um mich herum, Leute, alle haben den Blues innen drin. Aber den hab ich schon so lange und ich musste Dreck fressen und Prügel einstecken. Aber mal ehrlich, Leute, ich schäme mich deshalb nicht, ich liebe es einfach, den Blues zu singen. (Strophe 6)

B. B. King
* 1925 in Itta Bena (Mississippi)

▶ **1** *Warum singt der Musiker B. B. King den Blues? Beschreibt die Musik und die Art des Gesangs aus dem Jahr 1969.* II|47

Musizieren im Barber Shop, New Orleans

Der **Blues** ist eine Liedform, die in der zweiten Hälfte des 19. Jahrhunderts in den Südstaaten der USA, genauer im Mississippi-Delta nördlich von New Orleans, vor allem von schwarzen Wanderarbeitern verbreitet wurde. Im Gegensatz zu den religiösen Gesängen der Schwarzen werden im Blues Erlebnisse des Alltags besungen, meist in der Ich-Form. Oft erzählen die Texte von ruhelosem Herumziehen (*engl.* rambling) oder enttäuschter Liebe. Die Bluesmusiker begleiteten sich oft auf der Mundharmonika oder auf der Gitarre.

Die Bluessongs wurden nicht aufgeschrieben, sondern mündlich weiterverbreitet. Dabei veränderten sie sich, denn viele Bluesmusiker improvisierten und versuchten, ihre eigenen Gedanken und Gefühle in der Musik zum Ausdruck zu bringen. „To feel blue" bedeutet in der englischen Umgangssprache „melancholisch, schwermütig sein". So entstand die Bezeichnung Blues.
Im Blues verschmelzen afrikanische und europäische Musikelemente miteinander. Typisch für den Blues ist u. a. das *Blues shouting* (*engl.* Vermischung von Sing- und Sprechstimme). Hier werden die afrikanischen Wurzeln des Blues besonders deutlich.

▶ **2** *Sucht im Song „Walking Blues" (1936) von Robert Johnson einzelne Wörter oder Abschnitte, an denen der Gesang besondere Auffälligkeiten aufweist, und beschreibt sie. Welcher Bezug zur europäischen Musik ist zu erkennen?* II|48

# Das Bluesschema

Ende des 19. Jahrhunderts wurde der Blues auch in den Städten im Norden der USA populär. Später fand er in rein instrumentaler Form Eingang in die Tanzmusik. Blueselemente finden sich auch vielfach in der Rockmusik. Im Laufe der Bluesentwicklung hat sich eine musikalische Form herausgebildet, die als Bluesschema bezeichnet wird. Dieses vereinigt musikalische und textliche Merkmale.

Eric Clapton
★ 1945 in Surrey (England)

**3** *Eric Clapton ist auch ein guter Bluessänger.* ↗ S. 37, 231  II|49
a) *Achtet beim Hören von „Before You Accuse Me" (1990) auf die besondere Textgestaltung der ersten Strophe und deren Taktanzahl.*
b) *Das Publikum klatscht bei der Unplugged-Version sehr gleichförmig mit. Das könnt ihr besser. Erfindet eine Begleitung mit Körperinstrumenten.*

*Ramblin' On My Mind*                         Worte: Robert Johnson

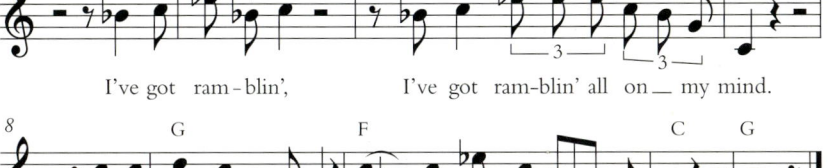

1. I've got ram-blin',__ I've got ram-blin' all on__ my mind.[1]

I've got ram-blin', I've got ram-blin' all on__ my mind.

Have to leave[2] my ba-by,__ but__ she treats[3] me so__ un-kind.[4]

2. ‖: I got mean[5] things, I've got mean things on my mind. :‖
   I got to leave my baby, well, she treats me so unkind.

3. ‖: Runnin' down to the station, catch the first mail train I see. :‖
   I got the blues about Miss So-and-So and the child got the blues about me.

[1] on my mind: im Sinn
[2] to leave: verlassen
[3] to treat: behandeln
[4] unkind: unfreundlich
[5] mean: gemein

**4** *Singt und begleitet mit Akkorden oder deren Grundtönen. Beschreibt das zugrunde liegende Bluesschema (Harmonie- und Textfolge).*  II|50

## Improvisation mit einer Bluestonleiter

Zur Improvisation über ein Bluesschema eignen sich die Töne einer sogenannten Bluestonleiter. Charakteristisch sind die so genannten Blue Notes. Genau genommen lassen diese sich nicht aufschreiben, denn sie befinden sich zwischen zwei Tönen. In einer weitverbreiteten Form enthält eine Bluestonleiter über dem Ton c' folgende Töne:

fis[6]  g                    fis[6]  f

**5** *Spielt die Begleitung zu „Ramblin' On My Mind" (1937) und improvisiert dazu mit den Tönen der abgebildeten Bluestonleiter.* ↗ S. 212 f.

[6] Blue Note mit Nachbarton der Durtonleiter

# Jazz-Stimmen

**Singen im Jazz**

**1** *Gesangsstimmen können sehr unterschiedlich klingen. Beschreibt ihre Besonderheiten (Klang, Tongebung, Tonumfang, Gestaltung der Melodie). Überlegt, an welchen Orten diese Musik ursprünglich aufgeführt worden sein könnte und welche dem Jazz zuzuordnen ist.*
II|51; III|31

Aretha Franklin
* 1942 in Memphis (Tennessee)

Ausgehend von den Sklavengesängen und dem Blues entwickelte sich im amerikanischen Jazz eine eigenständige Art zu singen. Sie unterscheidet sich von dem Gesangsideal, das sich in der europäischen Musiktradition entwickelt hatte. Im Jazz geht es um das sogenannte *Feeling* (engl. Gefühl): Töne werden oft bewusst nicht sauber intoniert, um damit rhythmische und melodische Spannungen zu erzeugen. Dabei können sich die Sänger auch stark von der ursprünglichen Melodie entfernen.

Der Jazz begeisterte auch europäische Komponisten wie Kurt Weill (1900–1950) aus Dessau. Der Song *Die Moritat von Mackie Messer* aus seiner *Dreigroschenoper* wurde von vielen Jazzsängern interpretiert.

*Die Moritat von Mackie Messer*  Worte: Bertolt Brecht
Melodie: Kurt Weill

1. Und der Hai - fisch, der hat Zäh - ne
1. Oh, the shark babe has such teeth, dear,
und die trägt er im Ge - sicht
and he shows them pear - ly white.
und Ma-cheath, der ___ hat ein Mes - ser,
Just a jack knife ___ has ol' Macheath, babe,
doch das Mes - ser sieht man nicht.
and he keeps it out of sight.

**2** *Versucht euch am Jazzgesang.*
a) *Singt das Lied.* ↗ S. 228
b) *Vergleicht die Interpretation von Louis Armstrong mit dem Notentext.* II|52
c) *Entwickelt eine eigene Gestaltung im Jazzstil.*

Louis Armstrong
* 1901 in New Orleans (Louisiana)
† 1971 in New York

## Scatgesang

Ein in der Jazzmusik typischer Gesangsstil heißt Scat (*engl.* to scat, hasten, jagen) und bezeichnet die textlose Improvisation mit der Stimme. Die Sänger verwenden dazu bestimmte Silben und Wortfragmente, die weder eine konkrete Bedeutung noch einen Sinnzusammenhang ergeben. Durch die lautmalerische und leidenschaftliche Gestaltung wird die Stimme wie ein eigenständiges Instrument behandelt. Zwischen Scatgesang und Rap gibt es eine geschichtliche Verbindung. Amerikanische DJs griffen auf diesen jazztypischen Stil zurück und entwickelten einen Sprechgesang, der eine frühe Form des Rap darstellte. ↗ S. 45

Zu den stilprägenden Künstlern gehörte die amerikanische Sängerin Ella Fitzgerald. Sie verhalf der Gesangsart zu Weltruhm. Mit großer Leichtigkeit improvisierte sie mit einem Stimmumfang von drei Oktaven wie ein Instrumentalist. **7**

Ella Fitzgerald
\* 1917 in Newport News (Virginia)
† 1996 in Beverly Hills (Kalifornien)

**▶ 3** *Im Jahr 1957 nahm Fitzgerald einen beliebten Song des amerikanischen Komponisten George Gershwin aus dem Jahr 1931 neu auf. ↗ S. 63 Welche Silben hört ihr in „It Don't Mean a Thing If It Ain't Got That Swing" (1957) und worin besteht die Virtuosität der Improvisation?* II|53

**▶ 4** *Scatgesang findet sich auch in neuerer Rock- und Popmusik. Vergleicht die Aufnahme mit dem vorherigen Musiktitel. In welcher Stilistik der Rock- und Popmusik wird im Song „Scatman" (1995) von Scatman John „gescattet"?* II|54

### Scat Yourself
Sascha Paul Stratmann

**▶ 5** *Übt den Scatgesang.*
*a) Singt die Melodie im jazzigen Triolenfeeling. ↗ S. 193* **2**
*Beachtet, dass die Silbe „ba" stärker betont wird als „da".*
*b) Begleitet euch mit passenden Instrumenten.*
*c) Variiert die Scatmelodie. Verändert die Silben und den Rhythmus.*

**▶ 6** *Sucht nach weiteren wichtigen Vertretern dieser Gesangsart und versucht, sie stilistisch und zeitlich in Beziehung zueinander zu setzen.*

# Jazz instrumental

## Instrumentalensembles im Jazz

Im Jazz gibt es unterschiedliche Instrumentalbesetzungen, deren kleinere auch als Combo bezeichnet werden. Eine traditionelle Formation ist das Trio, bestehend aus Klavier, Bass und Schlagzeug. Je nachdem, wie viele Instrumente mitspielen, ergeben sich darüber hinaus Quartett, Quintett oder noch größere Gruppen. Wichtige Melodieinstrumente sind die Klarinette, das Saxofon, die Trompete und die Posaune. Die Bigband weist die größte Anzahl von Musikern unter den Jazzensembles auf. 15 Instrumentalisten und mehr sorgen dabei für Klangfülle. Die Rhythmusgruppe, bestehend aus Klavier, Bass, Schlagzeug, liefert das Fundament für die mehrstimmigen Bläsergruppen und die Improvisationen einzelner Solisten. Bei den Improvisationen wechseln sich die Musiker ab und zeigen ihr Können. In einem Konzert ist es deshalb üblich, nach jeder Soloimprovisation zu applaudieren.

Jazzquintett, anonym

**1** *Erkennt jeweils die Besetzung und einzelne Instrumente. Versucht bei der Bigband die Reihenfolge des Einsatzes der Instrumentengruppen zu erkennen. Welches Instrument spielt ein Solo?* II|55–57

**2** *Welche Instrumente treten bei Soloimprovisationen in den Vordergrund?* II|58

**Take Five** (Anfangsthema) — Paul Desmond

Begleitrhythmus

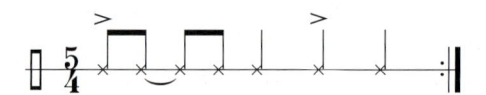

**3** *Bildet ein Trio oder Quartett.* II|56
a) Übt den Begleitrhythmus im ⁵⁄₄-Takt mithilfe von Körperinstrumenten oder Silben. ↗ S. 61, 190 ff.
b) Spielt die Melodie auf Tasteninstrumenten; auf Keyboards nach Möglichkeit im Saxofon-Sound. ↗ S. 193
c) Wählt passende Instrumente für die Basslinie und begleitet die Melodie.

## Jazz sinfonisch

In der ersten Hälfte des 20. Jahrhunderts begeisterten sich einige Komponisten für den Jazz. Sie entdeckten in dieser amerikanischen Musik Energie und musikalische Gestaltungselemente, die sie in ihre Musik integrierten. Darin zu finden sind rhythmische Besonderheiten, wie Synkopen und das „Triolenfeeling" **2**, Melodien, die improvisatorisch gestaltet wurden, und jazztypische Instrumente, wie Saxofon und Banjo. Ein Komponist, dem dies unnachahmlich gelang, war George Gershwin.

George Gershwin
★ 1898 in Brooklyn (New York City)
† 1937 in Hollywood

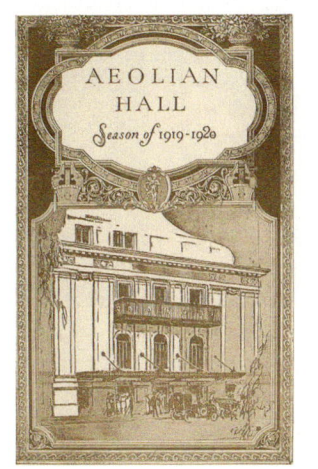

*Rhapsody in Blue* (Ausschnitte)
Anfang

Klaviersolo

Programm-Cover zur Uraufführung in der Aeolian Hall in New York, 1924

**▶ 4** Findet Elemente des Jazz.
a) Anfang: Bestimmt das Soloinstrument und beschreibt die klanglichen Effekte. II|59
b) Verfolgt in den Noten, wie die Instrumente die kleinen durchgestrichenen Achtelnoten umsetzen. Probiert sie selbst zu musizieren, zunächst ohne, dann mit diesen. Welches Element des Blues zitiert Gershwin hier? ↗ S. 59 II|60
c) Klaviersolo: Wie gestaltet der Komponist die für den Jazzgesang typischen nicht sauber intonierten Töne? ↗ S. 60 II|61
d) Findet in den Noten eine Synkope. ↗ S. 192

In der *Rhapsody in Blue* unternahm Gershwin den Versuch, Jazz und klassische Musik einander anzunähern. Der Komponist hatte das Stück für zwei Klaviere geschrieben. Die Instrumentierung übernahm Ferde Grofé. Er knüpfte an eine klassische Orchesterbesetzung an, erweiterte diese aber um Schlagzeug, Glockenspiel, Banjo und drei Saxofone. Bei der Uraufführung spielte Gershwin selbst die Klavierstimme.

Thema (Ausschnitt Mittelteil)

**▶ 5** Dieses Thema entstand aus einer Improvisation von Gershwin. II|62
a) Worin besteht der Kontrast zum Anfang der „Rhapsody"?
b) Wie interpretiert das Klavier die Melodie, die zunächst durch das gesamte Orchester vorgestellt wird?
c) Singt die Melodie auf Tonsilben. Wenn ihr dazu einen Text schreiben müsstet, auf welche Inhalte könnte sich dieser beziehen?

# 64 Fermate

## Jazzbegegnungen

Jazz ist zu einem festen Bestandteil unserer Musikkultur geworden. Inzwischen besteht an verschiedenen deutschen Musikhochschulen die Möglichkeit, Jazz zu studieren. Auch Musikschulen bieten spezielle Ausbildungsangebote für Instrumentalisten, Ensembles und Sänger an. Wettbewerbe, wie z. B. „Jugend jazzt", fördern junge Talente. Große internationale Festivals präsentieren die Stars der Szene und neueste Trends.

▶ **1** *Informiert euch über Jazzfestivals und deren musikalische Schwerpunkte. Organisiert nach Möglichkeit einen gemeinsamen Konzertbesuch.*

Jazz begegnet uns heute in einer großen musikalischen Vielfalt. Neben traditionellen Formen finden sich neuartige Verschmelzungen mit anderen Musikstilen und Kulturen.

▶ **2** *Entdeckt Jazzelemente in ungewohnter musikalischer Umgebung.*
a) *Welchen Stil der Rockmusik integriert die Band Jazzkantine in ihrem Titel „Es ist Jazz" (1994)?* II|63
b) *Welches im Jazz besonders beliebte Instrument steht im Vordergrund dieser ehemaligen TV-Serienmusik von Klaus Doldinger (1993)? Zu welcher Instrumentengruppe gehört es?* II|64
c) *Welche Anregung hat die Brasilianerin Eliane Elias in ihrem Titel „Just Kidding" (1991, engl. „einfach rumalbern") für ihren Gesang aus dem Jazz entlehnt?* II|65
d) *Der englische Rockmusiker Sting wechselt in seinem Hit „Englishman in New York" (1988) deutlich in den Jazz. Findet die Stelle und überlegt, warum der Musiker dies tut.* II|66
e) *Mit welchem jazztypischen Ensemble spielt hier die Rockgruppe Deep Purple bei einem Konzert 1999 zusammen?* II|67

▶ **3** *Im Eisenbahn-Musical „Starlight Express" (1984) wird jede der Lokomotiven durch einen Stil der Rock- und Popmusik charakterisiert. „Papa", die alte Dampflokomotive, singt einen „Blues". Warum?* II|68

*Jazz geht's los!*

Sascha Paul Stratmann

3
a7
E7
a7
A7
Mel.
Begl.
8
5
d7
D7
a7
E7
Mel.
Begl.
8

**4** *Entwickelt eine Jazzinterpretation.* II | 69

*a) Erschließt euch die Melodie und singt sie auf jazztypischen Scatsilben.*
*b) Übt die Basslinie im langsamen Tempo.*
*c) Versucht dazu die Akkordbegleitung auf Keyboards zu spielen.*

**5** *Die Fotos zeigen junge Nachwuchs-Jazzer aus Berlin und Leipzig. Vergleicht sie hinsichtlich ihrer Besetzung und bestimmt die Instrumente. Sucht nach deren Musik und Konzerten im Internet.*

Robert Michler Ensemble

Spielvereinigung Süd

Rabbits in the Moon

Change Request

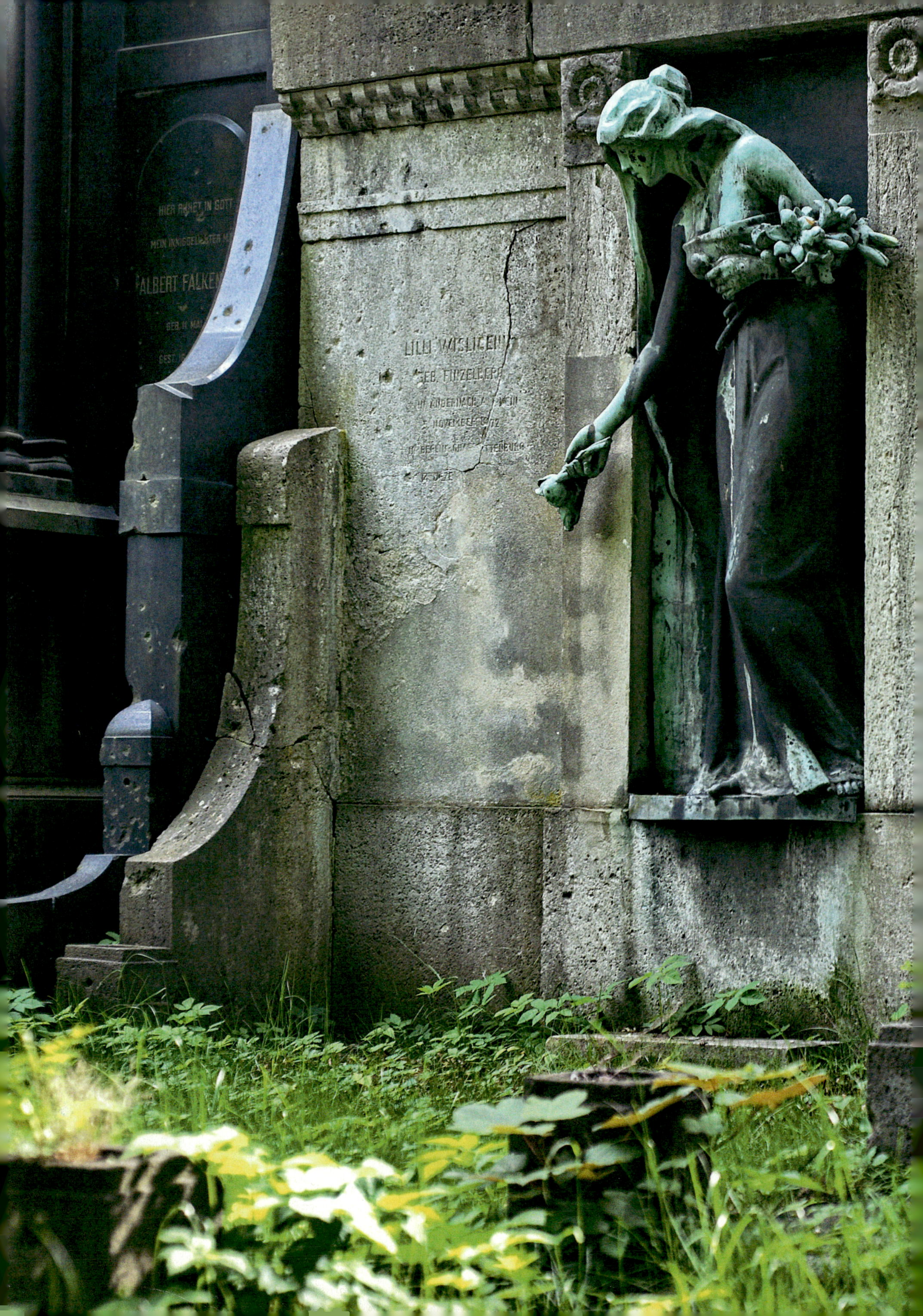
HIER RUHET IN GOTT
ALBERT FALKEN

# Lieder zum Nachdenken

# Wenn Worte nicht mehr ausreichen

**Lieder von der Liebe**

Liebe, love, amore, l'amour – ein Gefühl, das alle Menschen bewegt. Ungezählte Gedichte oder Filme handeln davon, aber eigentlich lässt sich das Gefühl mit Worten kaum beschreiben. Hier kann die Verbindung mit Musik helfen, die intensiven Emotionen zum Ausdruck zu bringen. Dies haben Menschen zu allen Zeiten genutzt: Von keinem anderen Thema handeln Lieder so häufig wie von der Liebe.

➤ **1** Widmet euch dem modernen Liebeslied „Das Beste" (2006) der Band Silbermond. III|1
a) Worum geht es? Was erfahrt ihr über die geliebte Person? Welche poetischen Gestaltungsmerkmale weist der Text auf?
b) Beschreibt die Musik und die Art des Gesangs. Welche Stimmung wird erzeugt?
c) Wie würdet ihr euch fühlen, wenn eure Freundin oder euer Freund euch dieses Lied vorspielen würde?

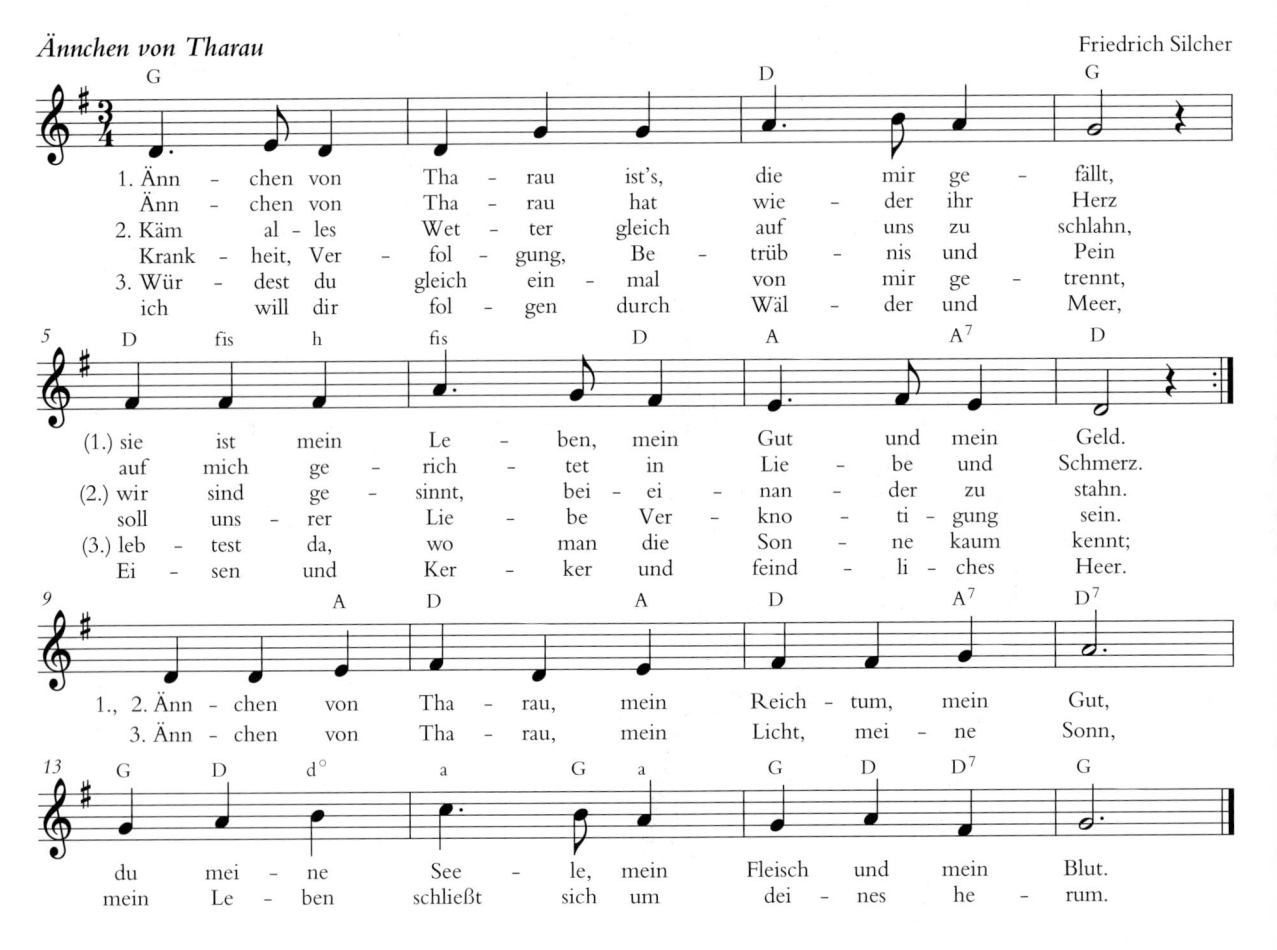

*Ännchen von Tharau* — Friedrich Silcher

1. Ännchen von Tharau ist's, die mir gefällt, sie ist mein Leben, mein Gut und mein Geld.
2. Käm alles Wetter gleich auf uns zu schlahn, wir sind gesinnt, beieinander zu stahn.
3. Würdest du gleich einmal von mir getrennt, lebtest da, wo man die Sonne kaum kennt;

Ännchen von Tharau hat wieder ihr Herz auf mich gerichtet in Lieb' und Schmerz.
Krankheit, Verfolgung, Betrübnis und Pein soll unsrer Liebe Verknotigung sein.
ich will dir folgen durch Wälder und Meer, Eisen und Kerker und feindliches Heer.

1., 2. Ännchen von Tharau, mein Reichtum, mein Gut, du meine Seele, mein Fleisch und mein Blut.
3. Ännchen von Tharau, mein Licht, meine Sonn, mein Leben schließt sich um deines herum.

➤ **2** Das volkstümliche Lied „Ännchen von Tharau" entstand vor mehr als 370 Jahren. III|2
a) Wie wirkt die Aufnahme des Rundfunk-Jugendchores Wernigerode (1973) auf euch?
b) Mit welchen Worten und Metaphern wird der Zustand des Liebesgefühls gezeichnet?
c) Entwickelt eure eigene Interpretation.
d) Informiert euch über die Geschichte des Liedes und seine Entstehung.

Liebesfreud und Liebesleid liegen seit jeher eng beieinander. So wie über die Verliebtheit wird auch viel über Liebeskummer gesungen.

➤ **3** Wie müsste eurer Meinung nach ein Lied über Liebeskummer klingen? Sammelt Beispiele und vergleicht sie.

# Lieder zum Nachdenken

## Lieder vom Tod

Der Tod gehört zum Leben dazu: Jeder Mensch muss sterben. Besonders bedrückend ist die Situation jedoch, wenn ein geliebter Mensch stirbt. Manchmal kommt der Tod plötzlich, verursacht durch ein Unglück oder krankheitsbedingt schleichend.

*Schwesterlein, Schwesterlein* — Anton Wilhelm von Zuccalmaglio

1. „Schwesterlein, Schwesterlein, wann gehn wir nach Haus?"
„Morgens, wann die Hahnen krähn, wolln wir nach Hause gehn;
Brüderlein, Brüderlein, dann gehn wir nach Haus!"

2. „Schwesterlein, Schwesterlein,
wohl ist es Zeit."
„Mein Liebster tanzt mit mir,
geh ich, tanzt er mit ihr,
Brüderlein, Brüderlein,
lass du mich heut!"

3. „Schwesterlein, Schwesterlein,
was bist du so blass?"
„Das macht der Morgenschein
auf meinen Wängelein,
Brüderlein, Brüderlein,
die vom Taue nass."

4. „Schwesterlein, Schwesterlein,
du wankest so matt?"
„Suche die Kammertür,
suche mein Bettelein,
Brüderlein, es wird fein
unterm Rasen sein."

**4** Das Lied „Schwesterlein" (1838) von Anton Wilhelm von Zuccalmaglio beschreibt eine Todesahnung.
a) Wie setzt der Dichter diese um?
b) Mit welchen musikalischen Mitteln wird der Text ausgemalt (Taktart, Tonalität u. a.)? Findet heraus, an welcher Stelle die Melodie von „Lasst doch der Jugend ihren Lauf" zitiert wird. ↗ S. 219  III|3
c) Singt die Strophen passend zur Entwicklung des Textes (Dynamik, Tempo). Holt euch Ideen von der modernen Interpretation (2007) der Sängerin Bobo. III|4

Das Lied *Der Weg* schrieb Herbert Grönemeyer nach dem Tod seiner Frau im Jahr 2002. Darin bringt er zum Ausdruck, wie sehr er sie geschätzt und geliebt hat. Außerdem ist es der Versuch, ihren Verlust zu verarbeiten.

**5** Lasst das Lied auf euch wirken.
a) Welche übergeordneten Themen werden neben dem Tod noch angesprochen?
b) Warum wurde es wohl zu einem der großen Erfolge des Musikers? III|5

# Schlager

Lena (2010)          Johnny Logan (1987)          Nicole (1982)

**» 1** *Welcher der drei Siegertitel „Satellite", „Hold Me Now" und „Ein bisschen Frieden" des Eurovision Song Contests ist eurer Meinung nach ein Schlager?* ↗ S. 38  III|31–33

Der Begriff Schlager entstammt der Wirtschaftswelt: So wurden besonders erfolgreich verkaufte Produkte genannt, die bei den Kunden „einschlugen wie ein Blitz" (Verkaufsschlager). Um 1880 wurde das Wort auch auf populäre Musikstücke übertragen. Oft waren dies einzelne Lieder aus beliebten Operetten oder Revuen, die zu „Gassenhauern" wurden. Als preiswerte Notenausgaben für das häusliche Musizieren und durch Kapellen, selbst durch Leierkastenspieler, wurden sie bekannt gemacht.

**» 2** *Mit der Verbreitung von Grammofon und Radio wurden die Absatzmöglichkeiten von Musik gesteigert. Stellt den Zusammenhang her.* ↗ S. 175

Mit dem Aufkommen des Tonfilms entstand in den 1930er-Jahren der Filmschlager. Manche dieser Schlager haben bis heute ihre Popularität behalten.

**» 3** *Warum können sich auch heute noch viele Menschen mit dem Schlager „Ein Freund, ein guter Freund" (1930) identifizieren? Achtet dabei besonders auf die Textaussage. Leitet daraus Tipps für Schlagertexter ab.*  III|34

Das Wirtschaftswunder Mitte der 1950er-Jahre weckte in Westdeutschland die Reiselust. Viele damalige Schlagertexte handelten deshalb von beliebten Urlaubsländern. Landestypische Instrumente wie Bouzouki (Griechenland) oder Akkordeon (Frankreich) gaben der Musik ein entsprechendes Kolorit. (↗ S. 243, 245) Ein politisch angespanntes Jahr war 1981: West- und Osteuropa bedrohten sich gegenseitig mit Atomraketen. Die Trennlinie der Machtblöcke der USA und der Sowjetunion verlief entlang der innerdeutschen Grenze zwischen der damaligen Bundesrepublik und der DDR.

**» 4** *Welchen Zeitbezug seht ihr in „Ein bisschen Frieden"? Beschreibt den Charakter des Gesangsvortrags und der Musik sowie deren Bezug zum Text."*  III|33

Auch Schlager entwickeln sich weiter, indem sie sich zum Teil der Rock- und Popmusik oder Folk- und Protestsongs annähern. Ein frühes Beispiel hierfür ist der Anti-Drogen-Schlager *Am Tag, als Conny Kramer starb* aus dem Jahr 1972. Es war die deutsche Fassung eines international erfolgreichen Hits.

**» 5** *Vergleicht das Original mit der deutschen Schlagerfassung.*  III|35,36

## Das Chanson

Berlin war als größte deutsche Metropole stets ein Anziehungspunkt für Künstler. Eine besondere Rolle spielte dabei das Kabarett. Hier wurden neben kleinen Szenen oder Gedichten vor allem Lieder vorgetragen, die sich oft in witzigem Ton mit alltäglichen Situationen auseinandersetzten. Viele dort präsentierte Lieder vom Leben und der besonderen Atmosphäre in Berlin wurden populär. *'ne dufte Stadt ist mein Berlin* (1911) war so ein typisches Lied, das damals von der Chansonsängerin Claire Waldoff (richtiger Name: Clara Wortmann) gesungen wurde.

Die Berliner Scala 1935, auf einem Plakat steht „Claire heest se!"

》➤ **6** *Achtet beim Hören besonders auf die Stimme und den Vortragsstil der Sängerin. Worin liegen die Unterschiede zum Schlager?* III|37

1 [ʃãsõ]

Der Begriff Chanson[1] stammt aus dem Französischen und bezeichnet dort umfassend „Lied". Im Deutschen wird er im engeren Sinne für Strophenlieder mit künstlerisch anspruchsvollem Text und inszeniertem Vortrag verwendet.

Edith Piaf (1960)    Tim Fischer (1995)    Reinhard Mey (2010)

》➤ **7** *Chansons können sowohl musikalisch als auch in der Inszenierung sehr große Unterschiede aufweisen.*
a) *Beschreibt Merkmale der Inszenierungen anhand der Bilder.*
b) *Verbindet die Musikausschnitte mit den entsprechenden Interpreten.*
III|38–40
c) *Entwickelt eigene Kriterien, nach denen man diese Chansons vergleichen könnte.*

# Fermate

## Werkzeugkasten zur Liedbeschreibung

Zur sprachlichen Beschreibung von Liedern benötigt man einen geeigneten Wortschatz. Außerdem müssen verschiedene Aspekte berücksichtigt werden.

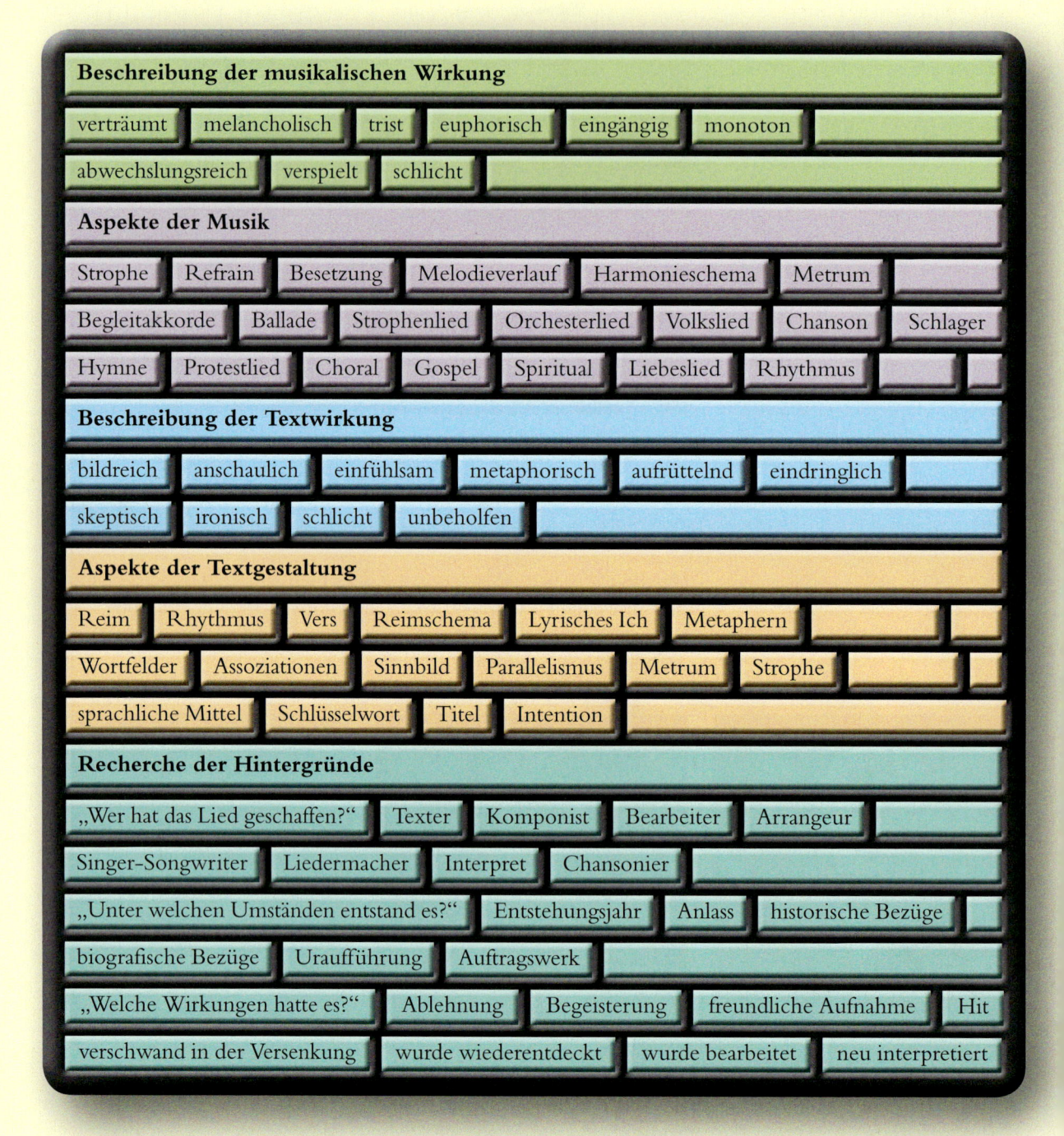

### Beschreibung der musikalischen Wirkung
verträumt | melancholisch | trist | euphorisch | eingängig | monoton
abwechslungsreich | verspielt | schlicht

### Aspekte der Musik
Strophe | Refrain | Besetzung | Melodieverlauf | Harmonieschema | Metrum
Begleitakkorde | Ballade | Strophenlied | Orchesterlied | Volkslied | Chanson | Schlager
Hymne | Protestlied | Choral | Gospel | Spiritual | Liebeslied | Rhythmus

### Beschreibung der Textwirkung
bildreich | anschaulich | einfühlsam | metaphorisch | aufrüttelnd | eindringlich
skeptisch | ironisch | schlicht | unbeholfen

### Aspekte der Textgestaltung
Reim | Rhythmus | Vers | Reimschema | Lyrisches Ich | Metaphern
Wortfelder | Assoziationen | Sinnbild | Parallelismus | Metrum | Strophe
sprachliche Mittel | Schlüsselwort | Titel | Intention

### Recherche der Hintergründe
„Wer hat das Lied geschaffen?" | Texter | Komponist | Bearbeiter | Arrangeur
Singer-Songwriter | Liedermacher | Interpret | Chansonier
„Unter welchen Umständen entstand es?" | Entstehungsjahr | Anlass | historische Bezüge
biografische Bezüge | Uraufführung | Auftragswerk
„Welche Wirkungen hatte es?" | Ablehnung | Begeisterung | freundliche Aufnahme | Hit
verschwand in der Versenkung | wurde wiederentdeckt | wurde bearbeitet | neu interpretiert

▶ **1** *Diese Wortfelder stellen nur eine Auswahl dar. Einige Ausdrücke können dabei mehreren Bereichen zugeordnet sein. Welche Begriffe fallen euch darüber hinaus ein? Denkt dabei auch an die Lieder in diesem Kapitel.*

▶ **2** *Bildet Gruppen und wählt jeweils eins eurer Lieblingslieder. Recherchiert Hintergründe und stellt die Lieder euren Mitschülern vor. Lasst sie die Wirkung von Musik und Text möglichst genau beschreiben.*

Lieder zum Nachdenken 83

Vor allem Liebeslieder aus vergangenen Zeiten sind bis in die Gegenwart
lebendig geblieben. Immer wieder wurden sie dem Zeitgeschmack angepasst.
Der Interpretationsvielfalt sind dabei keine Grenzen gesetzt.

*Ich hab die Nacht geträumet*          Aus dem 18. Jahrhundert

1. Ich hab die Nacht geträumet wohl einen schweren Traum: Es wuchs in meinem Garten ein Rosmarienbaum.

2. Ein Kirchhof war der Garten,
das Blumenbeet ein Grab
und von dem grünen Bäumen
fiel Kron und Blüte ab.

3. Die Blüten tät ich sammeln
in einen goldnen Krug.
Der fiel mir aus den Händen,
dass er in Stücke schlug.

4. Draus sah ich Perlen rinnen
und Tröpflein rosenrot.
Was mag der Traum bedeuten? –
Herzliebster, bist du tot?

》► **3**  Gestaltet und beschreibt das Lied.
a) Singt das Lied erst ein-, dann zweistimmig.
b) Untersucht den Musik-Text-Bezug.
c) Wählt passende Instrumente und begleitet das Lied mit den Grundtönen der Harmonien.
d) Auf der Seite ↗ 255 findet ihr dieselbe Melodie mit einem Text zum Herbst.

》► **4**  Auch das folgende Liebeslied regte andere Musiker zu eigenen Versionen an. Vergleicht die Coverversion von „Junimond" (2001) der Band Echt mit dem 15 Jahre älteren Original von Rio Reiser. Was könnten die Beweggründe von Echt gewesen sein, eine CD mit dem Titel „In memoriam Rio Reiser" herauszugeben? ↗ S. 73  ◎ III|41,42

》► **5**  Wählt einen Begriff aus dem Werkzeugkasten (siehe linke Seite) zur Musik- oder Textwirkung als Überschrift für eine eigene kurze Textgestaltung. Sucht geeignete Instrumente, um euren Text mit Musik zu kombinieren. Ihr könnt alleine oder in Gruppen arbeiten. Wer mag, kann sein Ergebnis in der Klasse präsentieren.

Rosmarin hatte in verschiedenen Gegenden Deutschlands unterschiedliche symbolische Bedeutung: Er galt als Zeichen von Liebe und Treue, aber auch als Bote des Todes und als Symbol der Trauer.

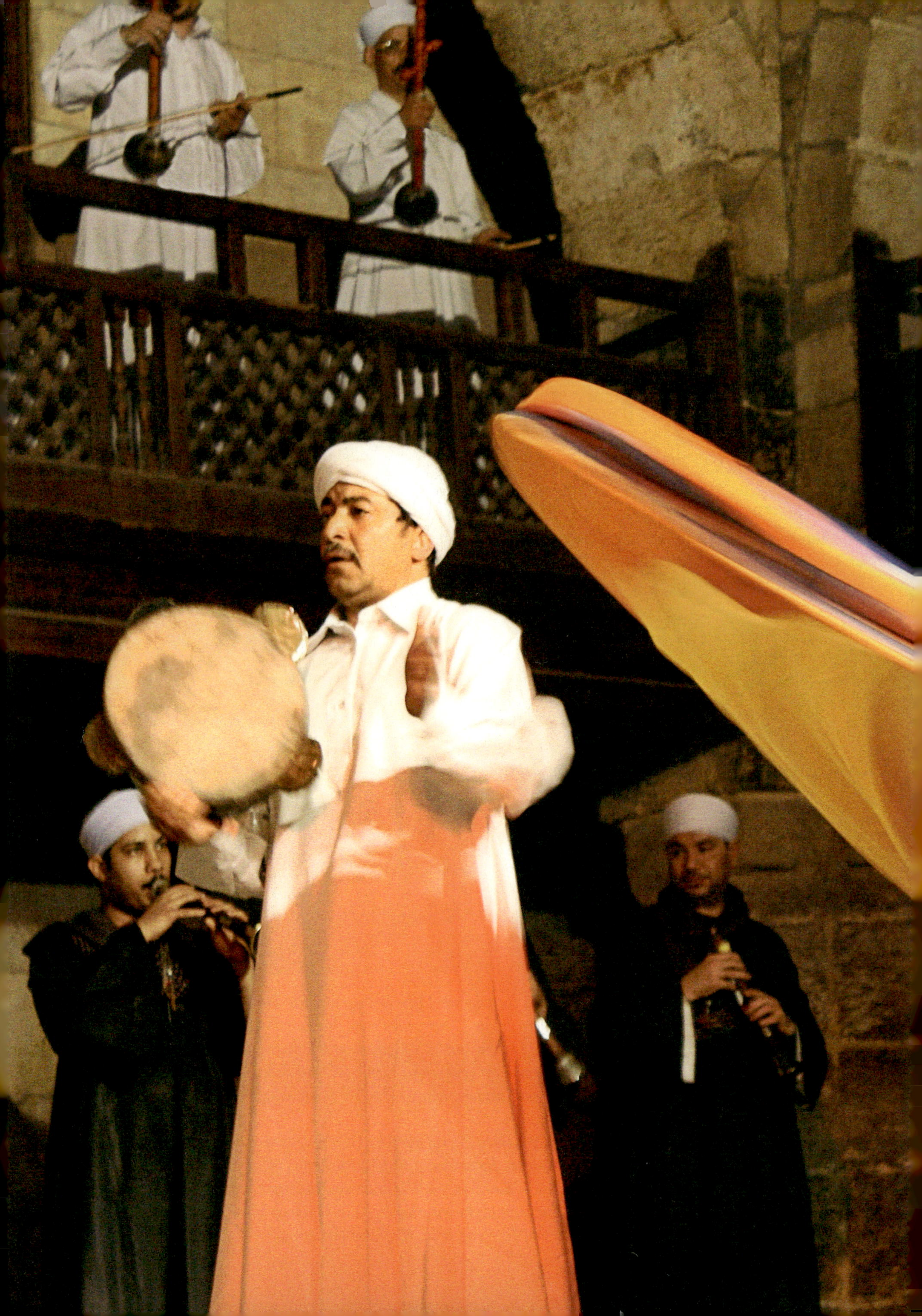

# Musik ohne Grenzen

# Orient – Arabische Musik

Aladin und die Wunderlampe

„Aladin war es, als müsse er vor Freude fliegen, da er Dinge sah, die er zeit seines Lebens nimmer gesehen hatte; dann traten sie in einen großartigen Garten, der in der Nähe war, ein Gelände, das das Herz erweiterte und den Blick aufheiterte, denn seine schnell rinnenden Bäche flossen zwischen den Blumen dahin, und die Wasser spritzten hervor aus den Mäulern von Löwen, die aus goldgleichem, gelben Messing gebildet waren. Dort setzen sie sich einem kleinen See gegenüber und ruhten eine Weile aus." (Auszug aus *Tausendundeine Nacht*)

》▶ **1** *Lasst euch vom Text und von der Musik in die orientalische Stimmung versetzen.*
 *a) Beschreibt die Gestaltung der Sprache im Gesang.*
 *b) An welche Instrumente erinnern euch die Klänge?* III|43

So wie die arabischen Geschichtenerzähler ihre erwachsenen Zuhörer mit einer kunstvollen, blumigen Sprache verzauberten, beeindruckt auch ihre traditionelle arabische Musik. Als Ausdruck der arabischen Identität erklingt sie vom Irak im Osten bis nach Marokko im Westen. Zentren sind bis heute Bagdad, Damaskus und Kairo. Die Musik wird vor allem durch meist einstimmigen Gesang geprägt, der zwischen freien oder festgelegten Formen wechseln kann. Die Begleitung übernehmen kleine Instrumentalensembles: Zu einem der wichtigsten traditionellen Instrumente zählt der *Ud* (Vorgänger der Laute). Des weiteren gibt es die *Rababa* (Streichinstrument), den *Kanun* (ähnlich der Zither), die *Nay* (Flöte) und die *Darbuka* (Trommel).

Yahyâ ibn Mahmûd al-Wâsitî, Pilgerkarawane, 1237

》▶ **2** *Welche der genannten Instrumente entdeckt ihr in den Bildern?*

Naseer Shamma gilt als der meistgeschätzte Ud-Spieler. Er gründete 1998 in Kairo die „Bait Al-Ud Al-Arabi", die bis heute größte Musikschule Arabiens: Jung und Alt erhalten hier Unterricht auf dem Ud.

》▶ **3** *Achtet auf die Virtuosität Shammas und den Klangunterschied zwischen einem modernen Ud und einer Laute.* ↗ S. 167 III|44,45

Naseer Shamma
* 1963 in Kut (Irak)

Musik ohne Grenzen 87

### Heiraten in Ägypten

Viele Wochen sind damals wie heute für die Hochzeitsvorbereitungen nötig. Die Frauen kümmern sich um die Mitgift der Braut und ihr Hochzeitskleid. Schmuck spielt dabei eine wichtige Rolle. Außerdem backen sie Süßigkeiten für das Fest. Am Hochzeitstag tragen sie alle sehr aufwändige Frisuren und Kleider. Bei den Feierlichkeiten gibt es in Ägypten zwei verschiedene Bräuche: In der Stadt gehört eine Bootsfahrt auf dem Nil zur Tradition. Die Musik dringt über den Fluss ans Ufer und lockt Neugierige zum Beobachten, Miterleben und Mittanzen. Danach fahren alle in einem Autokorso zum Haus des Bräutigams, in dem weitergefeiert wird. Auf dem Land ist hingegen ein „Kamelkorso" üblich. All diese Rituale werden von Musik begleitet. Sie ist Ausdruck der Freude über die Vermählung mit ansteckender Wirkung. Die Töne der Instrumente besitzen nahezu eine magische Kraft, die schnell in ihren Bann zieht. Selbst wenn die Gäste sich von der Feier verabschieden, bleibt der Klang der Musik für immer ein Teil ihrer Erinnerungen.

Mohamed Mounir
★ 1954 in Assuan (Ägypten)

In Kairo wird Mohamed Mounir als Popstar gefeiert. In seiner Musik verbindet er arabische mit europäischen Elementen und Instrumenten aus der Rock-, Pop- und Jazzmusik. Besonders seine Livekonzerte werden sehr geschätzt, denn seine Musik hat einen eingängigen Charakter, der zum Tanzen motiviert.

》▶ **4** Das Lied „Banat" (arab., Mädchen) wird oft auf Hochzeitsfeiern gespielt. Welche neuen musikalischen Einflüsse sind erkennbar (Instrumente u. a.)? Probiert aus, wie dazu getanzt werden könnte. III|46

》▶ **5** Vergleicht die ägyptischen Hochzeitsrituale mit den Traditionen in Deutschland.

Der libanesische Poet und Philosoph Khalil Gibran (1883–1931) ließ in einem langen Gespräch einen jungen und alten Herrn über wichtige Themen des Lebens philosophieren. Die folgenden Zeilen sind daraus entnommen.

أعطني الناي وغن
Gib mir die Flöte und lass mich singen,
فالغنا سر الخلود
denn das Lied Gottes wird überall klingen.
وأنين الناي يبقى
Der Klang der Flöte wird immerdar bleiben,
بعد أن يفنى الوجود
während Verbrechen und Menschen dem Ende zutreiben.

Miniatur aus dem Mittleren Osten, Erzengel Gabriel, 16. Jh. (Ausschnitt)

》▶ **6** Diskutiert, um welche Themen es gehen könnte. Berücksichtigt dabei auch den Textauszug.

》▶ **7** Wie interpretiert die libanesische Sängerin Fairuz den Text „Gib mir die Flöte"? Beschreibt ihren Gesangsstil und die dadurch vermittelte Gemütslage. III|47

# Afrika – Ghana

Ghana ist ein Vielvölkerstaat im Westen Afrikas. Etwa 100 Volksgruppen mit ca. 79 unterschiedlichen Sprachen leben dort. Die Amtssprache ist Englisch. Gemeinsam ist den verschiedenen Gruppen ein ausgeprägter Familienzusammenhalt. Wer z. B. Arbeit hat, unterstützt alle seine Verwandten.

Ghana hat eine vielfältige Natur: einen breiten Küstenstreifen, Regenwald und Savanne. Das Klima ist tropisch, es gibt keine Jahreszeiten, nur eine Regen- und Trockenzeit. Deshalb wachsen hier Früchte wie Ananas, Bananen, Avocados, Apfelsinen und Zitronen.

**》► 1** *Informiert euch zur Geschichte Ghanas: Warum ist wohl die Amtssprache Englisch?*

## Erwachsen werden in Ghana

In allen Kulturen gibt es Rituale, die den Übergang vom Jugend- in das Erwachsenenalter kennzeichnen.

Der Stamm der Krobo feiert z. B. ein besonderes Fest für Mädchen, das sich Dipo nennt. Dieses findet im Februar jeden Jahres statt und betrifft nur die Mädchen, welche zum ersten Mal ihre Menstruation hatten. Die Feierlichkeiten beginnen mit der Anrufung der Erdgöttin, einem rituellen Bad im Fluss und einem gemeinsamen Essen. Die Mädchen kleiden sich in ein weißes Tuch und begeben sich zum heiligen Stein. Bis zu diesem Zeitpunkt sind Männer und Frauen an der Zeremonie beteiligt. Der letzte Teil der Riten ist jedoch nur noch Frauen vorbehalten. Jedes Mädchen setzt sich dreimal auf den heiligen Stein und darf ab diesem Zeitpunkt nicht mehr sprechen. Anschließend müssen alle sieben Tage lang in einem speziellen Raum verbringen. Dort werden sie von den älteren Frauen in die Kultur und Religion der Krobo eingeführt sowie auf die Sexualität und ihre zukünftigen Aufgaben als Ehefrau und Mutter vorbereitet. Zum Schluss werden sie mit Perlen und Bändern geschmückt. Sie zeigen sich dem gesamten Stamm und beginnen zu tanzen, indem sie durch gekonnte Bewegungen von Bauch und Hüfte die Perlen zum Klingen bringen und so den jungen Männern ihre Weiblichkeit zeigen. Einige Männer begleiten sie auf Rhythmusinstrumenten und singen dazu.

**》► 2** *Achtet auf den Rhythmus der Bass-Trommel und versucht mitzuspielen.* ⊚ III|48

**》► 3** *Vergleicht das Dipo-Ritual mit entsprechenden Festen in unserer Kultur, z. B. der Jugendweihe und Konfirmation.*
*a) Welche Symbolik könnte hinter den weißen Tüchern stehen, in die die Mädchen anfangs gehüllt werden?*
*b) Welche Rituale, Traditionen und Musiken begleiten unsere Feste?*

## Kpatsa

Der Kpatsa ist ein traditioneller Tanz aus Afrika, der das Dipo-Ritual begleitet. Verschiedene Rhythmusinstrumente wie Cabasas, Djembés und Glocken spielen unterschiedliche Ostinati, die auch variiert werden.

*Cabasas und Djembé*

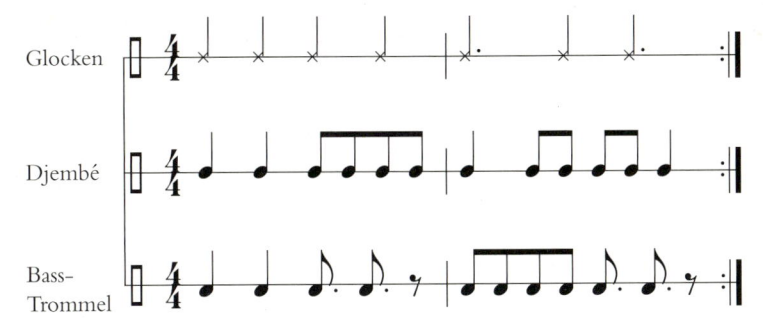

### Melodie

Na - ki le na - ki le mi - bi na - ki le jea ja - o. le jea ja - o. Na - ki le na - ki le, mi - bi na - ki le maa - ba o. Na - ki le, na - ki le mi - bi na - ki le ma - a - ba o, mi - bi na - ki le ma - a - ba o.

### Ostinato

Glocken

Djembé

Bass-Trommel

*Glocken*

### Bewegungsbeschreibung

Aufstellung: Kreis, die Tänzerinnen stehen hintereinander

Auf die erste Zählzeit mit rechts einen Schritt vorwärts, den linken Fuß neben den rechten setzen, nur die Zehen antippen und mit dem linken Bein rhythmisch wippen. Dazu die leicht angewinkelten Arme ebenfalls im Metrum bewegen.
Auf die nächste Eins mit links einen Schritt vorwärts, den rechten Fuß antippen und mit dem rechten Bein wippen. Versucht auch den Bauch und die Hüften mitzubewegen.

Auch wenn die traditionelle Musik bei Festen immer noch gespielt wird, hat sich in der Musikkultur Ghanas viel verändert: Aus dem Zusammenspiel von einheimischen und europäischen Instrumenten sowie aus der Verbindung von traditionellen Rhythmen mit dem Jazz entstand ein eigener Stil: der Highlife.

**4** *Gestaltet den Kpatsa.* III|48
a) Erarbeitet euch die Ostinati, spielt erst jeden Rhythmus einzeln, dann alle zusammen.
b) Singt den Text nach dem Call-and-Response-Prinzip. ↗ S. 57
c) Eine Mädchengruppe bewegt sich zur Musik.

**5** *Welche europäischen und afrikanischen Instrumente erkennt ihr in der Musik?* III|49

# Südostasien – Indonesien

Im Jahr 1889 fand in Paris die Weltausstellung statt, eine Schau von technischen und kulturellen Sensationen aus der ganzen Welt. Indonesien, das große Inselreich im Indischen Ozean, hatte eine musikalische Attraktion mitgebracht: Ein Gamelan-Orchester. Die ungewöhnlichen Instrumente der etwa 40 Musiker, vor allem aber auch ihre Art zu spielen, sorgten für Aufsehen.

Gamelan bezeichnet einerseits traditionelle Musikstile auf Java und Bali. Andererseits steht Gamelan für die Gruppe der Instrumente, aus denen sich das Orchester zusammensetzt.

》► **1** *Lasst die Gamelan-Musik auf euch wirken.*
*a) Beschreibt Auffälligkeiten in Klang und Ablauf der Musik aus Java.* III|50
*b) Vergleicht mit dem Charakter dieser Musik aus Bali.* III|51

Zu einem typischen Gamelan gehören folgende Instrumente:

- Trommeln (*Kendang*)
- Gongs (*Bonang*: liegender Gong; *Gong Ageng*: größter hängender Gong)
- Metallofone (*Gender* mit dünneren Lamellen als *Saron*)
- Flöten (*Suling*)
- Zithern (*Siter*)

Gamelan-Orchester

Der Klang der Bronze-Instrumente sowie die Verwendung von für unsere Ohren ungewöhnlichen Tonsystemen (*Slendro* und *Pelog*) kennzeichnen die indonesische Musik. Mit unseren Noten lassen sich diese Tonleitern nicht genau niederschreiben, weil andere Tonhöhen verwendet werden.

Slendro (vereinfacht)

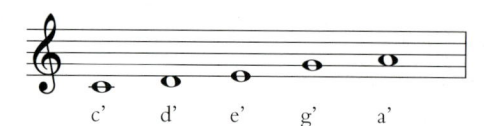

c' d' e' g' a'

Pelog (vereinfacht)

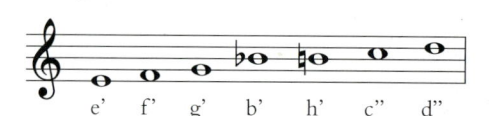

e' f' g' b' h' c" d"

》► **2** *Verschafft euch einen Eindruck von den indonesischen Tonleitern: Hört zunächst Slendro und Pelog auf indonesischen Instrumenten und spielt anschließend selbst die Skalen in der notierten Fassung.* III|52,53

Das Zusammenspiel ist im Gamelan streng geregelt:
Die Trommeln beginnen und geben den Rhythmus und das Metrum vor. Die Hauptmelodie wird auf den liegenden Gongs vorgetragen und von den Metallofonen umspielt. Die anderen Instrumente setzen nach und nach ein und übernehmen die vorgegebene Melodie. Dabei setzen die hängenden Gongs Akzente, wobei der größte Gong darunter das Ende der musikalischen Abschnitte markiert und so der „Leiter" des Orchesters ist. Manche Instrumente können auch frei nach Gehör und Gedächtnis Variationen der Melodie spielen. Typisch sind die ständigen Wiederholungen innerhalb der Gamelan-Stücke.

Musik ohne Grenzen

》▶ **3** *Konzentriert euch auf die Gong-Melodie und singt sie leise mit.* III|54

- gong ageng
- kendang
- saron
- gender
- bonang

In Java und Bali wurde Gamelan ursprünglich für die Herrscher an den fürstlichen Höfen und bei religiösen und rituellen Anlässen gespielt. Heute ist es dort vorwiegend eine Touristenattraktion und begleitet auch Tanzaufführungen, Prozessionen (Umzüge), Dorffeste, Puppenspiele, Schattenspiele und Theater.
Ein beliebtes Freizeitvergnügen auf Java ist das Wayang-Schattenspiel, in dem Helden- und Göttermythen dargestellt werden.

Wayang-Schattenspiel

Unheimlich wirkt der Kecak (Affengesang) auf Bali, bei dem Jungen und Männer – manchmal Hunderte – in einem Kreis sitzen und mit ihren Stimmen die Rhythmusinstrumente des Gamelan imitieren. Sie singen ständig und schnell hintereinander die Silben *cak-cak-cak* und erwirken so einen Zustand, der es ermöglichen soll, mit den Göttern Kontakt aufzunehmen. Im Inneren des Kreises wird eine Geschichte von Göttern, Königen und Dämonen inszeniert.

Affengesang Kecak

》▶ **4** *Bildet drei Gruppen und entwickelt ähnlich wie in der Musik eine eigene Gestaltung mit den Rhythmen und Silben „pung", „cak", „chi". Verwendet auch die euch zur Verfügung stehenden Instrumente zur Begleitung.* III|55

Auch außerhalb Javas und Balis sind Gamelan-Orchester anzutreffen, so auch bei uns in Deutschland. Der sphärenhafte Klang der Gamelan-Musik inspirierte westliche Komponisten wie z. B. Claude Debussy, Benjamin Britten, Carl Orff oder den Rockmusiker Pete York.

》▶ **5** *Beschreibt, welche Merkmale der Gamelan-Musik in dem Klavierstück „Voiles" von Claude Debussy anklingen.*
↗ S. 264 III|56

# Südamerika – Peru

*Ojos Azules*  
Aus den Anden

1. O-jos a-zu-les no llo-res, no llo-res ni te e-na-mo-res. res.
2. Tú me ju-ras-te que rer-me, querer-me to-da la vi-da. da.

Llo-ra-ras cuan-do me-va-ya, cuan-do re-me-dio ya no-ha-ya ya.
No pa-sa-ron dos, tres dí-as tú te a-le-jas y me de-jas. jas.

**Zum Inhalt**

Blaue Augen (Ojos Azules) verdrehen einem Reisenden immer wieder den Kopf, weshalb er seine Geliebten schnell zurücklässt und weiterzieht.

**▶ 1** Welche der abgebildeten peruanischen Instrumente sind in dem Liebeslied „Ojos Azules" zu hören? ⊙ III|57

Charango (10-saitige kleine Gitarre)

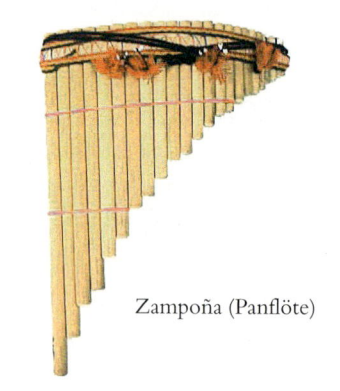

Quenas (Flöten aus Holz)

Zampoña (Panflöte)

Das Lied *Ojos Azules*, ein Volkslied aus den Anden, wird auch in Peru gern gesungen und mit Zampoñas (gespr. Zamponjas) begleitet. Sie sind Panflöten ähnlich, welche aber nur aus sieben oder acht Tönen bestehen. Deshalb musizieren zumeist zwei Spieler mit Instrumenten, die unterschiedliche Töne enthalten.

**▶ 2** Musiziert gemeinsam. ⊙ III|58
a) Erarbeitet zuerst die Melodie von „Ojos Azules" und achtet dabei besonders auf die Taktwechsel. ↗ S. 191 **3**
b) Begleitet euch mit diesen oder weiteren südamerikanischen Rhythmusinstrumenten. ↗ S. 9
c) Fügt ein instrumentales Vor- und Zwischenspiel ein.

**▶ 3** Habt ihr ähnliche Musik schon einmal live gehört?
a) Tauscht eure Erfahrungen über die Musikbegegnungen aus.
b) Vielleicht war einer eurer Mitschüler bereits in Südamerika und kann sogar eins der Instrumente mitbringen.
c) Bedenkt auch Lieder, die ihr in eurem Musikunterricht schon zusammen gesungen habt oder die ihr in den „Liedern, Spielstücken und Tänzen" neu entdeckt.

## Der Cajón

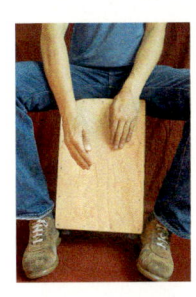

Cajón (gespr. Cachon) kommt aus dem Spanischen und bedeutet übersetzt Kiste oder Kasten. Das entspricht auch der Form des Instruments, auf dem der Musiker beim Spielen sitzt. Es können tiefe Klänge erzeugt werden, indem in der Mitte der vorderen Holzplatte mit der geschlossenen, leicht gewölbten Hand musiziert wird. Hohe Töne erreicht man durch das Spielen mit gespreizten Fingern am oberen Rand. ↗ S. 9

》➤ **4** *Erfindet kurze Rhythmusbausteine und verbindet sie auf dem Cajón mit hohen und tiefen Tönen. Wählt zum gemeinsamen Musizieren einen Spielleiter.*

Der Cajón wurde von afrikanischen Sklaven erfunden, die die Spanier nach der Eroberung des Inkareiches 1532 an die Pazifikküste Südamerikas mitbrachten. Den bis zur Unabhängigkeit Perus 1821 auf den Plantagen arbeitenden Sklaven war es streng verboten zu singen, zu musizieren und Instrumente zu besitzen. Musik aber war für sie so wichtig, dass sie nach alternativen Möglichkeiten suchten: Stühle, Tische und auch Kisten. Diese Gegenstände wurden zu ihren Instrumenten, die ihnen niemand wegnehmen konnte. ↗ S. 56

》➤ **5** *Welcher Rhythmusbaustein kehrt in dem bolivianischen Lied „Pollerita" immer wieder? Spielt ihn auf Cajóns, Tischen oder Stühlen und begleitet mit dem Ostinato leise das Lied. Achtet auf einen ausgewogenen Gesamtklang.* III|59

Der spanische Gitarrist Paco de Lucía gastierte in den 1970er-Jahren in Lima, der Hauptstadt Perus. Damals nahm er zwei Cajóns mit nach Spanien und experimentierte zusammen mit dem brasilianischen Schlagzeuger Rubem Dantas. Die Mischung von Flamencogitarre und peruanischem Cajón präsentierten sie auf ihren weltweiten Konzerten. Das trug auch zur Popularität des Instruments in Spanien bei. Musiker haben damit experimentiert und hinter die Schlagfläche eine Schnarrsaite gespannt, sodass beim Spiel ein Geräusch ähnlich dem der Snare-drum entsteht. ↗ S. 29, 190

》➤ **6** *Wie gestaltet sich das Zusammenspiel von Gitarre und Cajón in „Sólo Quiero Caminar" (2005)?* III|60

# Fermate

## Die ganze Welt ist voll Musik

>► **1**  Entdeckt auf der Karte die Länder, die euch im Kapitel begegnet sind und die auf diesen Seiten anklingen.

Viele Künstler der Gegenwart lassen sich von der Musik anderer Kulturen beeinflussen. Aus der Kombination unterschiedlicher Stile entstehen oft interessante, neue Mischungen.

Die isländische Musikerin Björk ist bekannt für ihre Experimentierfreude. In ihren Songs verbindet sie Popmusik mit Elementen anderer Kulturen, von Elektro und Klassik.

gis'  a'  cis"  dis"  e"

>► **2**  Spielt die abgebildete Tonfolge. Wählt einen Begleitrhythmus und improvisiert mit den Tönen. Erkennt die Melodie in dem Song „Pagan Poetry" (2001). III|61

Rabih Abou Khalil ist ein libanesischer Musiker und Komponist. Er studierte in Beirut arabische und westliche Musik. Bekannt geworden ist er vor allem durch seine innovative Kombination von arabischer mit Jazzmusik.

>► **3**  Welche Instrumente erkennt ihr in dem Instrumentalstück „Amal Hayati" (1988)? III|62

Die aus Frankreich stammende Sängerin Soha betrachtet sich selbst als Nomadin, die es selten an einem Ort hält und die sich in vielen Ländern der Welt zuhause fühlt. Ihre Eltern stammen aus Nordafrika und so wurde sie schon als Kind mit unterschiedlichen Kulturen vertraut gemacht.

>► **4**  Versucht in Sohas Lied „On ne Saura jamais" (2008) die verschiedenen Sprachen herauszuhören, in welchen sie singt. Achtet auch auf den Rhythmus. Welcher kulturelle Einfluss ist bemerkbar? III|63

In vielen außereuropäischen Kulturen wird die Musik ohne Notenschrift von den älteren Musikern an die jüngere Generation weitergegeben. Oft wird dafür eine spezielle Rhythmussprache verwendet. ↗ S. 56, 61

))► **5** *Lasst euch von der britischen Sängerin indischer Herkunft Sheila Chandra und ihrem Lied „Speaking in Tongues III" (1999) beeindrucken. Ahmt ihre Idee nach: Ein Schüler erfindet selbst einen kurzen Rhythmus auf Tonsilben, der von einem anderen imitiert werden muss. Sobald er ihn richtig wiederholt hat, entwickelt er einen neuen Rhythmus und gibt ihn weiter.* (◎) III|64

In einer globalisierten Welt wandern Menschen oft in andere Länder aus. Dafür gibt es sehr unterschiedliche Gründe, beispielsweise private oder berufliche Perspektiven, aber auch Armut und Verfolgung.

))► **6** *Bittet einen Mitschüler aus eurer Klasse oder eurer Schule, Besonderheiten seiner kulturellen Herkunft und deren Musiktradition vorzustellen.*

Die vielfältigen Musikkulturen haben sich seit jeher auch im Tanz gegenseitig bereichert. Die folgende Schrittkombination vereint neben der libanesischen Tradition Elemente aus der Renaissance in Europa, z. B. einer Galliarde. Und ebenso wie in Europa spielt die Improvisation eine Rolle. ↗ S. 166

Tanzbeschreibung

Aufstellung: Halbkreis

Es wird gegen den Uhrzeigersinn getanzt, die erste Person führt.

| | |
|---|---|
| ZZ 1 | Schritt kreuzt links vor rechts |
| ZZ 2 | Sprung auf links, rechtes Bein geht vor |
| ZZ 3 | Sprung auf beide Beine (leicht geöffnete Position) |
| ZZ 4 | Sprung auf rechts, linkes Bein geht vor |
| ZZ 5, 6 | drei schnelle Stampfer am Platz (links beginnt) |
| ZZ 7 | Sprung auf beiden Beinen mit Vorwärtsbewegung (leicht geöffnete Position) |
| ZZ 8 | Sprung rückwärts auf beiden Beinen |

))► **7** *Erarbeitet euch die Schrittfolgen.*
*a) Tanzt zu „Oudak Rannan" (1988) der Sängerin Fairuz.* ↗ S. 87
(◎) III|65
*b) Verwendet auch Elemente einer Galliarde und erfindet eigene Kombinationen.* ↗ S. 166

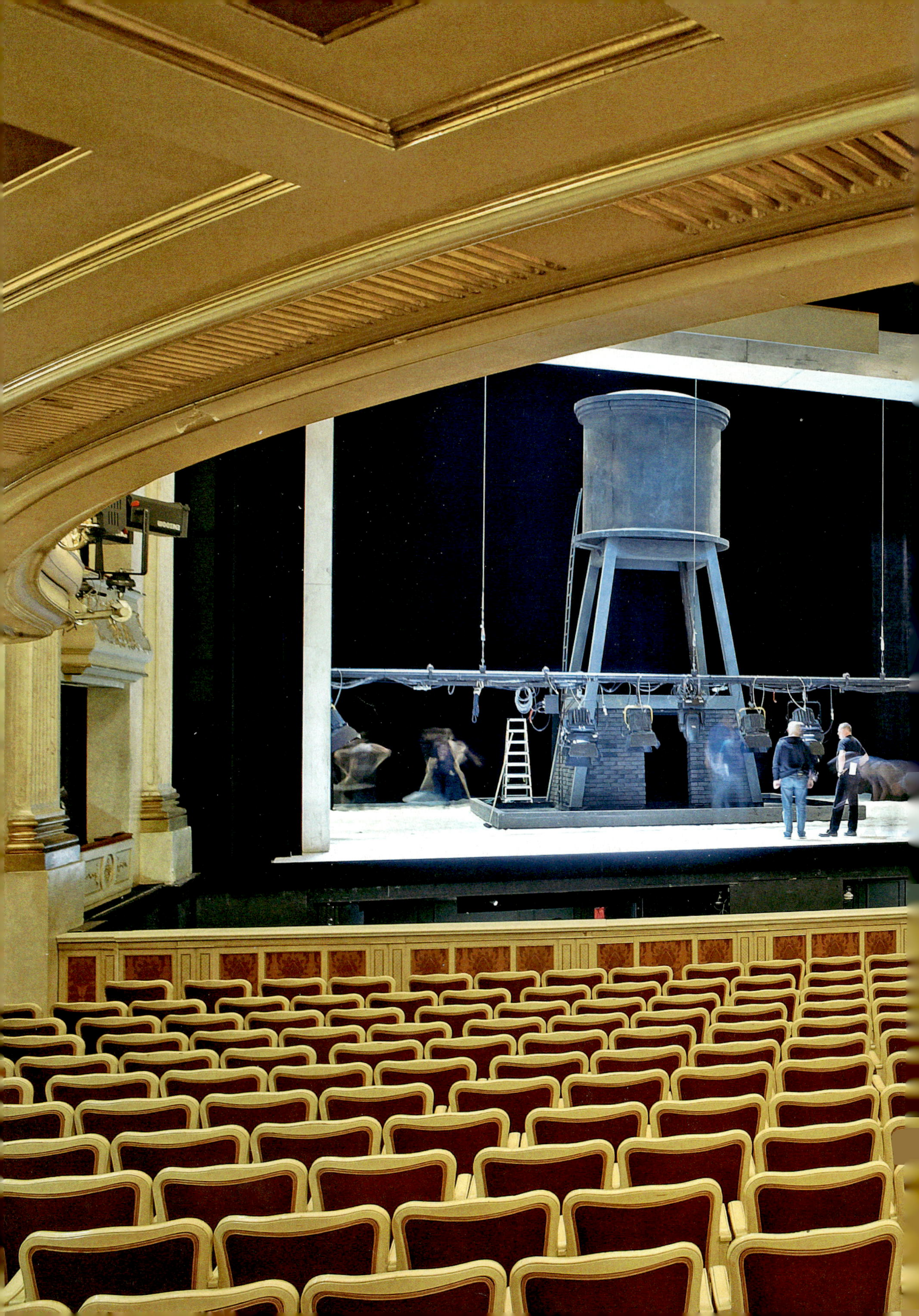

# Musik und Szene

# Eine Inszenierung entsteht

Bevor es in einem Musiktheater zu einer Inszenierung kommt, werden viele Entscheidungen und Vorbereitungen getroffen. Über viele Wochen, sogar Monate, wird geprobt, geschneidert, gebaut und vieles mehr. Dabei gibt es für jeden Bereich Verantwortliche und Künstler, die Hand in Hand zusammenarbeiten.

Der Intendant, der Chefregisseur, der Generalmusikdirektor und der geschäftsführende Direktor eines Theaterhauses beraten über die Werkauswahl in der nächsten Spielzeit: Welche Oper, Operette oder welches Ballett oder Musical soll ins Programm aufgenommen werden? Bei den Überlegungen werden unterschiedliche künstlerische und wirtschaftliche Interessen diskutiert.

》▶ **1** *Informiert euch über die Aufgabenfelder der vier Gesprächsteilnehmer und überlegt gemeinsam, welche Interessen sie bei der Auswahl der Werke vertreten. Entwickelt eine kleine Szene und spielt das Gespräch.*

Diesmal soll unter anderem der Klassiker unter den Musicals, die *West Side Story*, gespielt werden. Nachdem der Regisseur und der Dirigent engagiert wurden, muss sich das Ensemble bilden: Die Rollen und Stimmen werden – soweit möglich – hausintern verteilt.
Die Sängerin Katharina Schrade hat die Rolle der Maria schon an verschiedenen Spielorten wie Chemnitz, Kiel oder Bad Hersfeld gespielt. In dem folgenden Interview berichtet sie darüber. ↗ S. 106 ff.

SCHRADE  Eine Rolle erhält man immer durch ein erfolgreiches Vorsingen. In der Regel präsentiert man dort ein bis zwei Gesangsstücke aus dem Werk, für das man sich bewirbt. Der Regisseur, der Dirigent, oft auch der Intendant und der zuständige Dramaturg entscheiden, wer die Rolle bekommt.

Katharina Schrade
\* 1985 in Leipzig

Etwa ein halbes Jahr vor der Premiere vermittelt der Regisseur den Bühnen- und Kostümbildnern seine Überlegungen zum Werk. Diese entwickeln erste Entwürfe für die Ausstattung, die gemeinsam besprochen werden. Danach können in der Schneiderei die Kostüme genäht, in den Werkstätten die Kulissen gebaut und notwendige Requisiten besorgt werden.

SCHRADE  In meiner Rolle als Maria trage ich verschiedene Kleider, die aber alle in einem sehr mädchenhaften Stil konzipiert wurden. Auf das Design des Kostüms hat man als Darsteller allerdings keinen Einfluss. Man muss das tragen, was sich der Kostümbildner ausgedacht hat.

Die Sänger lernen ihre Partien auswendig. Dabei hilft ihnen der Korrepetitor, der sie bei der Einstudierung am Klavier begleitet.

SCHRADE  Im Studium erarbeitet man schon einige der Partien, die man später auch singen möchte. Dadurch legt man sich auf ein bestimmtes Stimmfach und Rollenbild fest.
Bevor man als Gast an ein Theater kommt, muss man die Partien bereits beherrschen, da man sonst nicht mit den szenischen Proben beginnen kann. Am Theater selbst feilt man mit dem hauseigenen Korrepetitor an der endgültigen Interpretation.

Der Regisseur beginnt auf der Probenbühne mit den szenischen Proben, die nur vom Korrepetitor begleitet werden. Das Orchester erarbeitet währenddessen das Werk separat mit dem Dirigenten. Erst bei den Endproben kommen alle zusammen. Das Bühnenbild wurde parallel gebaut. Umbauten und der technische Ablauf werden geprobt. Der Regisseur legt mit dem Beleuchtungsmeister den Beleuchtungsplan fest. Alle Scheinwerfer müssen für sämtliche Szenen einzeln eingerichtet und die Computersteuerung dafür programmiert werden.

In langen und anstrengenden Hauptproben werden jetzt Bühnenbild, Technik, Musik und Szene zusammengeführt. Schließlich findet in der Generalprobe ein abschließender kompletter Durchlauf statt. Der Inspizient koordiniert sämtliche Bereiche und sorgt für den reibungslosen Ablauf der Proben und Aufführungen.

SCHRADE   In der Endprobenphase spielt man täglich mindestens zweimal das Stück komplett durch. Die bislang erprobte Intensität der einzelnen Szenen muss jetzt im Gesamtablauf auf den Punkt kommen. Wenn die Bühnentechnik und das Orchester einbezogen werden, braucht es eine gewisse Zeit, bis alles reibungslos verläuft. Als Sänger muss man es unauffällig schaffen, den Dirigenten stets im Blickfeld zu haben.
Während dieser Phase muss man sich seine Kräfte sehr gut einteilen. Hat man in einem Stück viel zu tun, lebt man eigentlich nur noch nach dem Motto „Singen – Essen – Schlafen". Für mehr ist gar keine Kraft mehr da.

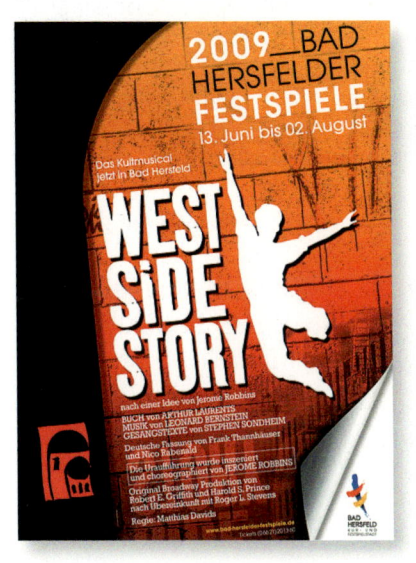

Höhepunkt nach allen Proben ist die Premiere: Zum ersten Mal wird die *West Side Story* vor Publikum gespielt. Damit sich der Vorhang heben kann, werden noch mehr Mitarbeiter benötigt: die Karten- und Programmverkäufer, die Platzanweiser, die Mitarbeiter des Theatercafés, die Maskenbildner und die Garderobieren hinter und vor der Bühne.

SCHRADE   Zu einer Premiere ist es üblich, den anderen Beteiligten kleine Geschenke zu machen. Oft haben sie etwas mit dem Stück zu tun, der jeweiligen Rolle oder einer lustigen Situation während der Probenzeit. Kurz vor Beginn wünscht man sich „Toi! Toi! Toi!" und spuckt sich dreimal gegenseitig über die linke Schulter – das bringt Glück.
Bei mir kommt die große Aufregung immer so zwei Stunden vor Beginn. Am schlimmsten ist es vor dem ersten Auftritt und vor schwierigen Passagen. Aber wenn man erstmal auf der Bühne steht und in der Szene drin ist, dann lässt auch die Anspannung immer mehr nach.

▶ **2**   *Ein Musiktheater ist ein Großbetrieb, in dem viele Menschen arbeiten.*
*a) Klärt unbekannte Begriffe und tragt zusammen, welche Berufe man an einem Theater ausüben kann.*
*b) Verteilt die Berufsgruppen auf die ganze Klasse und holt – wenn möglich nach Interessen – in Partnerarbeit oder kleinen Gruppen genaue Informationen über die Aufgabenfelder ein. Stellt sie euch gegenseitig vor und fertigt eine Übersicht an.*
*c) In welchem dieser Berufe könntet ihr euch vorstellen zu arbeiten? Erkundigt euch, welche Ausbildung jeweils notwendig ist.* ↗ S. 20

# Der Freischütz

Die Ouvertüre

Eine Oper beginnt meistens mit einer Ouvertüre (*frz.* Einleitung, Eröffnung), bei der nur das Orchester musiziert und der Vorhang oft noch geschlossen bleibt. Sie stimmt musikalisch auf die Charaktere der beteiligten Personen ein und stellt Teile der Handlung vor.

▶ **1** *Hört den Beginn der Ouvertüre: Welche Atmosphäre wird erzeugt? Überlegt euch, in welcher Umgebung die Geschichte beginnt. Welche Instrumente geben euch hierauf einen Hinweis?* ↗ S. 204  [7]  ◎ IV|1

Eine spannungsvolle Dramaturgie entsteht durch das Wechselspiel unterschiedlicher Figuren.

*Max*
Jägerbursche

*Agathe*
Tochter des Erbförsters

*Kaspar*
Jägerbursche

*Samiel*
der „schwarze Jäger"

In der Ouvertüre zum *Freischütz* werden charakteristische musikalische Themen der Oper vorgestellt. Sie lassen nicht nur die Handlung erahnen, sondern deuten auch Charakter und Gefühle der Hauptrollen an.

▶ **2** *Ordnet die Musikausschnitte der Ouvertüre den Illustrationen zu und stellt Mutmaßungen über die beteiligten Figuren, deren Charakterzüge und mögliche Konflikte an.*
◎ IV|2–4,6

Der *Freischütz* ist eine der bekanntesten deutschen Opern. Den Text schrieb der Dresdner Dichter Friedrich Kind. Die Musik komponierte Carl Maria von Weber (1786–1826). Am 18. Juni 1821 fand die Uraufführung unter seiner Leitung im Berliner Schauspielhaus statt. ↗ S. 263
Die Geschichte *Der Freischütz*, die auf einer alten Volkssage beruht, entdeckte der Komponist in einem neu erschienenen „Gespensterbuch". Im 19. Jahrhundert entwickelte sich in der Literatur, aber auch in anderen Künsten, eine Begeisterung für Märchen, Sagen und Spukgeschichten. Für die als Romantik bezeichnete Epoche gilt die Oper von Weber deshalb als typisch: Es geht um Liebe, finstere Mächte, hellseherische Träume und tödliche Gefahr. Im Zentrum des Geschehens stehen die beiden Jägerburschen Max und Kaspar. ↗ S. 154

*Jägerchor* (Refrain, Originaltonart D-Dur)

La la la la la la la la la la la la la la
la la la la la la la la la la la la la la

**3** *Die Jäger besingen die Freuden ihres Berufs. Welchen Bezug stellt der Komponist zur Musik her? Singt und vergleicht den Refrain des „Jägerchors" mit dem Volkslied „Auf, auf zum fröhlichen Jagen". ↗ S. 254* IV|7

Zur Handlung (1)

In der Oper geht es vordergründig um den „Kampf des Guten gegen das Böse", wobei beide Seiten nicht immer klar voneinander zu trennen sind. Besonders eindrucksvoll wird dies an dem Jägerburschen Max deutlich, der in Versuchung gerät, sich auf einen teuflischen Pakt einzulassen. Er liebt Agathe, die Tochter des Erbförsters, aufrichtig: Um sie jedoch heiraten zu dürfen, muss er ein Prüfungsschießen ablegen. Das Schützenglück hat ihn aber plötzlich verlassen und er wird dafür verspottet. Ängste und Selbstzweifel beginnen ihn zu plagen.

**Max und Kaspar**

**4** *Wie gelingt es dem Komponisten, im Rezitativ und in der Arie von Max, „Nein, länger trag ich nicht die Qualen", dessen innere Zerrissenheit zum Ausdruck zu bringen? Stellt euch ähnliche Situationen aus eurem eigenen Leben vor und tauscht euch darüber aus.* IV|8

Zur Handlung (2)

Ganz anders ist sein vermeintlicher Freund Kaspar. Sein Charakter zeigt sich in seinem Liedbeitrag *Hier im ird'schen Jammertal*, mit welchem er Max aus seinen trüben Gedanken herausreißen möchte.

**5** *Beschreibt den Ablauf der Szene im Dialog und in der Musik. Welche Unterschiede zwischen Kaspar und Max werden erkennbar? Berücksichtigt auch die zeitgenössische Illustration.* IV|9

Illustration aus dem 19. Jahrhundert zur Oper *Der Freischütz*

## Samiel

Zur Handlung (3)

Kaspar ist dem „schwarzen Jäger" Samiel verfallen. Dieser wird alsbald sein Leben einfordern, es sei denn, dass Kaspar ihm an seiner Stelle ein neues Opfer zuführt.
Obwohl Samiel eine wichtige Rolle in der Opernhandlung einnimmt, singt er keinen einzigen Ton. Immer wenn er in die Handlung eingreift, erklingt als Erkennungszeichen ein bestimmter Akkord.

**1** *Versucht euch den Klang einzuprägen. Was glaubt ihr, weshalb hat Weber keinen Gesangspart für Samiel geschrieben?* IV|5

**2** *Spielt die drei Akkorde. Findet heraus, in welchem das „teuflische" Intervall Tritonus versteckt ist und damit Samiel charakterisiert. Welche Wirkung haben die Akkorde, wenn ihr sie vergleicht?* ↗ S. 205

**3** *Seid Masken- und Kostümbildner und entwickelt selbst einen Entwurf für die Rolle des Samiel.*

Inszenierung von Philipp Stölzl im Südthüringischen Staatstheater Meiningen, 2005

### Die Wolfsschluchtszene

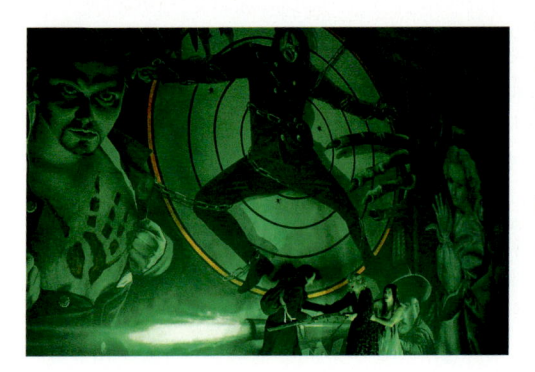

Weber hat wie kein anderer Opernkomponist in seinem *Freischütz* direkten Einfluss auf die szenische Gestaltung seines Werks genommen, in dem er in der Partitur konkrete Regieanweisungen platzierte.

**4** *Projekt: Knüpft an euer Vorwissen an und tragt den Handlungsablauf zusammen. Entwickelt eine eigene szenische oder bildnerische Gestaltung passend zur Musik.*

## Agathe

Zur Handlung (4)

Agathe entspricht dem romantischen Ideal aufopferungsvoller Liebe und ewiger Treue, das in ihrer Arie *Wie nahte mir der Schlummer, bevor ich ihn geseh'n?* hörbar wird.

**5** *Beobachtet den Wechsel der Gefühle im Text und in der Musik.* IV|10

## Der Eremit und Fürst Ottokar

Zur Handlung (5)

Der Eremit stellt eine entscheidende Schlüsselfigur im Handlungsablauf der Oper dar. Er verkörpert Weisheit und Vernunft sowie das christliche Prinzip der Vergebung.
Das Probeschießen: Max hat die siebte Kugel im Gewehrlauf. Er zielt auf eine weiße Taube, aber Agathe und Kaspar sinken zu Boden. Agathe bleibt unverletzt, durch die vom Eremiten geschenkten weißen Rosen geschützt. Kaspar jedoch wird tödlich getroffen. Der Fürst ist entsetzt über das Fehlverhalten von Max und will ihn hart bestrafen. Der Eremit hingegen bringt Verständnis auf und erinnert an die ausweglose Situation, in welcher sich Max befand, und schlägt eine Bewährungszeit vor. Der Fürst beugt sich der Weisheit des heiligen Mannes.

*Glück im Unglück für Agathe und Max*

*Fürst Ottokar*

So eile, mein Gebiet zu meiden, und kehre nimmer in dies Land!

*Eremit*

Wer legt auf ihn so strengen Bann? Ein Fehltritt, ist er solcher Büßung wert?

»▶ **6** *Begründet die gegensätzlichen Positionen der beiden, die auch in der Musik erkennbar werden.* IV|11,12

»▶ **7** *Fasst die Handlung der Oper mit euren eigenen Worten zusammen.*

»▶ **8** *Hört das Ende der Oper und gestaltet dazu ein passendes Standbild.* IV|13

Die Themen der Oper beschäftigen uns auch heute: Einsamkeit, Angst, Selbstzweifel, Vertrauen, Liebe, Verführbarkeit, Zerrissenheit zwischen dem Guten und Bösen.

»▶ **9** *Diskutiert, wie die Handlung des „Freischütz" in unsere Gegenwart übersetzt werden könnte. Sucht auf den Spielplänen in der näheren und weiteren Umgebung nach einer Inszenierung des „Freischütz". Verschafft euch nach Möglichkeit einen Eindruck der Inszenierung und vergleicht auch mit den hier und auf der Fermate-Seite abgebildeten Fotos.* ↗ S. 112

# Romeo und Julia

Plakat zum Kinofilm von Baz Luhrmann (USA 1996)

Etwa um 1594 schrieb William Shakespeare das Drama „Romeo und Julia". Die tragische Geschichte, in der zwei Liebende sterben müssen, weil ihre Familien verfeindet sind, inspiriert bis heute Schriftsteller, Komponisten und Filmregisseure. Sie faszinierte auch den russischen Komponisten Sergej Prokofjew (1891–1953), der 1935/36 die Musik zu einem Ballett schrieb.

**1** *Überlegt, vor welchen Herausforderungen ein Komponist und ein Choreograf stehen, wenn sie eine dramatische Handlung mit den Mitteln von Musik und Tanz gestalten und erzählen wollen.*

Zur Handlung (1)

In der italienischen Stadt Verona leben zwei verfeindete Familien namens Montague und Capulet. Julia ist die Tochter der Capulets und 14 Jahre alt.

*Julia* (3 Ausschnitte)

**2** *Lernt Julia musikalisch kennen.*
a) *Beschreibt ihre durch die Musik gezeichnete Persönlichkeit.* IV|14
b) *Spielt die einzelnen in der Musik enthaltenen Motive auf Instrumenten und überlegt, für welche Charakterzüge sie stehen könnten.* 11
c) *Welche Instrumente spielen die Motive?* IV|15–17

## Zur Handlung (2)

Romeo (Sohn aus der Familie Montague) besucht inkognito einen Ball der Familie Capulet. Dort lernt er Julia kennen und verliebt sich in sie.

Prokofjew beschreibt die Ballszene durch einen historischen Schreittanz, einer *Pavane*. Mit dieser wurden in der Renaissance höfische Feste eröffnet. Sie besteht aus einer Schrittkombination, die sich immer wiederholt:

Aufstellung: Paaraufstellung, offene Fassung

Ablauf: auf Halbe-Notenwerte
- Schritt li vorwärts – re ran
- Schritt re vorwärts – li ran
- Schritt li – re – li vorwärts – re ran
- Schrittfolge mit re beginnend wiederholen

**》► 3** *Erfasst die Stimmung der Ballszene.* IV|18
a) *Warum benutzt Prokofjew eine alte Tanzform für die Ballszene?*
b) *Wie gelingt es dem Komponisten, die für Romeo bedrohliche Situation der Enttarnung musikalisch zu gestalten? Achtet auf den Rhythmus und die Instrumentierung.*
c) *Tanzt die Schrittkombination der Pavane.*

Aus einer Inszenierung von Youri Vàmos im Leipziger Opernhaus, 2009

## Zur Handlung (3)

Romeo und Julia heiraten heimlich mithilfe des Paters Lorenzo. Bei einem Zusammentreffen von Tybalt, einem Capulet, und Romeo kommt es zum Kampf, in dessen Folge Romeo Tybalt tötet, weil dieser zuvor seinen Freund ermordet hatte.

**》► 4** *Mit welchen unterschiedlichen Instrumenten wird die Kampfszene und die Verzweiflung Romeos nach dem Tod Tybalts gestaltet?* IV|19

## Zur Handlung (4)

Die verfeindeten Familien beschließen, dass Romeo verbannt wird und Julia einen anderen Edelmann heiraten soll. Julia findet sich nicht mit ihrem Schicksal ab und versucht eine List. Mithilfe eines Schlaftrunks täuscht sie ihren Tod vor und wird in die Familiengruft gebracht. Der nicht eingeweihte Romeo sieht Julia, hält sie für tot und vergiftet sich. Die erwachende Julia erblickt den toten Geliebten und ersticht sich in ihrem Kummer.

**► 5** *Am Grab von Romeo und Julia versammeln sich die verfeindeten Familien. Wie werden sie sich wohl verhalten? Vergleicht eure Erwartungen mit dem Ende bei Shakespeare.* IV|20

# West Side Story

Eines der weltweit bekanntesten Musicals ist die *West Side Story* des US-amerikanischen Komponisten Leonard Bernstein (1918–1990). ↗ S. 265 Es war nicht nur auf der Bühne ein großer Erfolg, gewann bedeutende Preise, sondern wurde auch verfilmt (10 Oscars). Es handelt von gewalttätigen Auseinandersetzungen zweier rivalisierender Jugendbanden im New York der 1950er-Jahre. ↗ S. 98 f.

**1** *Überlegt euch in Gruppen einen Namen und ein Begrüßungsritual für eine Jugendbande: Händedruck, Gesten, Grußwort, ein musikalisches Erkennungszeichen (z. B. Pfiff) usw. Stellt pantomimisch dar, wie sich zwei Gangs verhalten könnten, wenn sie aufeinandertreffen.*

Die Jets in der Inszenierung von Matthias Davids, Bad Hersfeld, 2010

„Hass-Motiv"

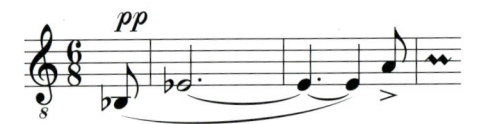

**2** *Dieses Motiv spielt eine besondere Rolle im Musical. Beschreibt seine Merkmale (Intervallfolge, Rhythmus). Spielt es auf Instrumenten und prägt es euch gut ein.*

**3** *Hört den Prolog (Vorrede) und beschreibt einen möglichen Handlungsverlauf.*
*a) Woran erkennt ihr, dass schon am Anfang Bandenmitglieder auf der Bühne zu sehen sind? Was führt zum Ende der Auseinandersetzung?* IV|21,22
*b) An welcher Stelle war das „Hass-Motiv" besonders gut zu hören?* IV|22
*c) Überlegt, warum der Komponist den Prolog nicht als Ouvertüre bezeichnet hat.*

Zur Handlung (1)

Im New Yorker Stadtteil West Side streiten zwei Jugendbanden um die Vorherrschaft: die New Yorker Jets (engl. Düsenflugzeuge) mit ihrem Anführer Riff und die aus Puerto Rico eingewanderten Sharks (engl. Haie) um Bernardo.
Bei einer Tanzveranstaltung begegnen sich Maria (Bernardos Schwester) und Tony (ehemaliger Anführer der Jets und bester Freund von Riff). Es ist Liebe auf den ersten Blick. Doch Bernardo hat Maria bereits seinem Freund Chino zur Frau versprochen. Er selbst ist fest mit Anita zusammen. Die Banden vereinbaren einen Entscheidungskampf.

**4** *Erstellt eine Übersicht, aus der die Beziehungen zwischen den Gruppen und Hauptpersonen deutlich werden.*

*Maria*

Worte: Steven Sondheim · Melodie: Leonard Bernstein

Ma - ri - a! I've just met a girl named Ma - ri - a, and sud - den - ly the name will ne - ver be the same to me.

**5** *Tony hat Maria gerade kennengelernt.* IV|23
a) *Welche Gefühle werden in Text und Musik deutlich? Wie oft singt Tony den Namen Maria und warum?*
b) *Bestimmt die Intervallfolge des „Maria-Motivs".* 7 11

## Zur Handlung (2)

Nach dem Tanzabend treffen sich die Sharks mit ihren Mädchen. Sie erinnern sich an ihre alte Heimat Puerto Rico und vergleichen sie mit ihrer neuen. Die Gemüter erhitzen sich, weil nicht alle einer Meinung sind.

### America

ANITA   Puerto Rico, dem mein Herz gehört,
es soll in den Ozean rutschen,
immer diese Hurricanes,
immer dieses Bevölkerungswachstum
und die vielen Schulden
und die brennende Sonne
und die Ausdünstungen der Eingeborenen.
Ich mag die Insel Manhattan.
ROSALIA   Ich weiß das.
Rauch deine Zigarette und kapier das endlich!
GIRLS   Ich bin gern in Amerika,
Amerika ist O.K. für mich.
Alles ist frei erhältlich in Amerika.
BERNARDO   Für eine kleine Gebühr in Amerika.
ANITA   Auf Kredit zu kaufen ist so schön.
BERNARDO   Ein Blick auf uns und sie verlangen das Doppelte.
ROSALIA   Ich werde meine eigene Waschmaschine haben.
INDIO   Doch was wirst du drin zu waschen haben?
ANITA   Wolkenkratzer wachsen in Amerika.
ROSALIA   Cadillacs sausen durch Amerika.
ANOTHER GIRL   Die Industrie boomt in Amerika.
BOYS   Zwölf Leute müssen sich in Amerika einen Raum teilen.

ANITA   Viele neue geräumige Häuser werden gebaut.
BERNARDO   Viele Türen werden uns vor der Nase zugeschlagen.
ANITA   Ich werde ein Reihenhäuschen haben.
BERNARDO   Es ist besser, du wirst deinen Akzent los.
ANITA   Das Leben kann großartig in Amerika sein.
BOYS   Wenn du kämpfen kannst in Amerika.
GIRLS   Das Leben in Amerika ist in Ordnung.
BOYS   Wenn du ein Weißer in Amerika bist.
GIRLS   Hier bist du frei und lebst in Würde.
BOYS   Solange du bei deinesgleichen bleibst.
GIRLS   Du bist frei, zu sein, was du willst.
BOYS   Frei, um Tische zu bedienen und Schuhe zu putzen.
BERNARDO   Überall gibt es Verbrechen in Amerika, organisiertes Verbrechen in Amerika.
Es ist eine schreckliche Zeit in Amerika.
ANITA   Du vergisst, dass ich dort bin.
BERNARDO   Ich glaube, ich gehe zurück nach San Juan.
ANITA   Ich weiß, welches Schiff du nehmen kannst.
Tschüss! Tschüss!
BERNARDO   Jeder wird mich dort mit großem Hallo begrüßen.
ANITA   Jeder von dort wird inzwischen hierher gezogen sein.

**6** *Lest den Text mit verteilten Rollen. Welche positiven und negativen Seiten werden einander gegenübergestellt?*

**7** *Hört den Verlauf der Szene. Welche Funktion könnten die Abschnitte haben, in denen nicht gesungen wird?* IV|24,25

**8** *Singt, musiziert und tanzt zu „America".* S. 234

Da die Puerto-Ricaner aus Lateinamerika stammen, hat ihnen der Komponist einen typischen Tanzrhythmus ihrer Heimat mitgegeben, den Huapango.

Die Sharks

Anita und Maria

Bandenstreit

## Zur Handlung (3)

Als die beiden Banden aufeinandertreffen, wird Riff von Bernardo erstochen. Tony, der den Kampf eigentlich verhindern wollte, tötet unbeabsichtigt Bernardo und muss untertauchen. Maria erfährt, dass Tony ihren Bruder ermordet hat. Sie ist zwar entsetzt, hält aber trotzdem weiterhin zu ihm. Anita hingegen ist voller Hass auf den Mörder ihres Freundes.

### *A Boy Like That*

ANITA
A boy like that who'd kill your brother,
forget that boy and find another,
one of your own kind!
Stick to your own kind!

A boy like that will give you sorrow,
you'll meet another boy tomorrow!
One of your own kind!
Stick to your own kind!

A boy who kills cannot love,
a boy who kills has no heart.
And he's the boy who gets your love
and gets your heart,
very smart, Maria, very smart!

A boy like that wants one thing only,
and when he's done, he'll leave you lonely.
He'll murder your love, he murdered mine.
Just wait and see, just wait, Maria,
just wait and see!

MARIA
Oh no, Anita, no, Anita, no!
It isn't true, not for me,
It's true for you, not for me.
I hear your words and in my head
I know they're smart,
but my heart, Anita, but my heart
knows they're wrong.
You should know better.
You were in love, or so you said.
You should know better.

I have a love, and it's all that I have.
Right or wrong, what else can I do?
I love him; I'm his,
and ev'rything he is I am, too.
I have a love, and it's all that I need.
Right or wrong, and he needs me, too.
I love him, we're one, there's nothing to be done.
Not a thing I can do but hold him,
hold him forever, be with him now,
tomorrow and all of my life!

ANITA und MARIA
When love comes so strong, there is no right or wrong.
Your love is your life!

» **1** *Beschreibt den Konflikt zwischen Anita und Maria. Wie spiegelt er sich auch in dem Szenenfoto?*

» **2** *Wie verändern sich der Ausdruck und die Stimmung in der Musik und im Gesang? Wie gestaltet sich das Ende inhaltlich und musikalisch?* IV|26,27

Musik und Szene

## Zur Handlung (4)

Maria will mit Tony fort und ein neues Leben anfangen. Anita ist bereit, ihr zu helfen und zwischen den Gangs zu vermitteln, wird jedoch von den Jets so gedemütigt, dass sie behauptet, Chino habe Maria erschossen. Als Tony dies hört, verlässt er verzweifelt sein Versteck. Die beiden Liebenden treffen glücklich aufeinander, doch Chino schießt und Tony stirbt in Marias Armen.

*Somewhere* (Ausschnitt)  Worte: Steven Sondheim · Deutscher Text: Marcel Prawy · Melodie: Leonard Bernstein

There's a place for us, a time and place for us. Hold my hand and we're half-way there.
Ir - gend - wo und -wann, ja, ir - gend - wo und -wann. Fol - ge mir und ich führ dich hin,

Hold my hand and I'll take you there some - how, some day, some - where!
zei - ge dir Weg und Tür dort - hin. Zeig dir den Weg dort - hin.

▶ **3** Hört das Lied und probiert, den Ausschnitt gemeinsam ausdrucksvoll in der angegebenen Dynamik zu singen. (Ab Takt 9 kann auch eine Oktave tiefer gesungen werden.) Vergleicht den deutschen mit dem englischen Text und entscheidet euch für eine Version. IV|28

▶ **4** „Somewhere" wird am Ende des Musicals aufgegriffen, wenn Maria es für den sterbenden Tony singt.
a) Wie könnte das Ende auf der Bühne gestaltet werden? Entwickelt eine Pantomime zur Musik. IV|29
b) Tony und Maria wünschen sich nichts sehnlicher, als irgendwo glücklich leben zu können. Hatten beide jemals eine Chance?

Tony und Maria

Bernstein hat sich mit der *West Side Story* thematisch am Drama *Romeo und Julia* von William Shakespeare orientiert. ↗ S. 104

▶ **5** Welche zeitlose Botschaft wollte Bernstein vermitteln? Ein Hinweis findet sich beim Vergleich des „Hass-Motivs" mit dem „Maria-Motiv". Tipp: Beachtet die Intervallfolge.

▶ **6** Vergleicht die „West Side Story" mit dem Ballett „Romeo und Julia" von Prokofjew. Benennt Unterschiede und Gemeinsamkeiten.

# 110 Grease – ein Filmmusical

„Grease" (*engl.*) steht für „Schmiere" und bedeutet so viel wie Pomade. Mit dieser Pomade brachten die männlichen Highschool-Schüler ihre Frisuren in die Form, die man heute auch Elvis-Locke nennt. Sie hatten immer einen Kamm dabei, um nachzubessern, wenn es nötig war. ↗ S. 33

Zur Handlung (1)

Für Danny und Sandy wurden es wundervolle Sommerferien am Meer: Sie lernten sich kennen und verliebten sich ineinander. Beide gingen allerdings davon aus, dass sie sich nach den Ferien nicht wiedersehen würden, da sie sehr weit voneinander entfernt wohnten.

Doch nach den Ferien zog Sandy unerwartet um und geht nun auf eine neue Schule, die Rydell-Highschool. Bald stellt sich heraus, dass auch Danny diese Schule besucht und die beiden treffen sich wieder. Sandy ist überglücklich, ihre Sommerliebe wiederzusehen, doch Dannys erste Begeisterung scheint plötzlich abzuflauen. Er verhält sich ihr gegenüber merkwürdig, sieht anders aus und lässt Sandy sogar mit ein paar coolen Sprüchen abblitzen. Dies finden die Jungs aus Dannys Gang, die Burger Palace Boys, sehr unterhaltsam.

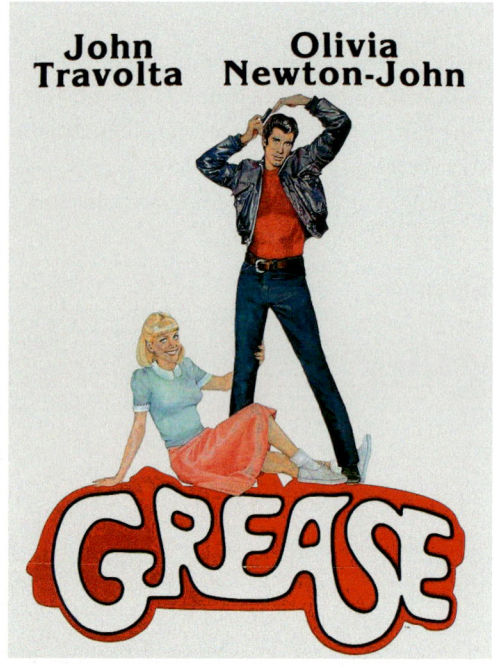

Plakat zum Kinofilm von Randal Kleiser (USA 1977)

**▶ 1** *Warum verhält sich Danny vermutlich so anders gegenüber Sandy? Versetzt euch in die Lage der beiden und schildert deren Gefühle.*

Zur Handlung (2)

In dem Lied *Summer Nights* erzählen Sandy und Danny unabhängig voneinander ihren Freunden von ihrer Sommerliebe. Während Danny sich vor den Jungs als Mädchenschwarm präsentiert, träumt die schüchterne Sandy insgeheim noch immer von ihrer großen Liebe.

**▶ 2** *Schreibt in Gruppen einen kurzen Dialog zwischen Sandy und den Mädchen bzw. Danny und den Jungen über die erlebte Sommerliebe. Präsentiert eure Dialoge und führt sie szenisch auf. Vergleicht eure Darstellungen mit dem Song.* ↗ S. 252 f. ⊚ IV|30

Das Musical *Grease* wurde 1977 durch den Filmerfolg mit John Travolta und Olivia Newton-John in den Hauptrollen sehr populär. Der Film hatte allerdings eine Vorlage: Auf der Bühne war das Musical bereits sechs Jahre vorher inszeniert worden. Die Handlung selbst spielt jedoch nicht in den 1970er-Jahren.

Logo zur Musical-Inszenierung

**▶ 3** *In welche Zeit könnt ihr die Handlung einordnen? Betrachtet zur Hilfe die Bilder auf dieser Doppelseite und auf der Seite 252. Hört den Song „Greased Lightning". Begründet eure Antwort.* ⊚ IV|31

## Zur Handlung (3)

In der letzten Szene des Musicals verabschieden sich die Freunde der Abschlussklasse in die Sommerferien. Sie werden danach ihre eigenen Wege gehen und doch versprechen sie sich, in Verbindung zu bleiben. Gemeinsam singen und tanzen sie das Lied *We Go Together*.

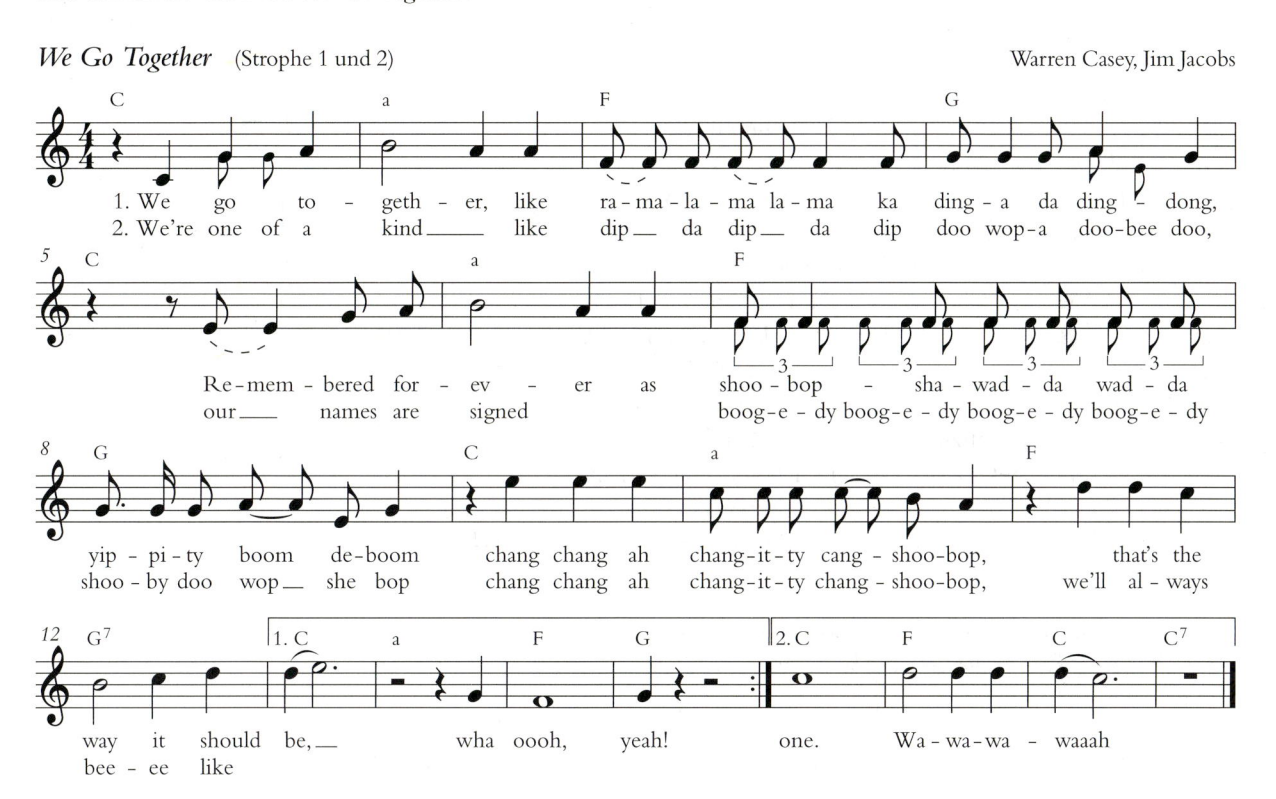

*We Go Together*  (Strophe 1 und 2)                                      Warren Casey, Jim Jacobs

1. We go to-geth-er, like ra-ma-la-ma-la-ma ka ding-a da ding-dong, Re-mem-bered for-ev-er as shoo-bop sha-wad-da wad-da yip-pi-ty boom de-boom chang chang ah chang-it-ty cang-shoo-bop, that's the way it should be,— wha oooh, yeah! one. Wa-wa-wa-waaah

2. We're one of a kind___ like dip da dip da dip doo wop-a doo-bee doo, our___ names are signed boog-e-dy boog-e-dy boog-e-dy boog-e-dy shoo-by doo wop___ she bop chang chang ah chang-it-ty chang-shoo-bop, we'll al-ways bee-ee like

**4** Arbeitet in Gruppen und spielt die letzte Szene aus dem Musical gemäß euren Vorstellungen nach.
a) Erfindet einen Tanz zum Lied mit den Grundschritten des Rock'n'Roll. ↗ S. 160
b) Singt die beiden ersten Strophen zur Musik mit. Begleitet den Rest mit Körperinstrumenten oder bewegt euch am Platz dazu. IV|32
c) Sammelt Informationen über Kleidung und Frisuren der Zeit und stellt euer Outfit zusammen.
d) Sucht eine Gelegenheit, zu der ihr eure Einstudierung zur Aufführung bringen könnt. ↗ S. 161

**5** Findet heraus, ob Sandy und Danny zusammenfinden. Inwiefern könnt ihr die Veränderungen der beiden im Verlauf der Geschichte nachvollziehen?

Filmszene am Schluss: Sandy begegnet Danny

**6** Kennt ihr weitere Werke in Bühnenform oder als Film, die Elemente der Rock- und Popmusik enthalten? Welche davon gefallen euch besonders gut?

# Fermate 🎵

## In eine Rolle schlüpfen

Es kann Spaß machen, Theater zu spielen, auf der Bühne zu einem anderen Menschen zu werden, sich anders zu geben, als man in Wirklichkeit ist. Damit ein Musiktheaterwerk überzeugend wirkt, müssen die Sänger auch gut schauspielern können. Und das lässt sich lernen.

### Warm-up

**》▶ 1** *Bewegt euch frei im Raum.*
*a) Sucht nach einem angenehmen Gehtempo und achtet dabei nur auf euch selbst, vermeidet aber Zusammenstöße.*
*b) Variiert auf Zuruf (Spielleiter) die Bewegung und passt sie bestimmten Stimmungen an (wütend, übermütig, nachdenklich …) oder unterschiedlichen Situationen (durch einen Sumpf waten, mit Bällen jonglieren, vor einer Gefahr weglaufen).*

### Mit der Stimme experimentieren

**》▶ 2** *Spielt mit eurer Stimme.*
*a) Denkt euch einen Namen aus und einen kurzen Satz, mit dem ihr euch als diese neue Person euren Mitspielern vorstellt. (Beispiel: „Ich bin Lara und werde morgen …")*
*b) Bildet einen Kreis. Einer beginnt und stellt sich seinem linken Nachbarn vor, nützt dafür auch Mimik und Gestik. Beide schauen sich dabei in die Augen. Dann dreht sich der Angesprochene nach links und setzt die Reihe fort.*
*c) Bei jeder neuen Runde wird versucht, das Tempo zu steigern, den Vorstellungssatz emotional und stimmlich zu variieren.*

### Standbilder bauen

**》▶ 3** *Gestaltet jeweils ein Standbild zu Max und Kaspar bzw. zu Maria und Anita, das ihre beschriebene Situation widerspiegelt. Berücksichtigt gleichermaßen die Texte, Bilder und Musik.*

### Eine Szene gestalten

**》▶ 4** *Studiert eine Szene ein und führt sie auf.*
*a) Bildet Gruppen, die sich jeweils eine passende Szene aus einem Musiktheaterwerk auswählen. Verteilt die Rollen und macht euch Notizen dazu (Rollenbiografie, Charakterzüge). Überlegt euch für jeden Spieler einen Satz und probiert die Szene.*
*b) Markiert mit Klebestreifen auf dem Fußboden einen Bühnenbereich. Jede Gruppe tritt auf und spielt ihre Szene auf der „Bühne" vor. Die Zuschauer raten, aus welchem Werk die Szene stammt.*
*c) Filmt euren „Auftritt" und überlegt, wie die Szene noch besser gelingen könnte.*

Noch überzeugender lassen sich Rollen verkörpern, wenn Kostüme und Bühnenbild hinzutreten. Realisiert selbst eine Musiktheaterproduktion an eurer Schule: Wählt ein Werk aus, verteilt die Rollen und Aufgaben und bereitet die Aufführung vor. Und dann heißt es üben, üben, üben.

Musik und Szene 113

## Inszenierungsvergleich

Während bei Musiktheaterwerken die Musik oft sehr genau aufgeschrieben ist, bleibt es meistens offen, wie das Werk auf der Bühne dargestellt werden soll. Wie ist Julia gekleidet? Wie wirkt Tony? So existieren zu denselben Werken völlig unterschiedliche Inszenierungen.

Komische Oper, Berlin, 2005

Semperoper, Dresden, 1985

》▶ **5** *Vergleicht die Fotos von zwei Inszenierungen der Oper „Der Freischütz".*
*a) Beschreibt Merkmale der Inszenierungen. Welche Mitwirkenden oder Berufsgruppen waren daran wohl beteiligt?*
*b) Um welche Szene der Oper handelt es sich jeweils?*
*c) Überlegt, welche Ideen hinter den unterschiedlichen Inszenierungen stehen?*

》▶ **6** *Sammelt und vergleicht Kritiken von einer Opernpremiere. Nach welchen Kriterien wird geurteilt? Schreibt selbst eine Kritik nach dem Besuch einer Inszenierung. Alternativ könnt ihr einen Werkvergleich mit den im Kapitel vorgestellten Bühnenwerken anstellen und hierzu eine persönliche Kritik verfassen.*

### Ein Bühnensong wird zum Hit

Einzelne Musiknummern aus Opern oder Musicals werden manchmal so beliebt, dass sie zu Hits werden. In unterschiedlichen Bearbeitungen und Interpretationen erklingen sie dann oft losgelöst von der Bühnenhandlung, sodass manche Hörer gar nicht mehr die Herkunft der Musik kennen.

》▶ **7** *Hört euch zwei solcher Hits an: Aus welchem Bühnenwerk stammen sie? Welchen Hörergruppen könnten diese Interpretationen gefallen? Wie unterscheiden sie sich von der Bühnenfassung der Musik?* IV|33,34

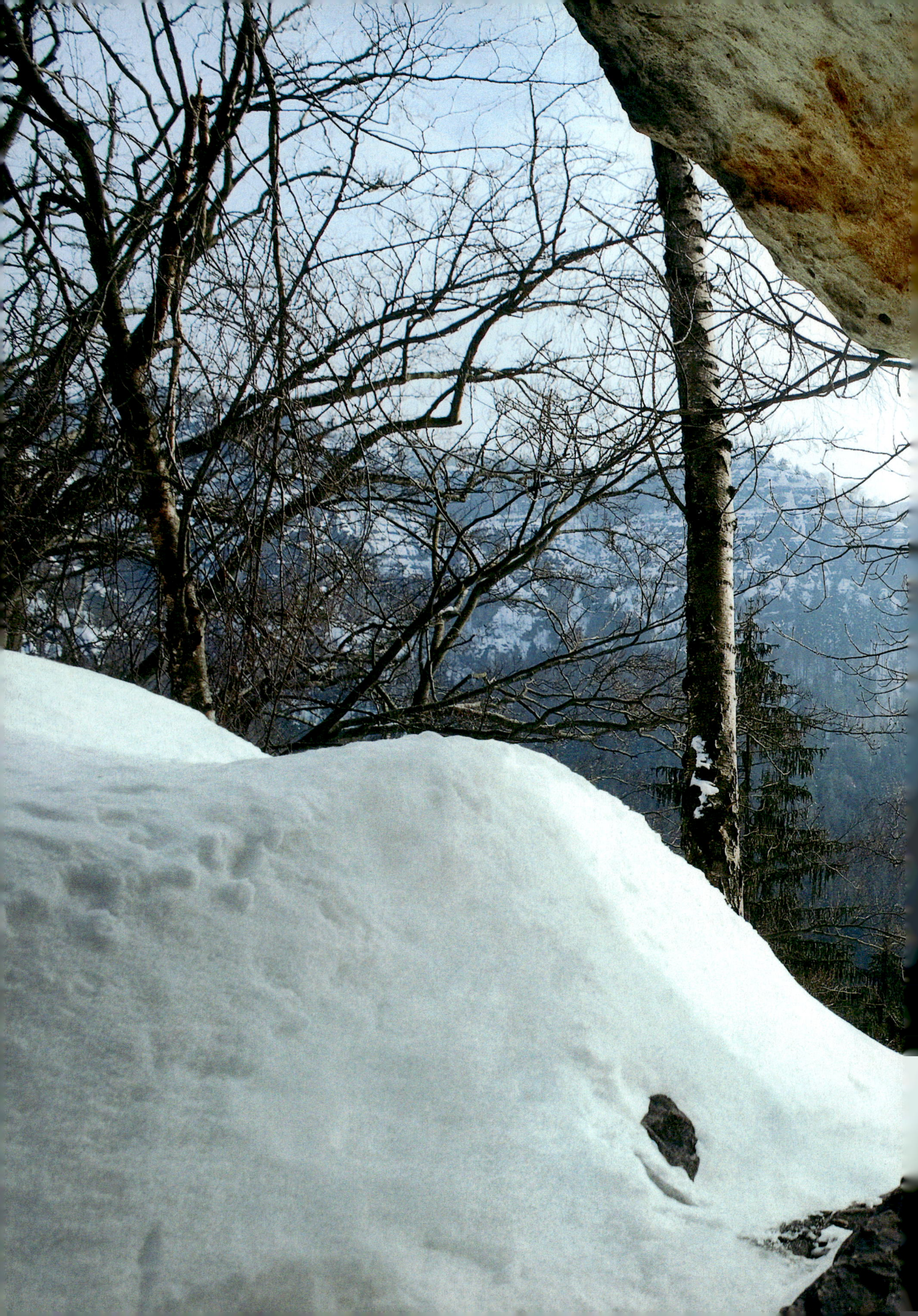

# Hören mit Programm

# Winterimpressionen

**Antonio Vivaldi**   *Der Winter* aus den *Vier Jahreszeiten* (op. 8)

Ipolito Caffi, Schnee und Nebel am Canale Grande, 1840

Die Tage sind kurz, die Temperaturen eisig, Tiere ziehen sich zum Winterschlaf zurück: Es ist Winter. Welche Musik könnte zu dieser Jahreszeit passen? Der italienische Komponist Antonio Vivaldi (1678–1741) widmete in seinem Zyklus *Die vier Jahreszeiten* jeder Jahreszeit ein Violinkonzert. Den Abschluss bildet *Der Winter*.

Musik, die Außermusikalisches beschreibt, ohne Sprache zu verwenden, nennt man Programmmusik.

**» 1** *Lasst euch vom ersten Satz aus Vivaldis „Winter" anregen.*
a) Sammelt Eindrücke, Stimmungen, Erfahrungen, die ihr heute mit dem Stichwort „Winter" verbindet. Welche Beeinträchtigungen könnte es in den Wintern zu Lebzeiten Vivaldis gegeben haben? Welche angenehmen Seiten bietet euch der Winter heute?
b) Welche winterlichen Eindrücke hat Vivaldi im 1. Satz vertont? Ordnet sie dem Musikverlauf zu.  IV|35,36

**» 2** *Was wisst ihr über die „Vier Jahreszeiten" von Vivaldi und sein Programm? In welcher Reihenfolge erklingen wohl die vier Konzerte?*

**» 3** *Welches Instrument übernimmt den Basso continuo?* IV|35,36

So wie bei den anderen Konzerten der *Jahreszeiten* umfasst auch dieses Werk drei Sätze in unterschiedlichen Tempi (schnell – langsam – schnell). Die Solovioline wird von einem Streichorchester begleitet. Das Orchester wiederum wurde üblicherweise durch ein Akkordinstrument unterstützt, das sich an der Bassstimme orientierte (dem sogenannten Basso continuo, Generalbass). Es handelte sich dabei meist um ein Cembalo, alternativ konnte aber auch eine Laute oder eine kleine Orgel zum Einsatz kommen. ↗ S. 86, 141, 167, h. V.

Während die Zuhörer nicht unbedingt wissen, was der Komponist mit seiner Musik beschreiben und schildern wollte, finden die Musiker bei diesem Werk an einzelnen Stellen in ihren Noten Stichwörter. Diese geben Hinweise auf die gewünschte Interpretation. Am Anfang steht aber nichts (siehe rechts oben).

*Der Winter* (Anfang)

**4** *Entschlüsselt Vivaldis Kompositionsidee.*
a) Besprecht zunächst unklare Stellen der Partitur. Nutzt dazu auch die Fermate-Seiten im „Musiklabor" und das „Musiklexikon".
b) Beschreibt den Ablauf der Musik ausgehend vom Notenbild so genau, dass ihn sich auch jemand vorstellen kann, der die Noten nicht vor sich liegen hat. Wodurch hebt sich die Solovioline (Violine principale) von den Violinen (Violini) im Orchester ab?
c) Bestimmt die Töne aller Stimmen. Beachtet dabei die Notenschlüssel. In welchem Intervall steht die Bratschenstimme (Viole) zur Bassstimme (Bassi: Violoncelli, Kontrabässe)? 7 10
d) Spielt mit Vivaldis Idee und probiert die Wirkungen aus: Kehrt den Einsatz der Stimmen um (transponiert bei Bedarf), verändert die Dynamik, setzt Körperinstrumente ein.

Als Vivaldis Konzerte 1725 im Druck veröffentlicht wurden, stellte ihnen der Komponist jeweils ein „erklärendes Sonett" voran. So wussten die Zuhörer, welches Programm die Musik darstellte und konnten sich passende Szenen beim Hören vorstellen. Dies dürfte nicht unwesentlich zur Beliebtheit der Musik beigetragen haben.

Vivaldis Zyklus wird auch heute noch sehr häufig aufgeführt, seine Einspielungen gehören zu den meistverkauften klassischen CDs. Auch in Boutiquen und Restaurants, in der Filmmusik oder in der Werbung begegnet man der Musik wieder.
Auf diese Bekanntheit setzte das amerikanische Turtle Island String Quartet[1]. Dieses Streichquartett schreibt sich seine Musik selbst oder bearbeitet bekannte Werke aus Klassik, Pop und Jazz für seine eigenen Interpretationen. Im Falle von Vivaldis *Winter* heißt die Bearbeitung *Variations on Winter* mit den Sätzen *Thin Ice – Texas Rain – Snow What*. Komponist ist der Bratscher des Ensembles Danny Seidenberg.

**5** *Lasst euch von den Satzbezeichnungen inspirieren: Was mögen die Musiker an Vivaldis Werk verändert haben? Bedenkt: Vivaldi lebte in Venedig, die amerikanischen Musiker reisen bei ihren Tourneen um die ganze Welt.*

[1] *engl.* Schildkröteninsel Streichquartett; der Name spielt auf den indianischen Mythos an, die Erde sei der oberste Teil des Panzers einer im Meer schwimmenden Schildkröte.

## Der Winter – Original und Bearbeitung

Wie Danny Seidenberg vorgegangen ist, als er Vivaldis Komposition bearbeitet hat, lässt sich sehr gut beim Vergleich der Partituren beschreiben.

*Thin Ice* (Anfang) — Danny Seidenberg

*Der Winter, 1. Satz* (Ausschnitt) — Antonio Vivaldi

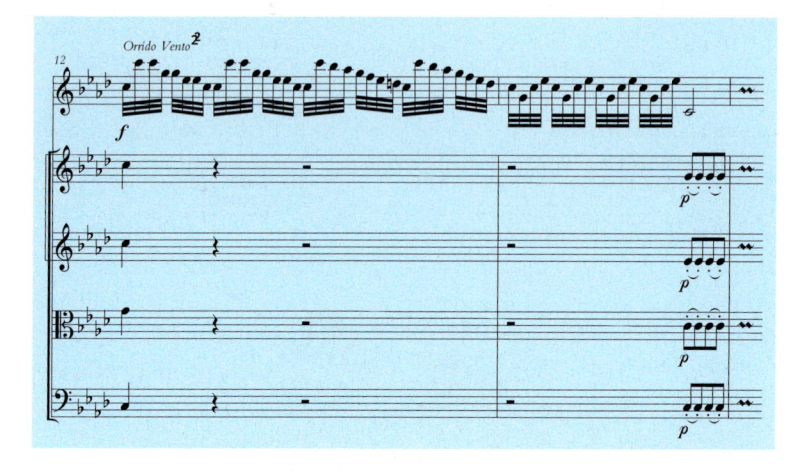

*Thin Ice* (Ausschnitt) — Danny Seidenberg

**1** Vergleicht die Bearbeitung mit dem Original zunächst anhand der Notenbilder, anschließend mit den Einspielungen. Welche Überraschungen oder Wiedererkennungsmomente werden den Zuhörern geboten, die das Original kennen? IV|35,37

**2** Welche virtuosen Herausforderungen verlangt Vivaldi der Solovioline ab, um die „schrecklichen Winde" darzustellen? Wie sieht es bei Seidenberg aus? Entdeckt den musikalischen Hinweis auf den Anfang des Satzes in beiden Fassungen. IV|36,38

1 *engl.* Windspiel mit senkrecht hängenden Metallröhrchen (Glocken)
2 *ital.* schrecklicher Wind

So, wie Vivaldi ein paar Stichworte zum Programm in seine Partitur als Hilfe für die Musiker geschrieben hatte, machte es auch Danny Seidenberg. Oft ist in seinen englischen Hinweisen die italienische Vorlage sehr genau wiederzuerkennen. Es gibt aber auch überraschende Abweichungen.

》➤ 3  Lernt „Thin Ice" besser kennen.
a) Welche für ein Streichquartett ungewöhnlichen Klänge und Geräusche sind zu hören?
b) An welcher Stelle könnte der Hinweis „But it's summer in Brazil, isn't it?" in der Partitur notiert sein? Sucht nach hörbaren Argumenten in der Musik. Und was steht wohl über dem letzten Takt?  IV|37–39

》➤ 4  Inszeniert eine Fernsehdiskussion, in der sich drei Vivaldi-Fans über die Bearbeitung von Danny Seidenberg aufregen. Drei weitere Diskussionsteilnehmer sind anderer Meinung. Entscheidet zunächst, welche Rolle ihr spielen wollt, ob euch das Original von Vivaldi oder die Bearbeitung des Streichquartetts besser gefällt. Sucht nach musikalischen Gründen für eure Entscheidung, damit ihr sie auch solchen Zuschauern erklären könnt, die beide Musikstücke noch nicht kennen. Stellt Diskussionsrunden zusammen, bei denen auch jeweils ein Moderator die Diskussion fair leitet. Alle nicht beteiligten Schüler sind das Publikum im Studio.

Für den zweiten, langsamen Satz beschreibt Vivaldi das Programm so: „Ruhige und zufriedene Tage am Kamin zubringen, während draußen der Regen viele durchnässt." Der dritte Satz schildert das vorsichtige Gehen auf Eis, kräftiges Ausschreiten und Hinfallen, aber auch die wilden Winterwinde: „So ist der Winter! Jedoch – welche Freude bringt er!"

》➤ 5  Holt aus Vivaldis Programm Inspirationen und komponiert euren eigenen „Winter". Ihr könnt das Programm dazu auch erweitern oder das Gemälde von Pieter Brueghel einbeziehen.

Pieter Brueghel d.Ä., Winterlandschaft mit Vogelfalle, 1565

# Ein bewegtes Leben

**Edvard Grieg   Bühnenmusik zu *Peer Gynt***

Peer Gynt ist die Hauptfigur eines epischen Versdramas, das der norwegische Dichter Henrik Ibsen (1826–1906) geschrieben hat. Ibsen bat den Komponisten Edvard Grieg, Musik dazu zu komponieren, um die einzelnen Szenen besser miteinander zu verbinden.
Heutzutage erklingt die Bühnenmusik meist in Ausschnitten im Konzertsaal, denn Grieg stellte die acht eindrucksvollsten Stücke zu zwei Suiten für Orchester zusammen. Außerdem ließen sich so Lieder in die Handlung einbauen. ↗ S. 154

Johan Christian Clausen Dahl, Landschaft in Norwegen („Fra Stalheim"), 1842

### Die Geschichte von Peer Gynt (1)

Peer Gynt wächst in einem norwegischen Dorf auf. Bei den Dorfbewohnern ist er nicht beliebt, denn er gilt als Draufgänger und Raufbold. Außerdem lügt er und erzählt gerne abenteuerliche Geschichten, die er angeblich selbst erlebt hat. Oft hören ihm die Menschen gebannt zu. Doch sie ärgern sich sehr, wenn sie merken, dass sie auf seine Prahlereien hereingefallen sind. Manchmal weiß Peer allerdings selbst nicht mehr, was er nur in seiner Fantasie und was er wirklich erlebt hat. Da ist zum Beispiel die folgende Geschichte: Auf einer Hochzeitsfeier trinkt Peer zu viel Wein. In ausgelassener Stimmung entführt er dem Bräutigam die Braut. Als diese aber bei ihm bleiben will, schickt er sie ärgerlich weg. Verwirrt läuft er rastlos durchs Gebirge. Plötzlich begegnet er der grün gekleideten Tochter des Bergkönigs. Sie führt Peer in die Königshalle, wo sich Hoftrolle, Wichtelmänner und Kobolde versammelt haben. Diese bedrängen Peer, auch ein Troll zu werden und die Grüngekleidete zu heiraten. Anfangs verhalten sich die Trolle noch ruhig, doch dann werden sie immer zudringlicher.

Hören mit Programm   121

*In der Halle des Bergkönigs*

Thema

Verlaufsskizze

Coda

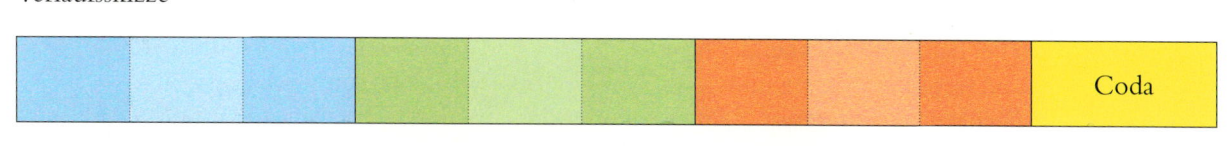

Theodor Kittelsen, Peer Gynt in der Halle des Bergkönigs, 1913

**1** *Verfolgt die dramatische Entwicklung der Handlung in der Musik.*
a) *Erläutert die Verlaufsskizze: Welche Gemeinsamkeiten, welche Unterschiede entdeckt ihr zwischen den drei Abschnitten (blau, grün, rot)? Achtet auf die Instrumentierung, das Tempo und die Dynamik (Lautstärke). Wie oft erklingt das Thema (auch variiert)? Welcher Abschnitt des Themas klingt in der Coda an?*

b) *Welche Zusammenhänge zwischen Musik und Szene finden sich?* IV|40

**2** *Beschreibt das Bild: Zu welcher Stelle des Stücks „In der Halle des Bergkönigs" passt es?*

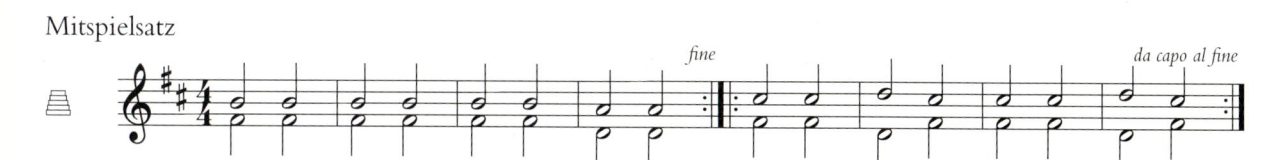

Mitspielsatz

fine                    da capo al fine

**3** *Spielt das Stück mit. Wie könnt ihr die Steigerung gestalten?*

**4** *Wie verhalten sich wohl Peer, der Bergkönig, die Grüngekleidete und die Zwerge und Trolle im Verlauf der Musik? Welche Bewegungen auf der Bühne könnten der Steigerung in der Musik entsprechen? Entwickelt eine Pantomime und führt sie zur Musik auf.*

## Die Geschichte von Peer Gynt (2)

Der Vater von Peer Gynt ist schon lange tot, doch auch zu Lebzeiten hat er sich nie besonders um die Erziehung seines Sohnes gekümmert. So fällt es der Mutter Aase schwer, den wilden und ungehorsamen Peer zu bändigen. Oft ärgert sie sich und schimpft mit ihm, wenn er sich in den Bergen herumgetrieben hat, anstatt ihr bei der Ernte oder bei der Hausarbeit zu helfen. Und wenn sie erfahren muss, dass Peer wieder in Prügeleien verwickelt war, wünscht sie, dass die Dorfbewohner ihn bestrafen sollen. Dennoch liebt sie ihn über alles. Sie macht sich große Sorgen, was aus Peer später einmal werden soll. Tritt ihm ein Dorfbewohner zu nahe, verteidigt und schützt sie ihren Sohn mit aller Kraft.

Als Peer etwa 20 Jahre alt ist, lebt er allein in einer kleinen Hütte im Wald – ausgestoßen von der Dorfgemeinschaft. Nur zu seiner Mutter hat er noch Kontakt. Als er sie eines Tages besucht, eröffnet sie ihm, dass sie bald sterben wird. Peer will das nicht wahrhaben. Er setzt sich an ihr Bett und erzählt Geschichten, um sie abzulenken. Als er geendigt hat, ist Aase tot.

*Aases Tod* (Melodieverlauf)

▶ **1** *Während Peer den Gedanken an den bevorstehenden Tod seiner Mutter verdrängt, blickt ihm Aase gefasst entgegen. Welche musikalischen Mittel erzeugen diese Stimmung? Verfolgt beim Hören die Noten. Achtet auf die Gliederung der Melodieabschnitte, auf die Dynamik (Vortragsbezeichnungen) und die Themengestaltung (Wiederholungen, Veränderungen).* IV|41

▶ **2** *An welcher Stelle des Musikstücks könnte Grieg die Szene (siehe rechts) vor Augen gehabt haben?*

▶ **3** *Schreibt selbst einen Dialog zwischen Peer und Aase und rezitiert ihn paarweise zur Musik. Achtet darauf, dass der Text lang genug ist und dass die Worte genau zur Stimmung der Musik passen.*

An einer Stelle heißt es in Ibsens Text:

AASE  Mir ist bang! Was ist das für ein Brausen, das ächzt ja so wunderlich schrill?
PEER GYNT  Nur die Tannen sind's, Mutter, die sausen im Moorwind. Sitz du bloß still.
AASE  Was glänzet und schimmert denn dorten? Woher kommt der Flammenschein da?
PEER GYNT  Vom Schloss sind's die Scheiben und Pforten. Ob du's hörst, wie sie tanzen?
AASE  Ja.

Edvard Munch, Sonnenaufgang, 1912

Die Geschichte von Peer Gynt (3)

Auf einer Weltreise erlebt Peer viele merkwürdige Situationen: Er arbeitet als Schiffseigner in Marokko, zunächst geachtet und erfolgreich, später aber gescheitert. Als Prophet eines marokkanischen Stammes wird er von der orientalischen Prinzessin Anitra verführt, doch dann verspottet und verlassen. In Ägypten lebt er als Wissenschaftler und Forscher, gerät aber kurz darauf in die Hände von Irren, die ihn zu ihrem König erklären. Mittellos, verwirrt und am Leben zerbrochen, tritt Peer schließlich die Heimreise an. Kurz vor der norwegischen Küste wird sein Schiff von einem gewaltigen Sturm erfasst und kentert. Mit letzter Kraft rettet sich Peer auf eine alte Schiffsplanke und treibt auf dem Wasser dahin.
Erst als er am nächsten Morgen einen wundervollen Sonnenaufgang erlebt, schöpft er wieder Hoffnung.

➤ 4  *Versetzt euch in die „Morgenstimmung". Welche Vorstellungen oder Empfindungen kommen euch beim Hören und Betrachten des Gemäldes in den Sinn? Versucht eure Eindrücke in eigene Bilder umzusetzen.* IV|42

Der *Morgenstimmung* aus *Peer Gynt* begegnet man recht häufig und unerwartet, manchmal auch in ungewöhnlichen Bearbeitungen: in der Werbung, als Filmmusik, in Kaufhäusern und Arztpraxen.

➤ 5  *Projekt: Sucht im Internet nach Filmen, in denen die „Morgenstimmung" von Grieg verwendet wird. Überlegt, welcher Film euch besonders gut gefällt und welchen ihr für unpassend haltet. Ihr könnt auch selbst einen Film oder eine Bilderfolge als Computerpräsentation zur Musik gestalten.*

# Nachtszenen

**Camille Saint-Saëns** *Danse macabre* (op. 40)

Johann Rudolf Feyerabend, Basler Totentanz, 1806 (Ausschnitt)

Seit dem Mittelalter gibt es viele Abbildungen vom Totentanz. Auf diesem Gemälde tanzt der Tod mit den Lebenden, die aus ganz unterschiedlichen Berufen oder Schichten kommen: Eine Mahnung, dass alle Menschen sterben müssen – ob Arm oder Reich.

Der französische Komponist Camille Saint-Saëns[1] (1835–1921) komponierte – angeregt durch ein Gedicht von Henri Cazalis (1840–1909) – eine sinfonische Dichtung namens *Danse macabre*[2]. Darin wird beschrieben, wie der Tod um Mitternacht mit seiner Geige die Toten zum Tanz auffordert, wie sie mit klappernden Knochen einen Walzer tanzen und schließlich nach einem Hahnenschrei wieder in ihre Gräber versinken.

Das Thema des Totentanzes hat bis heute neben Dichtern, Komponisten und Malern auch Tänzer zur Darstellung herausgefordert. Neben düsteren und nachdenklichen Werken stehen betont übermütige wie Walt Disneys „Tanz der Skelette" (USA 1929), einer seiner frühesten Zeichentrickfilme.

**1** *Hört das ganze Stück mit geschlossenen Augen. Welche düsteren Tanzszenen auf dem Friedhof kommen euch beim Hören in den Sinn? Welche Bezüge zwischen Musik und Gedicht entdeckt ihr? Welches Instrument spielt mit dem „teuflischen Intervall", dem Tritonus, eine besondere Rolle?* ↗ S. 205

IV|43–46

1 [sɛ̃sɑ̃s]
2 [dɑ̃smakabʀ] *frz.* Totentanz

**2** *Entwickelt zur Musik von Saint-Saëns eine Szenenfolge. Ihr könnt die Szenen selbst darstellen, Bilder malen oder Fotos machen und bearbeiten.*

*Danse macabre* (Ausschnitt)

Flöte

*Fossilien* (Ausschnitt)

Xylofon

**3** *Der Komponist zitierte sich später selbst: Im „Karneval der Tiere" hat Saint-Saëns bei den „Fossilien" ein kurzes Zitat aus seinem „Danse macabre" versteckt. Wer entdeckt es? Findet ihr eine Erklärung für diese Anspielung?* IV|47

## Modest Mussorgski
*Eine Nacht auf dem kahlen Berge*

Für Walt Disneys Film „Fantasia" (USA 1940) schufen die Zeichner Gruselgestalten, die passend zur Musik das nächtliche Ritual begehen.

Um die Zeit der Sommersonnenwende, am 21. Juni, werden an vielen Orten der Nordhalbkugel seit Menschengedenken Feste gefeiert. Dabei werden in der Nacht meist große Feuer entzündet – entweder um nach heidnischer Tradition den Sonnengott zu ehren und böse Geister zu vertreiben oder um in christlicher Tradition den Geburtstag von Johannes dem Täufer am 24. Juni einzuleiten („Johannisnacht").

Der russische Komponist Modest Mussorgski (1839–1881) hat sich in seiner Komposition für Orchester vorgestellt, wie ein wilder Tanz von Hexen und Satan auf einem einsamen Berg in der Johannisnacht klingen könnte. „Heißblütig und ausschweifend", wie Mussorgski die Stimmung dieser Nacht beschreibt, klingt auch seine Musik, die folgende Szenen schildert:
- Versammlung der Hexen, ihr Klatsch und Tratsch
- Der Zug des Satans
- Heidnische Verherrlichung des Satans
- Hexensabbat.

》➤ **4** *Von Beginn an entführt die Musik den Zuhörer mitten in das wilde Treiben. Hört den Anfang mehrmals und fertigt eine Verlaufsskizze an. Wählt dazu grafische oder bildnerische Elemente. Achtet vor allem auf die Instrumente, die Dynamik und den Charakter der Musik.* IV|48–53

Es gibt Ausbrüche ins Exzessive, in musikalische Grenzbereiche. Dieses Werk folgt keinen traditionellen musikalischen Gattungscharakteristika, es schafft sich seine eigenen Gesetze. (…) Der Grundton ist klar, scharf, schneidend, schrill, böse (…). Das Fehlen der herkömmlichen Mittel musikalischer Logik macht den Grundgedanken transparent: Unberechenbarkeit. Das nächtliche Fest ist ein Gegenbild zur täglichen Sicherheit und Routine. *Sigrid Neef, Musikwissenschaftlerin*

》➤ **5** *Vergleicht die Beurteilung des Werks der Musikwissenschaftlerin mit euren Verlaufsskizzen und eurem Höreindruck. Inwiefern mögen das Fest und die Musik unberechenbar sein?*

》➤ **6** *Diskutiert: Wann läuft ein Leben eher in sicheren Gleisen und folgt täglichen Routinen und wann wird es unberechenbar? Welchen Zustand wünscht ihr euch für euer späteres Leben?*

》➤ **7** *Gestaltet eine musikalische Improvisation mit „logisch aufgebauten" und „unberechenbaren" Elementen. Wird sogar eine Geschichte daraus?*

# Angstvisionen

**Edgar Allan Poe**  *Der Untergang des Hauses Usher*

„Ich war den ganzen Tag lang geritten, einen grauen und lautlosen melancholischen Herbsttag lang – durch eine eigentümlich öde und traurige Gegend, auf die erdrückend schwer die Wolken herabhingen. Da endlich, als die Schatten des Abends herniedersanken, sah ich das Stammschloss der Usher vor mir." So beginnt die Erzählung bei Poe. Ein nicht näher beschriebener Ich-Erzähler berichtet von seinem Besuch bei Sir Roderick Usher, einem Jugendfreund, der zusammen mit seiner Schwester Lady Madeline auf dem Stammschloss der Familie lebt. Als der Besucher nach langem Ritt das einsame, düstere Herrenhaus erreicht, nimmt ihn sogleich die besondere, unheimliche Atmosphäre des Gebäudes gefangen, das vom Tod gezeichnet zu sein scheint.
Das Treffen mit Roderick ist herzlich, aber der Erzähler merkt bald, dass sich sein Freund stark verändert hat. Er wirkt nervös, wird von unheilvollen Gedanken gepeinigt, leidet an einer unerklärlichen Furcht. Laute Geräusche kann er nicht ertragen, spielt aber manchmal zur Entspannung auf einer Gitarre. Die Schwester bekommt der Besucher kaum zu Gesicht. Eines Tages verkündet Roderick, seine Schwester sei gestorben, und bittet seinen Freund, ihm zu helfen, den Leichnam in einer der dunklen Grüfte des Schlosses aufzubahren.
Einige Nächte später, es tobt ein furchtbarer Sturm, wird Roderick von immer stärkeren Angstvorstellungen heimgesucht. Sein Freund liest ihm zur Ablenkung einen Ritterroman vor. Da stürzt plötzlich Lady Madeline ins Zimmer: Sie war lebendig in den Sarg gelegt worden, hat sich befreit und wirft sich nun sterbend auf ihren Bruder.
Der Gast flieht in Panik und sieht, wie das Schloss zerbricht und im Schlossteich versinkt: „Mein Geist wankte, als ich jetzt die gewaltigen Mauern auseinanderbersten sah; es folgte ein langes tosendes Krachen wie das Getöse von tausend Wasserfällen, und der tiefe und schwarze Teich zu meinen Füßen schloss sich finster und schweigend über den Trümmern des Hauses Usher." (Auszug)

**▶ 1** *Unheimliches hat Menschen zu allen Zeiten fasziniert.*
*a) Gruseliges findet sich auch heute in Erzählungen, Filmen, Computerspielen usw. Nennt Beispiele. Welche Situationen und Ereignisse sind dabei für die Stimmung entscheidend?*
*b) Gebt die Erzählung mit eigenen Worten wieder und benennt Motive, die damaligen Lesern das Schaudern gelehrt haben könnten.*
*c) Sucht nach Umsetzungen der Poe-Erzählung in Film, Theater und bildender Kunst (Malerei).*

Poe gilt als Erfinder des Detektivromans und der Kurzgeschichte. Er wird der Epoche der Romantik zugerechnet. ↗ S. 154
Berühmt wurde Poe durch seine Grusel- und Horrorgeschichten, zu denen er sich auch durch den deutschen Komponisten und Schriftsteller E. T. A. Hoffmann inspirieren ließ. So auch im Fall der Kurzgeschichte „Der Untergang des Hauses Usher[1]".

[1] Originaltitel: „The Fall of the House of Usher", veröffentlicht 1839/40

Edgar Allan Poe
Dichter, Schriftsteller, Journalist
* 1809 in Boston (Massachusetts)
† 1849 in Baltimore (Maryland)

> **2** *Beschreibt das Gemälde des romantischen Malers Caspar David Friedrich. Was verbindet Ort, Natur und Bauwerk gedanklich? In welche Beziehung lassen sich diese Aspekte zur Erzählung von Poe setzen?* ↗ *S. 154*

Caspar David Friedrich, Abtei im Eichwald, 1809/10

## Claude Debussy
### *La Chute de la Maison Usher*[1] (Opernfragment 1917/18, 1977)

In Frankreich erfreuten sich die Werke Poes besonderer Beliebtheit, und so war es wohl kein Zufall, dass der berühmte Komponist Claude Debussy[2] auf die Idee kam, das „Haus Usher" zu vertonen. ↗ S. 264 Zunächst dachte er an ein Werk für Sinfonieorchester, doch dann sollte es eine kurze Oper werden. Der Komponist verstarb über der Arbeit, fühlte sich vor seinem Tod in ähnlicher Situation wie Roderick Usher. Die rund 400 komponierten Takte wurden erst in den 1970er-Jahren von einem Musikwissenschaftler entdeckt. Er rekonstruierte das Werk, das sich aber auf der Bühne nicht durchsetzen konnte. Am Anfang der Oper lässt sich sehr gut erkennen, wie der Komponist mit musikalischen Mitteln eine unheimliche Atmosphäre schafft.

**1** [laʃytdəlamezɔ̃yʃɛʀ]
*frz.* Der Untergang des Hauses Usher
**2** [klɔd dəbysi]

> **3** *Beschreibt die in der Musik erzeugte Stimmung. Welche Instrumente und Klangeffekte erkennt ihr? Welche Rolle könnte zu der Singstimme gehören?*
> IV|54

*Prélude* (Anfang)

Dazu leises (*pp*) Tremolo von Becken (mit Filzschlägeln) und Bratschen (auf dem Steg)

> **4** *Analysiert das Notenbild und vergleicht es mit dem Klangeindruck.*
> IV|54
> *a) Wie verschleiert der Komponist die Klangfarbe des Anfangstaktes, wie den Rhythmus der kurzen Melodie im zweiten Takt?*
> *b) Informiert euch, zu welcher Instrumentengruppe das Englischhorn gehört.*

**Alan Parsons Project**   *The Fall of the House of Usher*

Die Erzählung von Poe lässt sich in folgende Episoden aufteilen:
1. Der Erzähler erinnert sich an die schöne Jugendzeit mit Roderick Usher.
2. Der Erzähler betritt die beeindruckenden Räume des Schlosses.
3. Roderick Usher hat Angstzustände, die immer schlimmer werden.
4. Roderick Usher spielt verträumt auf einem Instrument.
5. Der Untergang des Hauses Usher.

»▶ **1**   *Bildet vier Gruppen und lost die Episoden so aus, dass jede Gruppe nur ihre eigene Gestaltungsaufgabe kennt. (Eine Aufgabe wird nicht vergeben.) Jede Gruppe vertont ihre Episode und spielt sie anschließend den anderen vor. Ihr könnt den Ausschnitt auch szenisch gestalten. Erratet die richtige Episode.*

Im Jahr 1976 legte das Alan Parsons Project seine erste Schallplatte vor, das Konzeptalbum *Tales of Mystery and Imagination*[1]. Der Titel war der ersten Gesamtausgabe von Poes Werken aus dem Jahr 1908 entlehnt. Es handelte sich um Songs nach Erzählungen und Gedichten des Schriftstellers. Zwei Musiknummern waren allerdings rein instrumental, darunter auch *Usher*, das mit rund 15 Minuten Dauer weitaus länger als alle anderen Titel war. Beim Alan Parsons Project handelte es sich nicht um eine konventionelle Band, sondern um ein „Studioprojekt" des prominenten Tonmeisters Alan Parsons und des Musikers Eric Woolfson. Parsons arbeitete in den berühmten Londoner Abbey Road Studios und hatte als Assistent bei Aufnahmen der Beatles mitgewirkt. ↗ S. 34, 176

Mit dem Projekt wollte er in Zusammenarbeit mit Woolfson, einem absoluten Poe-Fan, seine Vorstellung einer perfekt aufgenommenen Musik realisieren. Für *The Fall of the House of Usher* nutzten sie zusätzlich die Mitarbeit von Andrew Powell, einem klassisch ausgebildeten Musiker, der schon mit modernen Komponisten wie Karlheinz Stockhausen und György Ligeti zusammengearbeitet hatte.

**1** *engl.* sinngemäß: geheimnisvolle und fantastische Erzählungen

Alan Parsons und Eric Woolfson

Alan Parsons (geb. 1948) und Eric Woolfson (1945–2009) bildeten bis 1987 das Alan Parsons Project. Wenige Tage vor der Weltpremiere seines letzten Musicals *POE* erfuhr Woolfson, dass *Usher* in einem deutschen Schulbuch enthalten sein würde. Er freute sich darüber und erzählte:

> Die Gedichte und Erzählungen von Poe haben mich mein Leben lang fasziniert. Weil ich Musiker bin, musste ich sie einfach in Musik verwandeln. Alan war kein Musiker, aber er konnte das Ganze in fantastische Klangbilder einbetten. *Drei Monate nach dem Interview verstarb der Komponist.*

》► **2** *Hört euch das komplette Werk an.*
   *a) Beschreibt anschließend eure Eindrücke. Welche Instrumente oder Ensembles waren zu hören?*
   *b) Schildert das Programm mit Bezug auf die Erzählung von Poe.*
   *c) Für welche Abschnitte dürfte die Arbeit von Powell besonders wichtig gewesen sein?*
   *d) Vergleicht den Anfang mit der Oper von Debussy. Was könnte die Ursache für das Vorgehen des Alan Parsons Projects gewesen sein?* V|1–5

Da *The Fall of the House of Usher* als Komposition für eine Langspielplatte entstand und nicht auf einer Bühne aufgeführt werden sollte, nutzten die Musiker alle Möglichkeiten, die ein Aufnahmestudio bietet, z. B. Geräusche in das Werk zu integrieren. ↗ S. 172

》► **3** *Beschreibt, an welcher Stelle Naturgeräusche in die Musik eingebettet wurden. Sucht sie im Hörbeispiel und überprüft, wie die Übergänge von Musik und Geräuschen gestaltet wurden.* V|1

*Pavane*

A  Bass-Ostinato                                   Akkord-Ostinato

   Melodie                                         Zwischenteil

Ablauf als Ostinatoschichtung

A Bass-Ostinato 2x
Akkord-Ostinato dazu 2x
Melodie dazu
Zwischenteil (Melodie setzt aus)
A usw.

► **4** *Musiziert diese vereinfachte Version der Pavane. In welcher Stimmung befindet sich Roderick Usher, als er auf seinem Instrument spielt? Interpretiert entsprechend.*

》► **5** *Vergleicht die Orchesterabschnitte und beschreibt die Entwicklung der Musik. Welche Rolle spielt dabei der Anfang des sich anschließenden Songs „To One in Paradise"? Lest euch dazu den Schlusssatz der Erzählung nochmals durch. An wen könnte Woolfson sich gewandt haben?* ↗ S. 126  V|1,3,5,6

# Fermate 𝄐

**Musik, Programm und bildende Kunst**

▶ **1** *Geht die in diesem Kapitel vorgestellten Kompositionen durch: Welche Arten von Programmen liegen ihnen zugrunde? In welchem Verhältnis stehen die Illustrationen zur jeweiligen Musik: Sind sie Vorlagen, Reaktionen, parallele künstlerische Ausdrucksformen für dasselbe Programm oder Thema?*

### Vögel in der Musik

[1] **Robert Schumann** (1810–1856) gab seinen Klavierstücken oft programmatische Titel, zum Beispiel *Der Vogel als Prophet* (1848/49). Trotzdem war er nicht einverstanden, wenn andere seine Musik als Programmmusik bezeichneten. Über die von ihm gewählten Werküberschriften sagte er: „Eigentlich sind sie weiter nichts als feinere Fingerzeige für Vortrag und Auffassung."

[2] **Richard Wagner** (1813–1883) war einer der berühmtesten Opernkomponisten des 19. Jahrhunderts. In seiner Oper *Siegfried* (1876) kommt der furchtlose Titelheld auf seinem Weg zur Höhle eines Drachens durch einen einsamen Wald. Andächtig lauscht Siegfried den Geräuschen der Natur.

[3] In den 1960er-Jahren, zur Zeit der Beatles, war **Fleetwood Mac** eine der bekanntesten Popgruppen Englands. Einer ihrer größten Hits wurde der Instrumentaltitel *Albatros* (1969).

[4] Der französische Komponist **Olivier Messiaen** (1908–1992) war ein begeisterter Hobby-Ornithologe (Vogelkundler). Manchmal benutzte er den Gesang der Vögel als „Rohmaterial" für seine Kompositionen. ↗ S. 172

[5] Der Film „Die Vögel" (USA 1963) handelt von den brutalen Angriffen verschiedener Vögel auf Menschen in einer kalifornischen Kleinstadt. Der Regisseur **Alfred Hitchcock** (1899–1980) wollte „dem Publikum einen höllischen Schrecken einjagen", wie er selbst sagte. Dies wurde auch dadurch erreicht, dass auf die übliche orchestrale Filmmusik verzichtet wurde und stattdessen ein elektronisches Instrument für den Filmsound Verwendung fand.

▶ **2** *Ordnet die Musikbeispiele jeweils einem der fünf Texte zu. Beschreibt, welche Tätigkeiten oder Eigenschaften der Vögel dargestellt werden. Findet weitere Vogel-Kompositionen.*
◉ V|7–10; VI|20

Filmszene aus „Die Vögel" (USA 1963)

Die in diesem Kapitel vorgestellten Werke sind genauso wie das berühmte Original der Mona Lisa mehrfach bearbeitet worden.

Eine ungewöhnliche Bearbeitung von *In der Halle des Bergkönigs* von Edvard Grieg stammt von der finnischen Cello-Band Apocalyptica. In ihrem Namen verbinden sie die Apokalypse mit der Heavy-Metal-Band Metallica. ↗ S. 40

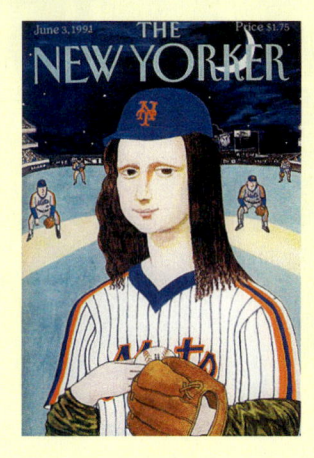

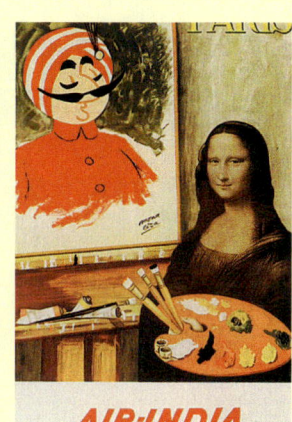

Leonardo da Vinci, Mona Lisa, 1503, 1504

)►  **3**  *Untersucht Originale und deren Bearbeitungen.*
*a) Beschreibt die Gemeinsamkeiten und die Unterschiede zwischen dem Original und der Bearbeitung von Apocalyptica. Welchen Beweggrund könnte es für diese Bearbeitung gegeben haben?* ⊚ V|11
*b) Sucht nach Bearbeitungen der in diesem Kapitel verwendeten Werke und sammelt dazu Hintergrundinformationen. Zur Anregung könnt ihr die Beispiele verwenden: Welche Veränderungen sind besonders auffällig? Was ist von den Vorlagen beibehalten worden? Welche Rolle spielt das Programm für die Bearbeitungen? An welche Hörer könnten sich die Bearbeitungen wenden?* ⊚ V|12–15
*c) Zieht Parallelen zu den Bearbeitungen der „Mona Lisa".*

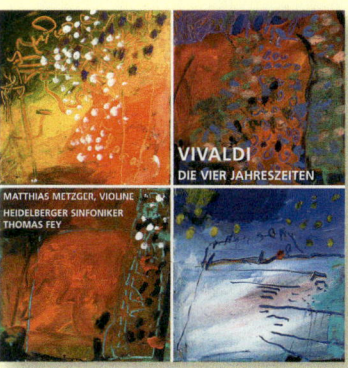

)►  **4**  *Auch die Gestaltung von CD-Covern zum selben Werk ist oft unterschiedlich (siehe Beispiele). Kreiert einen eigenen Entwurf für eine andere Komposition aus diesem Kapitel. Dabei sollten das Programm, die Stilistik und der Komponist eine Rolle spielen. Stellt euch gegenseitig eure Kunstwerke vor.*

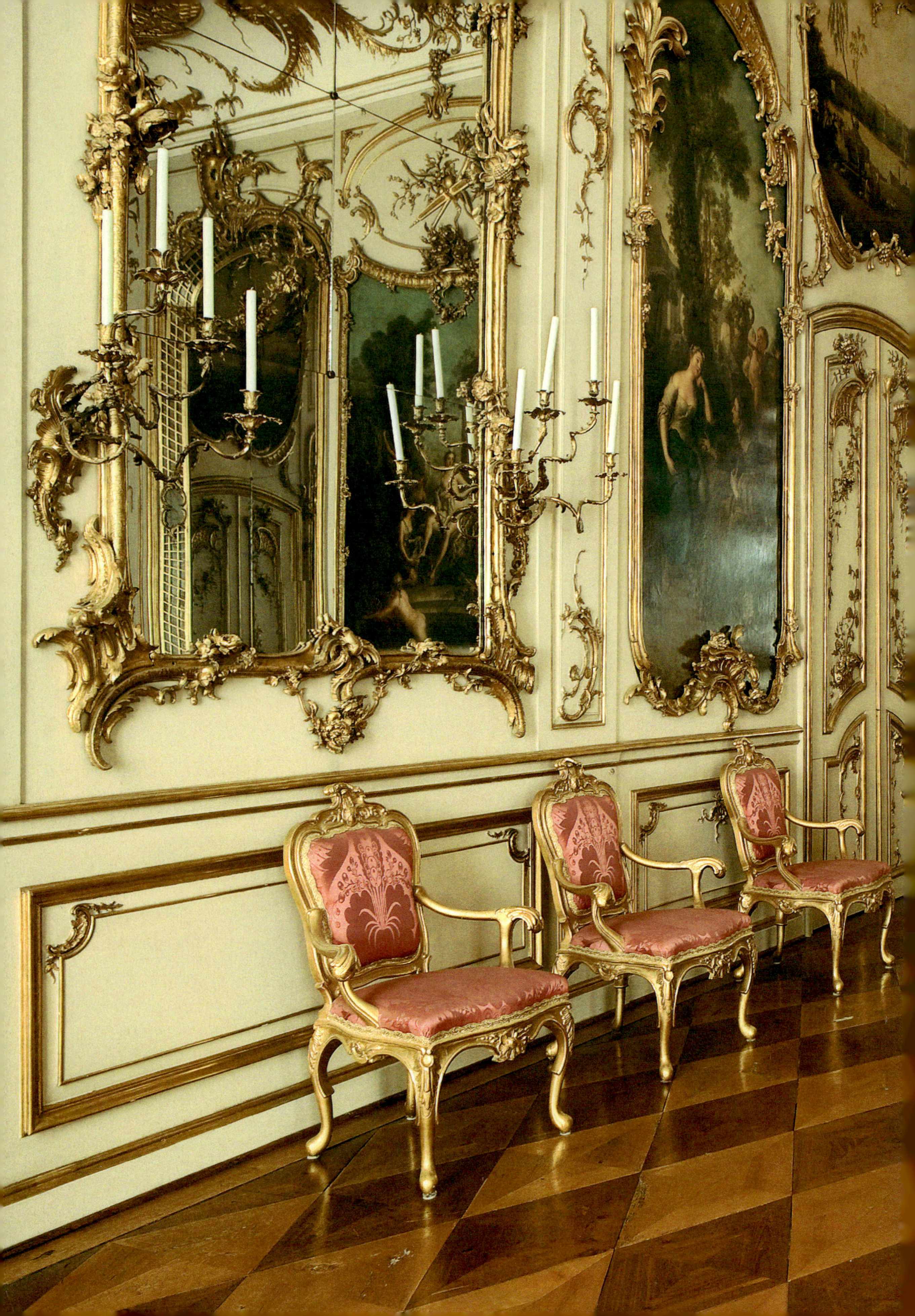

# Musikgeschichte(n)

# Barock in England

**Georg Friedrich Händel**  *Feuerwerksmusik*

Abbildung eines Feuerwerks auf der Themse in London, 18. Jahrhundert

Es war im Jahr 1749. Georg II., König von England, hatte ein prachtvolles Feuerwerk vorbereiten lassen, um das Ende des österreichischen Erbfolgekriegs zu feiern. Dieser war mit einigen Vorteilen für England ausgegangen und endlich herrschte wieder Frieden. Um sicherzugehen, dass auch alles gelingen würde, hatte sich der König extra Feuerwerksspezialisten aus Italien geholt und den Architekten Giovanni Servandoni mit dem Bühnenbau beauftragt. Servandoni errichtete einen tempelartigen hölzernen Pavillon im Londoner Green Park, an welchem dann die Einrichtungen zum Abbrennen der Feuerwerkskörper angebracht wurden.

Den Auftrag für die passende Musik übernahm der in Deutschland geborene und seit 1712 in London lebende Komponist Georg Friedrich Händel. Er sagte allerdings erst in letzter Minute zu, denn der König wollte unbedingt, dass nur militärisch klingende Instrumente vorkamen, und verbat sich jegliches „Gefiedel". So besetzte Händel sein Werk notgedrungen mit 9 Trompeten, 9 Hörnern, 24 Oboen, 12 Fagotten, Kontrafagott und 3 Pauken. Als die *Feuerwerksmusik* bei einer öffentlichen Generalprobe zum ersten Mal gespielt werden sollte, strömten 12 000 Besucher zum Aufführungsort, was eine dreistündige Sperrung der London Bridge verursachte.

Die Hauptveranstaltung wenige Tage später geriet jedoch zum Fiasko. Zum einen fing es kurz vor Beginn an zu regnen, sodass nicht alle Feuerwerkskörper richtig zündeten. Zum anderen setzte ein königlicher Salut aus 101 Geschützen den prächtigen Pavillon in Brand. Der wütende Servandoni ging daraufhin mit dem Degen auf den Feuerwerksmeister los, wurde festgenommen und musste eine Nacht im Gefängnis verbringen.

Die Zeitungen machten sich am nächsten Tag über den Vorfall lustig. Händels Musik konnte das Ganze nichts anhaben. Sie war von den Besuchern begeistert aufgenommen worden. Der Komponist ließ es sich jedoch nicht nehmen, sein Werk einen Monat später erneut aufzuführen, dieses Mal aber in einer umgearbeiteten Fassung mit Streichinstrumenten.

Georg II. von England
* 1683 in Herrenhausen, Hannover
† 1760 in London

**》▶ 1** *Hört den ersten Satz der „Feuerwerksmusik" in der Fassung mit Streichinstrumenten und stellt euch dabei ein festliches Feuerwerk vor. Welcher Art könnten die jeweils eingesetzten Feuerwerkskörper sein? Welche musikalischen Höhepunkte gibt es?* V|16–24

Die *Feuerwerksmusik* ist eine Suite (*frz.* Folge). Sie besteht aus sechs mit französischen Titeln überschriebenen Sätzen:

- Ouverture[1]
- Bourrée[2]
- La Paix[3]
- La Réjouissance[4]
- Menuet I[5]
- Menuet II

1 [uvɛʀtyʀ] Eröffnung
2 [buʀe]
3 [lapɛ] Frieden
4 [laʀeʒwisãs] Freude
5 [mənɥɛ]

### Ouverture

Dieser Satz ist nach dem *Concerto-grosso-Prinzip* komponiert: Das gesamte Orchester ( ) und einzelne Instrumentengruppen ( ) musizieren im Wechsel miteinander.

》▶ **2** *Welche dieser musikalischen Ausschnitte werden vom gesamten Orchester, welche von den einzelnen Instrumentengruppen gespielt?* V|17, 25, 26

》▶ **3** *Verfolgt dieses Wechselspiel und erkennt, welche Instrumentengruppen in den verschiedenen Abschnitten zu hören sind.* V|16–24
*In Frage kommen folgende Konstellationen:*
- *Streicher und Holzbläser*
- *Hörner, tiefe Streicher und Holzbläser*
- *Trompeten und Hörner*
- *Trompeten, hohe Streicher und Holzbläser*

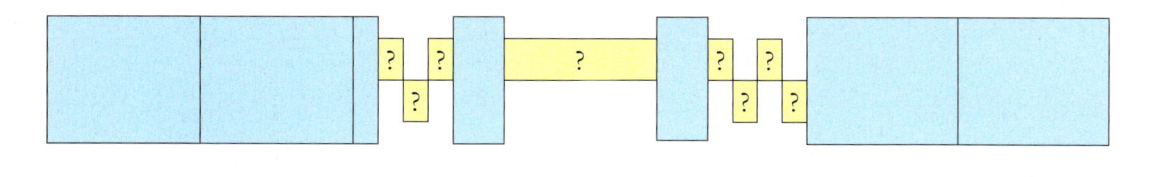

In der Ouvertüre hört man besonders die Trompete wegen ihres hellen und durchdringenden Klangs heraus. Die Barocktrompete hatte ein langes, dünnes Rohr, das doppelt gebogen war. Im Vergleich zu heute klang sie zarter und weniger schmetternd. Da es noch keine Ventile gab, konnte der Trompeter nur wenige Töne, sogenannte Naturtöne, erzeugen.
Die Trompeter im Barock zählten zu den angesehensten Musikern und waren gut bezahlte höfische Beamte, während die übrigen Instrumentalisten meist zum normalen Dienstpersonal gehörten.

Barock-Trompete

》▶ **4** *Setzt euch mit dem physikalischen Phänomen der Naturtöne sowie der Klangerzeugung der Trompete auseinander.*

Mit den folgenden Sätzen der Suite versuchte der Komponist, den Zuhörern ein abwechslungsreiches Programm zu bieten. Dazu wählte er Tanzformen und einzelne Stücke, die thematisch auf den Anlass des Feuerwerks Bezug nehmen.

*Bourrée*

Nach der Ouverture folgt eine Bourrée, ein damals beliebter Volkstanz aus Frankreich.

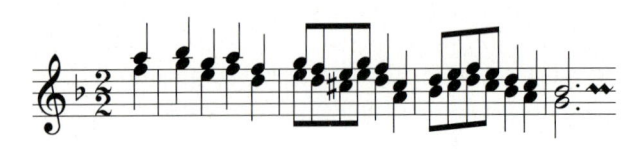

**1** *Erfasst ihre Besonderheiten.* V|27
a) *Erkennt, ob es ein gerader oder ungerader Takt ist. Beginnt der Tanz mit einem Auf- oder Volltakt?*
b) *Welche Instrumente setzt Händel ein, welche pausieren?*

*La Paix*

**2** *Versucht die beiden Anfangstakte zu singen oder zu spielen. Beachtet die besondere Taktart.* V|28

*La Réjouissance*

A

**3** *Die beiden Teile (A und B) werden mehrfach wiederholt. Wodurch unterscheiden sich die Wiederholungen von dem vorhergehenden Teil? Mit welchen Mitteln bringt Händel die Freude zum Ausdruck?* V|29

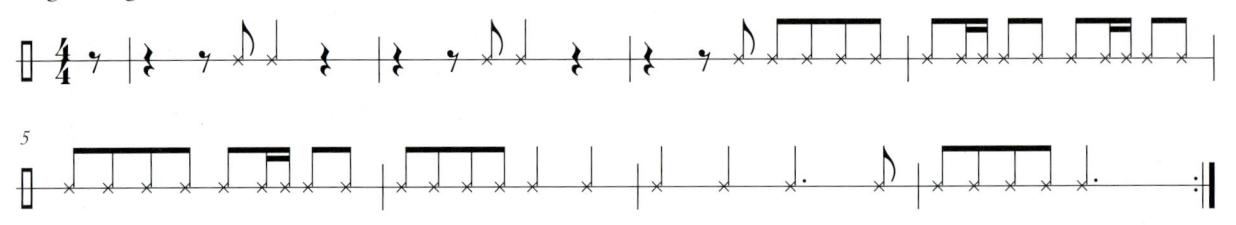

Begleitung zu Teil A

*Menuet II* (Anfang)

**4** *Musiziert und tanzt den Anfang des „Menuet II".* V|30

# Georg Friedrich Händel im Porträt

▶ **5** *Was erfahrt ihr aus dem Einleitungstext auf ↗ Seite 134 und diesen Porträts über Georg Friedrich Händel (Alter, äußere Erscheinung, soziale Stellung, Tätigkeiten, Eigenschaften usw.)?* ↗ S. 259

# Barock in Deutschland

**Johann Sebastian Bach**  *Weihnachtsoratorium* (BWV 248)

*Chorknaben der Thomasschule in Tracht zu Bachs Zeiten*

*Die heutigen Thomaner kurz vor einem Konzert*

Johann Sebastian Bach (1685–1750), der es zuvor bereits zum Konzertmeister des Herzogs von Weimar und zum Hofkapellmeister des Fürsten von Anhalt-Köthen gebracht hatte, nahm 1723 seinen neuen Dienst als Kantor und Musikdirektor der Stadt Leipzig auf. ↗ S. 258
Zu den insgesamt vier Kirchen, die er musikalisch betreuen musste, gehörte auch die Thomaskirche. Ihr angegliedert war die Thomasschule, deren Schüler als Gegenleistung für Schulbildung und Unterkunft regelmäßig bei Gottesdiensten, Hochzeiten oder auch Begräbnissen sangen. Mit diesem Chor führte Bach zum Jahreswechsel 1734/35 erstmals sein *Weihnachtsoratorium* auf, eine Folge von sechs Kantaten. Sie wurden an den Sonn- und Feiertagen rund um Weihnachten und Neujahr (den 6. Januar eingeschlossen) aufgeführt.

▶ **1** *Informiert euch über den heutigen Thomanerchor (Zugangsvoraussetzungen, Schulalltag usw.).*

Eingangschor *(Anfang)*

*Jauchzet, frohlocket! Auf, preiset die Tage! Jauchzet! Frohlocket! Jauchzet, frohlocket, auf, preiset die Tage, rühmet, was heute der Höchste getan!*

▶ **2** *Singt den Anfang der Altstimme des Eingangschors aus der ersten Kantate zur Aufnahme mit.* V|31

## Musik für viele Gelegenheiten

Die Musik im Weihnachtsoratorium war größtenteils nicht neu. Im ersten Teil, also den Kantaten 1–3, tauchten z. B. einzelne Sätze wieder auf, die Bach bereits 1733 zum Geburtstag der Kurfürstin von Sachsen komponiert hatte, nur dass ihnen dort natürlich weltliche Texte zugrunde lagen. So trug der Chorsatz *Herrscher des Himmels erhöre das Lallen* vorher den Titel *Blühet, ihr Linden, in Sachsen wie Zedern*, und der Eingangschor *Jauchzet! Frohlocket!* begann mit den Worten *Tönet, ihr Pauken! Erschallet, Trompeten!*

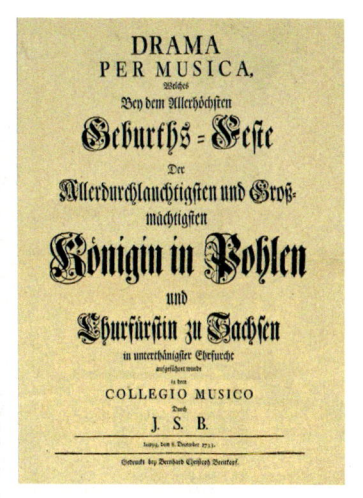

Widmungsblatt der Kantate *Tönet, ihr Pauken! Erschallet, Trompeten!* für Maria Josepha, Kurfürstin von Sachsen, Königin von Polen

Tönet, ihr Pauken!
Erschallet, Trompeten!
Klingende Saiten, erfüllet die Luft!
Singet itzt Lieder, ihr muntren Poeten!
Königin lebe, wird fröhlich geruft.

**3** Schlagt im Musiklexikon den Begriff „Parodieverfahren" nach und erklärt ihn mit eigenen Worten.

**4** Vergleicht die Fassung „Jauchzet! Frohlocket!" mit „Tönet, ihr Pauken!". V|35
a) Welche Hinweise auf den ursprünglichen Text weist die Musik auch im Weihnachtsoratorium noch auf? Inwiefern passt auch der zweite Text zu dieser Musik?
b) Welche Gründe könnte Bach gehabt haben, seine eigenen Kompositionen mehrfach zu verwenden?

## Homofonie und Polyfonie

Bach verwendete im Weihnachtsoratorium zwei unterschiedliche Kompositionsweisen der Barockzeit: das homofone und das polyfone Prinzip.

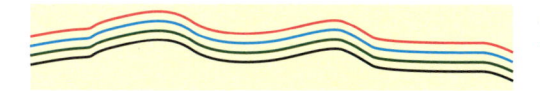

Beim homofonen Prinzip übernimmt eine Stimme (meist die obere) die Führung und die anderen ordnen sich unter.

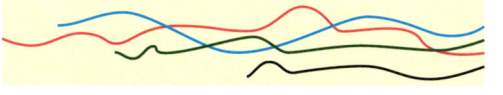

Beim polyfonen Prinzip verlaufen die einzelnen Stimmen selbstständig. Häufig setzen sie nacheinander ein und imitieren die vorangegangene Melodie.

**5** Verfolgt noch einmal die Altstimme des Eingangschors mit und hört heraus, wann sie Bestandteil eines homofonen oder eines polyfonen Abschnittes ist. V|31

140  Barock in Deutschland

Bach nutzt Homofonie und Polyfonie, um den Text seiner Kantaten eindringlich und klangvoll auszudeuten.

Verlaufsskizze (▭ = Orchester, ▭ = Chor)

|  | |
|---|---|
| Jauchzet, frohlocket, auf, preiset die Tage, rühmet, was heute der Höchste getan! | homofon |
| Lasset das Zagen, verbannet die Klage, | ? |
| lasset das Zagen, verbannet die Klage, stimmet voll Jauchzen und Fröhlichkeit an. | ? |
| Jauchzet, frohlocket, auf, preiset die Tage, rühmet, was heute der Höchste getan! | ? |
| Lasset das Zagen, verbannet die Klage, | ? |
| lasset das Zagen, verbannet die Klage, stimmet voll Jauchzen und Fröhlichkeit an. *fine* | ? |
| Dienet dem Höchsten mit herrlichen Chören! | ? |
| Lasst uns den Namen des Herrschers verehren! | ? |

*Wiederholung bis fine*

**》▶ 1** *Hört nun den gesamten Eingangschor und bestimmt, welche Textzeilen polyfon und welche homofon gestaltet sind.* V|31

Eingangschor

Sopran: Die-net dem Höch-sten mit herr-li-chen
Alt: Die-net dem Höch-sten mit herr-li-chen Chö –
Tenor: Die-net dem Höch-sten mit herr-li-chen Chö – – ren, die-net dem
Bass: Die-net dem Höch-sten mit herr-li-chen Chö – – –

**》▶ 2** *Untersucht den Abschnitt „Dienet dem Höchsten" genauer.*
 *a) In welcher Reihenfolge setzen die Stimmen (Sopran, Alt, Tenor, Bass) ein?*
 *b) Findet Gemeinsamkeiten und Unterschiede im jeweiligen Melodieverlauf.*
 *c) Bestimmt die Intervallverhältnisse an den farblich hervorgehobenen Stellen. Beachtet den Bassschlüssel.* 7 10 V|34

## Bach als Orgelexperte

Bach war schon zu Lebzeiten ein bekannter und geachteter Komponist. Einen besonderen Ruf erwarb er sich auch als Orgelspezialist. Schon in frühen Jahren fiel er als Orgelvirtuose auf, der meisterhaft improvisieren konnte. Er interessierte sich außerdem für den Aufbau dieser Instrumente und nutzte jede Gelegenheit, ihr Innenleben zu untersuchen, wodurch er sich umfassende Kenntnisse auf diesem Gebiet aneignete. Schon als 18-Jähriger wurde er nach Arnstadt (Thüringen) eingeladen, um die Qualität einer neu eingebauten Kirchenorgel zu beurteilen. Auch später zog man ihn immer wieder als Experten zurate, sodass er viel umherreiste, um Gutachten zu erstellen. Noch 1746 fuhr Bach nach Naumburg, um zusammen mit Gottfried Silbermann, einem der berühmtesten Orgelbauer der Barockzeit, eine Orgel zu „visitieren und examinieren".

Orgel von Joseph Gabler, Klosterkirche Ochsenhausen (Süddeutschland), 1750–1753

Jede Orgel ist einmalig gebaut und bildet mit dem Kirchenraum eine akustische Einheit.

**3** Woran erkennt man, dass die abgebildete Orgel in der Barockzeit gebaut wurde? Schaut euch auch Bilder der berühmten Orgelbauer Silbermann und Arp Schnitger an.

### *Toccata und Fuge in d-Moll* (BWV 565)

Eines der bekanntesten Orgelwerke überhaupt schuf Bach als junger Organist mit der *Toccata und Fuge in d-Moll*. Zahlreiche Einspielungen und Bearbeitungen zeugen auch heute noch von der ungebrochenen Popularität des Werks.

*Toccata* (Anfang)

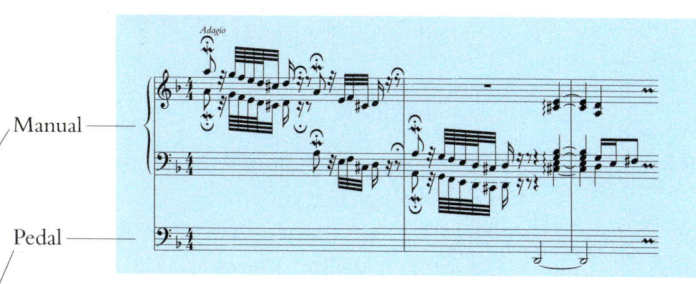

**4** Hört die Toccata, gespielt auf einer Silbermann-Orgel. V|36,37
a) Beschreibt die Wirkung, die das Werk in euch auslöst.
b) Überlegt, warum eine Toccata als Improvisationsstück auch gut zur Qualitätsbeurteilung einer Orgel geeignet war.
c) Vergleicht den Klang der Silbermann-Orgel mit einer Orgel aus dem 20. Jahrhundert.

# Barock in Frankreich

**Jean-Baptiste Lully**   *Persée*

Jean-Baptiste Lully
* 1632 in Florenz (Italien)
† 1687 in Paris (Frankreich)

Es ist der 18. April 1682. Zur Einweihung des neuen Schlosses Versailles in Frankreich hat sich der Hofstaat in einem Festsaal versammelt. Alle warten auf den König, damit die Premiere der neuen Oper *Persée* von Jean-Baptiste Lully beginnen kann. Ludwig der XIV. hat selbst den Stoff für die Handlung ausgesucht. Die Vorbereitungen haben lange gedauert, schließlich gibt es im Schloss keine Theaterbühne. Die Zuschauer sind voller Neugier: Wie wird es dem Komponisten gelungen sein, die antike Sage vom göttlichen unbesiegbaren Perseus und der schönen Andromeda in Musik umzusetzen? Welche Sänger werden die Rollen singen? Hat das Ballett die schwirigen Tänze gut geprobt? Welches Geheimnis verbirgt sich hinter den Bühneneffekten, die Lully und seine Mitstreiter nicht verraten wollten?
Endlich erscheinen die Musiker und der Komponist mit seinem Taktstab. Der König nimmt Platz, das Spiel kann beginnen.

**》▶ 1**  *Warum wünscht sich der König wohl eine Oper mit einem antiken Sagenhelden?*

Holzstich nach einer Zeichnung von Daniel Marest, Persée-Inszenierung in Versailles, 1682

Zur Handlung (1)

Die Handlung spielt in Äthiopien. Die schlangenhäuptige Medusa terrorisiert die Bevölkerung, indem alle in Stein verwandelt werden, die sie ansehen. Der Held Perseus, der die Prinzessin Andromeda liebt, wird vom Gott Merkur mit magischen Waffen ausgestattet und begibt sich in das Reich der Medusa, die einst eine sehr schöne Frau war. Zur Strafe für eine heimliche Liebschaft wurde sie in ein Ungeheuer mit Schlangenhaaren, einem Schuppenpanzer, glühenden Augen und einer heraushängenden Zunge verwandelt.

**》▶ 2**  *Lully hat die Medusa in besonderer Weise gestaltet.*  V|38
*a) Warum lässt Lully diese Rolle von einem Mann singen?*
*b) Welche Instrumente erkennt ihr, die die Figur musikalisch charakterisieren? Achtet darauf, dass in einem barocken Orchester Zupfinstrumente verwendet werden, die heute in einem Sinfonieorchester nicht mehr auftauchen.*

Musikgeschichte(n) 143

*Inszenierung am Elgin Theatre, Toronto, 2004*

Merkur drückt seine Erleichterung in einem gesungenen und getanzten *Menuett* aus.

》▶ **3** *Sammelt Informationen zu den Figuren der antiken Mythologie: Merkur, Perseus, Phineus und Andromeda.*

Zur Handlung (2)

Nach seinem Sieg über die Medusa muss Perseus eine weitere Herausforderung annehmen. Seine geliebte Prinzessin wird, an den Felsen gekettet, von einem Seeungeheuer bedroht. Er nimmt den Kampf auf und befreit sie. Alle freuen sich über den Sieg. Musikalisch wird dies in einer *Gigue*[1], einem schnellen Tanz von heiterem Charakter, deutlich.

》▶ **4** *Wie unterstreichen der Rhythmus und die Taktart die freudige Stimmung?* V|39

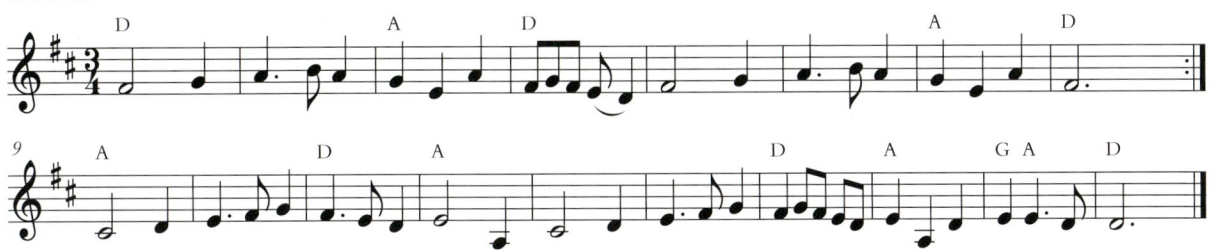

**1** [ʒiɡ]

*Menuett*

》▶ **5** *Singt und musiziert das Menuett. Tanzt zur Musik den Menuettschritt.* V|40

Zur Handlung (3)

Nachdem Perseus alle Proben bestanden hat, kann er Andromeda heiraten und nun wird das Paar in den Kreis der Götter aufgenommen.
Dies geschieht auf der Bühne in einer *Passacaglia*, einem ursprünglich spanischen Volkstanz.

》▶ **6** *Erschließt euch den Tanz.* V|41
a) *Achtet zunächst auf die Basslinie. Wodurch entsteht der Eindruck eines ewigen „göttlichen" Kreislaufs?*
b) *Verfolgt die Entwicklung der Melodie. Welche musikalische Form beinhaltet sie?*
c) *Ihr könnt zur Musik auch eine Szene entwickeln, die den Handlungsverlauf der Oper kurz darstellt. Überlegt euch auch Bühneneffekte und Geräusche.*

# Wiener Klassik

**Joseph Haydn**  *Sinfonie Nr. 39 in g-Moll* (Hob. I, 39)

》➤ **1** *Hört den 1. Satz der Sinfonie und stellt euch dabei vor, einer der anwesenden Gäste im Konzertsaal des Schlosses zu sein.* V|42

Haydn-Festival,
Schloss Esterházy
in Eisenstadt (Österreich),
Konzertsaal, 2009

### Nach der Aufführung

Glücklich schaute Joseph Haydn vom Musikerhaus zum Schloss hinüber. Fürst Nikolaus war mit seiner neuen Sinfonie wieder sehr zufrieden gewesen. Wenn es nach Haydn ginge, würde er für immer in den Diensten des unsagbar reichen Fürsten bleiben. Er bezahlte Haydn ausgesprochen gut und ließ ihm beim Komponieren viele Freiräume. Außerdem hatte er ein eigenes Orchester für seine Klangexperimente zur Verfügung. Laut Vertrag würde der Posten des Kapellmeisters bald an ihn übergehen. Auch wenn sich Eisenstadt fernab vom Trubel der großen Welt befand, nahm die internationale Presse Haydns Werke bereits wohlwollend zur Kenntnis. Seine Musiker verehrten ihn. Liebevoll legte Haydn die blausilberne Uniform, die er heute getragen hatte, über einen Stuhl. Es war Zeit, schlafen zu gehen.

》➤ **2** *Fasst zusammen, mit welchen Vorteilen für Haydn die Anstellung am Hofe des Fürsten Esterházy verbunden war. Welche Nachteile könnte es gegeben haben?*

### Eine unglaubliche Karriere

Nachdem Haydn mit 18 Jahren als Chorsänger für den Wiener Stephansdom entlassen worden war, hatte er weder Geld noch einen Platz zum Schlafen gehabt. Mit 34 Jahren bekam er den Posten des Kapellmeisters, das ranghöchste musikalische Amt am Fürstenhof. Seine Reisen nach London, wo er in den Jahren 1791/92 und 1794/95 vom Publikum hoch gefeiert wurde, brachten dem nunmehr über 60-jährigen Komponisten ein beträchtliches Vermögen ein.

》➤ **3** *Recherchiert, wodurch und mit wessen Hilfe Haydn nach der Entlassung aus dem Chordienst so hoch aufsteigen konnte.*

### Die Sinfonie – Schönheit in vollendeter Form

Durch Haydns Ideenreichtum und unermüdlichen kompositorischen Fleiß entwickelte sich die Gattung Sinfonie zur umfangreichsten und bedeutendsten Form der Instrumentalmusik. Ihre vier Sätze unterlagen meist einer bestimmten Tempoabfolge. Neben zahlreichen Klaviersonaten und Streichquartetten komponierte Haydn im Laufe seines Lebens 107 Sinfonien – mehr als jeder andere berühmte Komponist.

》➤ **4** *Beschreibt Tempo und Charakter der vier Sätze der 39. Sinfonie von Joseph Haydn.* V|42–45

Die vier Sätze einer Sinfonie waren auch formal unterschiedlich angelegt. Im ersten, oft auch im vierten Satz (den sogenannten Ecksätzen) ging es darum, zwei möglichst gegensätzliche Themen aufzustellen und diese dann miteinander zu verarbeiten bzw. zu einer „Versöhnung" zu bringen, ähnlich den Konflikten, wie sie auch die Handlung von Dramen prägten. 11

Dieses Kompositionsmodell wurde später als Sonatenhauptsatzform bezeichnet. Es beinhaltet drei Teile, die von einer Einleitung und einer Coda (Schlussgedanke) eingerahmt werden können:

| Exposition | Durchführung | Reprise |
|---|---|---|
| Vorstellung der beiden gegensätzlichen Themen (wird meist wiederholt) | Verarbeitung der Themen | „Versöhnung" der beiden Themen (abgewandelte Wiederholung der Exposition) |

4. Satz (Hauptthema)

4. Satz (Seitenthema)

**► 5** *Hört euch den 4. Satz an. Erkennt die Themen in der Exposition, die Durchführung und die Reprise.* V|45

2. Satz (Anfang)

Der langsame Satz einer Sinfonie, aber auch der schnellere dritte Satz (seit Haydn als Menuett in die Sinfonie eingeführt) konnten in Liedform gestaltet sein, das heißt, es gab 2-, 4-, 8- oder auch 16-taktige Abschnitte, die sich aufeinander bezogen. 11

**► 6** *Wie verhalten sich die ersten drei Takte zu Beginn des 2. Satzes zueinander? In welcher Beziehung stehen die ersten vier Takte zu den nachfolgenden?* V|43

Große Komponisten wie Haydn legten ihre Sinfonien so an, dass sich insgesamt ein Bild perfekter Symmetrie ergab. Mit einprägsamen und abwechslungsreichen Melodien zogen sie ihr Publikum in den Bann, das schon längst nicht mehr nur aus Adligen bestand. Haydns Musik war so beliebt, weil sie oft überraschende und witzige Einfälle enthielt und damit mit den Klangerwartungen des Publikums spielte. So ließ er beispielsweise laute Töne unmittelbar nach sehr leisen Tönen erklingen, fügte an unerwarteten Stellen Pausen ein, experimentierte mit den unterschiedlichen Klangfarben der Instrumente und wechselte spontan den Rhythmus oder sogar komplett den Charakter der Musik.

**► 7** *Welche Überraschungen sind im 1. Satz versteckt?* V|42

## Die Klarinette, ein Instrument der Klassik

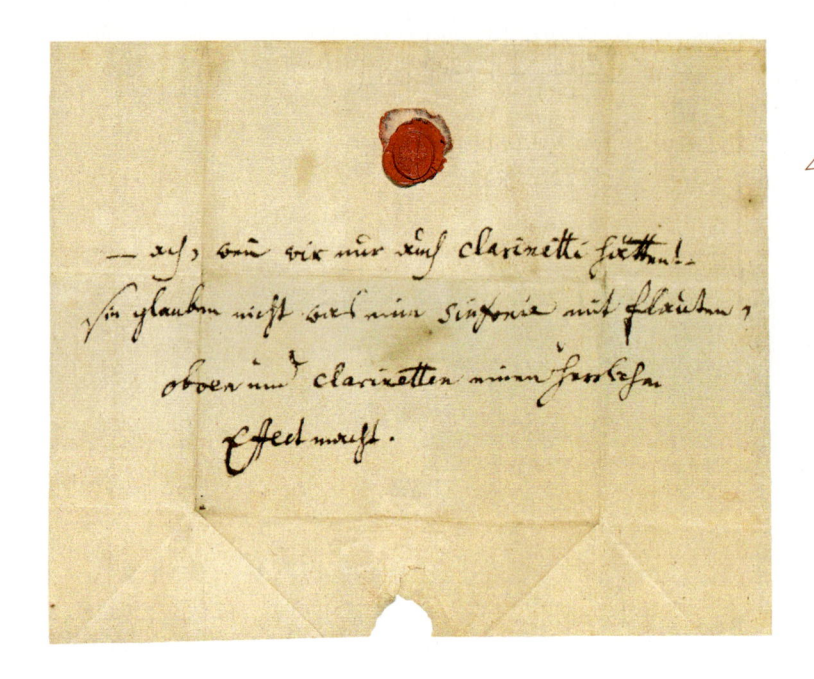

> Ach, wenn wir nur auch Clarinetti hätten! Sie glauben nicht, was eine Sinfonie mit Flauten, Oboen und Clarinetten einen herrlichen Effect macht.

Dies schrieb Mozart 1778 aus Mannheim an seinen Vater nach Salzburg, nachdem er zum ersten Mal in einem Orchester Klarinetten gehört hatte. Er war fasziniert von dem Klang dieser neuen Instrumente und setzte sie von diesem Zeitpunkt an nach Möglichkeit in seinen Orchesterwerken ein. Hierdurch entstand eine neue Klangfarbe im Zusammenspiel mit ein bis zwei Flöten, Oboen und Fagotti. Manchmal verzichtete Mozart sogar ganz auf die Oboen, die noch in der Barockzeit beispielsweise in den Werken Händels eine sehr auffällige musikalische Rolle spielten. Heute gehört die Klarinette fest zur Bläsergruppe eines jeden Sinfonieorchesters.

Als Mozart 27 Jahre alt war, lernte er den bekannten Wiener Klarinettisten Anton Stadler kennen. Mozart und der wenig ältere Stadler wurden gute Freunde. Die beiden hatten viele gemeinsame Interessen, z. B. das Billardspielen und Kegeln, vor allem aber die Musik. Stadler führte Mozart die neuesten Klarinetten vor, zeigte ihm deren verbesserte klangliche und spieltechnische Möglichkeiten. Mozart schrieb für seinen Freund einige Kompositionen, in denen das Instrument besonders gut zur Geltung kommt, vor allem ein Konzert.

▶ **1** *Die Klarinetten unterschieden sich in ihrer Bauart, Klangerzeugung und im Klang. Zu welcher Instrumentengruppe gehören sie? Betrachtet die Instrumente und beschreibt deren Klangerzeugung.*
V|47

Chalumeau[1], Vorgänger der Klarinette, Ende des 17. Jh.

Klarinette (Basetthorn), Ende 18. Jh. bis Anfang 19. Jh.

moderne Klarinette

1 [ʃalymo]

**Wolfgang A. Mozart**   *Klarinettenkonzert in A-Dur* (KV 622)

Ein Solokonzert besteht wie eine Sonate oder Sinfonie aus mehreren kontrastierenden Sätzen. Anders als bei der Sinfonie steht beim Solokonzert ein Instrument deutlich im Vordergrund des musikalischen Geschehens.
In diesem Konzert wechselt das Spiel der Soloklarinette mit dem Spiel des gesamten Orchesters oder einzelner Instrumentengruppen ab.

1. Thema des 1. Satzes   (Anfang, nach C-Dur transponiert)

**2**  *Musiziert gemeinsam auf Keyboards. Bildet drei Gruppen für die Streich-, Blech- und Holzblasinstrumente mit Soloklarinette und stellt deren Sounds auf den Keyboards ein:*
- *Die Streichinstrumente spielen das Thema.*
- *Die Soloklarinette spielt das Thema.*
- *Das ganze Orchester, einschließlich der Blasinstrumente, spielt das Thema.*
- *Das Thema wird von mehreren Instrumenten in kurzem Abstand imitiert, also in der Art eines Kanons gespielt (Einsatz des nächsten Instruments nach zwei Takten).*

**3**  *Vollzieht das Wechselspiel der Instrumente nach.*  V|46

1. Thema des 1. Satzes   (Anfang, in der Originaltonart)

In der Partitur ist die Klarinettenstimme anders notiert als das Instrument erklingt: Die Klarinette ist ein transponierendes Instrument. Man erkennt es am einfachsten an den von der Originaltonart abweichenden Vorzeichen. Durch diese Schreibweise ist es den Spielern möglich, auf unterschiedlichen Instrumenten der Klarinettenfamilie zu spielen. In Mozarts Klarinettenkonzert wird eine „Klarinette in A" benutzt: Ist die Note c notiert, erklingt auf diesem Instrument der Ton a.

**4**  *Hört den Anfang des 2. Satzes und vergleicht diesen mit dem 1. Satz. Geht dabei auf das Tempo, den Charakter und den Ausdruck ein.*  V|46,47

Solokonzerte wurden oft für Musiker komponiert, die ihr Instrument besonders gut beherrschen, sogenannte Virtuosen. ↗ S. 150
In Mozarts Klarinettenkonzert bietet vor allem der 3. Satz die Möglichkeit, das Können des Solisten effektvoll in Szene zu setzen.

**5**  *Wie kommt das Können der Solistin am Anfang des 3. Satzes zum Ausdruck?*  V|48

## Ludwig van Beethoven    *Klaviersonate Nr. 8 in c-Moll* (op. 13)

Wir Menschen staunen oft über die Wunder der Natur, fragen uns, wie alles entstanden ist, denken über den Kosmos nach und forschen nach anderen, intelligenten Wesen im Weltall. Manchmal zweifeln wir und suchen nach dem Sinn unseres Lebens, begreifen uns als einmalige, unverwechselbare Individuen. Gleichzeitig fürchten wir uns vor dem Tod und fragen, ob er unser endgültiges Ende ist. Wir müssen Entscheidungen für unser Leben treffen, Vorstellungen entwickeln und uns mit Schicksalsschlägen auseinandersetzen. Kunst kann dabei helfen, denn sie spricht gleichzeitig unseren Verstand an und bewegt die Gefühle. Sie findet dann einen Ausdruck, wenn uns scheinbar passende Worte fehlen. So kann Musik für uns auch eine eigene Erfahrungs- und Gefühlswelt in Tönen darstellen und eine Botschaft übermitteln.

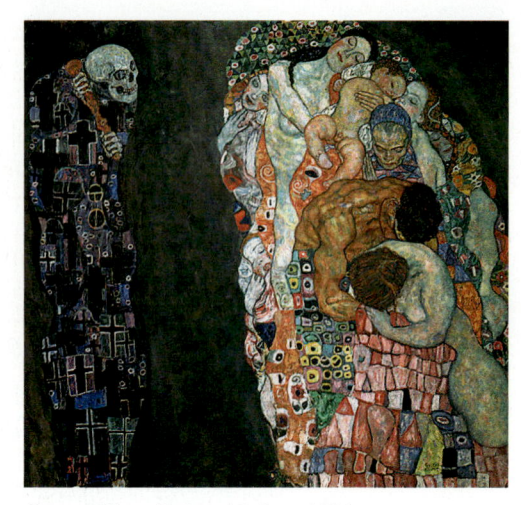

Gustav Klimt, Tod und Leben, 1916

**》► 1** *Formuliert Fragen, die euer Leben bewegen und tauscht euch über Musik aus, in welcher diese für euch zum Ausdruck kommen.*

1.–3. Thema aus dem 1. Satz

**》► 2** *Spielt das sich wiederholende Anfangsmotiv und beschreibt, wie Ludwig van Beethoven den Ausdruck nachhaltig steigert. Welche Erkenntnisse, Gefühle und Lebensfragen verbindet ihr mit der Musik?* **11** ◉ V|49

**》► 3** *Spielt die Melodie des 2. Themas und ahmt dabei die Dynamik nach. Welche Wirkung hat die Begleitung? Welche Antworten könnte euch die Musik möglicherweise bieten?* ◉ V|50

**》► 4** *Singt das 3. Thema auf Tonsilben und vergleicht es mit dem 2. Welche weiteren Antworten auf das Ausgangsthema nehmt ihr wahr? Welche Reaktion entspricht eher euren eigenen Vorstellungen?* ◉ V|51

## Das Musikleben im ausgehenden 18. Jahrhundert

Ende des 18. Jahrhunderts wollte der aufgeklärte Adel eine Musik, die nicht nur unterhält, sondern auch bildet. Davon profitierte der junge Beethoven, als er 1792 nach Wien reiste. Viele Adelige verehrten ihn und sorgten dafür, dass seine Kompositionen aufgeführt wurden: in ihren Salons, aber auch in Theatern und Konzerthäusern. Außerdem unterstützten sie ihn finanziell, sodass er sich ausschließlich dem Komponieren widmen konnte. Das war damals außergewöhnlich, denn in der Regel benötigten Komponisten eine feste Anstellung oder sie erteilten Unterricht, um leben zu können.

Konzert im Festsaal der Wiener Universität, 1808

Auch das sich entwickelnde und ausbreitende Verlagswesen trug wesentlich zur Unabhängigkeit des jungen Komponisten bei. Jedes neue Werk fand öffentliche Beachtung und brachte Beethoven ein zusätzliches Honorar.

≫▶ **5** *Überlegt, welche Voraussetzungen das Entstehen musikalischer Kunstwerke begünstigen.*

## Beethoven – ein unabhängiger Künstler

Graffiti nach Carsten Carstens

Beethoven war eine willensstarke und manchmal aufbrausende Persönlichkeit. Er achtete wenig auf sein Äußeres und hielt sich kaum an gesellschaftliche Konventionen. Auch durch sein Gehörleiden wirkte er auf seine Mitmenschen sonderbar. Es führte schließlich zu völliger Taubheit – für einen Musiker eine Katastrophe. In der Liebe erfüllten sich seine Wünsche nicht: Er blieb unverheiratet und kinderlos. Die Auseinandersetzung mit seinem persönlichen Schicksal hat ihn oft in tiefe Krisen gestürzt. Nur über die Musik war er in der Lage, seine Wahrnehmung von der Welt hörbar zu machen.
Zwischen 1798 und 1799 schrieb Beethoven die *Klaviersonate Nr. 8*, die bereits zur Zeit seines Lebens populär wurde. Er gab ihr den Namen *Grande Sonate Pathétique* (*frz.* leidenschaftlich, pathetisch, affektiert).

≫▶ **6** *Verfolgt den Verlauf der Themen im 1. Satz.* V|49–53
 a) *Welche Botschaft könnte Beethoven in seiner Sonate versteckt haben? Entschlüsselt sie, indem ihr eure Gedanken, Gefühle und Fragen notiert.*
 b) *Stellt Bezüge zu seiner Persönlichkeit und Biografie her und diskutiert den Titel „Pathétique".* ↗ S. 261

# Von der Romantik ins 21. Jahrhundert

**Paganinis *Caprice in a-Moll* und ihre Bearbeitungen**

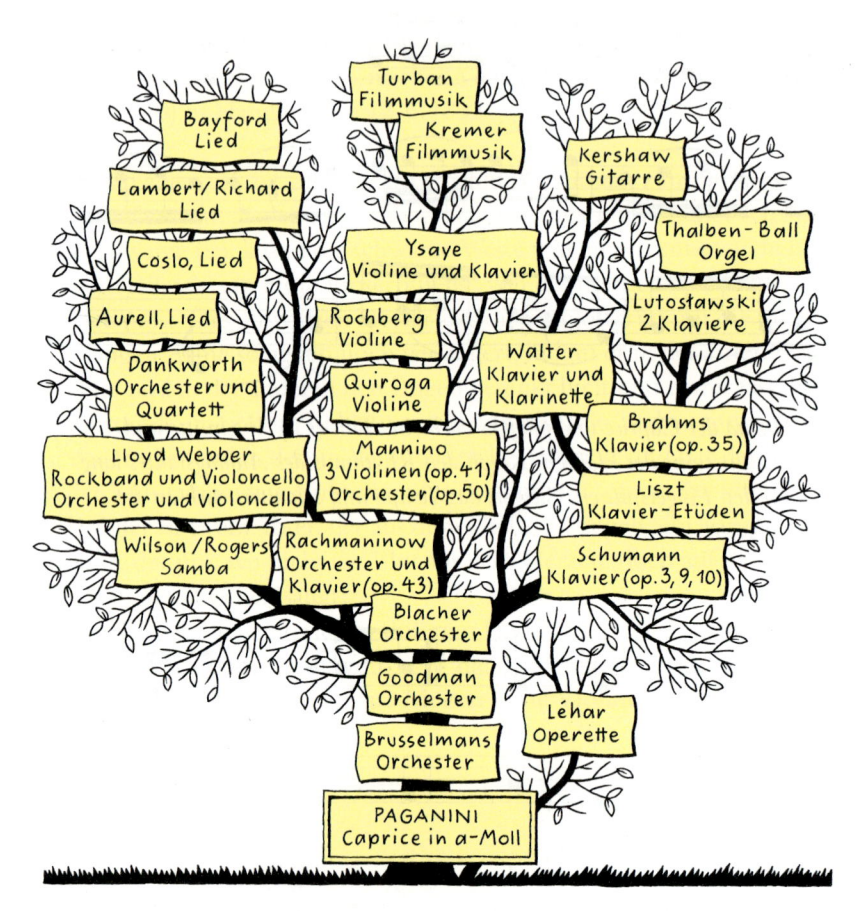

Die Faszination der *Caprice in a-Moll* auf Musiker war von Beginn an groß: Wohl keine andere Komposition wurde bis heute so oft bearbeitet wie dieses Violinstück. Somit lässt sich beobachten, wie sich das Werk im Verlauf der Geschichte veränderte.

Der unvollständige (!) Stammbaum demonstriert die anhaltende Begeisterung für die *Caprice in a-Moll* bis heute. Einerseits wollten Virtuosen mit diesem Werk aufzeigen, welche neuen Gestaltungsvarianten mit ihrem jeweiligen Instrument möglich waren. Andererseits wählten Komponisten das Werk zum Ausgangspunkt für eigene kompositorische Ideen, spielten mit neuartigen Klangfarben und gewagten Harmonien, was sie teilweise so weit von der Vorlage wegführte, dass diese kaum noch zu erkennen ist.

Der russische Klaviervirtuose Sergej Rachmaninow führte seine Paganini-Rhapsodie erstmals 1934 in den USA auf. Musikalisch fühlte sich der Komponist aber noch als Romantiker.

» **1** Beschreibt das Verhältnis dieser Bearbeitung zum Original. Beachtet das Zusammenspiel von Orchester und Klavier. V|59

» **2** Besonders populär wurde die Variation Nr. 18 unter anderem als Filmmusik. V|60
a) Beschreibt eine zur Musik passende Filmszene und erfindet einen Filmtitel.
b) Um die Verwandtschaft dieser Variation mit dem Thema zu erkennen, muss man einen Trick anwenden: Kehrt die Richtung der Intervalle im ersten Takt von Paganini um und bezieht die erste Note von Takt 2 mit ein.

» **3** Der polnische Komponist Witold Lutosławski (1913–1994) schuf Variationen für zwei Klaviere. Lasst die neuartigen Klänge auf euch wirken. V|61

Der weltweit gefeierte türkische Pianist Fazil Say (geb. 1970) gehört zu der Musikergeneration, für die es keine Grenzen zwischen Klassik und Jazz gibt. Say spielt seine Paganini-Variationen bei Konzerten gerne auch als Zugabe.

» **4** Worin zeigt sich die Virtuosität von Say, worin seine stilistische Offenheit? V|62

Musikgeschichte(n) 153

### Bearbeitungen in Rock und Pop

Eine verlorene Wette war der Anlass, dass der durch seine Musicals bekannte britische Komponist Andrew Lloyd Webber für seinen jüngeren Bruder Julian den ungewöhnlichen Zyklus *Variations* schrieb. Schon bei der Vorstellung des Themas lässt sich hören, welches Instrument Julian spielt.

》▶ **5** *Welches Instrument übernimmt die Melodie, welches begleitet?* V|63

Eine Besonderheit dieser Variationen besteht darin, dass mehrere Instrumente solistisch hervortreten. Dadurch ist der Zyklus besonders abwechslungsreich.

》▶ **6** *Verschafft euch einen Eindruck von der Vielfalt der „Variations".*
a) *Verfolgt, welche Instrumente am Anfang solistisch und welche in der Begleitung zu hören sind.* V|64
b) *In der neunten Variation übernimmt ein Instrument die Melodie, das wegen seines Aussehens oft in eine falsche Instrumentengruppe eingeordnet wird. Welches?* V|65
c) *Der Komponist nummeriert die Variationen. Bei dieser hat er die Zahl in der Taktart versteckt.* V|66

》▶ **7** *Vergleicht das CD-Cover mit der Musik. Die Vorlage lieferte das Gemälde „Frederick, Prince of Wales, und seine Schwestern" (ca. 1733).*

Paganinis Zeitgenossen empfanden den „Teufelsgeiger" faszinierend und abstoßend zugleich. Ähnlich mag es den Fans von The Great Kat gehen. Die an der berühmten New Yorker Juilliard School of Music ausgebildete Geigerin feiert sich selbst als Gitarrengöttin: „Huldige mir oder stirb!" nannte sie ihre zweite CD. Musikalisch sieht sich die Amerikanerin in einer Reihe mit Bach, Beethoven und Paganini.

》▶ **8** *Worin besteht die Virtuosität der Solistin bei der Interpretation der „Caprice" (1990)? Beschreibt, warum dieser musikalische Stil als „Speed Metal" bezeichnet wird. The Great Kat nennt ihn übrigens „Shred/Classical Music".* ↗ S. 40 V|67

The Great Kat

# Fermate

In der Musikgeschichte werden einander abwechselnde Epochen unterschieden. Diese sind jeweils gekennzeichnet durch gemeinsame Merkmale.

Die zeitlichen Grenzen der Epochen lassen sich meist nicht genau festlegen.

**Barock (ca. 1600–1750)**

Der Epoche wurde ein ursprünglich abwertend gemeinter Name gegeben. Er bedeutete „verrückt, merkwürdig, verworren" und bezog sich erst auf den Baustil, später auch auf die Musik. Musikgeschichtlich werden die Epochengrenzen mit der „Erfindung" der Oper 1600 in Florenz und dem Tod Bachs 1750 begründet.

Geprägt wird die Gesellschaft vom prachtvollen Lebensstil des Adels (Absolutismus) und der Bedeutung der beiden christlichen Kirchen. Hof und Kirche bieten für Musiker Beschäftigung und bestimmen das Musikleben.

**Wiener Klassik (ca. 1750–1820)**

Mit dem Epochenbegriff sollte die besondere Bedeutung der Musik von Haydn, Mozart, Beethoven für die Weiterentwicklung der Musik hervorgehoben werden. Der Nachwelt erschien deren künstlerisch ausgefeilte Kompositionsweise vorbildlich, vergleichbar in der Baukunst der „klassischen Antike" der Griechen.
Geprägt wird die Zeit von der Aufklärung (Vernunft als Leitbild des Denkens, Abkehr von absolutistischer und kirchlicher Vorherrschaft) und dem Ideal der Natürlichkeit.
In dieser Epoche gewinnt das Bürgertum an Einfluss, wodurch neben Hof- und Kirchenmusikern auch der freischaffende Künstler in Erscheinung tritt. Im aufblühenden Konzertleben spielen vor allem die mehrsätzigen Sinfonien und Solokonzerte eine große Rolle.

**Romantik (ca. 1820–1890)**

Abgeleitet vom Roman wurde der Begriff in der Epoche selbst zunächst auf die Literatur angewendet. Durch das Eintauchen in rätselhafte, mystische und sentimentale Erzählungen und Gedichte oder in die Vergangenheit (Mittelalter, Märchen, Sagen) konnte man dem Alltag entfliehen und sich intensiven Gefühlen hingeben.
Es ist eine sehr widersprüchliche Epoche: Einerseits ist die Begeisterung für technische Entwicklungen groß, andererseits erscheint aber auch die Einfachheit der Natur erstrebenswert. Das Bürgertum prägt das Musikleben in den wachsenden Städten.
Besondere Bedeutung im Konzertwesen haben Sinfonien und Solokonzerte, die von Virtuosität und Leidenschaft geprägt sind. Kammermusik (Sonaten, Streichquartette) und Klavierwerke erklingen im Konzert oder werden als Hausmusik gespielt. Chormusik und Lieder mit Klavierbegleitung bestimmen die Vokalmusik.

Musikgeschichte(n)  155

▶ **1** Erklärt die Zusammenhänge.
a) Ordnet die abgebildeten Bauwerke den Epochen zu. Um welche Gebäude handelt es sich?
b) Geht auf Suche nach repräsentativen Gedichten oder Kunstwerken aus den Epochen.

▶ **2** Gestaltet einen Zeitstrahl für den Zeitraum von 1600–1900.
a) Markiert die Epochen und ordnet die Lebensdaten und Namen bekannter Komponisten zu. Ergänzt musikalische Fakten (Formen, Werke, typische Instrumente, Kompositionstechniken). ↗ S. 249
b) Fügt Daten aus anderen Bereichen (z. B. Technik, Mode) und Abbildungen hinzu.

## Spuren von Barock, Klassik und Romantik in der Gegenwart

▶ **3** Der österreichische Sänger Falco landete 1985 mit „Rock Me Amadeus" einen internationalen Hit, die bislang einzige deutschsprachige Nr. 1 in den USA.
a) Wie wird Wolfgang „Amadeus" Mozart in dem Lied beschrieben? V|68
b) Tragt zusammen, was für euch einen Superstar ausmacht. ↗ S. 48 f.
c) Ist Mozart für euch ein Superstar? Diskutiert, welche Gründe Falco gehabt haben könnte, einen Popsong über Mozart zu verfassen. Bezieht das Foto aus dem Musikvideo ein.

Falco (1957–1998) als Amadeus

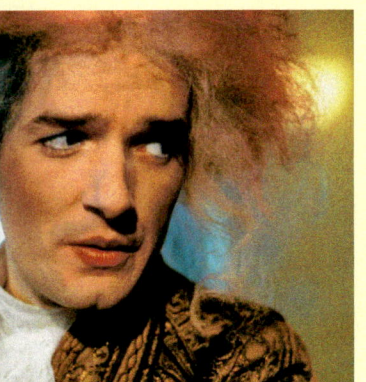

▶ **4** Die Musik von Bach wird bis in die Gegenwart als Anregung für Bearbeitungen genutzt.
a) Welches Musikinstrument verweist auf die barocke Musikvorlage, welche Instrumente sind hinzugekommen? V|69
b) Beschreibt den Zusammenhang zwischen dem „Air" von Bach und „Everything's Gonna Be Alright" von Sweetbox (1995). V|70,71

▶ **5** Welche der charakteristischen Merkmale der Romantik findet ihr in dem Film-Dreiteiler „Der Herr der Ringe" und seiner Musik wieder? Berücksichtigt auch den Kostümentwurf. V|72

Kostümentwurf für Elrond

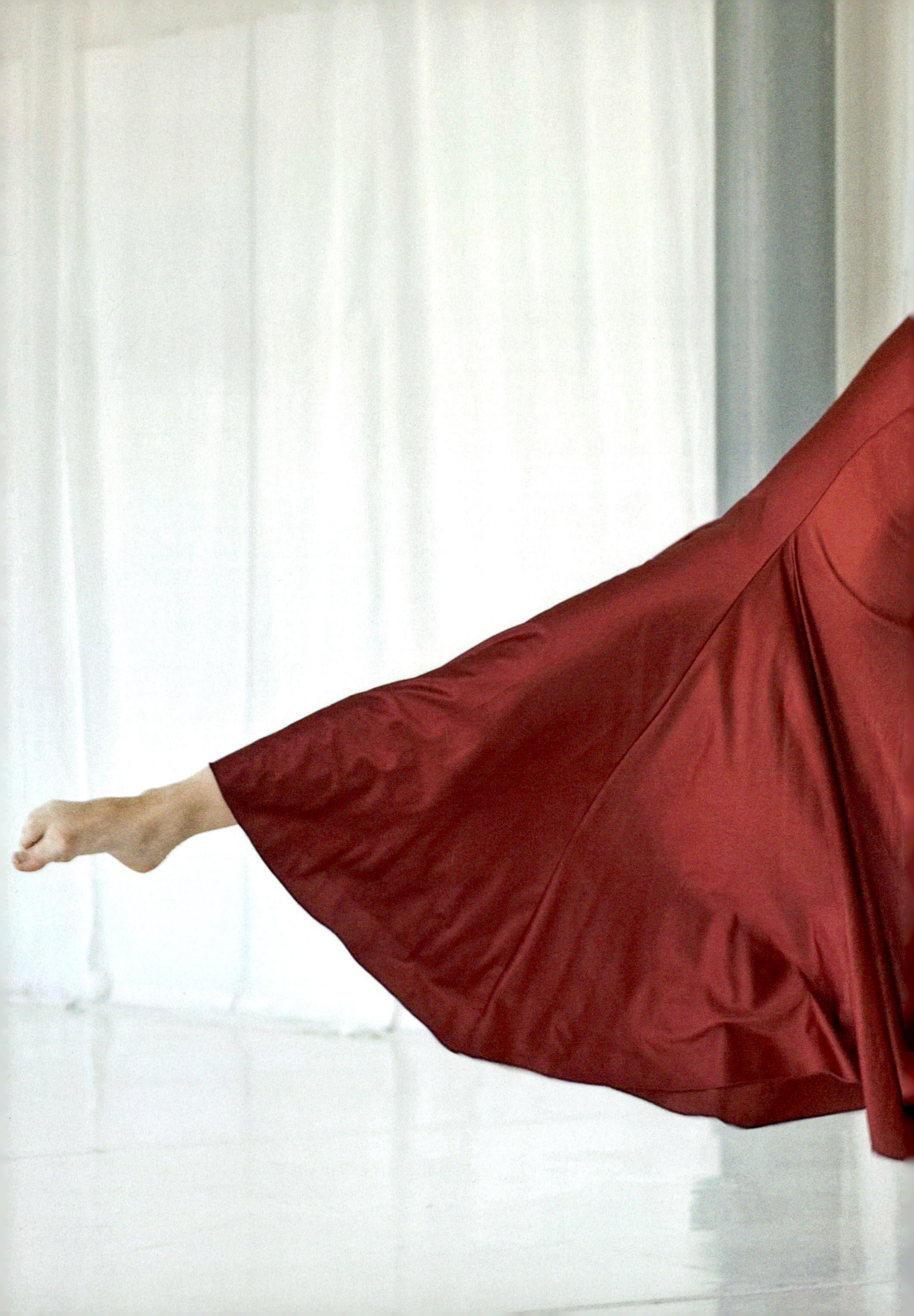

# Aufforderung zum Tanz

# Tanzbegegnungen

**▶ 1** Ordnet die Musikstücke den Bildern zu. I|54; VI|1–5

Aufforderung zum Tanz · 159

*Pas de deux* [1]: Zu den Bestandteilen des klassischen Balletts gehört der Pas de deux (*frz.* Schritt zu zweit).

*Bauerntanz:* Während im 16. Jahrhundert an den Höfen feste Regeln und Formen das Tanzen bestimmten, vergnügten sich die Bauern mit Volkstänzen.

*Springtanz:* Die jungen Männer vom Stamm der Massai in Kenia versuchen bei diesem Tanz, so hoch wie möglich zu springen, um damit ihre Stärke zu beweisen.

*Volkstanz:* Die Volkstänze sind teilweise sehr virtuos und erfordern viel Übung.

*Gesellschaftstanz um 1900:* Um die Wende zum 20. Jahrhundert vergnügten sich die reichen Bürger auf Bällen und tanzten Walzer und Polka.

[1] [pɑdədø]

》▶ **2** *Sechs Bilder – fünf Texte.*
*a) Welcher Text gehört zu welchem Bild?*
*b) Ein Bild bleibt übrig; formuliert hierzu selbst einen Text.*
*c) Tauscht euch über eure eigenen Erfahrungen und Begegnungen mit Tanz aus.*

Tanz begegnet uns von der Steinzeit bis in die Gegenwart überall auf der Welt als Volks-, Gesellschafts- oder Bühnentanz. Es gibt Formen, die ganz individuell gestaltet werden können, und andere, die eine genaue Choreografie erfordern. Manche sind technisch so anspruchsvoll, dass sie eine langwierige Ausbildung und intensives Training voraussetzen.

》▶ **3** *Welche Abbildungen zeigen Volks-, Gesellschafts- oder Bühnentänze? Überlegt, welche Formen ein besonderes Training verlangen.*

》▶ **4** *Informiert euch über Möglichkeiten der Tanzausbildung in eurer näheren Umgebung, z. B. Volkstanzgruppen, Ballettstudios oder Streetdance. Vielleicht gibt es jemanden in eurer Klasse, der in seiner Freizeit aktiv tanzt und euch etwas über seine Erlebnisse berichten kann.*

》▶ **5** *Diskutiert die folgenden Zitate. Sucht weitere historische und aktuelle Aussagen zum Tanz und überlegt, worin ihr euch wiederfindet.*

Keine andere Tätigkeit kann so viel Spannung und Aggressivität abbauen wie in Körperbewegung umgesetzte Musik. *Gerhard Szczesny, 1982*

Tanz ist die Kunst, die die Seele des Menschen am meisten bewegt.
*Platon, griechische Antike*

# Tanzrevolte

**Die 1950er-Jahre: Der Rock 'n' Roll**

Jede Zeit hat ihre eigene Mode und ihren Stil. Die 1950er-Jahre waren von großen Gegensätzen geprägt. Die ältere Generation sehnte sich wegen ihrer Kriegserlebnisse nach einer heilen Welt und bevorzugte sentimentale Schlager und Heimatfilme. Die junge Generation rebellierte mit lauter Rock 'n' Roll-Musik und wilden -Tänzen. Fliegende Röcke der Mädchen und ausgefallene Frisuren der Jungen erschienen den Eltern als Provokation. ↗ S. 32

**1** Beschreibt die Fotos.
a) Welche Kleidungsstücke empfindet ihr als rebellisch oder als konservativ?
b) Gestaltet ein Poster mit Bildern aus dieser Zeit: Mode, Alltagswelt und Technik. Befragt auch eure Großeltern oder andere Zeitzeugen, wie sie sich damals gekleidet, frisiert und geschminkt haben. Wenn möglich, bringt einzelne Kleidungsstücke mit.

Beim Tanzen des Rock 'n' Roll gibt es unterschiedliche Figuren. Wesentlich ist, dass die Tanzpaare improvisieren und je nach Können Sprünge, Würfe und akrobatische Hebungen in ihren Tanz einbauen.

### Grundschritte

Sprung aufs linke Bein und Kick mit dem rechten Bein nach diagonal vorn unten in die Luft

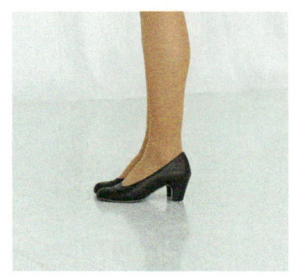

Sprung vom linken Bein Landung auf beiden Beinen Wiederholung mit dem rechten Bein

Der 6er-Grundschritt: mit dem rechten Bein ein Schritt nach hinten

Gewichtsverlagerung wieder auf das linke Bein nach vorn; im Anschluss Kicks (siehe Anfang)

**2** Übt paarweise die Grundschritte zum Rock 'n' Roll und entwickelt eigene Tanzelemente. VI|6

Aufforderung zum Tanz   161

**Die 1960er-Jahre: Der Twist**

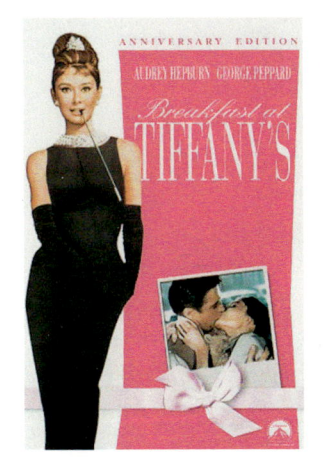

Audrey Hepburn    Twiggy    Jimi Hendrix

Auch in den 1960er-Jahren rebellierten Jugendliche gegen vorgegebene Werte und Normen. Vorbilder für die Mode der Zeit waren z. B. die Schauspielerin Audrey Hepburn, das Model Twiggy und Jimi Hendrix. Die USA und Großbritannien beeinflussten die Mode Europas: Fast jeder Jugendliche trug nun Jeans und Hemden aus Nylon. Minirock und Plateauschuhe oder die bunte Hippie-Mode waren voll im Trend. ↗ S. 35

▶ 3   *Ordnet die Musik den Bildern zu.* ⊚ VI | 7–9

Der Modetanz der 1960er-Jahre war der aus England kommende *Twist* (*engl.* verdrehen). Hierbei verdreht man beim Tanzen Unter- und Oberkörper gegeneinander und bewegt sich durch das Hin- und Herdrehen der Füße vom Platz. Revolutionär war, dass beide Tanzpartner tanzten, ohne sich zu berühren. Jeder bewegte sich individuell.

Paar beim Twist

Grundschritte

Drehung der Fersen zur rechten Seite

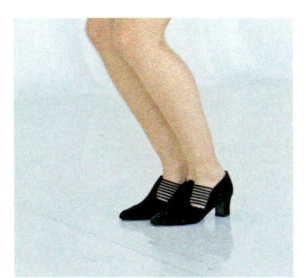

Drehung der Fußspitzen zur rechten Seite

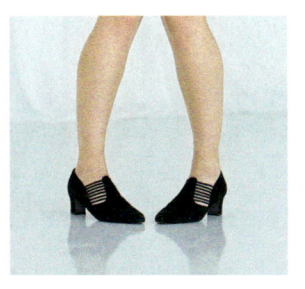

Drehung der rechten Ferse nach außen und der linken Fußspitze nach innen

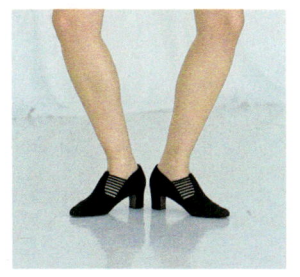

Drehung der rechten Fußspitze nach außen und der linken Ferse nach innen

▶ 4   *Tanzt individuell zur Musik.* ⊚ VI | 10

▶ 5   *Projekt: Gestaltet eine Party im Stil der 1950er- oder 1960er-Jahre. Zeigt passende Tänze, wählt die entsprechende Musik und inszeniert eine Modenschau.*

# Amerikanische Tänze Ende des 19. Jahrhunderts

**Cakewalk**

So wie die Musik entwickelte sich auch die Tanzkultur Nordamerikas aus den Traditionen der Einwanderer aus Europa und der ehemaligen Sklaven Afrikas. Am Ende des 19. Jahrhunderts entstanden eigenständige Formen, wie z. B. der Cakewalk (*engl.* Kuchengang, -tanz), die vom Jazz inspiriert waren. Diese Musik revolutionierte auch den Gesellschaftstanz. Nicht mehr strenge, vorgegebene Regeln und komplizierte Schrittfolgen dominierten eine Tanzveranstaltung, sondern die Individualität der Tänzer. Besonders die Schwarzen nutzten diese Tänze als Ventil für die bestehende Diskriminierung in der damaligen Gesellschaft. Beim Cakewalk machten sie sich über das Verhalten ihrer weißen Herren lustig. Gleichzeitig konnten die besten Tänzer als Preis einen Kuchen gewinnen (siehe Abbildung).

▶ **1** *Worin könnte sich das Leben der reichen Weißen von der armen schwarzen Bevölkerung unterschieden haben? Vermutet, worüber sich die unterdrückten Schwarzen lustig gemacht haben könnten.*

Tanzendes Paar beim Cakewalk

Das Banjo, ein Zupfinstrument, fand im ausgehenden 19. Jahrhundert seinen Einzug in die Jazzmusik. Es hat einen fellbespannten, trommelähnlichen Resonanzkörper.

▶ **2** *Lernt einen Cakewalk kennen.* VI|11
*a) Beschreibt den Klangcharakter des Banjos.*
*b) Erfindet spontan eigene Bewegungen zur Musik.*

Der französische Komponist Claude Debussy komponierte für seine kleine Tochter mehrere Klavierstücke, die in dem Zyklus *Children's Corner* zusammengefasst sind. Darin enthalten ist auch *Golliwogg's Cakewalk*. Ein Golliwogg ist eine Kinderbuchfigur von 1895 mit schwarzen Haaren und dunkel gefärbtem Gesicht. Sie war lange Zeit auch als Puppe und Kinderspielzeug populär, geriet jedoch in die Kritik, weil sie als Beleidigung der Schwarzen empfunden wurde.

▶ **3** *Überlegt euch eine Dramaturgie zur Musik. Stellt eure Geschichte szenisch dar.* VI|12

## Ragtime

Der Ragtime (*engl. „zerrissene Zeit"*) entwickelte sich als Tanz aus der Banjo-Begleitung des Cakewalk. Er ist die erste Musikform der schwarzen Amerikaner, die komponiert und in Noten aufgeschrieben wurde. Ihr bedeutendster Schöpfer war der Pianist und Komponist Scott Joplin. Das Klavier prägte diese Tanzmusik, die man auch in Konzerten hören konnte. Bis heute noch ist diese Musik sehr populär.

Scott Joplin
★ 1868 in Linden (bei Texas)
† 1917 in New York

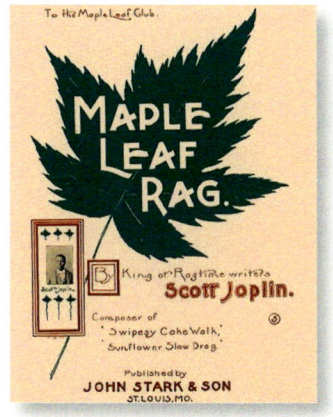

**》► 4** *Wie gestaltet Scott Joplin die Begleitung in seinem „Maple Leaf Rag"? Achtet auf die Synkopen in der Melodie.* **2** VI|13,14

### The Entertainer

**》► 5** *„The Entertainer" (engl. Unterhalter) von Joplin wurde durch den Ganoven-Film „Der Clou" (USA 1973) bekannt. Welches Instrument spielt am Anfang die Melodie?* VI|15

Tanzbaustein 1

Im Metrum der Musik vorwärts gehen und mit jedem Schritt das Spielbein über Kreuz in die Luft nach vorne kicken.

Tanzbaustein 2

Rückwärts gehen: erst zwei langsame Schritte, dann drei schnelle und Pause.

Tanzbaustein 3

Bei dieser Figur in Achtelnoten zählen (1 und, 2 und usw.). Auf die erste Zählzeit (ZZ) die rechte Ferse seitlich aufsetzen, dabei die Fußspitze auswärts drehen. Auf „und" jeweils den linken Fuß heranziehen, dabei den rechten Fuß gleichzeitig auf der Ferse parallel zum linken Fuß drehen. Die Bewegungsfolge auf die zweite bis vierte ZZ wiederholen.

**》► 6** *Tanzt und musiziert.*
*a) Übt die Tanzbausteine. Sie können jeweils auch in die Gegenrichtung ausgeführt werden.*
*b) Probiert verschiedene Aufstellungen aus (Reihen oder Paare).*
*c) Überlegt euch einen vierten Tanzbaustein.*
*d) Setzt alles zu einer eigenen Choreografie zusammen. Eine Gruppe musiziert dazu.* ↗ S. 220

# Bürgerliche Tänze der Klassik

George Cruikshank, Ballszene, nach 1800

Johann Wolfgang von Goethe (1749–1832) beschreibt in seinem 1774 erschienenen Roman „Die Leiden des jungen Werther" eine Ballszene. Werther soll zu diesem Anlass Charlotte abholen, in die er sich schon beim ersten Kennenlernen unsterblich verliebt hatte:

„Ich war ausgestiegen und fand ein Mädchen von schöner Gestalt, mittlerer Größe, die ein simples weißes Kleid mit blassroten Schleifen an Arm und Brust anhatte. Ich machte ihr ein unbedeutendes Kompliment und stieg aus dem Wagen wie ein Träumender, als wir vor dem Lusthause stille hielten, dass ich auf die Musik kaum achtete, die uns von dem erleuchteten Saal herunter entgegenschallte. Lotte und ihr Tänzer fingen einen Englischen an, und wie wohl mir's war, als sie auch in der Reihe die Figur mit uns anfing. Tanzen muss man sie sehen! Sie ist so mit ganzem Herzen und mit ganzer Seele dabei, ihr ganzer Körper eine Harmonie. Ich bat sie um einen zweiten Kontertanz; sie sagte mir den dritten zu, und mit der liebenswürdigsten Freimütigkeit von der Welt versicherte sie mich, dass sie herzlich gern Deutsch tanze und gut walze. Beim dritten englischen Tanz waren wir das zweite Paar. Wie wir die Reihen durchtanzten und ich an ihrem Arm und Auge hing." (stark gekürzter Auszug)

**1** *Sammelt im Text und Bild Aussagen zur Mode, zu typischen Tänzen und ihren Choreografien sowie zu Ballgepflogenheiten. S. 144 ff.*

Ende des 18. Jahrhunderts zur Zeit der Klassik entwickelten sich bürgerliche Kunstideale von Schönheit, die sich an der Natur orientierten und mit der Vorstellung von menschlicher Freiheit verbunden wurden. Freiheit wurde dabei nicht als etwas Grenzenloses begriffen, sondern immer in Verantwortung den anderen gegenüber. Der Tanz löste sich von strengen Regeln und sollte die Natürlichkeit des Menschen präsentieren. Orientierung bot hierfür die englische Gartenkunst, für die in Mitteldeutschland vor allem der Wörlitzer Park ein gutes Beispiel ist.

Fred le Bert de Bar, Der Drehberg, 2. Hälfte des 18. Jahrhunderts

Ein Tanz, der in seiner Form den Idealen dieser Zeit entsprach und den möglicherweise auch Charlotte und Werther getanzt haben könnten, ist die Ecossaise[1].    **1** [ekɔsɛz]
Dieser lebhafte Tanz im ²⁄₄-Takt kam ursprünglich aus Schottland. Seine Popularität entwickelte sich in Frankreich, erreichte aber schnell die Ballsäle in ganz Europa und Amerika.

### Ludwig van Beethoven    *Ecossaisen*

Tanzbeschreibung

Ausgangsposition:
Die Tanzpartner stehen sich in zwei Reihen (Gasse) gegenüber.
Das jeweils erste und zweite Paar bilden eine Vierergruppe.

#### Teil A

Takte 1–8

Die jeweiligen Paare fassen sich innen an den Händen und machen zwei Chassé-Schritte (Seitgalopp) nach links und zwei Sprünge mit beiden Beinen am Platz. Dieselbe Abfolge erfolgt nach rechts.

Takte 9–16

Jede Vierergruppe bildet einen Kreis und fasst sich an den Händen. Sie geht oder hüpft im Charakter der Musik im Uhrzeigersinn einen ganzen Kreis und endet in der Ausgangsposition (Gasse).

#### Teil B

Takte 1–8 und 9–16

Das erste Paar der ersten Vierergruppe gibt sich beide Hände (Zweihandfassung) und galoppiert seitlich zum Ende der Tanzreihe (T. 1–8). Dieselbe Abfolge vollzieht das zweite Paar der ersten Vierergruppe nach (T. 9–16). Die anderen Paare rücken auf.

> Ein Zuschauer sieht unzählige Bewegungen, die sich durchkreuzen und doch niemals zusammenstoßen. Es scheint, dass jeder nur seinem eigenen Kopf folgt und doch nie dem anderen in den Weg tritt. Es ist das Sinnbild eigener Freiheit und der geschonten Freiheit des anderen.
> *Friedrich Schiller, Dichter und Philosoph (1759–1805)*

**2** *Erschließt euch Ideale der Klassik. Bezieht dafür auch das Gemälde des „Drehbergs" und das Zitat Friedrich Schillers mit ein.*   VI | **16, 17**
a) *Erarbeitet den oben dargestellten Tanz zunächst im langsamen, dann im schnellen Tempo.*
b) *Gestaltet das Gedicht „Der Tanz" von Schiller mit Bewegungselementen.*

# Höfische Tanzformen der Renaissance

Es ist im September des Jahres 1599. Elisabeth I., Königin von England, bereitet sich auf den Besuch des schottischen Gesandten vor. Sie ahnt, dass ihr hoher Gast wissen will, wie es um ihre Gesundheit bestellt ist, denn sie ist respektable 66 Jahre alt. Wegen ihrer Kinderlosigkeit erhofft sich der Anwärter auf den Thron, Jakob VI., sie bald zu beerben.

Die Königin bestellt ihren Tanzmeister mit den Musikern ein. Während der Gesandte draußen warten muss, tanzt Elisabeth eine temperamentvolle *Galliarde*[1]. Bewusst lässt sie die Türen zum Tanzsaal offen halten, damit ihr Gast sie beobachten kann …

Kennzeichend sind für den aus Frankreich kommenden Volkstanz unter anderem die Sprünge auf jede Achtelnote. ↗ S. 95

**1** [gajaʀd]

Elisabeth I., Königin von England
★ 1533 in Greenwich
† 1603 in Richmond

Grundschritt einer Galliarde

Der Tanz steht im ⁶⁄₈-Takt:
- viermal Sprung von einem Bein auf das andere; das Absprungbein wird dabei jeweils nach vorn in die Luft geführt
- ein möglichst hoher Sprung erfolgt auf die 5. Achtelnote, das Absprungbein wird entsprechend etwas weiter geschwungen
- Landung auf beiden Beinen
- Wiederholung der Abfolge, mit dem anderen Fuß beginnend

»▶ **1** *Bildet kleine Gruppen und tanzt abwechselnd den Grundschritt der Galliarde frei durch den Raum.* ◉ VI|18

»▶ **2** *Überlegt, wie wohl der Gesandte auf den Tanz der Königin reagiert haben wird.*

Elisabeth lädt anschließend zum Hofball, an dem auch der Dichter William Shakespeare (1564–1616) teilgenommen haben soll. Er war ein Kenner der Hoftänze und charakterisierte sie als „Mannerly modest, full of state and ancientry" (*engl.* „sittsam, bescheiden, voller Pracht und Ehrwürdigkeit").

Ein solcher überlieferter Tanz ist die *Black Almaine*. Die Zeit, in der Elisabeth und Shakespeare lebten, nennt man Renaissance[2] (*frz.* Wiedergeburt). ↗ S. 104

**2** [ʀənɛsɑ̃s]

## Die Schrittfolge der Black Almaine

*Double*[1] (*frz.*): 3 Schritte vorwärts, wobei nach dem dritten Schritt der Fuß herangestellt wird.

*Slip* (*engl.*), Seitgalopp: Seithüpfen des einen Fußes und Heranziehen des anderen.

*Set* (*engl.*): Schritt (oder kleiner Sprung) nach links zur Seite, der andere Fuß setzt neben das Standbein. Wiederholung nach rechts.

[1] [dubl] „Doppel"

Aufstellung: paarweise (Männer, Frauen) hintereinander in einer Reihe (oder in mehreren, falls erforderlich)

Teile/Takte

**A**   1–8   vier Double vorwärts (beim letzten Schritt wenden sich die Partner zueinander)

**B**   9–12   alle einen Double rückwärts und einen Double vorwärts

       13–16   alle Double nach links (viertel Wendung mit dem ersten Schritt), Double zurück auf den Platz (mit dem ersten Schritt halbe Wendung über rechts, letzter Schritt wieder zum Partner)

**C**   17–20   Frauen: Set links beginnend und kleinen Kreis um sich selbst (über links mit Double)

       21–24   Männer dasselbe

**D**   25–26   beide Hände dem Partner reichen und einen Platzwechsel mit einem Double im Uhrzeigersinn

       27–28   4 Slip in Richtung der rechten Schulter des Mannes

       29–32   dasselbe wie T. 25–28

**E**   33–34   Hände loslassen, Double rückwärts, Double vorwärts

       35–36   Double vorwärts

Ablauf: 2 Durchgänge

▶ **3**   *Tanzt gemeinsam.*   VI|19

Auf einem Fest wurde natürlich auch gesungen. John Dowland (1563–1625) war ein bekannter Komponist dieser Zeit. Er hat sehr viele Lieder geschrieben, die mit der Laute begleitet wurden und damals in ganz Europa bekannt waren. ↗ S. 86

▶ **4**   *Lasst euch von der Interpretation des englischen Popsängers Sting inspirieren und singt das Lied „Come Again" (2006).* ↗ S. 221   III|45

Andrea Solario, Die Lautenspielerin, 1505

▶ **5**   *Projekt: Entwickelt eine Theaterszene, die in der Renaissance spielt. Wählt dazu Gedichte von Shakespeare oder einen Ausschnitt aus „Romeo und Julia". Vielleicht möchtet ihr euch aber selbst eine Geschichte ausdenken, die am Hofe von Elisabeth I. spielt. Nutzt Musik, Tanz und Gesang zur Gestaltung.* ↗ S. 104 f.

# Fermate

## Tanzmusik gestalten

Die Tanzmusik vergangener Jahrhunderte begeistert auch heute noch viele und wird in Konzerten, auf Partys und in Discotheken musiziert und gespielt.

*Ronde* — Tielmann Susato

**》▶ 1** *Musiziert gemeinsam.*
*a) Singt oder spielt die Melodie und begleitet sie mit den Grundtönen der Harmonien.* ↗ S. 199
*b) Wählt geeignete Rhythmusinstrumente, erfindet ostinate Begleitmuster und bildet einen deutlichen Kontrast zwischen dem* A *- und dem* B *-Teil.*
*c) Variiert den* A *-Teil (Töne weglassen, nur rhythmisch gestalten u. a.).*

*Ecossaise* — Ludwig van Beethoven · Satz: Ines Mainz

**》▶ 2** *Eine Gruppe spielt die Ecossaise auf Tasteninstrumenten. Die andere entwickelt aus den Elementen der Ecossaise-Choreografie einen eigenständigen Bewegungsablauf.*
↗ S. 165

Aufforderung zum Tanz

## Memphis, Tennessee
Chuck Berry

1. Long distance information give me Memphis, Tennessee;
Help me find the party trying to get in touch with me.
She could not leave her number, but I know who placed the call;
'cause my uncle took the message and he wrote it on the wall.

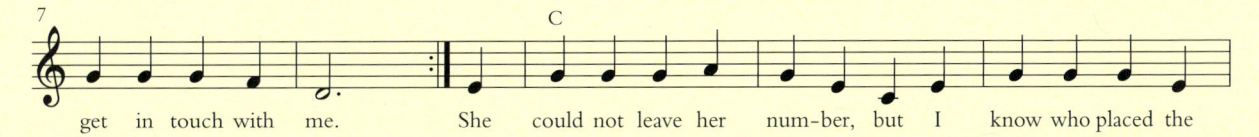

2. Help me, information, get in touch with my Marie.
She's the only one who'd phone me here from Memphis, Tennessee.
Her home is on the south side, high up on a ridge[1],
just a half a mile from the Mississippi bridge.

3. Help me, information, more than that I cannot add[2].
Only that I miss her and all the fun we had.
But we were pulled apart[3] because her mom did not agree
and tore apart[3] our happy home in Memphis Tennessee.

4. Last time I saw Marie, she was waving me goodbye
with hurry home drops on her cheek[4] that trickled[5] from her eye.
Marie is only six years old, information please,
try to put me through to her in Memphis, Tennessee.

[1] ridge: Bergrücken
[2] to add: hinzufügen
[3] to pull/tear apart: auseinanderreißen
[4] cheek: Wange
[5] to trickle: rinnen

Chuck Berry bei seinem „Entengang"

### Begleitung

1. Spieler
2. Spieler
3. Spieler
4. Spieler

▶ 3  *Singt, musiziert und tanzt den Song.*

▶ 4  *Ordnet alle Tänze den entsprechenden Epochen zu.*

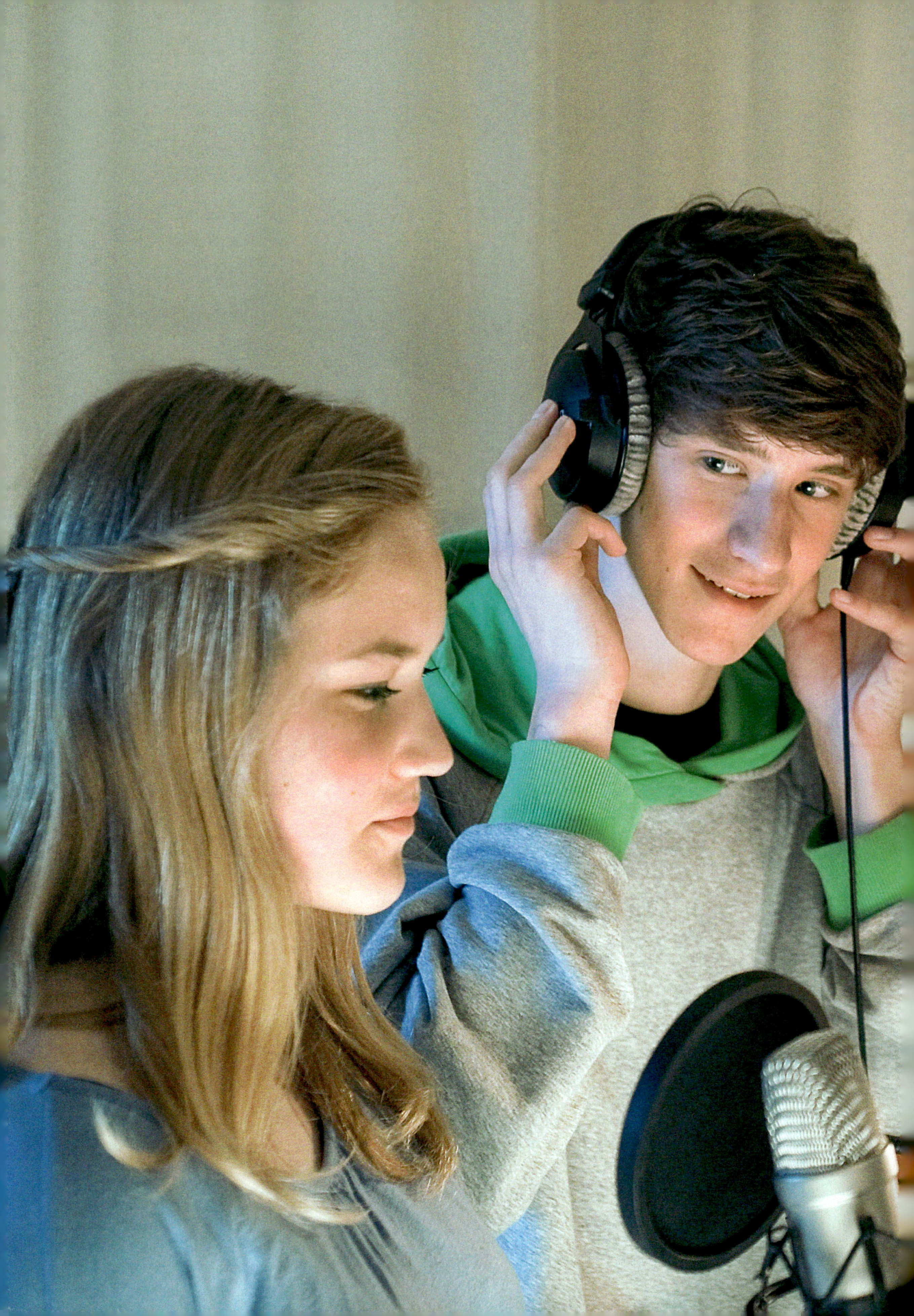

# Musik und Medien

# Klangbilder hören, aufzeichnen und gestalten

Für viele Menschen ist Musik heute ein ständiger Begleiter: Abspielgeräte und Ohrhörer für die Lieblingsmusik passen in die kleinste Tasche. Auch sonst ist die Welt voller Musik. Sie fährt vorbei im Cabrio, springt uns an aus Kaufhäusern und offenen Fenstern, weht herüber vom Stadtfest und vom Glockenturm der Kirche, zwitschert aus den Bäumen im Park. ↗ S. 18 Doch sind Glocken und Vogelstimmen überhaupt Musik? Wo fängt Musik an, wo hört sie auf? Diese Fragen sind manchmal schwer zu beantworten, können doch manche Glockenspiele ganze Lieder spielen und singen einige Vögel so kunstvoll, dass Komponisten ihre Melodien aufgezeichnet und sie so in die Konzertsäle gebracht haben.

Der Komponist Olivier Messiaen hat sich sein Leben lang für Klänge der Natur interessiert:

> Die Harmonie des Windes in den Bäumen, der Rhythmus der Meereswellen, die Klangfarben der Regentropfen, der abgebrochenen Äste, des Aufprallens der Steine, der verschiedenen Tierschreie: Das ist für mich die wahrhaftige Musik. Wenn ich mir als Lehrmeister die Vögel ausgesucht habe, so deshalb, weil das Leben kurz ist und das Aufzeichnen von Vogelgesängen für einen Musiker noch leichter ist als die Transkription der Harmonien des Windes oder des Rhythmus der Wellen.

Olivier Messiaen
\* 1908 in Avignon (Frankreich)
† 1992 in Paris

In einer Sammlung verschiedener Klavierstücke machte Messiaen jeweils eine Vogelart mit ihrem Gesang zur Hauptperson, im Teil 6 die Heidelerche (*frz.* alouette lulu). ↗ S. 130

*L'Alouette lulu* (Ausschnitt)

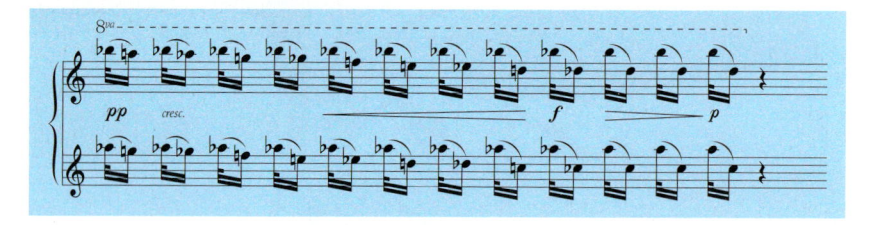

In Messiaens *L'Alouette lulu* begegnet uns die Lerche in einer besonderen Situation. Eine geheimnisvolle Stimmung liegt über der Lichtung eines Kiefernwaldes: Die Bäume und Wiesen sind schwarz und still. Es ist Mitternacht. Deutlich nähert und entfernt sich die Lerche.

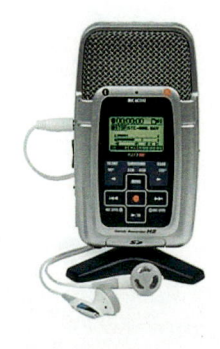

Geübt im Umgang mit Noten konnte Messiaen die Vogelgesänge auf dem Notenpapier festhalten, um sie in seinen Kompositionen zu verwenden. Heute lassen sich alle Klänge der Natur mit kleinen Aufnahmegeräten einfangen, speichern und über Lautsprecher wiedergeben. Viele solcher Aufnahmen sind im Internet und auf CD zu finden.

》➤ **1** *Beschreibt den natürlichen Gesang der Heidelerche. Wie spiegeln sich seine Besonderheiten im Notenausschnitt der Komposition wider?* VI|20

》➤ **2** *Wie stellt Messiaen diese Situation zu Beginn seines Klavierstücks musikalisch dar?* VI|21

》➤ **3** *Sammelt solche Klänge der Natur, die sich mit musikalischen Begriffen beschreiben lassen, und stellt sie im Musikunterricht vor.*

## Nah und Fern

*Nah und Fern – Radiostück für Glocken und Trompeten mit Hintergrund* nennt der Komponist Mauricio Kagel seine ungewöhnliche Komposition. Mit dem Mikrofon hat er Klänge aus der Umgebung zweier alter holländischer Glockentürme eingefangen und sie mit älteren Kompositionen für Trompeten verbunden. Musik wird zum Geräusch, Geräusche werden zu Musik. Alltag und Kunst spielen mit- und gegeneinander. Es entsteht ein Klangbild, das ohne Musikaufnahme und technische Bearbeitung so nie zu hören wäre.

Mauricio Kagel
* 1931 in Buenos Aires (Argentinien)
† 2008 in Köln

Die Oude kerk (Alte Kirche) in Amsterdam

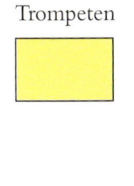

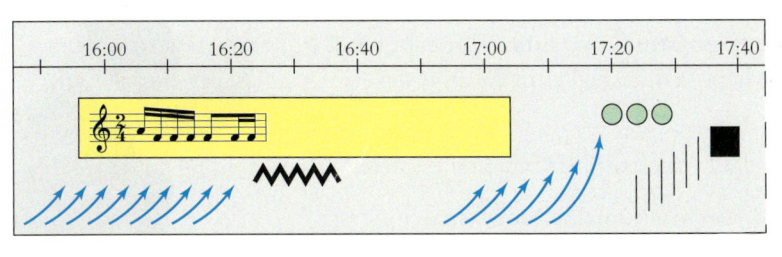

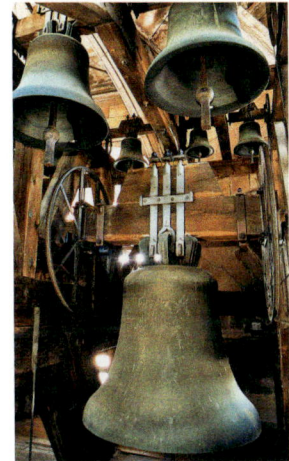

Trompeten

Glocken

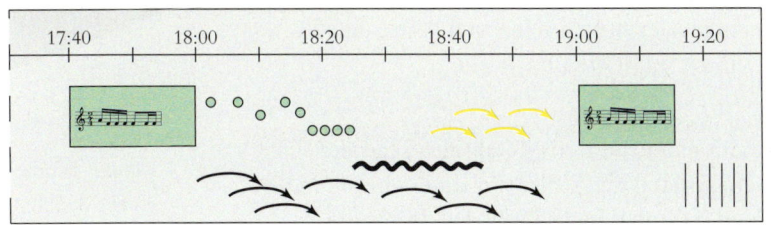

》▶ 4  Welche Zusammenhänge bestehen zwischen Musik und Geräuschen? VI|22
a) Beschreibt das Klanggeschehen unter Verwendung musikalischer Fachbegriffe wie Thema, Variation, Klang, Dynamik, Rhythmus. 11
b) Warum nannte der Komponist sein Stück „Nah und Fern"?

Jede Stadt und jedes Dorf bieten unverwechselbare Geräusche, Klänge und Klangverbindungen. Wenn man genau hinhört, erkennt man manchmal sogar Töne, Melodien, Rhythmen und Mehrstimmigkeiten.

▶ 5  Sucht in euren Wohnorten nach typischen Klängen oder Geräuschen. Nehmt sie auf und haltet ihre Besonderheiten schriftlich fest. Für die Beschreibung helfen Begriffsgegensätze wie lang – kurz, laut – leise, hoch – tief, hart – weich, gleichbleibend – veränderlich, ortsfest – wandernd, einzeln – mehrere gleichzeitig.

# Musik festhalten und wiedergeben

**Der Zauberer vom Menlo Park**

Es ist Donnerstag, der 6. Dezember 1877, abends.
In einem Laboratorium unweit der Stadt New York sitzt John Kruesi nachdenklich über einer kleinen Zeichnung. Der erfahrene Schweizer Uhrmacher hat in den letzten Tagen aus wenigen Teilen eine Maschine zusammengebaut. Walze, Spindelantrieb und Kurbel sind montiert, die Sprechkapsel mit Membrane und Nadel liegt bereit, doch irgendwie gibt ihm die Maschine immer noch ein Rätsel auf.
Die Labortür öffnet sich und Dick Carman, der Maschinenmeister, steckt den Kopf herein.

CARMAN  He, John, mach Schluss. Morgen ist auch noch ein Tag.
KRUESI  Geht nicht, Dick. Komm rein und mach die Tür zu, es wird spannend. Mr. Edison will heute noch seine neue Maschine ausprobieren.
CARMAN  Meinst du das Ding, für das ich dir neulich die Grundplatte gebaut habe? Was soll das überhaupt werden?
KRUESI  Tja, so genau weiß ich das auch nicht. Mr. Edison meint jedenfalls, dass diese Maschine sprechen und sogar singen würde.
CARMAN  Schwachsinn! Das kann gar nicht gehen. Jeder weiß, dass zum Sprechen mindestens ein Mund und Luft gebraucht wird. Beides kann ich hier nicht sehen. Will er sich zum Gespött der Leute machen?

Thomas Alva Edison betritt das Labor, in der Hand eine Zigarre.

EDISON  Na, meine Herren, was macht meine Sprechmaschine?
CARMAN  Mr. Edison, Sie wollen doch nicht ernsthaft behaupten, dass dieses Ding irgendwann sprechen oder singen wird? Ich wette eine ganze Kisten Zigarren, dass wir das nicht erleben werden.
EDISON  Warten wir's ab, Carman.

Edison umwickelt die Walze mit einer dünnen Metallfolie, setzt die Sprechkapsel mit der Nadel am Anfang der Walze auf und beginnt an der Kurbel zu drehen. Während sich nun auch die Walze dreht und sich langsam seitwärts schiebt, schreit Edison in die Kapsel die erste Strophe eines amerikanischen Kinderliedes *Mary Had a Litte Lamb*. Danach stellt er die Walze wieder auf den Anfang zurück und dreht erneut an der Kurbel. Leise, verzerrt, aber doch unverkennbar ist die Stimme Edisons zu hören: *Mary Had a Litte Lamb*.
Carman steht der Mund offen, Kruesi wird blass vor Schreck und auch Edison bekennt später, nie so ergriffen gewesen zu sein, wie in diesem Augenblick. Der Phonograph, das erste Gerät zur Aufnahme und Wiedergabe von Sprache und Musik, ist geboren.
Viele Amerikaner werden von dieser Erfindung begeistert sein und Edison fortan nach dem Ort seines Labors und seiner Erfindung bezeichnen als den „Zauberer vom Menlo Park".

Thomas Alva Edison
Erfinder
★ 1847 in Milan (Ohio)
† 1931 in West Orange

Sprech- und Hörtrichter

Membran mit Nadel

Walze mit Metallfolie

Kurbel mit Schraubenspin[del]

➤ **1** *Vergleicht die Aufnahme von 1880 mit der modernen Aufzeichnung hinsichtlich der klanglichen Eigenschaften.* VI|23,24

➤ **2** *Beschreibt, wie die Aufnahme und Wiedergabe mit dem Edison-Phonographen funktioniert.*

Edison listete 1878 folgende Verwendungsmöglichkeiten des Phonographen auf:

- als Diktiermaschine
- als tönendes Buch für Blinde
- zum Erlernen von Sprachen
- zur Musikwiedergabe
- zum Sammeln akustischer Erinnerungen
- als Spielzeug
- zur Zeit- und Terminansage
- als Lehrmittel für den Unterricht
- zum Festhalten von Telefongesprächen.

Fast 100 Jahre lang war die Schallplatte der bevorzugte Tonträger. Das Aufnahmeprinzip blieb dasselbe wie beim Edison-Phonographen, nur dass der Zylinder durch eine runde Scheibe abgelöst wurde. Die Musikinformationen wurden darauf in einer spiralförmigen Rille geschrieben. Der entscheidende Vorteil bestand in der Möglichkeit, diese Aufnahmen zu vervielfältigen. Schallplatten konnten in hohen Stückzahlen gepresst und verkauft werden. Große Schallplattenfirmen entstanden, die die Musikaufnahmen, die Herstellung und den Verkauf der Schallplatten kontrollierten und bald den Markt weitestgehend beherrschten.

》► *3 Welche technischen Geräte kennt ihr, die heute für solche und ähnliche Anwendungen genutzt werden können?*

Schallplattenrillen (vergrößert) mit aufgezeichneten Tönen und Stille

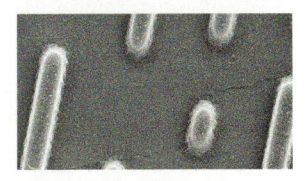

Mit dem bloßen Auge nicht zu erkennen: die Datenspuren einer CD (Pits: Gruben)

Betrachtet man die Rille einer Schallplatte unter einem starken Vergrößerungsglas, so sind zahlreiche Veränderungen der Rillenform und des Rillenabstands zu erkennen. Der Klang der Instrumente, die Tonhöhe und die Lautstärke – alles ist in dieser Rillenform festgeschrieben und kann aus dieser ohne Umwege wieder herausgelesen werden. Heutigen Speichermedien sieht man solche „Musikspuren" nicht mehr an. Die Musik wird in digitaler Form gespeichert und durch spezielle Geräte ausgelesen.

Dass digitale Klangaufzeichnung nicht immer gut klingen muss, hört man an vielen digitalen Anrufbeantwortern. Wichtig für gute Qualität ist insbesondere die Größe des Speicherplatzes. Im Internet und in mobilen Musikplayern ist das Format MP3 verbreitet. Für eine Minute Musik benötigt man etwa 1 MB Speicherplatz. Für Musikformate in einer besseren Klangqualität (z. B. cd-audio, wav) ist die zehnfache Speicherkapazität erforderlich, für Aufnahmen im Tonstudio noch bedeutend mehr.

》► *4 Mit welchen aktuellen elektronischen Geräten kann von diesen Speichern Musik wiedergegeben werden? Tragt die Vorteile digital gespeicherter Musik gegenüber alten Schallplatten- und Tonbandaufnahmen zusammen.* ↗S. 187

# Der Computer als Tonstudio

## Aufnahmetechniken

Die Erfindung des Tonbandgeräts Mitte des vergangenen Jahrhunderts hat die Musikentwicklung wesentlich beeinflusst. Mit der Schallplatte war bereits die Möglichkeit gegeben, Musik festzuhalten, zu vervielfältigen und zu verbreiten. Verändern konnte man die aufgezeichnete Musik aber nicht mehr.
Die auf einem Tonband magnetisch gespeicherten Klänge ließen sich dagegen komplett oder in kleinen Teilen löschen, neu einspielen, im Klang verändern oder mit zusätzlichen Aufnahmen ergänzen, so lange, bis das gewünschte musikalische Ergebnis erreicht war. Rock- und Popmusik für die Tonträger wird seitdem überwiegend in einem Tonstudio produziert und seltener in einem Konzert mitgeschnitten.

John Lennon im Tonstudio

Viele Rockmusiker der 1960er-Jahre waren von den Möglichkeiten des Tonbands fasziniert und experimentierten mit der neuen Technik. Instrumente, die bis dahin in der Popmusik ungewöhnlich waren, fanden Eingang in die Musik. Klänge der Umwelt, aber auch technisch realisierte Fantasieklänge, ergänzten die Musikaufnahmen im Studio. Die Musiker konnten in einem Song erstmals mehrere Instrumente gleichzeitig spielen oder auch mehrfach singen. Doch auch die Tonbandgeräte hatten ihre Grenzen. So standen den Beatles für ihre Produktionen zunächst nur zwei, später bis zu acht Tonspuren zur Verfügung, auf denen alle Instrumente und Stimmen untergebracht werden mussten. Die damaligen technischen Herausforderungen kann man noch heute hören, wenn beispielsweise eine ganze Instrumentengruppe nur aus dem linken oder rechten Lautsprecher erklingt. ↗ S. 34, 266

**▶ 1** *Achtet beim Hören des Beatles-Songs „Lucy in the Sky With Diamonds" (1967) auf eine gute Hörposition (gleiche Entfernung zu beiden Lautsprechern der Stereoanlage) oder benutzt Kopfhörer.* II|40
*a) Welche Instrumente erklingen auffällig nur aus der Richtung eines Lautsprechers?*
*b) Durch welche Musikinstrumente wurde das traditionelle Rockinstrumentarium bereichert?*

Heute ersetzen Computer die alten Tonbandgeräte und in vielen Bereichen das gesamte Tonstudio. Das Aufnahmeprinzip ist aber noch das Gleiche. Die einzelnen Instrumente und Stimmen erhalten bei der Aufnahme eigene Spuren im Computerprogramm. Nur dadurch können sie später unabhängig voneinander bearbeitet werden. Die Anzahl der Spuren ist dabei fast unbegrenzt.

# Aufnahme und Mix, die zwei Phasen der Musikproduktion

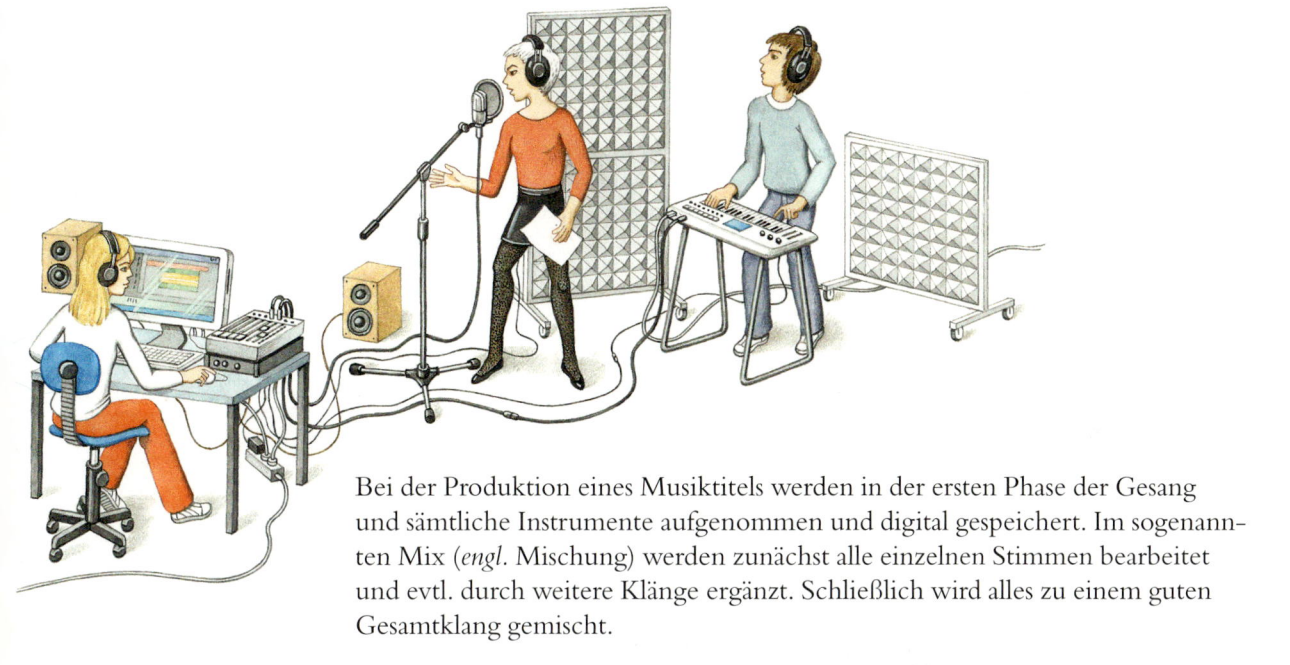

Bei der Produktion eines Musiktitels werden in der ersten Phase der Gesang und sämtliche Instrumente aufgenommen und digital gespeichert. Im sogenannten Mix (*engl.* Mischung) werden zunächst alle einzelnen Stimmen bearbeitet und evtl. durch weitere Klänge ergänzt. Schließlich wird alles zu einem guten Gesamtklang gemischt.

In einer Neuaufnahme des Songs *99 Luftballons* (1983) von NENA wurden das Schlagzeug und andere Instrumente zusammengefasst. Die gesamte Band passt damit auf sieben Tonspuren.

▶ **2** *Hört den Song und verfolgt in der Computergrafik den Einsatz der einzelnen Stimmen. Beschreibt anhand der Abbildung den formalen Ablauf des Musikstücks.*

Auf der CD-ROM zum Schülerbuch befindet sich eine Fassung des Songs als Computerdatei. Damit könnt ihr euch selbst ein Playback zu diesem Song erstellen oder verschiedene Bearbeitungsschritte zum Mix erproben.

▶ **3** *Projekt: Probiert die Gestaltungsmöglichkeiten der Musikproduktion mit einem Sequenzerprogramm aus.*
a) Erstellt ein Playback, zu dem ihr singen könnt.
b) Mischt die Spuren neu ab.
c) Nehmt euren Gesang auf einer neuen Spur auf und mischt ihn zu den Instrumentalspuren hinzu.
d) Als letzten Schritt speichert euren Mix als Audiodatei.

# Hörspiele – mit den Ohren sehen

Der Freundin oder dem Freund am Telefon merkt ihr oft nach wenigen Worten an, in welcher Stimmung sie sich befinden. Sprache kann viel mehr vermitteln als nur den sachlichen Gehalt der Worte. Es gibt vielfältige Ausdrucksmöglichkeiten für die stimmungsvolle Gestaltung von Texten, z. B. der Klang, das Tempo, die Pausen, Betonungen, Dynamik oder die Sprachmelodie.

> Textvorlage
>
> Hinter vier dicht beieinanderstehenden Trauerweiden war Laub zu Haufen getürmt. Dahinter erstreckte sich der See. Die mit fleischigen Seerosen zugewucherte Wasseroberfläche erweckte den Eindruck, als würden sich die Pflanzen gegenseitig ersticken wollen. Ein fauliger Dunst wehte über das Wasser. Am gegenüberliegenden Ufer waren die Morgennebel noch dichter. Zwischen den bleichen Schleiern verschwammen die Umrisse einer Person. Im nächsten Augenblick lösten sich die Konturen im Nebel auf.

**1** *Gestaltet den Text.*
*a) Tragt ihn in drei verschiedenen Versionen vor: als sachliche Landschaftsbeschreibung, als Erlebnisbericht eines ruhigen Morgenspaziergangs im Urlaub, als unheimliche Situation in einer unbekannten Gegend.*
*b) Entscheidet euch für eine der beiden letzten Versionen, wählt dazu eine passende Hintergrundmusik und sprecht den Text noch einmal. Wie hat sich die Wirkung des Vortrags verändert?* V|47; VI|25

Stefan Kaminski inszeniert live ein Hörspiel, Deutsches Theater, 2009

Nur über die Ohren, mit Sprache, Musik und Geräuschen werden die Zuhörer bei einem Hörspiel angesprochen. In ihrer Vorstellung entstehen jedoch Bilder, die sich zu einem inneren Film verbinden. Das Hörspiel wird daher auch gern als „Kino für die Ohren" bezeichnet. Musik kann dabei sehr unterschiedliche Funktionen erfüllen, z. B. kann sie als Einleitungs- oder Zwischenmusik erklingen, Zeit oder Ort der Handlung verdeutlichen, Stimmungen und Gefühle verstärken, Personen und deren Haltung charakterisieren, Bewegungsformen und ihr Tempo beschreiben.

**2** *Überlegt euch, welche Instrumente oder Musiken einen Handlungsort charakterisieren könnten.*

Die Geschichte des Hörspiels begann mit der Einführung des Radios in den 20er-Jahren des vergangenen Jahrhunderts. Zunächst wurden Theaterstücke für den Rundfunk bearbeitet, bald entwickelte sich aber eine eigenständige Kunstform. Heute noch ist das entscheidende Verbreitungsmedium das Radio, auch wenn inzwischen viele Hörspiele digital zu erwerben sind oder über das Internet gehört werden können.

**3** *Untersucht das Radioprogramm nach Sendern, die regelmäßig Hörspiele ausstrahlen. Informiert euch im Internet über aktuelle Veröffentlichungen.*

## Point Whitmark – Der steinerne Fluch

### Zum Inhalt (1)

Der mit Seerosen zugewucherte See gehört zum Gelände des Claymore College im US-Bundesstaat New Hampshire. Den See und das College verbinden sonderbare Geschichten um den College-Gründer Ebenezer Drumgool, der seinen Tod im See fand und doch die dortigen Geschehnisse bis heute zu bestimmen scheint. Drei Jungen aus der nahe gelegenen Kleinstadt versuchen, dem Rätsel auf die Spur zu kommen. Sie sind im Aufdecken von Geheimnissen nicht ungeübt, betreiben sie doch als Hobby-Journalisten den Radiosender „Point Whitmark", der so heißt wie ihre Stadt.
Derek Ashby und Jay Lawrence begleiten ihren Freund Tom Cole, der es bis in die Endrunde des Schachturniers am Claymore College geschafft hat. Übernachten müssen sie allerdings auf dem Heuboden einer alten Scheune. In der ersten Nacht schreckt Derek hoch.

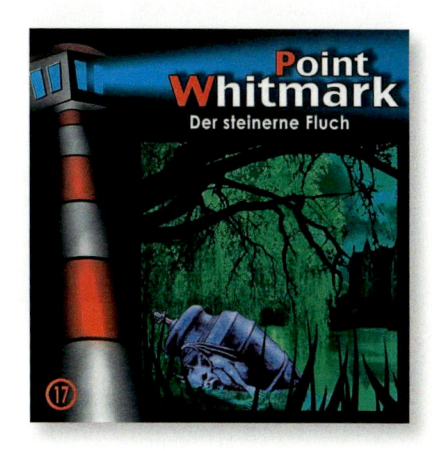

Motiv 1 und 2                                             Matthias Günther

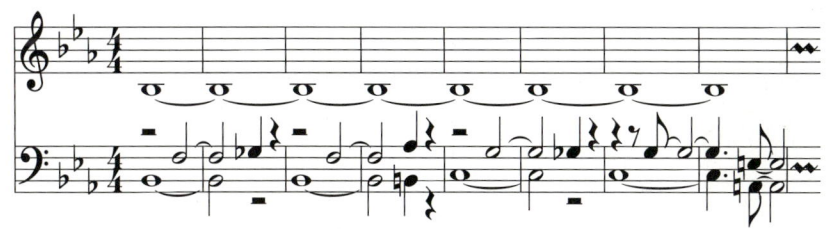

**4** *Erschließt euch die Gestaltung der Szene „Die Nacht auf dem Heuboden".*
a) *Warum wird die Handlung an manchen Stellen mit Musik begleitet und an anderen nicht?* VI|26
b) *Beschreibt die verwendete Musik hinsichtlich des Klangs, der Instrumentierung und der Melodieführung.* VI|27,28
c) *Welche Funktionen übernimmt die Musik in diesem Hörspielausschnitt?*

### Zum Inhalt (2)

Auch Tom Cole macht die Bekanntschaft von Ebenezer Drumgool. Diesmal nicht in der Scheune, sondern in der Trophäenhalle des Colleges. Schließlich aber scheint der Schlüssel zur Lösung des Rätsels auf dem Grunde des Sees zu liegen.

**5** *Wie werden die Halle, das Seeufer und der Tauchgang mit akustischen Mitteln beschrieben? Welche musikalischen Motive sind hier wiederzufinden?* VI|29,30

**6** *Erfindet selbst kleine dramatische Szenen. Gestaltet diese mit Sprache, Geräuschen und Musik und verbindet die einzelnen Elemente zu einer Einheit. Stellt sie gegenseitig vor.* ↗ S. 186f.

# Filmmusik

Zum Filmerlebnis im Kino gehört Filmmusik. Aber während man sich nach dem Film mit seinen Freunden oft noch über die Handlung des Films unterhält, wird selten die Musik erwähnt.

》▶ 1  *Nennt Filme, in denen euch die Musik ganz besonders in Erinnerung geblieben ist. Warum?*

》▶ 2  *Ordnet die Musikstücke den Abbildungen der Filmplakate zu. Tauscht Argumente für eure Zuordnung aus. Achtung: Zu einem Plakat gibt es keinen Musikausschnitt.* VI|31–33

## Die Anfänge der Filmmusik

Filmmusik ist so alt wie der Film selbst. Als die Gebrüder Lumière ihre ersten öffentlichen Filmvorführungen am 28. Dezember 1895 in einem dunklen Hinterzimmer eines Pariser Cafés veranstalteten und dafür Eintritt nahmen, war dies die Geburtsstunde des Kinos. Es war aber auch der Beginn der Filmmusik, denn ein Klavierspieler begleitete die kurzen Stummfilme auf seinem Instrument.

》▶ 3  *Versetzt euch in die damalige Situation. Was könnte der Grund dafür gewesen sein, dass die Lumière-Brüder den Pianisten engagierten? Notiert die überzeugendsten Argumente.*

Heute erfreut sich die alte Praxis, Stummfilme live mit Musik zu begleiten, wieder großer Beliebtheit.

Zunächst wurden die Filme mit improvisierter Musik begleitet, oder die Klavierbegleiter spielten Stücke, die sie kannten oder von denen sie glaubten, dass das Publikum sie gerne hören würde. Als in den Jahren um 1910 die Filme länger wurden und es die ersten Filmstars gab, widmete man auch der Musik mehr Aufmerksamkeit. Die Kinopianisten wählten nun die Musik sorgfältiger zur Szenenfolge der Filme aus. Außerdem wurden sie oft von Geräuschemachern oder weiteren Instrumenten unterstützt.

》▶ 4  *Wählt eine Stummfilmszene aus und begleitet sie mit passender Musik sowie Geräuschen. Unterteilt dazu die Szene zunächst in Abschnitte. Sucht für jeden Abschnitt nach Hinweisen, welche Art Musik passen könnte. Improvisiert oder komponiert selbst. Ihr könnt auch Musikeinspielungen mit Instrumentalmusik verwenden.*

## Orchesterbegleitung für Filme

Mit den aufwändigeren Filmproduktionen wuchsen auch die Kinos. Ein Klavier reichte in den prunkvollen Kinopalästen zur Musikbegleitung nicht mehr aus. Stattdessen wurden Kinoorgeln eingeführt, vor allem aber Orchester zur Filmbegleitung eingesetzt, deren Besetzung je nach Spielstätte von wenigen Musikern bis zur Größe eines Sinfonieorchesters variierte. Für dieses benötigte man einen künstlerischen Leiter, den Kinokapellmeister. Die Arbeit der Kinokapellmeister war sehr anspruchsvoll: Sie mussten viele Musikstücke kennen, damit sie für die Filmszenen in kürzester Zeit jeweils passende Stücke auswählen konnten, sobald ein neuer Film angeliefert wurde. Proben mit dem Orchester konnten selten stattfinden.
Für diese Fähigkeit wurden die bekanntesten Kinokapellmeister in Berlin, dem deutschen Filmzentrum, wie Stars bezahlt.

Die prachtvolle Architektur großer Lichtspielpaläste machte den Kinobesuch zum Erlebnis (London, 1930).

》► **5** *Versetzt euch in den Beruf des Kinokapellmeisters.*
*a) Stellt euch eine zur Musik passende Filmhandlung vor und überlegt (in Partnerarbeit), was ein Kinokapellmeister zu tun hatte, wenn ein neuer Film in seinem Kino gezeigt werden sollte.* ⊚ VI|34
*b) Vergleicht die Arbeit des Kinokapellmeisters bei einer Filmvorführung mit der eines Operndirigenten.*

## Der Tonfilm

Im Jahr 1927 hatte der Tonfilm „The Jazz Singer" in den USA so viel Erfolg beim Publikum, dass innerhalb kürzester Zeit der Stummfilm verschwand und auch in Europa nur noch Tonfilme produziert wurden.

► **6** *Überlegt, welche Konsequenzen die Einführung des Tonfilms für die weltweite Filmproduktion und vor allem für die Musik hatte. Vergleicht auch mit euren Aufzeichnungen zur Aufgabe 1.*

Typisch war die Verwendung eines großen Orchesters zur Filmbegleitung: Man spricht von der Hollywood-Sinfonik. Die Musik konnte vor allem als Titelmusik am Filmanfang wirkungsvoll in Szene gesetzt werden. Sie versetzt das Publikum in eine bestimmte Stimmung und lässt erkennen, um was für eine Art Film (Filmgenre) es sich handelt.

Bei der Musikaufnahme konnte der Dirigent die Filmprojektion auf der Leinwand vor sich verfolgen und das Tempo der Musik exakt daran ausrichten.

》► **7** *Vergleicht berühmte sinfonische Titelmusiken und ordnet sie bestimmten Filmgenres zu. An welchen einprägsamen Merkmalen lassen sich die Musiken wiedererkennen?* ⊚ VI|35–37

## Filmmusik und ihre Funktionen

Wenn in einem Film Musik verwendet wird, so geschieht dies, weil man sich von der Musik einen bestimmten Effekt verspricht: Die Musik soll eine Funktion übernehmen. Solche Funktionen können jedoch recht unterschiedlich sein. Auf der vorausgehenden Seite wurden beispielhaft Funktionen von Titelmusiken beschrieben. Musik kann aber noch mehr. Unter anderem kann sie dem Publikum vielfältige Informationen übermitteln, z. B. was die Personen fühlen, wo oder wann die Handlung spielt. An einigen Beispielen lässt sich dies gut zeigen.

Die Schwarze Mühle in „Krabat"

### „Das Boot" (Deutschland 1981)

Im Mittelpunkt des Films „Das Boot" stehen die Ereignisse rund um das deutsche U-Boot U96 und seine Besatzung im Zweiten Weltkrieg. Der leblose Schiffskörper wird von dem Filmkomponisten Klaus Doldinger wie ein lebendiger Mensch musikalisch beschrieben: Die Musik gibt zu erkennen, wie es U96 gerade geht. Dazu wird ein musikalischer Trick angewendet, wie er sich manchmal in Filmmusiken findet: Das Boot erhält ein Leitmotiv, eine Art musikalisches Erkennungszeichen.

**▶ 1** *Schildert die Stimmung in den Musikausschnitten: In welcher Situation mag sich U96 jeweils befinden? Vergleicht mit der Titelmusik. Welche Rolle spielt das Leitmotiv? Kennt ihr ähnliche Beispiele aus der Musikgeschichte?* VI|31, 38, 39

### „Krabat" (Deutschland 2008)

In der aufwändigen Fantasyverfilmung des Romans von Ottfried Preußler nach einer sorbischen Sage geht es um den 14-jährigen Waisenjungen Krabat, der in der Schwarzen Mühle Lehrling eines teuflischen Zauberers wird und schließlich Aufnahme in den Kreis der Gesellen findet. Erst spät wird Krabat die hiermit verbundene tödliche Gefahr bewusst.

**▶ 2** *Benennt musikalische Auffälligkeiten. Welche Information über die Zeit der Handlung könnte diese Filmmusik vermitteln?* VI|40

### „Rock It!" (Deutschland 2010)

Die 15-jährige Julia bereitet sich auf die Aufnahmeprüfung für ein Musikinternat vor: Sie will klassische Pianistin werden. Doch dann verliebt sie sich in den gleichaltrigen Nick, Sänger der Band „Rock It!". Als der Keyboarder die Band verlässt, hat Julia einen Plan.

**▶ 3** *Spinnt die Handlung fort. Wie sollte die Musik in dem Film eingesetzt werden? Vergleicht das Lied mit euren Erwartungen und entwickelt Ideen für Szenen, in denen der Song vorgetragen oder der Handlung unterlegt wird.* VI|41

Die Musik kann die beschriebenen Funktionen erfüllen, weil sie die Informationen der Filmbilder mit ihren eigenen Mitteln umschreibt (*Paraphrasierung*) oder im Bild nicht vorhandene Informationen eindeutig ergänzt (*Polarisierung*). Besonders spannend, aber selten, findet man Musik, die den Bildern widerspricht (*Kontrapunktierung*).

**▶ 4** *Wählt einen Filmausschnitt aus, in dem die Musik entweder Informationen übermittelt oder das Bild-Musik-Verhältnis ausgestaltet wurde als Paraphrasierung, Polarisierung oder Kontrapunktierung. Präsentiert das Beispiel und kommentiert.*

## Wie Filmmusik gemacht wird beschreibt Annette Focks im Interview

▶ **5** *Informiert euch über die Musik von Annette Focks, eine der erfolgreichsten Filmkomponistinnen, und erstellt eine kurze Biografie. Kann jemand von einem ihrer Filme berichten (z. B. „Krabat")?*

*1. Wann werden Sie in die Planung eines Films einbezogen?*

FOCKS   Es kommt oft vor, dass ich vor den Dreharbeiten das Drehbuch lese. Es ist wichtig, dass es mich inspiriert und ich erste musikalische Ideen beim Lesen innerlich höre. Meist beginne ich mit meiner Arbeit schon während der Dreharbeiten. Ich lasse mir Filmmuster und erste Szenenausschnitte schicken, damit ich ein Gefühl für die Bilder und Schauspieler bekomme, und improvisiere dazu auf dem Piano. Kristallisiert sich ein Thema heraus, instrumentiere ich es am Computer mit Midi-Instrumenten und spiele es dem Regisseur vor. Die Themenfindung ist der schwierigste Part meiner Arbeit, denn jeder Film hat einen eigenen „Ton", den es herauszufinden gilt.

*2. Wer bestimmt, wo im Film Musik zu hören sein wird und wie sie klingen soll?*

FOCKS   In der *Spotting Session* erarbeite ich gemeinsam mit dem Regisseur das Musikkonzept. Wir unterhalten uns über den möglichen Musikstil, die Instrumentierung und wo im Film Musik wichtig ist. Film ist zwar Teamwork, aber das letzte Wort hat immer der Regisseur.
Nach der Spotting Session arbeite ich auch eng mit dem Cutter zusammen. Bei Kinofilmen komponiere ich oft schon während des Drehs und der Schnittphase, damit der Cutter zu meinen Themen den Film schneiden kann. Es gibt einen stetigen Austausch – oft per Internet.
Wenn der Komponist erst nach dem Feinschnitt ins Projekt kommt, wird im Schneideraum oft mit *Temp Tracks* gearbeitet. Das sind bekannte Musikstücke, die so ähnlich klingen wie das, was sich der Regisseur als Musik wünscht. Hierbei besteht leider die Gefahr, dass sich alle zu sehr an die Temp Tracks gewöhnen.

Annette Focks dirigiert bei den Musikaufnahmen grundsätzlich selbst.

*3. Wie wird man Filmkomponist?*

FOCKS   Es gibt Filmkomponisten, die Filmmusik an einer Musikhochschule studiert haben, und Komponisten, die als Autodidakten in den Beruf gekommen sind. Für die Arbeit als Filmmusikkomponist benötigt man, neben kompositorischen Fähigkeiten, vor allem Einfühlungsvermögen. Es ist wichtig, dass man sich in die Geschichte und die Protagonisten hineinfühlen kann. Nicht jeder gute Komponist ist auch ein guter Filmmusikkomponist. Das Komponieren für den Film ist eine ganz eigene Art des Komponierens.

*4. Gibt es eine Filmmusik, auf die Sie ganz besonders stolz sind?*

FOCKS   Ich würde nicht sagen, dass ich besonders stolz auf eine Arbeit von mir bin. Aber es gibt eine Musik, die sehr viel mit mir persönlich zu tun hat, und ich bin sehr froh, dass ich in einem Film die Möglichkeit hatte, diese Musik zu komponieren. Es handelt sich um „Jennys Abschlusskonzert" in dem Kinofilm „Vier Minuten". Dieses „Vier-Minuten-Stück" habe ich aufgrund des Drehbuchs komponiert. Meine Musik erzählt die Hauptfigur Jenny in ihrer ganzen Persönlichkeit, in ihrer Verzweiflung, ihren Emotionen und ihrer unglaublichen Kraft. Das ist das Schöne an der Musik: Sie sagt mehr als tausend Worte und berührt zutiefst.

▶ **6** *Fertigt eine Übersicht über den Verlauf einer Filmproduktion an. Beschreibt die daran beteiligten Personen und die Beiträge der Filmkomponistin.*

# Musik im Fernsehen

Im Fernsehangebot der Sender findet die Musik auf sehr unterschiedliche Weise Platz. Damit ist nicht ihre begleitende Funktion als Filmmusik angesprochen, sondern gemeint sind Sendeformate, bei denen die Musik im Mittelpunkt steht. Oder mit anderen Worten: Sendungen, die man wegen der darin zu hörenden Musik einschaltet.

Im Mittelpunkt von Konzertsendungen stehen Auftritte unterschiedlicher Musiker. Manchmal spielen und singen sie live, oft wird mit Playbacks gearbeitet. Moderatoren können die Musiknummern verbinden und sich mit den Musikern unterhalten. Ein Publikum lässt erkennen, ob der Musikbeitrag gut angekommen ist.

Eine deutsche Volksmusiksendung vor Publikum („Musikantenstadl")

In verschiedenen Sendeformaten wird über die Hintergründe von musikalischen, oft aktuellen Ereignissen berichtet: z. B. über die Entstehung neuer Musikstile, über eine geplante Musical-Premiere oder eine laufende Castingshow. Entsprechend der Interessenlage können solche Darstellungen auch verfälschend sein.

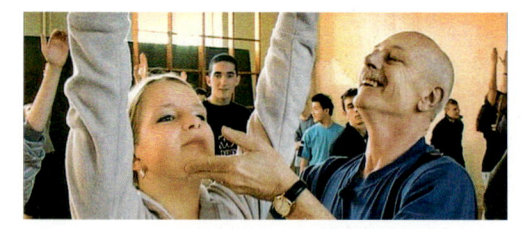

Ein Dokumentarfilm über das Tanzprojekt „Rhythm Is It!" mit Schülern (Deutschland 2004)

Filmmusicals sind Spielfilme, in denen Gesang und Tanz in die Handlung einbezogen werden. Dadurch weisen sie eine gewisse Verwandtschaft mit dem Musiktheater auf. (↗ S. 110) Solche Filme werden oft besonders aufwändig produziert. Heute wenden sie sich meist an ein junges Publikum.

**1** *Projekt: Verschafft euch einen Eindruck von der Vielfalt der Musikpräsentation im Fernsehen.*
*a) Vergleicht die vorgestellten Formate mit euren Erfahrungen. Kennt ihr Sendereihen, Sendungen und Filme, die ähnlich gestaltet sind? Worin besteht die Verwandtschaft der Filmmusicals mit Musiktheaterwerken?*
*b) Warum wohl findet sich der Hinweis „Nur im Kino!" auf dem Filmplakat?*
*c) Erstellt eine Liste der euch bekannten Fernsehsender. Bildet Paare und lost aus, wer welchen Sender untersucht. Vereinbart dann einen Stichtag, an dem jedes Team protokolliert, welche Musiksendungen und -filme von dem untersuchten Sender ausgestrahlt wurden. Beschreibt dabei Präsentationsformen, Musikstile und stellt Vermutungen über die Zielgruppe der Sendung an.*
*d) Führt alle Untersuchungsergebnisse zusammen und erstellt eine gemeinsame Übersicht der Musikformate, die über die oben genannten drei Gruppen hinausgeht. Führt jeweils typische Beispiele an.*

Eine Neuverfilmung des Filmmusicals „Fame" (USA 2009) über Studenten der New York School of Performing Arts

## Musikvideos im Fernsehen

Rock- und Popmusik eroberte recht mühsam das Fernsehen. Als 1956 Dick Clark die US-weit ausgestrahlte Sendung „American Bandstand" übernahm, entstand eine Musiksendung, die Jugendlichen die Möglichkeit bot, im Fernsehen regelmäßig ihre Stars und deren aktuelle Hits zu sehen. In den 1960er-Jahren folgten ähnliche Sendeformate in Großbritannien („Top of the Pops", 1964–2006) und in Westdeutschland (Radio Bremen „Beat-Club", 1965–1972). Weltweite Beachtung fand die deutsche Produktion durch die technischen Bildtricks, die der Regisseur Mike Leckebusch einsetzte, um die Songs interessant zu präsentieren. Vor der ersten Ausstrahlung von „Beat-Club" warb übrigens ein seriöser Tagesschausprecher um Verständnis bei denjenigen, „die Beatmusik nicht mögen": Das ging ganz offensichtlich an die Adresse der Eltern.

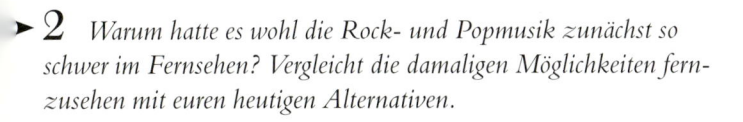

Uschi Nerke war die erste Moderatorin des „Beat-Club" der ARD.

▶ **2** *Warum hatte es wohl die Rock- und Popmusik zunächst so schwer im Fernsehen? Vergleicht die damaligen Möglichkeiten fernzusehen mit euren heutigen Alternativen.*

Auftritte in den Jugend-Musiksendungen des Fernsehens waren für die Plattenfirmen eine gute Gelegenheit, um Werbung für neue Musiktitel zu betreiben. Doch was tun, wenn die Stars auf Tournee waren oder keine Lust hatten, ins Fernsehstudio zu gehen? Man drehte einen Film von den Stars beim Vortrag ihres Songs und stellte den Film dann den Fernsehsendern zur Verfügung. Aus dieser Praxis entstanden Musikvideos, als experimentierfreudige Musiker wie die Beatles darangingen, die Bilder dieser Filme interessant zu gestalten (*Strawberry Fields Forever*, 1967). Erst seit MTV[1] 1981 in den USA seinen Sendebetrieb aufnahm und rund um die Uhr Musikvideos ausstrahlte, hat sich ihre Bedeutung voll entwickelt. Vor allem Michael Jackson bettete seine Musikvideos teilweise in eine Rahmenhandlung ein und verband durch diese Langvideos Musikvideos und Spielfilm (z. B. *Thriller*, 1985). ↗ S. 50 f., 267
Inzwischen löste das Internet die Plattform Fernsehen ab, um Musikvideos bekannt zu machen.

[1] MTV: *engl.* Abk. für Music Television; Musik-Fernsehen

▶ **3** *Überlegt, welches Interesse Plattenfirmen, Musiksender und Interpreten an der Produktion von Musikvideos haben könnten.*

▶ **4** *Das erste Musikvideo, mit dem MTV damals auf Sendung ging, hieß „Video Killed the Radio Star". Spekuliert über die Hintergründe. Bezieht in die Diskussion ein, dass Trevor Horn, der Komponist des Songs, 2009 ein Album mit Robbie Williams produzierte mit dem Titel „Reality Killed the Video Star".* VI|42

In dem Langvideo *Thriller* bettete Michael Jackson seinen Song in eine Spielfilmhandlung ein.

# Fermate

## Auf dem Weg zum eigenen Hörspiel

Die Produktion eines Hörspiels ist Teamarbeit, die man in kleineren Gruppen, aber auch mit der ganzen Klasse realisieren kann. Für euer Hörspiel benötigt ihr einen geeigneten Text, Sprecher, Musiker, Geräuschemacher, Aufnahmespezialisten, Technik (Computer, Software, Mikrofon mit Stativ, eventuell auch Kopfhörer und ein tragbares Aufnahmegerät) und viel Fantasie!

### 1. Entwicklung eines Hörspieltextes

Um den Zuhörer zu fesseln, muss sein Interesse am Fortgang der Geschichte immer wieder neu geweckt werden. Neben einer interessanten spannungsreichen Geschichte ist dafür auch eine gute Gliederung in kleinere, überschaubare Szenen erforderlich. Folgende Anregungen können hilfreich sein:

- Der Anfang des Hörspiels sollte aufhorchen lassen.
- Abwechslung bringen wechselnde Handlungsorte und kurzweilige Dialoge.
- Knappe, einfache Sätze erleichtern das Verständnis, bildhafte Sprache macht die konkrete Situation anschaulich.
- Ein Erzähler sollte nur an solchen Stellen eingesetzt werden, an denen die Handlung nicht durch direkte Rede oder andere akustische Mittel verständlich wird.

▶ **1** *Arbeitet eine ausgewählte Geschichte zu einem Hörspieltext um, indem ihr sie in sinnvolle Abschnitte gliedert. Übertragt sie anschließend in wörtliche Rede der handelnden Personen und ergänzt bei Bedarf um kurze Erzählertexte.*

### 2. Vom Text zum Regieplan

Die Gestaltungsmöglichkeiten des Hörspiels umfassen alle Bereiche des Hörbaren und tragen wichtige Details zum Gesamteindruck bei.

- Stimme und Sprache geben einer Hörspielperson ihr äußeres Bild. Sie müssen zum Typ passen und sich deutlich von anderen Personen unterscheiden. Manchmal ist es nützlich, die Stimme zu verstellen.
- Hintergrundgeräusche kennzeichnen den Handlungsort und lassen sich selbst aufnehmen (z. B. Straßenlärm).
- Einzelgeräusche verdeutlichen das Geschehen (nahende Schritte, Türknarren, quietschende Bremsen usw.). Neben Eigenaufnahmen können Klangbibliotheken im Computer genutzt werden.
- Musik schafft Stimmung und stellt Bezüge innerhalb der Handlung her (z. B. wiederkehrende Motive). Sie kann selbst komponiert und musiziert oder aus vorhandenen Aufnahmen übernommen werden.
- Die technische Bearbeitung im Computer bietet die Möglichkeit der Klangveränderung der Sprache (z. B. Telefonstimme) sowie der akustischen Gestaltung des Raumes (Hall, trockene Akustik usw.) und der stereofonischen Anordnung der Klangereignisse.

Alle Elemente von der Sprache bis zur Klangbearbeitung müssen gut aufeinander abgestimmt werden. Zu viele akustische Ereignisse zur gleichen Zeit behindern sich gegenseitig und erschweren das Zuhören.

▶ **2** *Entwickelt aus euren Ideen einen Regieplan.*

## Vom Plan zum Hörspiel

Mithilfe eines Computers und geeigneter Software lassen sich Sprache, Musik und Geräusche auf unterschiedlichen Spuren abspeichern und bearbeiten.

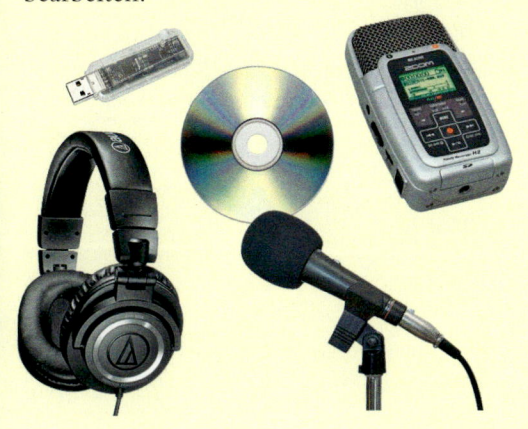

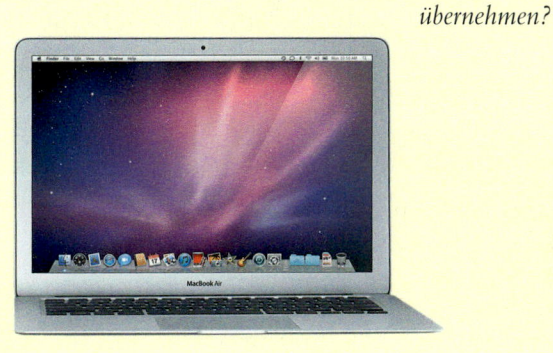

)► **3** *Welche Funktionen können die abgebildeten Geräte bei Aufnahme, Bearbeitung und Abmischung des Hörspiels übernehmen?*

Den technischen Mittelpunkt der Hörspielproduktion bildet der Computer. Er ist mit verschiedenen Ein- und Ausgabegeräten verbunden. Die Hörspielproduktion beginnt mit der Sprachaufnahme nach eurem Regieplan.

► **4** *Sammelt Erfahrungen, indem ihr den Umgang mit der Technik durch eine Sprechprobe testet. Experimentiert dabei mit dem Mikrofonabstand. Nehmt anschließend die Szenen einzeln auf.*

### Computersoftware

Die Benutzeroberfläche des Programms lässt die parallelen Audiotonspuren und die Klangbearbeitungsmöglichkeiten erkennen.

Die auf den einzelnen Spuren abgespeicherten Audiobausteine (Sprache, Geräusche, Musik) können mit der Software bearbeitet werden. Folgende Möglichkeiten sind bei der Hörspielproduktion besonders wichtig:

- kürzen, verschieben, kopieren von Klangereignissen
- verändern der Lautstärke, ein- und ausblenden
- hinzufügen von Effekten (z. B. Echo)
- ändern der Stereoposition

Schließlich werden alle Spuren zu einer Stereoaufnahme abgemischt. Diese lässt sich abschließend als CD brennen oder als Datei abspeichern.

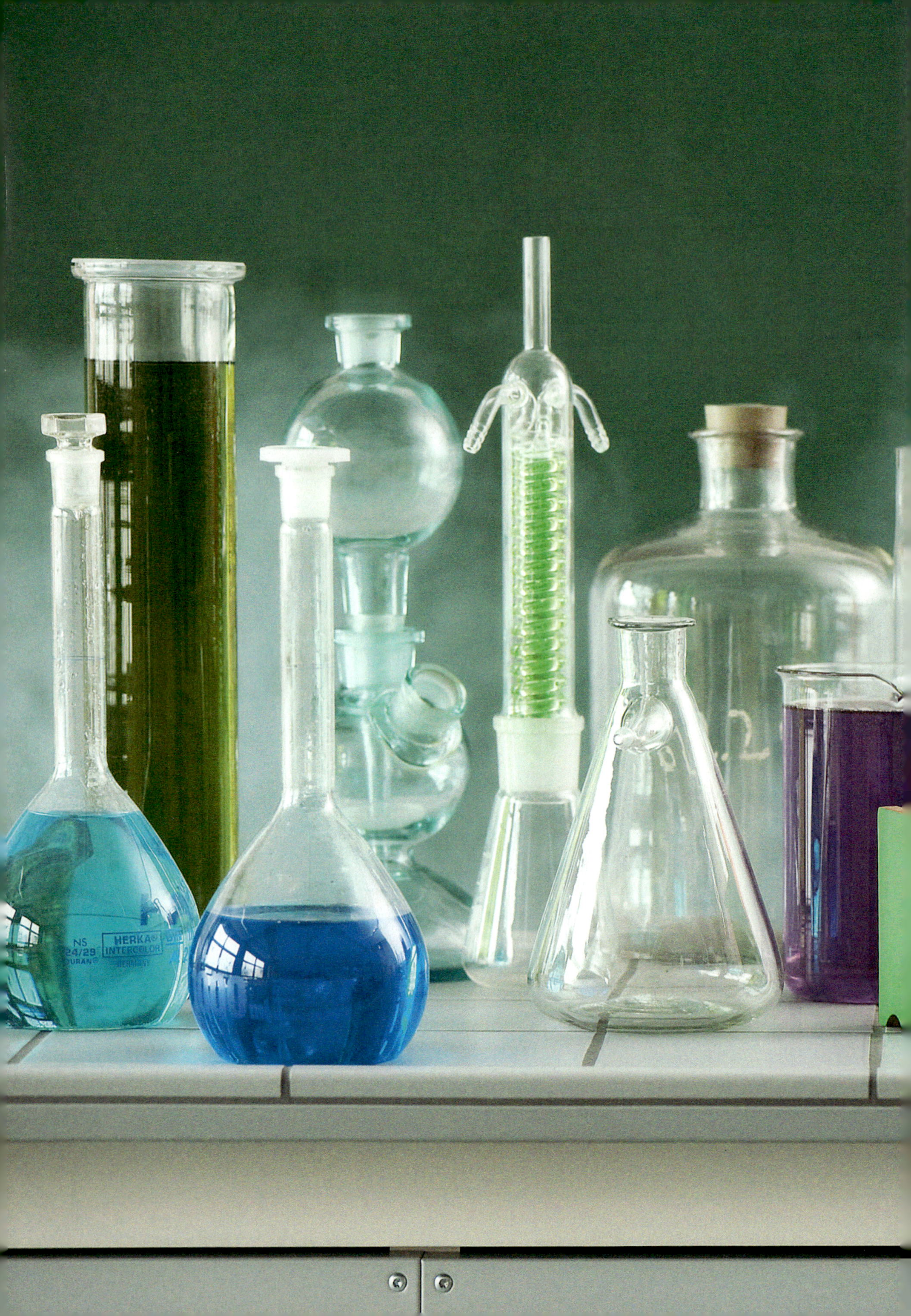
NS
24/29
HERKA
INTERCOLOR

# Musiklabor

# Rhythmus in der Rock- und Popmusik

In der Rock- und Popmusik liefert das Schlagzeug die rhythmische und metrische Basis der Songs. (↗ S. 29) Der Stil der Musik wird durch typische *Pattern* (engl. Rhythmusmuster) entscheidend geprägt. Diese werden mehrfach wiederholt und durch *Fill-ins* (engl. to fill, füllen) und *Breaks* (engl. Unterbrechungen) des Grundrhythmus bereichert. Die drei folgenden Instrumente übernehmen dabei die Führungsrolle (Abbildung rechts).

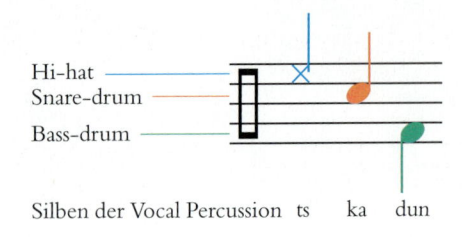

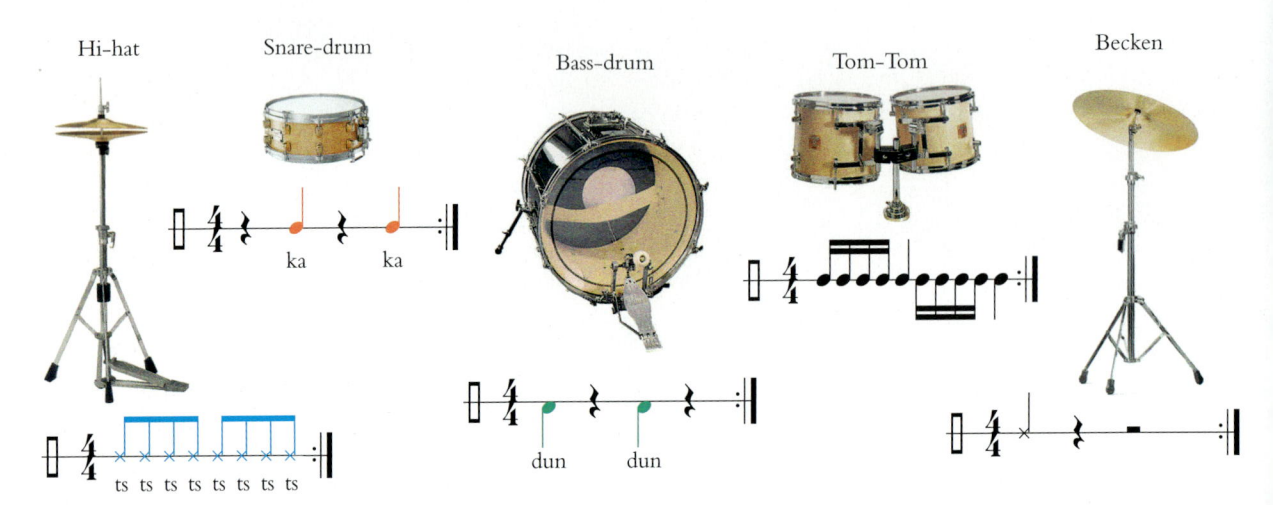

Hi-hat
Snare-drum
Bass-drum

Silben der Vocal Percussion    ts    ka    dun

Hi-hat        Snare-drum            Bass-drum            Tom-Tom            Becken

ka ka

dun dun

ts ts ts ts ts ts ts ts

▶ **1** In welcher Reihenfolge setzen die abgebildeten Instrumente ein? VI|43

## Rhythmuspattern

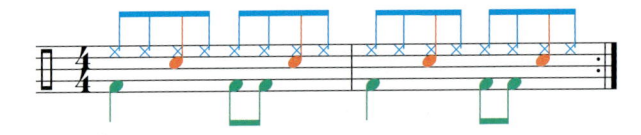

*Let Love Rule* (Lenny Kravitz)

*Another One Bites the Dust* (Queen)

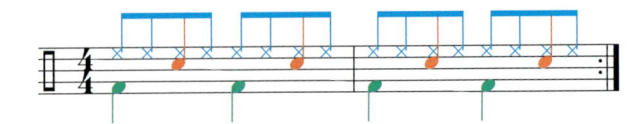

*Born to Be Wild* (Steppenwolf)

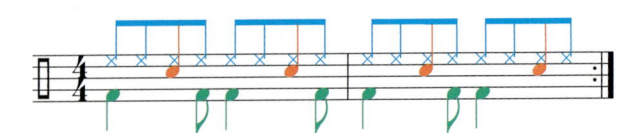

▶ **2** Bildet Dreiergruppen. Wählt neben dem Schlagzeug Instrumente, die dem Klang von Bass-drum, Snare-drum und Hi-hat ähneln, oder verwendet die Silben der Vocal Percussion.
a) Übt zunächst die Wechsel zwischen Bass-drum und Snare-drum. Spielt dann jeweils zu dritt, beginnt mit einem ruhigen Metrum und achtet auf Gleichmäßigkeit.
b) Eine Herausforderung: Versucht den Rhythmus von Bass-drum und Snare-drum gleichzeitig zu spielen, z. B. mit dem rechten Fuß treten und mit der linken Hand auf den Tisch klopfen. Anschließend könnt ihr die Hi-hat ebenfalls mit der rechten Hand auf der Tischplatte spielen und überkreuzt dabei die Arme.
c) Ordnet die Rhythmuspattern den Popsongs zu. Spielt sie zu dritt an einem Schlagzeug zur Musik. VI|44–46

# Taktarten und Taktwechsel

Durch die Kombination von Grundtaktarten (z. B. ²/₄- oder ³/₄-Takt) lassen sich neue, zusammengesetzte Taktarten erzeugen.

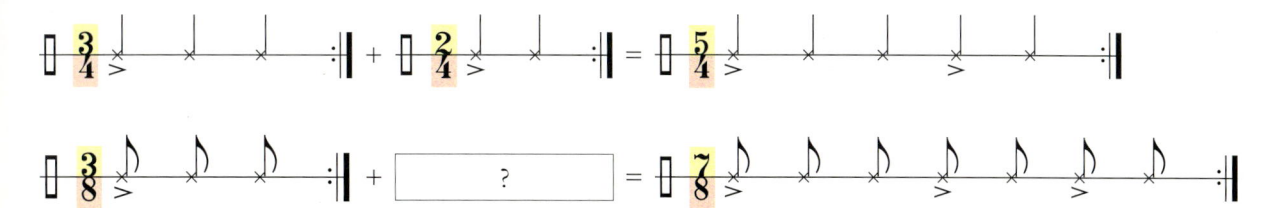

▶ **3** *Vervollständigt den fehlenden Takt und bringt alle Takte zum Klingen: Teilt jeweils betonte (>) und unbetonte Notenwerte auf die linke und rechte Hand auf. Verwendet unterschiedlich klingende Gegenstände aus eurer Schultasche. Musiziert nach demselben Prinzip auf Bongos oder Tom-Toms.*

▶ **4** *Findet für den ⁵/₄-Takt und den ⁷/₈-Takt andere Betonungsmöglichkeiten und probiert sie aus. Besprecht, wie sich die Wirkung des Ausdrucks verändert.*

▶ **5** *Begleitet die Musikausschnitte mit Körperinstrumenten und ordnet sie den abgebildeten Taktarten zu.* II|56; VI|47–49

Wenn sich unterschiedliche Taktarten innerhalb eines Musikstückes abwechseln (Taktwechsel), entstehen besondere musikalische Wirkungen.

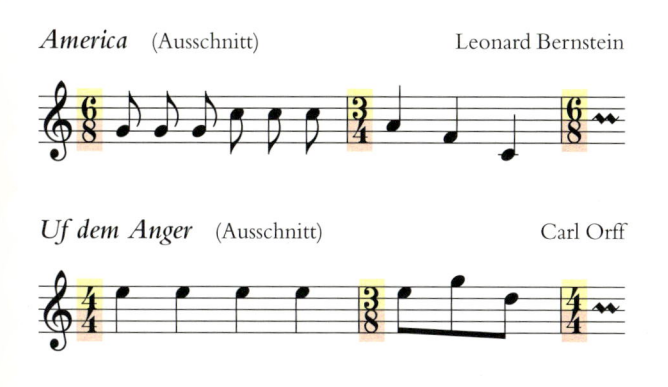

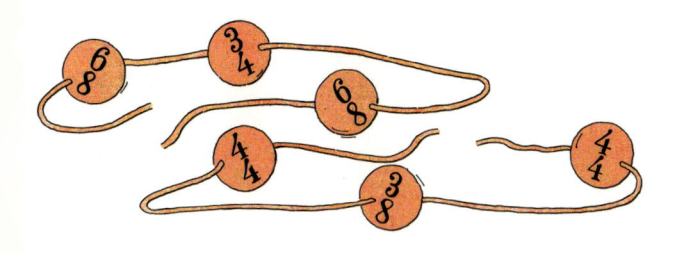

*America* (Ausschnitt) — Leonard Bernstein

*Uf dem Anger* (Ausschnitt) — Carl Orff

▶ **6** *Erprobt die Taktwechsel.* IV|25; VI|50
a) *Verfolgt die Notenabbildungen, um die Taktwechsel in den Ausschnitten aus der „West Side Story" von Leonard Bernstein und der „Carmina Burana" von Carl Orff herauszuhören.* ↗ S. 107, 234.
b) *Begleitet die Taktwechsel mit verschiedenen Instrumenten.*

▶ **7** *Gestaltet eine eigene Rhythmuskomposition mit zusammengesetzten Taktarten und Taktwechseln und achtet erneut auf die Wirkung.*

# Synkopen

))▶ **1** *Hört die Musik, konzentriert euch auf einzelne der rechts abgebildeten Rhythmusbausteine und musiziert mit.* 🎧 VI|51

))▶ **2** *Spielt mit den Rhythmusbausteinen als Klassenorchester.*
a) *Bildet vier Gruppen. Ein Dirigent erhält vier farbige Karten entsprechend den Rhythmusbausteinen: blau, grün, rot und gelb. Jeder Gruppe zeigt er eine Karte seiner Wahl. Er gibt das Tempo vor und alle beginnen gemeinsam ihren jeweiligen Rhythmus zu musizieren. Im Laufe des Spiels zeigt der Dirigent einzelnen Gruppen abwechselnd immer wieder eine neue Karte und gibt ihnen den Einsatz für den neuen Rhythmus. Das gemeinsame Musizieren darf dabei nicht unterbrochen werden.*
b) *Erfindet neue Spielregeln.*

Rhythmusbausteine

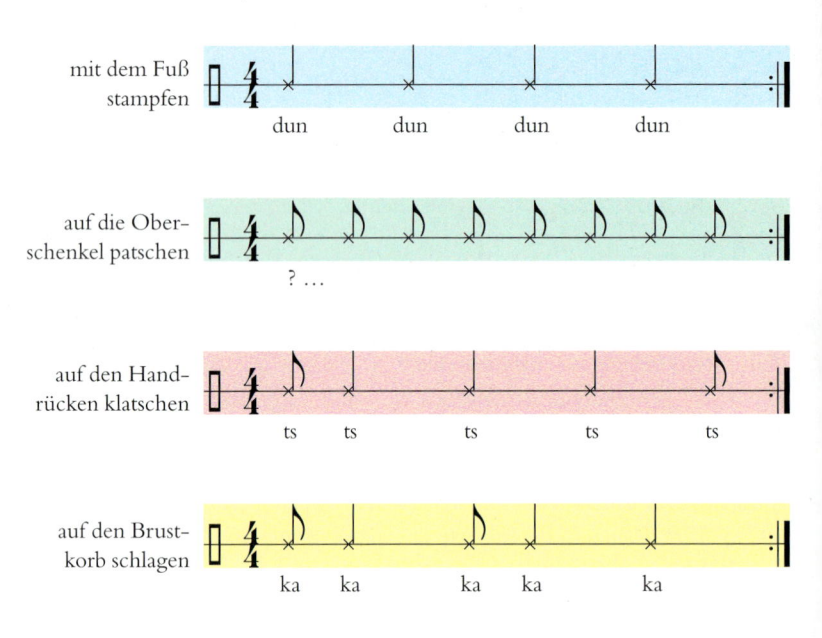

mit dem Fuß stampfen
dun   dun   dun   dun

auf die Oberschenkel patschen
? ...

auf den Handrücken klatschen
ts   ts   ts   ts   ts

auf den Brustkorb schlagen
ka   ka   ka   ka   ka

Rhythmische Figuren, die zu einer Verschiebung der regulären, durch die Taktart vorgegebenen Betonungen führen, nennt man Synkopen.
Beispiel:

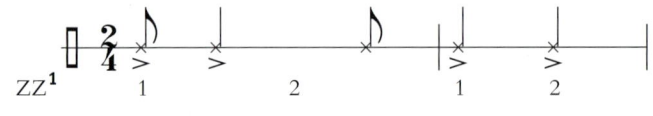

ZZ[1]   1   2   1   2

**1** ZZ: Zählzeiten

zum Vergleich:

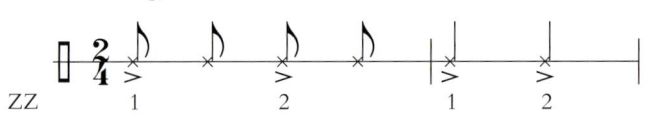

ZZ   1   2   1   2

))▶ **3** *Entdeckt die Synkopen in den Rhythmusbausteinen (siehe oben).*

))▶ **4** *Hört die Einleitung des „Original Rag" von Scott Joplin und setzt den Rhythmus mit Körperinstrumenten um. Klopft anschließend das Metrum und singt die Melodie mit.* ↗ S. 163 🎧 VI|52

))▶ **5** *Findet Lieder mit Synkopen im Kapitel „Lieder, Spielstücke und Tänze". Wählt einzelne aus und singt sie gemeinsam.*

))▶ **6** *Arbeitet in Gruppen: Entwickelt und präsentiert eine Rhythmuskomposition, in der sich Takte mit und ohne Synkopen abwechseln.*

# Triolen

*Wortsalat* — Stefan Auerswald

1. Hier sitze ich und schreibe 'nen Liedtext und ich leide. Das kann doch wohl nicht sein! Nur Wortsalat fällt mir ein. Hier steht nur:
2. Hier sitze ich und schreibe 'nen Liedtext und ich leide. Hier steht nur in der Tat ein Haufen Wortsalat. Hier steht nur:

1., 2. Lippenstift, Unterricht, hammerhart, aufgespart, …

▶ **7** Singt das Lied und bewegt den Fuß im Metrum mit. VI|53

▶ **8** Was ist bei der Aufteilung der Achtelnoten im Refrain anders? Sucht nach dem Vorbild des Refrains weitere Wörter, welche ihr neu einfügt. Verteilt die Wörter taktweise auf einzelne Schüler und begleitet euch im Metrum mit einem Rhythmusinstrument.

▶ **9** Klopft den Rhythmus der Melodie- oder Begleitstimmen zu den Musikstücken mit. Findet heraus, welcher der folgenden Rhythmen verwendet wird. VI|54–57

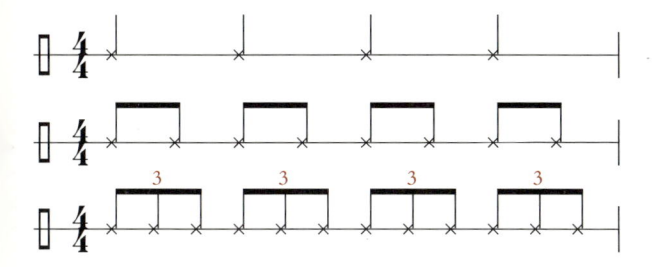

Wenn ein Notenwert in drei gleiche Teile unterteilt wird, dann entsteht eine Triole. Darstellung im Notenbild (3):

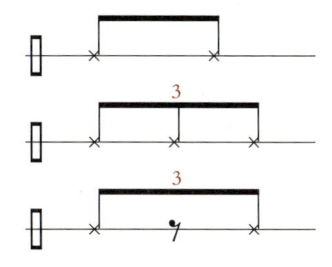

Im Jazz werden oft zwei Achtelnoten triolisch gespielt. Die besondere Wirkung, die von diesem Rhythmus ausgeht, wird auch mit „Triolenfeeling" beschrieben. Vermerk zu Beginn eines Musikstücks:

▶ **10** Hört zweimal die gleiche Musik. Welche Version wird im Triolenfeeling gespielt? VI|58,59

▶ **11** Erarbeitet das Spiritual „Joshua Fit the Battle of Jericho". ↗ S. 236

# Fermate

## Noten- und Pausenwerte     1

| Ganze Note | 𝅝 | | Ganze Pause | |
| --- | --- | --- | --- | --- |
| Halbe Noten | 𝅗𝅥    𝅗𝅥 | | Halbe Pause | |
| Viertelnoten | ♩   ♩   ♩   ♩ | | Viertelpause | |
| Achtelnoten | ♪   ♪   ♫   ♪   ♪   ♫ | | Achtelpause | |
| Sechzehntelnoten | 𝅘𝅥𝅯 𝅘𝅥𝅯 𝅘𝅥𝅯 𝅘𝅥𝅯   𝅘𝅥𝅰𝅘𝅥𝅰𝅘𝅥𝅰𝅘𝅥𝅰   𝅘𝅥𝅯 𝅘𝅥𝅯 𝅘𝅥𝅯 𝅘𝅥𝅯   𝅘𝅥𝅰𝅘𝅥𝅰𝅘𝅥𝅰𝅘𝅥𝅰 | | Sechzehntelpause | |

Punktierte Notenwerte

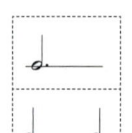

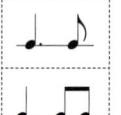

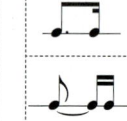

Durch einen Punkt hinter der Note verlängert sich ihr Wert um die Hälfte.

⌣ Haltebogen: Die Notenwerte werden zu einer einzigen Tonlänge verbunden.

Folgen mehrere Noten mit Fähnchen (♪♪) aufeinander, können Balken (♫) verwendet werden, um das Notenbild besser lesbar zu gestalten. So werden meist Noten einer Zählzeit durch Balken zusammengefasst. Bei Liedern verbindet der Balken Töne, die auf einer gemeinsamen Silbe zu singen sind.

## Rhythmen mit Punktierungen, Triolen und Synkopen     2

Beispiele mit Punktierungen:

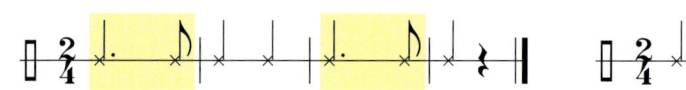

Zum Vergleich ohne Punktierungen:

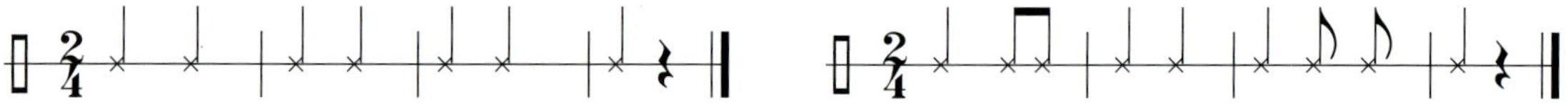

Rhythmische Figuren, die zu einer Verschiebung der regulären, durch die Taktart vorgegebenen Betonungen führen, nennt man Synkopen.
Beispiel:                          zum Vergleich:

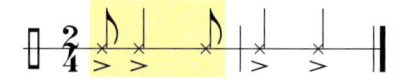

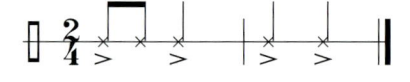

Wenn ein Notenwert in drei gleiche Teile unterteilt wird, dann entsteht eine Triole (lat. tri-, dreifach). Sie wird mit einer 3 gekennzeichnet
Beispiel:                          zum Vergleich:

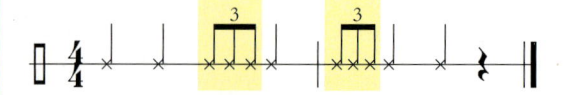

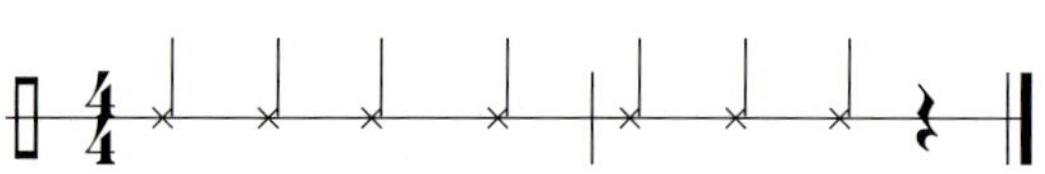

# Taktarten 3

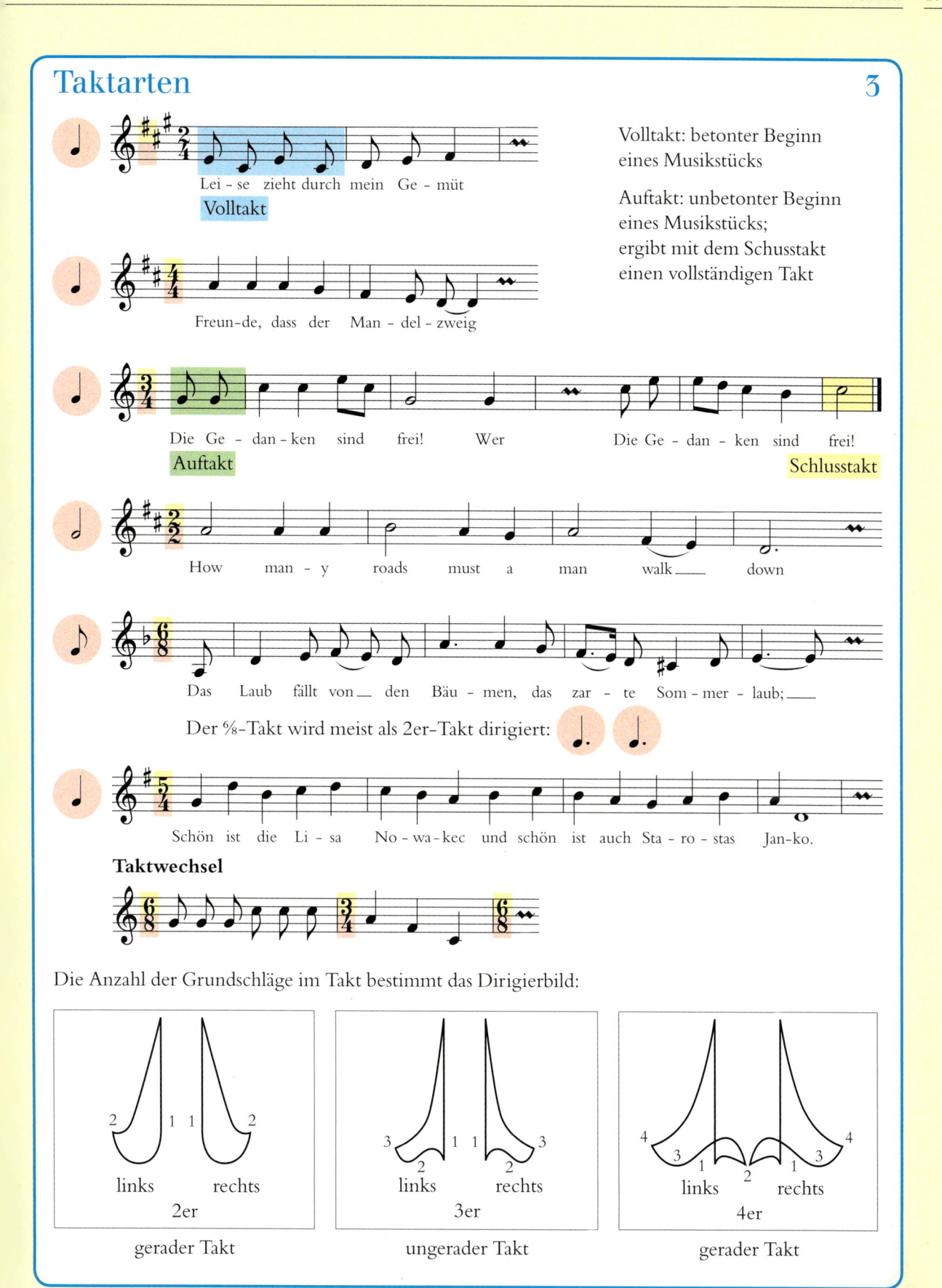

**Volltakt:** betonter Beginn eines Musikstücks

Leise zieht durch mein Gemüt
Volltakt

**Auftakt:** unbetonter Beginn eines Musikstücks; ergibt mit dem Schusstakt einen vollständigen Takt

Freunde, dass der Mandelzweig

Die Gedanken sind frei! Wer Die Gedanken sind frei!
Auftakt                                   Schlusstakt

How many roads must a man walk down

Das Laub fällt von den Bäumen, das zarte Sommerlaub;

Der ⁶⁄₈-Takt wird meist als 2er-Takt dirigiert:

Schön ist die Lisa Nowakec und schön ist auch Starostas Janko.

**Taktwechsel**

Die Anzahl der Grundschläge im Takt bestimmt das Dirigierbild:

| links rechts | links rechts | links rechts |
|:---:|:---:|:---:|
| 2er | 3er | 4er |
| gerader Takt | ungerader Takt | gerader Takt |

# Kadenz in Dur

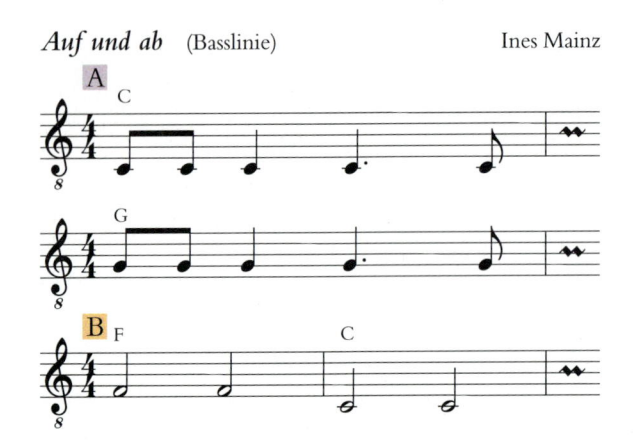

*Auf und ab* (Basslinie)  Ines Mainz

**A** C

**B** F    C

**》► 1** Achtet auf die sich verändernden Töne der Basslinie in der Musik und beschreibt den Ablauf (A B ?). VI|60

**》► 2** Bildet eine Bewegungs- und eine Musiziergruppe.
a) Die Bewegungsgruppe verändert die Richtung und Bewegungsart immer dann, wenn sich die Töne der Basslinie ändern. VI|60

Aufstellung: Halbkreis
Teil **A**
im Metrum am Platz gehen
c' = Blickrichtung nach innen
g' = Blickrichtung nach außen

Teil **B**
über den ganzen Takt am Platz bewegen
f' = mit dem Körper langsam nach rechts schwingen
c' = zurückbewegen

b) Die Musiziergruppe spielt die Basslinie auf Keyboards.
c) Erfindet eigene Bewegungen und Rhythmen für die Bassbegleitung.

## Hauptdreiklänge in C-Dur

Über jedem Ton der Tonleiter kann man Dreiklänge bilden. Besonders wichtig sind die Dreiklänge über der I., IV. und V. Stufe einer Dur- oder Molltonleiter. Diese Hauptdreiklänge werden Tonika (T), Subdominante (S) und Dominante (D) genannt. Die Abfolge von T–S–D–T bezeichnet man als Kadenz.

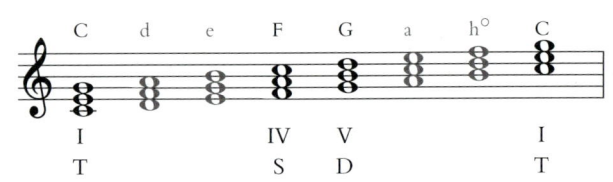

C  d  e  F  G  a  h°  C
I        IV V         I
T        S  D         T

**》► 3** Erfasst den Wechsel von Tonika und Dominante.
a) Klopft beim Hören der „Aufforderung zum Tanz" von Carl Maria von Weber auf jeder ersten Zählzeit auf den Tisch, wenn ihr die Tonika hört, und klatscht auf die Oberschenkel, wenn die Dominante erklingt. VI|61
b) Der Ausschnitt aus dem Klavierkonzert von Wolfgang A. Mozart steht in F-Dur. Findet zunächst die I. und die V. Stufe der F-Dur-Tonleiter. Begleitet die Musik mit den Grundtönen der Tonika und Dominante. VI|57

# Dreiklänge und ihre Umkehrungen

Musiklabor 197

*Kontertanz* (KV 609/1)                                              Wolfgang A. Mozart

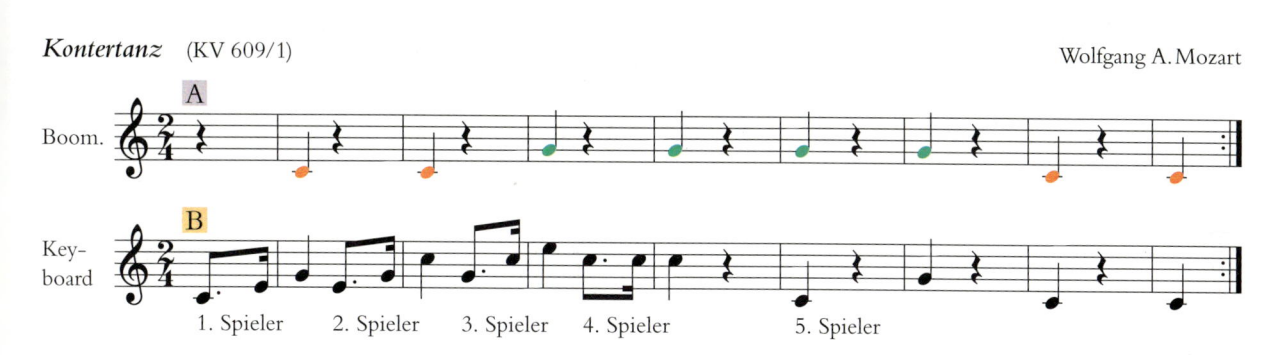

Boom.

Keyboard

1. Spieler    2. Spieler    3. Spieler    4. Spieler    5. Spieler

**4**   Entdeckt, wie Wolfgang A. Mozart mit Dreiklängen spielt. VI|62
    a) Klopft das Metrum zum „Kontertanz" leise auf dem Tisch und summt die Melodie.
    b) Bildet Musiziergruppen und spielt zur Musik.
    c) Schaut euch die ersten vier Takte im B -Teil an. Findet heraus, auf welche Weise der
    C -Dur-Dreiklang verändert wird.
    d) Tanzt dazu.

Dreiklänge und ihre Umkehrungen

Grundstellung    1. Umkehrung    2. Umkehrung    Grundstellung

Die Töne eines Dreiklangs können in unterschiedlicher Reihenfolge angeordnet sein: Die Grundstellung meint, dass die Terz und die Quinte über dem Grundton erklingen. Wandert der Grundton über die beiden anderen Töne, spricht man von der ersten Umkehrung usw. Spielt oder singt man die Töne nacheinander, nennt man sie gebrochene Dreiklänge:

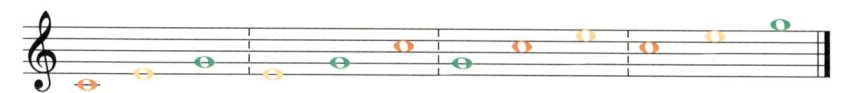

**5**   Spielt die abgebildeten Dreiklänge und ihre Umkehrungen auf Tasteninstrumenten.

Kadenz

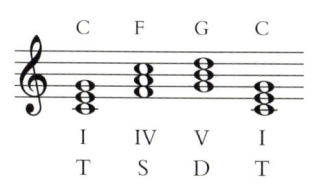

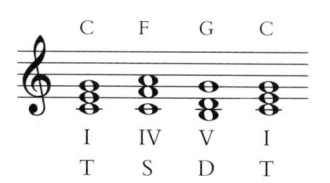

   C    F    G    C          C    F    G    C
   I    IV    V    I          I    IV    V    I
   T    S    D    T          T    S    D    T

**6**   Welche Fassung ist leichter zu spielen?

**7**   Der Song „In the Summertime" von Mungo Jerry eroberte im Sommer 1970
    die Hitparaden. VI|63
    a) Singt zur Instrumentalfassung. Die Notation findet ihr auf Seite 250.
    b) Hört auf die Instrumentierung von Begleitung und Melodie. Erfindet unterschiedliche
    Bewegungen zur Tonika, Subdominante und Dominante.

# Molltonleitern

**1** *Beschreibt Unterschiede zwischen beiden Hörbeispielen.* VI|64,65

Zu jeder Durtonleiter gibt es eine verwandte, parallele reine Molltonleiter.

Verwandtschaft von Dur und Moll

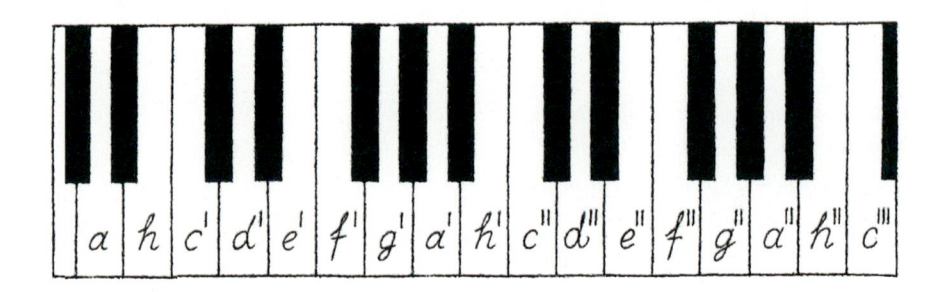

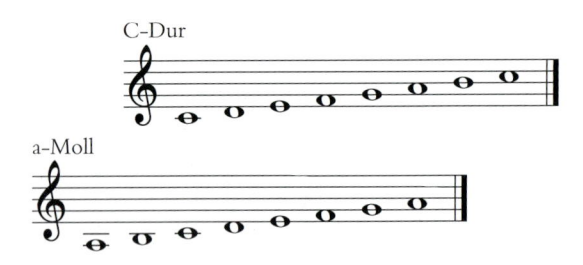

C-Dur

a-Moll

**2** *Bei einer Verwandtschaft gibt es Gemeinsamkeiten und Unterschiede. Spürt sie auf.*
a) *Benennt die Grundtöne beider Tonleitern.*
b) *Auf welcher Stufe von C-Dur befindet sich der Grundton der parallelen reinen Molltonleiter? Bestimmt das Intervall zwischen beiden Tönen.* ↗ S. 204f.
c) *Untersucht die Abfolge von Ganz- und Halbschritten in beiden Tonleitern.*
d) *Spielt die Tonleitern auf geeigneten Instrumenten.*

Harmonische Molltonleiter

a h c' d' e' f' gis' a'

Diese Molltonleiter unterscheidet sich in ihrem Aufbau von der reinen Molltonleiter.

**3** *Untersucht die Tonleiter.*
a) *Musiziert sie. Welche Vorstellungen und Bilder verbindet ihr mit dem Klang?*
b) *Bestimmt die Besonderheiten in der Intervallabfolge. Achtet dabei auf die Funktion des zusätzlichen Vorzeichens* ♯.

**4** *Singt das Lied „Hava nagila" auf* ↗ *Seite 242. Findet heraus, welche Molltonleiter für die Töne der Melodie verwendet wird.*

# Kadenz in Moll

### Go Down Moses
*Spiritual aus den USA*

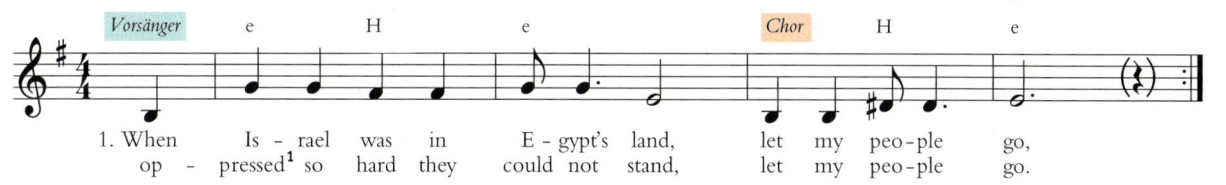

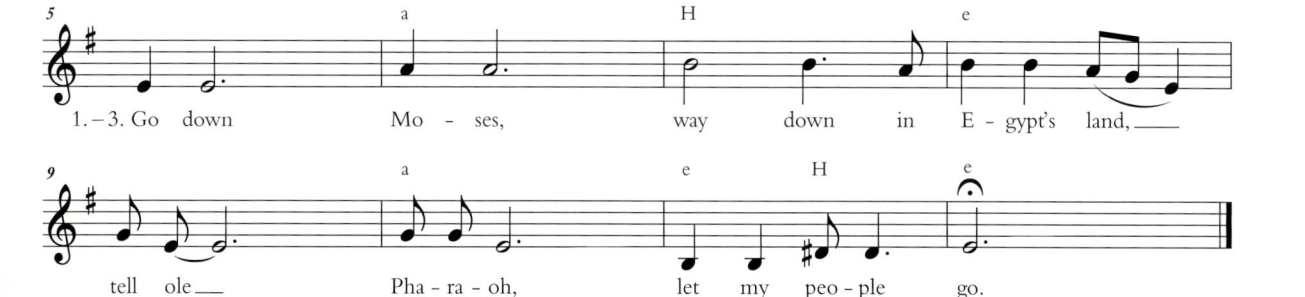

1. When Israel was in Egypt's land, let my people go,
   oppressed[1] so hard they could not stand, let my people go.

1.–3. Go down Moses, way down in Egypt's land, tell ole Pharaoh, let my people go.

2. Thus[2] spoke the Lord, bold[3] Moses said, let my people go.
   If not I'll smite[4] your firstborn dead, let my people go.

3. No more shall they in bondage[5] toil[6], let my people go.
   Let them come out with Egypt's spoil[7], let my people go.

[1] to oppress: unterdrücken
[2] thus: so
[3] bold: mutig, tapfer
[4] to smite: schlagen
[5] bondage: Gefangenschaft
[6] to toil: sich plagen
[7] spoil: Beute

Lieder kann man mit **Akkorden** begleiten. Oft besteht ein Akkord aus einem Dreiklang. Der jeweilige Grundton kann zu einer Basslinie zusammengesetzt werden. Akkorde, die innerhalb eines Musikstücks ein Beziehungsgefüge ergeben, nennt man **Harmonien**. Die Dreiklänge der Kadenz bilden also gleichzeitig die Harmonien der Musik.

**5** Singt und spielt das Spiritual. Begleitet mit den Grundtönen der Harmonien e, a, H.

Wie bei der Durtonleiter lassen sich auch aus der Molltonleiter Begleitakkorde für Lieder in Moll bilden. In der Regel wird dazu die **harmonische Molltonleiter** verwendet.

Die harmonische e-Moll-Tonleiter: e', fis', g', a', h', c'', dis'', e''

**6** Findet heraus, zu welchen Stufen dieser Tonleiter die Grundtöne der Harmonien von „Go Down Moses" gehören. Bildet über diesen Tönen Dreiklänge in Grundstellung und untersucht, ob es sich um Dur- oder Molldreiklänge handelt.

Bei der harmonischen Molltonleiter sind die Tonika (t) und die Subdominante (s) Molldreiklänge. Sie werden mit kleinen Buchstaben bezeichnet. Die Dominante (D) ist ein Dur-Dreiklang. Die Abfolge der Kadenz lautet t–s–D–t.

**7** Schreibt ein einfaches Arrangement zum Spiritual und musiziert es.

**8** Begleitet den Anfang des Klavierstücks „Für Elise" von Ludwig van Beethoven in a-Moll mit den Grundtönen der Tonika und Dominante auf einem Glockenspiel.

# Dorisch

**Scotch Cap**

Aus Schottland · 17. Jahrhundert · John Playford
Choreografie: Kaspar Mainz

**1** Erarbeitet euch die Choreografie, erst ohne, dann zur Musik. VI|67

Aufstellung: paarweise frei im Raum gegenüber
Fassung: Zweihandfassung

Teil A
Auf die ersten 4 Takte beschreiben die Tänzer paarweise einen Kreis im Uhrzeigersinn. Auf die Takte 5–8 gegen den Uhrzeigersinn gehen sie zurück zur Ausgangsposition. Die Fassung lösen.

Teil B
Takt 1   Tänzer 1 springt am Platz eine halbe Drehung über links[1]
Takt 2   Tänzer 2 springt am Platz eine halbe Drehung über links
Takt 3   Tänzer 1 springt am Platz eine halbe Drehung über links
Takt 4   Tänzer 2 springt am Platz eine halbe Drehung über links
Takt 5   beide Tänzer springen zur Seite nach links[2]
Takt 6   beide Tänzer springen zur Seite nach rechts
Takt 7   beide Tänzer springen erst seitlich links und dann rechts
Takt 8   beide Tänzer springen zurück zur Ausgangsposition

Wiederholung von Teil B ; Tänzer 2 beginnt
Ablauf: A B B

**2** Singt und spielt die ersten vier Takte langsam auf Instrumenten. Versucht die Tonart zu bestimmen. Musiziert den ganzen Tanz zur Choreografie.
↗ S. 244

[1] Alle Sprünge am Platz und zur Seite sind mit geschlossenen Füßen auszuführen.

[2] Der Sprung nach links ist klein, der Sprung nach rechts ist größer auszuführen.

Seit dem 17. Jahrhundert war die europäische Musik vor allem von den Dur- und Molltonarten geprägt. Davor kannte man viele weitere Tonarten.

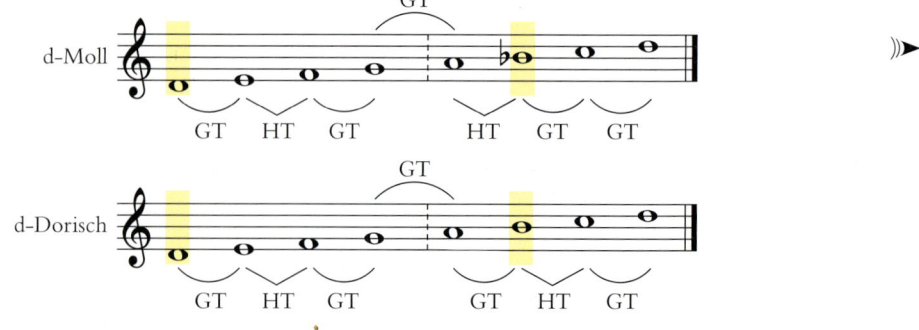

**3** Vergleicht die Ganz- und Halbtonschritte in den abgebildeten Tonleitern.

⌣ Ganztonschritt
∨ Halbtonschritt

Die dorische Tonleiter stammt aus der Musik der griechischen Antike und ist nach dem Volksstamm der Dorier benannt. Vom Mittelalter bis heute wird sie, neben weiteren sogenannten Kirchentonarten, in den Gottesdiensten der römisch-katholischen Kirche gebraucht. 6 Dorisch ähnelt der reinen Molltonleiter. Der 6. Ton bildet im Gegensatz zu Moll eine große Sexte mit dem Grundton. ↗ S. 205

Die Tonleiter besteht aus zwei identischen Tetrachorden: GT–HT–GT. Man kann sie von allen Tönen aus aufbauen; von d' bis d" hat sie keine Vorzeichen.

## Harmonien in Dorisch

**4** *Experiment mit dorischen Melodien.*
*a) Singt und spielt auf Tasteninstrumenten oder Stabspielen d-Moll und d-Dorisch.*
*b) Transponiert die dorische Tonleiter, wählt dazu unterschiedliche Grundtöne.*
*c) Erfindet Melodien in Dorisch und singt diese gemeinsam.*

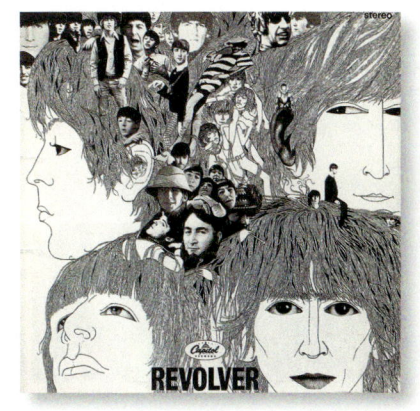

**5** *Dorisch findet man in vielen unterschiedlichen Musikstilen.*
*a) Hört die Beispiele, ordnet sie den Bildern zu und beschreibt den jeweiligen Charakter der Musik.*
*b) Bildet Gruppen. Wählt ein Beispiel aus und musiziert oder tanzt dazu.* VI|68–70

In Dorisch sind alle Dreiklänge, die man über den Tönen der Tonleiter bilden kann, für die Begleitung von Melodien gleich wichtig.
Beispiel in d-Dorisch:

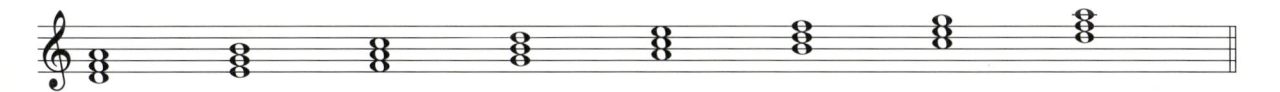

**6** *Spielt die Akkorde auf Instrumenten und bestimmt, welche davon Dur- oder Molldreiklänge sind.*

**7** *Setzt die Melodie fort und spielt mit ihr. Gestaltet mit den Dreiklängen d-Moll, G-Dur und C-Dur eine ostinate Begleitung.*

d-Moll   G-Dur   C-Dur

## Dur- und Molltonleitern

C-Dur-Tonleiter

⌣ Ganztonschritt (GT)
⌵ Halbtonschritt (HT)

a-Moll-Tonleiter

Jede Durtonleiter besteht aus zwei identisch aufgebauten *Tetrachorden* (griech. „Vierton"), GT–GT–HT, die durch einen Ganztonschritt miteinander verbunden sind. Die Halbtonschritte liegen somit zwischen dem 3. und 4. sowie dem 7. und 8. Ton. Der Anfangston der Tonleiter (*Grundton*) gibt der jeweiligen Tonart den Namen. Die notwendigen *Vorzeichen* werden an den Anfang jeder Notenzeile gesetzt.

Die reine Molltonleiter besteht aus zwei unterschiedlichen Tetrachorden (GT–HT–GT und HT–GT–GT), die ebenfalls durch einen Ganztonschritt miteinander verbunden sind. Die Halbtonschritte liegen zwischen dem 2. und 3. sowie dem 5. und 6. Ton.

Bei der harmonischen Molltonleiter wird die 7. Stufe um einen Halbton erhöht:

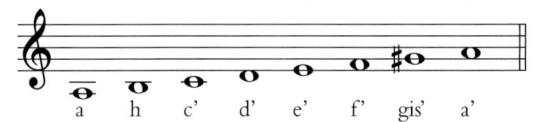

Beispiel für eine Dur- und Molltonleiter:

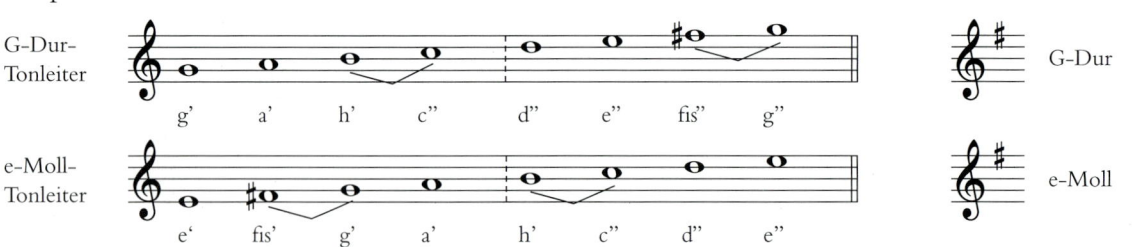

Name der Tonart

G-Dur-Tonleiter — G-Dur

e-Moll-Tonleiter — e-Moll

Die Tonleitern von C-Dur und a-Moll bezeichnet man als *parallele Tonleitern*. Der Grundton einer parallelen Molltonleiter liegt eine kleine Terz tiefer als der Grundton der entsprechenden Durtonleiter. Parallele Tonleitern haben *unterschiedliche Grundtöne*, aber *gleiche Vorzeichen*.

- ♯  *Erhöhung* des bezeichneten Tons um einen Halbton
  (Beispiele: c → cis, f → fis)

- ♭  *Erniedrigung* des bezeichneten Tons um einen Halbton
  (Beispiele: e → es, a → as, h → b)

- ♮  *Aufhebung* von ♯ oder ♭

## Durdreiklänge – Molldreiklänge 5

Akkordbuchstaben geben Hinweise für das Begleiten von Liedern.
Oft bezeichnen Großbuchstaben Durdreiklänge, Kleinbuchstaben Molldreiklänge.
Beispiel:

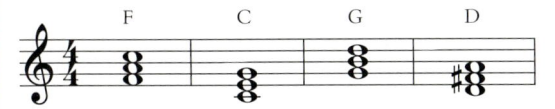

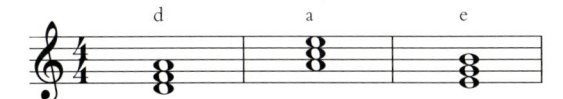

Durdreiklänge     Molldreiklänge

Dur- und Molldreiklänge unterscheiden sich in den zwei übereinandergelagerten Terzen. Beispiel:

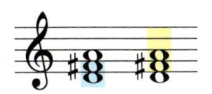

kleine Terz
große Terz
Dur

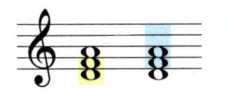

große Terz
kleine Terz
Moll

## Weitere Tonleitern 6

Die *chromatische Tonleiter* besteht aus zwölf Tönen im Halbtonabstand innerhalb einer Oktave. Bei steigender Melodielinie wird die Erhöhung eines Stammtons (Stammton ist ein Ton ohne Vorzeichen) um einen Halbton durch ♯ gekennzeichnet.

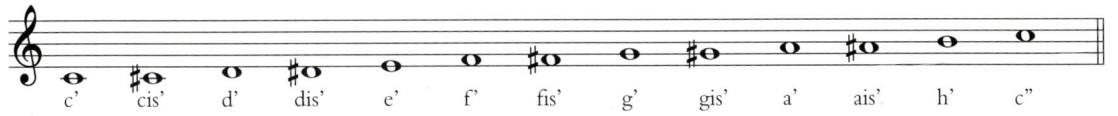

c' cis' d' dis' e' f' fis' g' gis' a' ais' h' c"

Bei abwärts führender Melodie wird die Erniedrigung des Stammtons um einen Halbton durch das Vorzeichen ♭ gekennzeichnet.

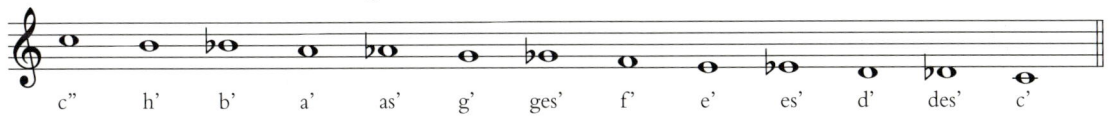

c" h' b' a' as' g' ges' f' e' es' d' des' c'

*Pentatonische Tonleitern* bestehen aus fünf Tönen (*griech.* pentatonus, fünftönig). Sie besitzen keine Halbtonschritte.

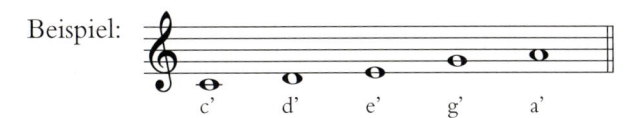

Beispiel: c' d' e' g' a'

*Kirchentonleitern*, Beispiele:

Dorisch (*griech.* Stamm der Dorier), Moll ähnlich, aber mit großer Sexte zum Grundton

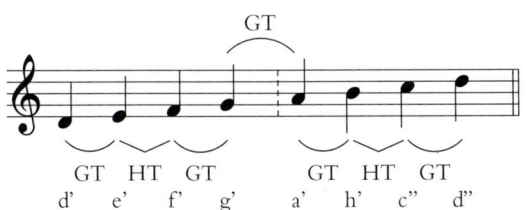

GT
GT HT GT   GT HT GT
d' e' f' g' a' h' c" d"

Mixolydisch (Landschaft Lydien), Dur ähnlich, mit kleiner Septime zum Grundton

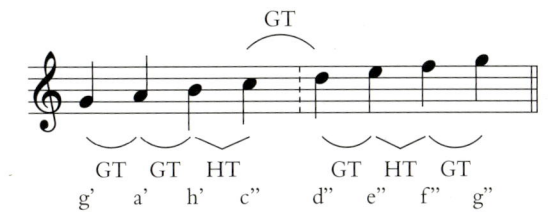

GT
GT GT HT   GT HT GT
g' a' h' c"  d" e" f" g"

# Intervalle

**1** Spielt die unten abgebildeten Intervalle und singt sie nach. Von welchen Intervallen kennt ihr die Bezeichnung?

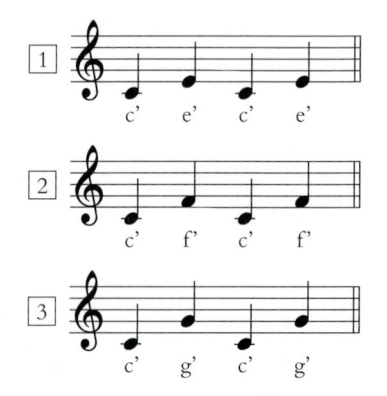

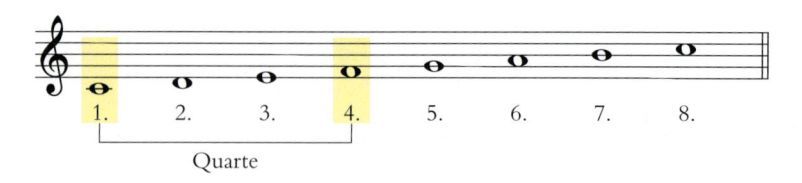

1. c' e' c' e'
2. c' f' c' f'
3. c' g' c' g'

**Quarten**

1. 2. 3. 4. 5. 6. 7. 8.
Quarte

Als Quarte bezeichnet man ein Intervall zwischen zwei Tönen im Abstand von vier Tonstufen. Eine Folge von zwei Ganztonschritten und einem Halbtonschritt nennt man reine Quarte.
In unserer Kultur verbinden wir mit diesem Intervall häufig eine Signalwirkung. Man kann die Quarte beim Einsatz von Notfallfahrzeugen genauso vernehmen wie beim „Tusch" im Karneval. Sie wird auch verwendet, um eine Jagdszene musikalisch darzustellen.

**2** Findet weitere Quarten in der C-Dur-Tonleiter.

**3** Hört die Quarte im „Jägerchor" aus dem „Freischütz" von Carl Maria von Weber und im Instrumentalkonzert von Wolfgang A. Mozart. Singt die Themen jeweils nach. Welches Instrument ist in beiden Werken vorrangig zu hören? ↗ S. 101   IV|7; VI|71

Intervalle können nicht nur nacheinander, sondern auch gleichzeitig erklingen. Welche Intervalle im Zusammenklang von den Zuhörern als besonders wohlklingende Konsonanz oder als unangenehme Dissonanz empfunden wurden, war eine Frage des Zeitgeschmacks und wandelte sich im Verlauf der Geschichte. So wurde die Quarte beispielsweise im Mittelalter, wo man in der Regel ein- oder zweistimmig sang und musizierte, als ein konsonantes Intervall wahrgenommen. Mit der Entwicklung der Mehrstimmigkeit im 14. Jahrhundert wurde sie dann den dissonanten Intervallen zugeordnet.

**4** Im Mittelalter nutzte man Quarten, um Begleitstimmen zu musizieren.
a) Welche Stimmung vermittelt euch der Gesang in „Ave maris stella" aus dem 13. Jahrhundert?  VI|72
b) Schreibt zu dem Lied „Kume, kum, geselle min" eine zweite Stimme im Quartenabstand und spielt beide Stimmen auf Instrumenten. ↗ S. 222

**5** Im 20. Jahrhundert verwendeten Komponisten gerne die Quarten, um damit Melodien und Klänge zu entwickeln.
a) Musiziert die Töne nacheinander und gleichzeitig als Akkord:

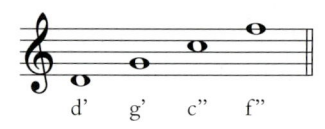

d' g' c" f"

Erfindet einen Rhythmus und improvisiert darüber mit Quarten. ↗ S. 212
b) Findet heraus, in welchem der beiden Musikausschnitte von Béla Bartók und Arnold Schönberg Quarten nacheinander oder gleichzeitig erklingen.  VI|73,74

# Ein besonderes Intervall – der Tritonus

*Maria*  Leonard Bernstein

Ma - ri - a, ___ I've just met a girl named Ma - ri - a, ___ and

▶ **6** *Hört und singt den Anfang des Songs aus der „West Side Story". Wie viele Ganz- oder Halbtonschritte liegen zwischen den ersten beiden Tönen?* ↗ S. 106  IV|23

Wenn man den oberen Ton einer Quarte um einen halben Tonschritt erhöht, entsteht daraus eine **übermäßige Quarte**, ein **Tritonus** (*lat.* Dreiton). Der Tritonus galt in der Musikgeschichte lange Zeit als ein besonders dissonantes Intervall (*lat.* diabolus in musica, Teufel in der Musik) und durfte nicht benutzt werden.

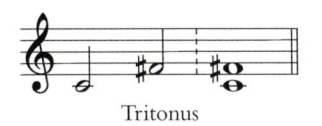

Tritonus

▶ **7** *Wandelt eine Dissonanz in eine Konsonanz um.*
a) *Welcher Ton folgt in „Maria" nach dem Tritonus? Welches Intervall bildet er mit dem Anfangston?*
b) *Spielt c' und fis' als Zweiklang und entwickelt eine Auflösung.*

# Sexten

*Nobody Knows the Trouble I've Seen*  Spiritual aus den USA

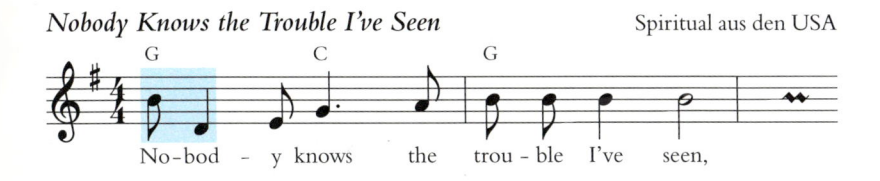

G       C       G
No - bod - y knows the trou - ble I've seen,

*Go Down Moses*  Spiritual aus den USA

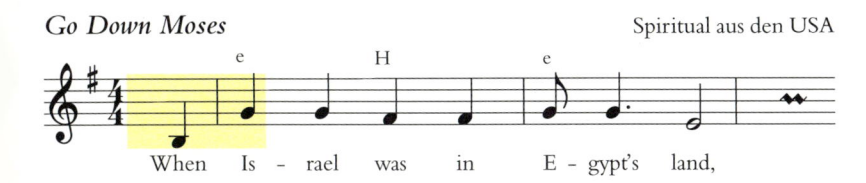

e       H       e
When Is - rael was in E - gypt's land,

*Bildnis-Arie*  Wolfgang A. Mozart

Dies Bild - nis ist be - zau - bernd schön

▶ **8** *Singt zunächst den Anfang der Spirituals und der Arie und vergleicht die ersten Intervalle.* ↗ S. 199, 237
*Erklärt, warum diese Intervalle Sexte heißen und worin sich eine große von einer kleinen Sexte unterscheidet. Um welche Sexte handelt es sich beim Beginn der „Bildnis-Arie" aus der „Zauberflöte"?* VI|75

▶ **9** *Musiziert das Lied „All mein Gedanken" zweistimmig. Erkennt die Sexten und Terzen. Würdet ihr diese zu den konsonanten oder dissonanten Intervallen zählen?* ↗ S. 222

# Quintverwandtschaften

Lieder mit den richtigen Akkorden selbst begleiten, Vorzeichen einer Tonart kennen oder Melodien in die passende Tonart transponieren ist gar nicht schwer. Wenn ihr das System erkannt habt, könnt ihr das auch.

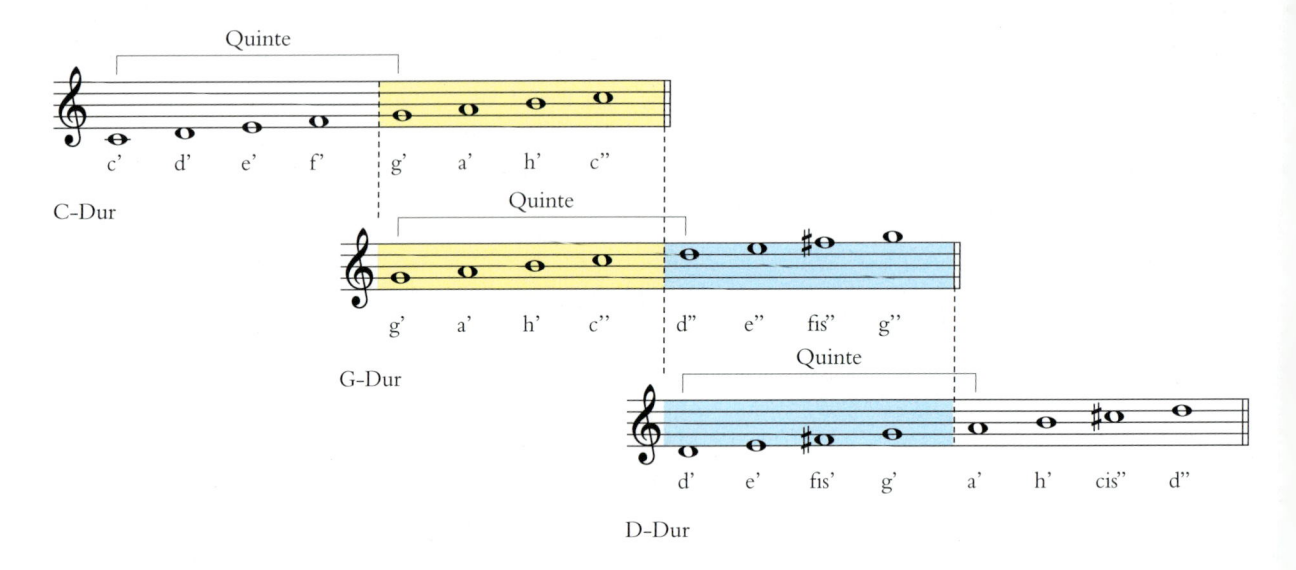

C-Dur: c' d' e' f' g' a' h' c'' (Quinte: g'–c'')

G-Dur: g' a' h' c'' d'' e'' fis'' g'' (Quinte: d''–g'')

D-Dur: d' e' fis' g' a' h' cis'' d''

▶ **1** Beschreibt das System für die Tonleitern mit ♯-Vorzeichen.
a) Achtet auf den Anfangston der Tonleitern und die Veränderungen bei den Vorzeichen.
b) Bezieht die Darstellung auf der ↗ Seite 209 [9] mit ein.
c) Setzt die Folge der ♯-Tonleitern fort.

Die dargestellten Tonleitern stehen miteinander in **Quintverwandtschaft**. Das System lässt sich in Form einer kreisförmigen Anordnung, dem **Quintenzirkel**, darstellen. [9] Er ist ein Hilfsmittel, mit dem sich folgende Informationen gut erfassen lassen:
• der Name der Tonleitern,
• benachbarte Tonleitern,
• die Anzahl der Vorzeichen,
• die Hauptdreiklänge einer Tonart.
Ergänzend können auch die verwandten Molltonarten eingetragen sein.

▶ **2** Leitet aus der Darstellung des Quintenzirkels und den bisherigen Erkenntnissen das System für die ♭-Tonarten ab und wendet es an. [9]

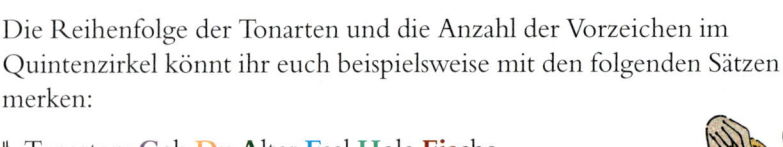

Die Reihenfolge der Tonarten und die Anzahl der Vorzeichen im Quintenzirkel könnt ihr euch beispielsweise mit den folgenden Sätzen merken:

♯-Tonarten: **G**eh **D**u **A**lter **E**sel **H**ole **Fis**che.

♭-Tonarten: **F**rische **B**rezeln **E**ssen **As**se **des Ges**angs.

▶ **3** Erfindet weitere Merksätze.

▶ **4** Das Lied „Die Gedanken sind frei" auf der ↗ Seite 232 steht in C-Dur. Der höchste Ton ist ein e''. Vielleicht ist das für einige von euch zu hoch zum Singen. Transponiert deshalb das Lied tiefer.

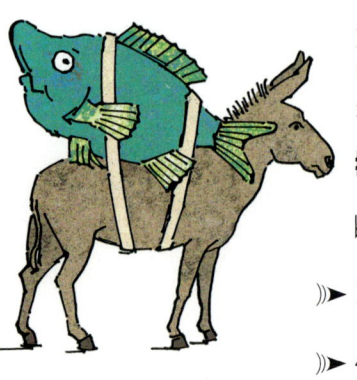

# Quintenzirkel-Training

## Spielideen zum Quintenzirkel: Wer gewinnt?

Würfelspiele

Grundidee: Würfelzahl entspricht der Vorzeichenzahl
Trainiert wird: Anzahl der Vorzeichen (♭- und ♯-Tonarten)

Jeder gegen jeden
Bildet in ähnlich großen Gruppen jeweils einen Kreis, sodass für alle das Würfeln sichtbar wird. Die Anzahl der Augen entspricht der Anzahl der Vorzeichen. Würfelt abwechselnd und legt vorher fest, ob die ♭- oder die ♯-Tonart bestimmt werden soll. Notiert die zugehörige Tonart.

Auswertung: Abschließend werden die Antworten verglichen. Wer die meisten richtigen Antworten hat, ist Gewinner.

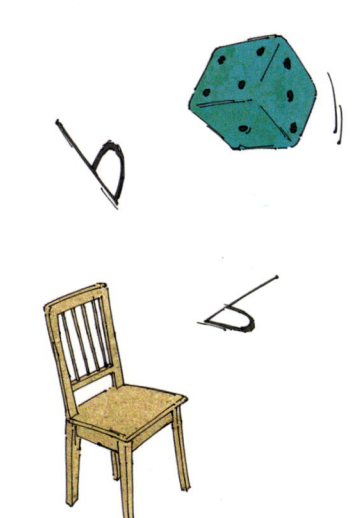

Varianten:
• Es werden zwei Würfel mit unterschiedlichen Farben verwendet. Eine Farbe steht für die zu bestimmende ♭-Tonart, eine für die ♯-Tonart.
• Es werden zwei gleichfarbige Würfel verwendet. Nach dem Wurf darf gewählt werden, welcher Würfel ♭- oder ♯-Tonart vorgibt (gerade Punktzahl = ♯, ungerade = ♭; der andere Würfel zeigt die Anzahl der Vorzeichen der gesuchten Tonart an.
• Bezieht die Molltonarten ein.

Stuhlkreisspiele

Grundidee: Zwölf Stühle stehen im Kreis mit den Sitzflächen nach außen. Die Stühle stehen für die Tonarten des Quintenzirkels. Ein Stuhl wird als C-Dur markiert.

Vorbereitung: Zwölf Spielkarten, auf der jeweils eine Tonart des Quintenzirkels steht. 🗒

5er-Gruppen gegeneinander, genannt A, B usw.

Ein Schüler aus Gruppe B mischt für Gruppe A die Spielkarten. Aus den verdeckt gezeigten Karten ziehen die fünf Schüler der Gruppe A jeweils eine Karte, ohne sie anzusehen. Nach Aufforderung betrachten die Teammitglieder die Karten und setzen sich so schnell es geht auf den dazugehörigen Stuhl. Achtung: Es kann vorkommen, dass sich zwei Schüler einen Stuhl teilen.

Die Mitglieder der Gruppe B kontrollieren, ob alle Plätze richtig besetzt wurden. Wenn ja, erhält das spielende Team je einen Punkt. Sitzen nicht alle richtig, erhalten die anderen Gruppen die jeweiligen Punkte. Die Gruppen B und C setzen das Spiel fort usw.

Auswertung: Es gewinnt die Gruppe, die nach einer festgesetzten Anzahl von Runden die meisten Punkte gesammelt hat.

》▶ 5  *Überlegt euch selbst Spielvarianten.*

## Intervalle   7

Der Abstand zwischen zwei nacheinander oder gleichzeitig erklingenden Tönen wird *Intervall* genannt (*lat.* intervallum, Zwischenraum). Je nach Weite des Abstands unterscheidet man:

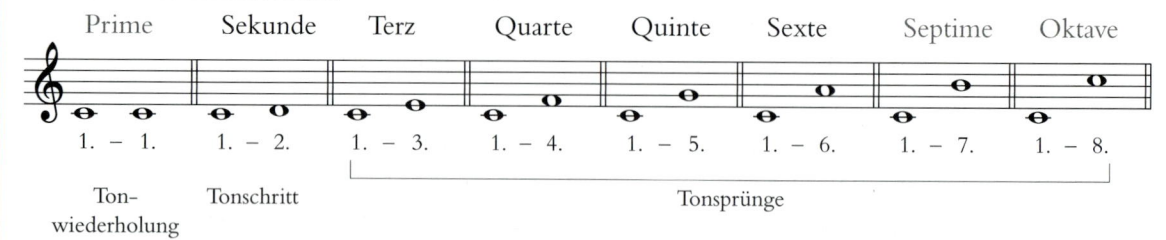

Prime — Sekunde — Terz — Quarte — Quinte — Sexte — Septime — Oktave

1.–1.   1.–2.   1.–3.   1.–4.   1.–5.   1.–6.   1.–7.   1.–8.

Tonwiederholung — Tonschritt — Tonsprünge

Folgende Intervalle können als *große* oder *kleine* Intervalle auftreten.

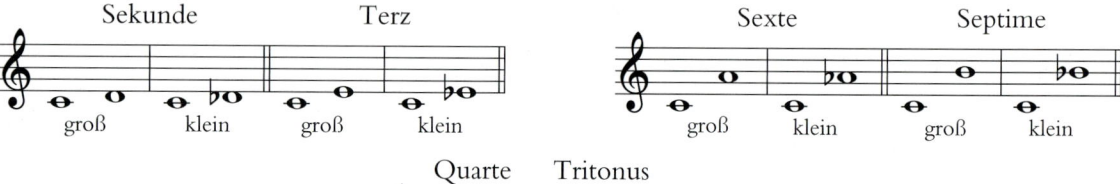

Sekunde: groß, klein — Terz: groß, klein — Sexte: groß, klein — Septime: groß, klein

Eine Ausnahme ist zum Beispiel:   Quarte (rein) — Tritonus (übermäßig)

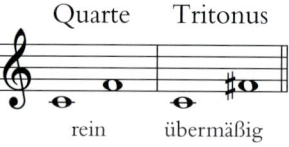

## Kadenzen in Dur und Moll   8

Zu jeder Tonart gehören drei Hauptdreiklänge.

Dreiklang über der I. Stufe:   Tonika (T/t)

Dreiklang über der IV. Stufe:   Subdominante (S/s)

Dreiklang über der V. Stufe:   Dominante (D/D)

Aus den Hauptdreiklängen setzen sich die (einfachen) Kadenzen (*lat.* cadere, fallen) zusammen:

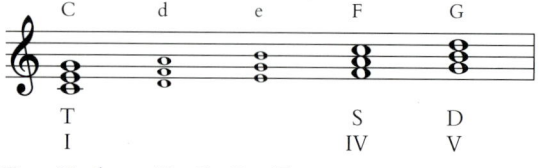

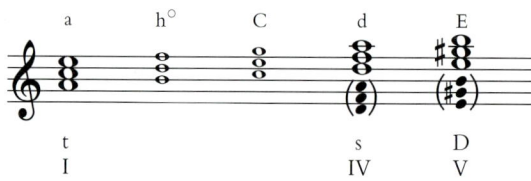

C  d  e  F  G
T        S  D
I        IV  V

a  h°  C  d  E
t      s  D
I      IV  V

Dur-Kadenz: T–S–D–T                Moll-Kadenz: t–s–D–t

Mit den Hauptdreiklängen kann man viele Melodien begleiten.

*Umkehrungen* von Dreiklängen in Dur und Moll entstehen durch eine Umschichtung der Grundtöne. Beispiel:

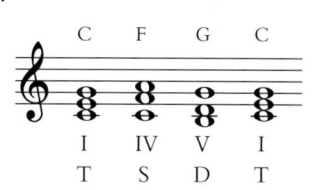

C  F  G  C
I  IV  V  I
T  S  D  T

# Quintenzirkel

**9**

Der Quintenzirkel ist ein optisches Hilfsmittel, um sich die Vorzeichen der einzelnen Tonarten besser merken zu können. Quintverwandt sind Tonarten, deren Grundtöne im Quintabstand voneinanderstehen. Jeder der beiden Tetrachorde einer Tonleiter ist zugleich Bestandteil einer quintverwandten Tonleiter. Die jeweils notwendigen Vorzeichen werden an den Anfang jeder Notenzeile gesetzt (♯, ♭).

Beispiel (Durtonalität):

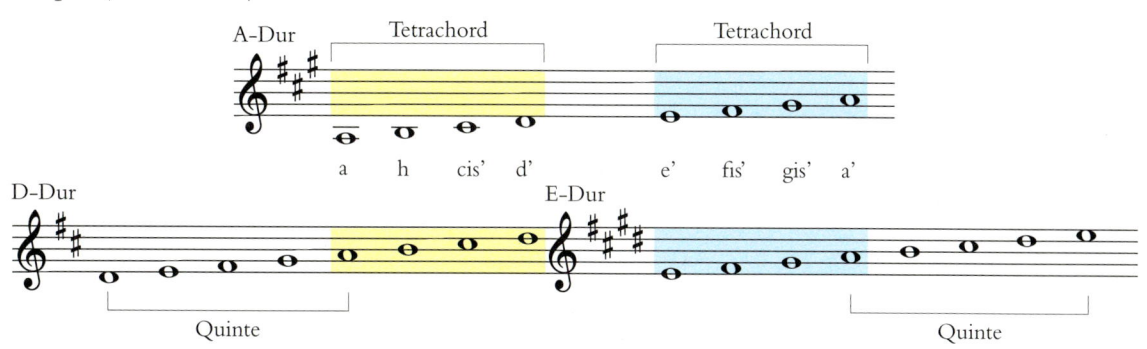

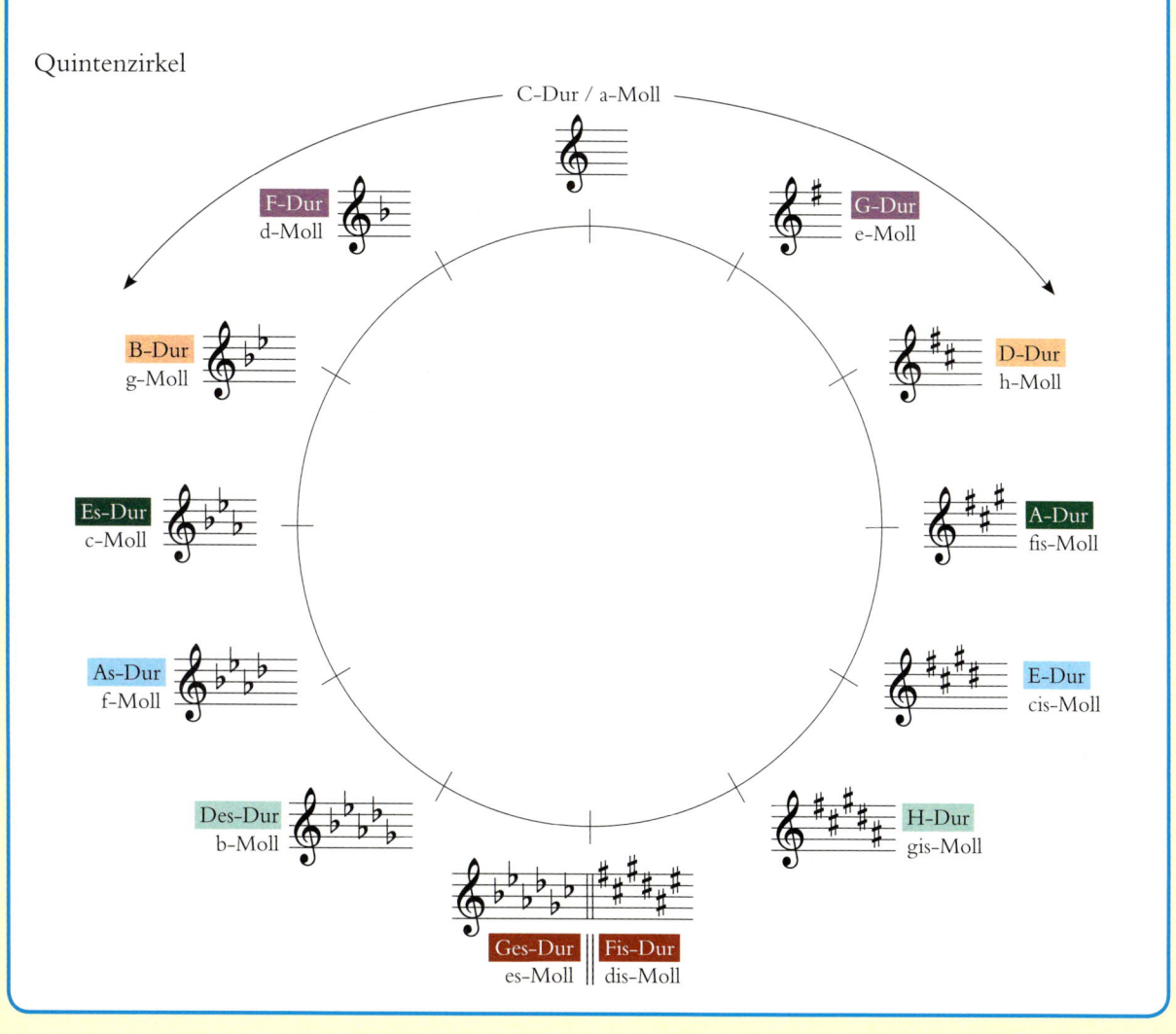

# Komponieren

*Rhythmix* — Ines Mainz

*[Spielsatz für Bass-drum, Klatschen, Beckeninstrument, Glockenspiel (G), Keyboard (Streichersound) mit Akkorden D–C–D, und Keyboard]*

### 1 Übt den Spielsatz. VI|76

a) Hört die Musik und verfolgt im Notenbild den Einsatz der einzelnen Rhythmen und Melodien.
b) Bildet Musiziergruppen und spielt zur Musik.
c) Findet heraus, worin sich die einzelnen Stimmen innerhalb und voneinander unterscheiden. Beachtet dabei auch die Länge (einen Takt, zwei Takte …) und den Charakter.

Ein Übereinanderschichten unterschiedlicher rhythmischer **Ostinati** ist eine Kompositionstechnik, die in verschiedenen Musikstilen ihre Anwendung findet. Wesentlich dabei ist das Spielen mit starken Kontrasten in den Rhythmen und bei der Instrumentenwahl.

### 2 Findet heraus, wann die folgenden Instrumente im Song „Violently Happy" (1994) der isländischen Sängerin Björk einsetzen: klingende Gläser, Hi-hat, Bass-drum, Orgel, Kontrabass, Cembalo. VI|77

### 3 Entdeckt im Instrumentalstück „Merge" (1996) der englischen Band Lamb kontrastierende Rhythmen, wählt einen aus und versucht ihn mit Sprache oder Körperinstrumenten zu begleiten. Welche Instrumente empfindet ihr als gegensätzlich? Erkennt die musikalische Form. VI|78

### 4 Auf welche Weise gelingt es in dem Song „Undenied" (1997) der englischen Band Portishead eine melancholische Stimmung zu erzeugen? Informiert euch über den Musikstil Trip-Hop im Internet. VI|79

## Surrogate

„She has been running. What for? What makes a young woman run? During the day? In the city? It makes you look like you're late. Forgotten something. Like you need to get to a bank, or a doctor or an attorney. Like you don't own a car. Dream a lot over breakfast. Say little. It makes you look like you've been tricked. It makes you look like you've just been attacked. Like you've just escaped from the East. Like you've had a taste of freedom. Like you've seen something that made you turn back. Like you once had an idea what you wanted most. Running makes you look like you've lost something. Or stolen something. Or said something. Told lies. It makes you look like you know something that nobody else does. Like you once had an idea of what you wanted most. And running makes you look like you're new. Running in the street makes you look like you don't belong. Like you're unemployed. Un-German. Surrogate."
(Auszug aus *Surrogate*, Hugo Hamilton, 1990)

▶ **5** *Setzt euch mit der Komposition „Surrogate" für großes Orchester und Sprechstimme (1994) von Heiner Goebbels auseinander.*
*a) Versucht den Einsatz einzelner Instrumente zu hören und beschreibt den Kontrast in den Rhythmen.*
*b) Verfolgt den Text in der Komposition. Wie gestaltet der Sprecher den Text? Setzt euch mit dem Inhalt und dem Titel auseinander. Lest dazu auch die deutsche Übersetzung.* VI|80

Heiner Goebbels ist Komponist und Regisseur in einer Person. Er arbeitet mit Schauspielern, Sängern, Musikern, Schriftstellern und bildenden Künstlern aus vielen Ländern zusammen. Musiktheater- und Orchesterwerke, szenische Konzerte und Kammermusik zählen zu seinen Kompositionen.

Heiner Goebbels
* 1952 in Neustadt an der Weinstraße

Kinder, Jugendliche und Erwachsene inszenieren zusammen mit den Berliner Philharmonikern unter der Leitung von Sir Simon Rattle „Surrogate" (2008).

▶ **6** *Komponiert in Gruppen.*
*a) Sucht einen Text für eure Komposition aus.*
*b) Wählt zwei Harmonien für die Begleitung. Erfindet ein Motiv oder Motiv und Fortsetzung.* 11
*c) Entwickelt kontrastierende Rhythmen für einzelne Instrumente.*
*d) Führt eure Komposition szenisch auf.*

# Improvisieren

## Improvisieren in der Renaissance

Jan Brueghel d.Ä., Le sens de l'ouïe (frz. „Gehörsinn"), 1618 (Ausschnitt)

》▶ **1** *Hört die Besonderheiten der Interpretation einer Tanzmusik aus der Renaissance.*
*a) Welche Instrumente erkennt ihr in der Melodie und welche davon entdeckt ihr auf dem Gemälde?*
*b) Beschreibt, auf welche Weise die Musik variiert wird.* VI|81

Der Canario ist ein Tanz, der im 16. Jahrhundert sehr beliebt war. Die Melodie des Tanzes, der in der Regel im ¾- oder ⅜-Takt steht, wird sehr oft wiederholt. Damit diese Wiederholungen die Zuhörer nicht langweilten, wurde die Melodie immer wieder variiert, die Instrumentierung verändert und über den Harmonien improvisiert.

*Canario*

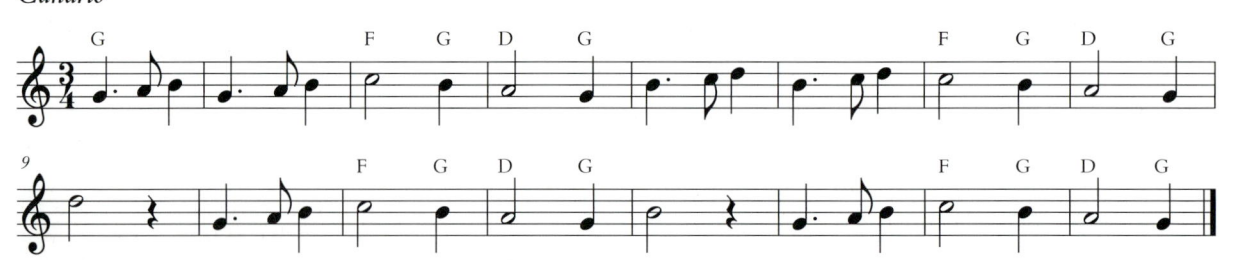

》▶ **2** *Bildet Ensembles und variiert die Musik zum Canario.*
*a) Singt oder spielt die Melodie und entwickelt Variationen.*
*b) Begleitet die Melodie mit den Grundtönen (Basslinie) der Harmonien und variiert den Rhythmus der Begleitung.*
*c) Wählt ein angemessenes Tempo. Stimmt gemeinsam einen musikalischen Ablauf für die Variationen ab: Wann spielen welche Instrumente die Melodie? Wann verändert sich die Basslinie? Wann spielen welche Rhythmusinstrumente solo oder begleiten die Melodie?*

## Improvisieren im Barock

*Kanon* (Basslinie)                                                                                                  Johann Pachelbel

》▶ **3** *Entwickelt Improvisationen über den Kanon von Pachelbel.* VI|82
*a) Schließt die Augen und lauscht den Variationen in der Musik.*
*b) Musiziert die Basslinie und die Harmonien.*
*c) Bildet zwei Gruppen: Die eine spielt die Musik, die andere summt oder singt dazu auf Tonsilben. Die Sänger improvisieren alle gleichzeitig, jeder so, wie er es selbst möchte. Ihr könnt auch einmal einen Durchgang pausieren und euch von dem Klang der anderen beeindrucken lassen.*

# Improvisieren in der Rockmusik

*Come as You Are*  
Chad D. Channing, Kurt Cobain, Krist Anthony Novoselic  
Satz: Stefan Auerswald

》▶ **4** *Erarbeitet euch den Spielsatz zum Song „Come as You Are" (1992) der amerikanischen Band Nirvana.* II|70  
a) Summt oder pfeift die Anfangsmelodie. Findet heraus, wie oft diese Melodie bis zum Beginn des Gitarrensolos erklingt.  
b) Spielt zum Originaltitel immer dann, wenn die Anfangsmelodie zu hören ist.  
c) Ergänzt die Begleitung durch Powerchords auf der Gitarre. ↗ S. 40

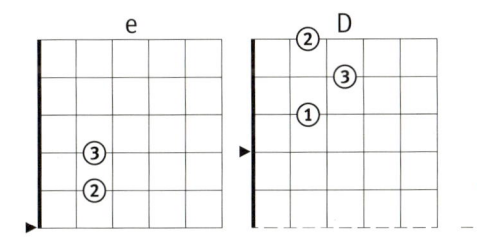

▶ Saite, auf der der Basston liegt.  
--- Saite wird nicht angeschlagen.

》▶ **5** *Improvisiert nacheinander in den einzelnen Stimmen zum Spielsatz, entweder rhythmisch oder unter Verwendung der fünf Töne der pentatonischen Tonleiter.* 6

Formen der Improvisation spielen im Jazz und in der Rock- und Popmusik eine große Rolle. Wenn ein einzelner Musiker mit seinem Instrument über einer festgelegten Begleitung improvisiert, dann nennt man das Soloimprovisation.

》▶ **6** *Achtet auf die Soloimprovisationen.*  
a) Welche Instrumente spielen die Soli? Welcher Musikrichtung sind sie zuzuordnen? ↗ S. 28 I|47,48  
b) Stellt euch gegenseitig Beispiele aus eurer Lieblingsmusik vor.

# Notenschlüssel 10

Notenschlüssel sind Zeichen, die am Anfang der Notensysteme stehen und den Notenlinien jeweils feststehende Tonhöhen zuordnen. Dadurch hat sich im Laufe der Musikgeschichte eine Möglichkeit entwickelt, einen großen Tonumfang mit nur fünf Notenlinien abzubilden.

Violinschlüssel (G-Schlüssel)

Er legt fest, wo der Ton g' liegt. Im Violinschlüssel sind z. B. folgende Instrumente notiert: Flöte, Oboe, Klarinette, Trompete, Horn und die Violine.

Die 8 steht für das Intervall der Oktave. Wenn sie unterhalb des Notenschlüssels steht, müssen alle Töne eine Oktave tiefer klingen, als sie abgebildet sind.

Bassschlüssel (F-Schlüssel)

Zur Notierung tiefer Töne im Notenbild dient der Bassschlüssel. Er legt fest, wo der Ton f liegt. Verwendet wird er vor allem für folgende Instrumente: Fagott, Posaune, Tuba, Pauke, Violoncello, Kontrabass.

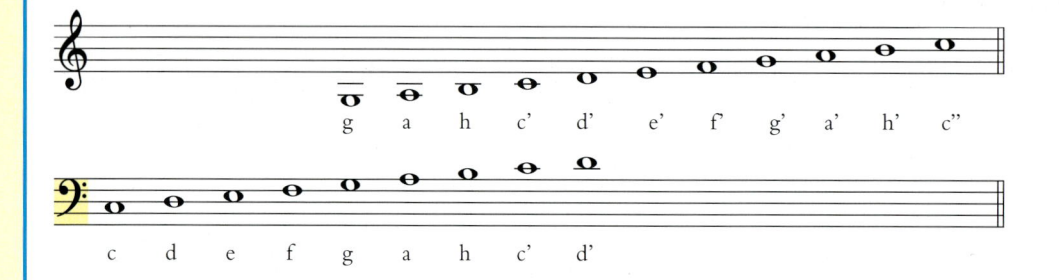

Klavier und Harfe werden im Violin- und Bassschlüssel notiert.

Altschlüssel (C-Schlüssel)

Er legt fest, wo der Ton c' liegt und wird vor allem für die Notation der Bratsche (Viola) genutzt.

Tenorschlüssel (C-Schlüssel)

Der Tenorschlüssel setzt den Ton c' auf der zweitobersten Linie fest und findet heute bei der Notation der Tenorposaune und des Violoncellos seine Anwendung.

# Motiv und Thema / Liedformen 11

Als *Motiv* wird die kleinste musikalische Sinneinheit bezeichnet, die als charakteristische Tonfolge für eine Komposition von Bedeutung ist. Aber nicht jede Tonfolge ist ein Motiv: Es kommt auf den musikalischen Zusammenhang an.
Ein *Thema* bildet den Grundgedanken eines Musikwerks und kann mehrere Motive enthalten. Oft ist das Thema angelegt in der Form einer 8- oder 16-taktigen *Periode*. Diese ist symmetrisch aufgebaut und besteht aus einem *Vordersatz*, der vom Grundton wegführt, und einem *Nachsatz*, der zum Grundton (Tonika) zurückführt (im Beispiel: D-Dur → A-Dur → D-Dur). Es entsteht ein Spannungsbogen. Das Verhältnis zwischen beiden Hälften lässt sich als „Frage – Antwort" beschreiben.

*Liedform* ist ein Begriff der musikalischen Formenlehre. Abgeleitet ist er vom Volkslied und beschreibt einfach geformte regelmäßige Reihungen musikalischer Abschnitte (z. B. Perioden).

Je nachdem, wie viele Spannungsbögen aneinandergereiht werden, spricht man von ein- oder mehrteiligen Liedformen. Diese Begriffe werden auch auf Instrumentalmusik angewendet. ↗ S. 145

### Die einteilige Liedform

In der Art einer Periode folgen in diesem Lied zwei ähnliche 6-taktige Melodien aufeinander (a-a'), die unter einem gemeinsamen Spannungsbogen stehen.

### Zweiteilige Liedformen

Refrain und Strophe stehen jeweils unter einem Spannungsbogen, wodurch eine zweiteilige Form entsteht (a-b, 8 + 8 Takte). ↗ S. 225, 234, 238

### Dreiteilige Liedformen

Die drei Teile sind unterschiedlich lang und umfassen 8 + 4 + 8 Takte.
↗ S. 219, 257

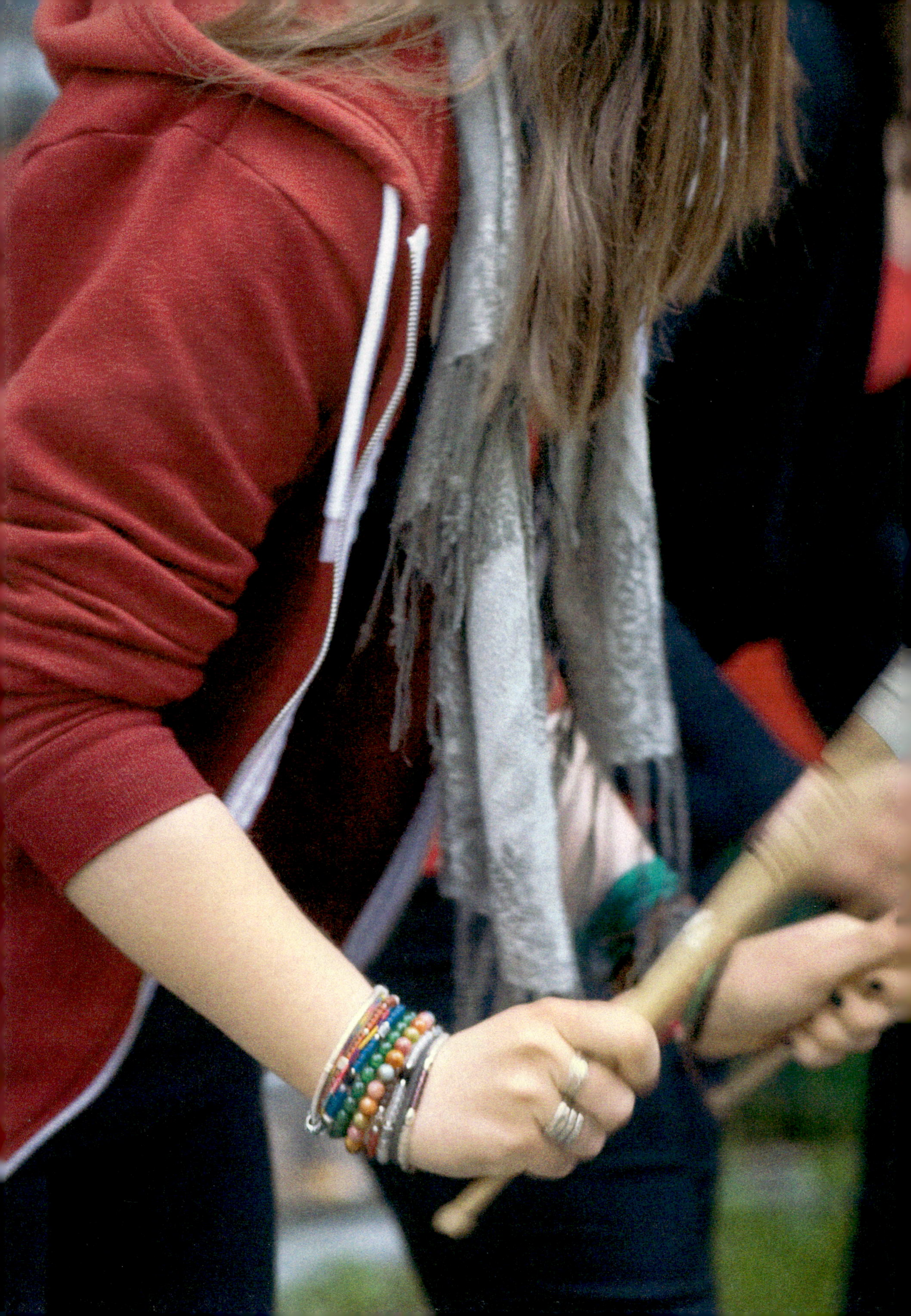

# Lieder, Spielstücke und Tänze

# Du, ich und wir

*Schön ist die Lisa*

Sorbisches Volkslied
Deutscher Text: Elke Nagel · Melodie: Jan Paul Nagel

1. Schön ist die Lisa Nowakec und schön ist auch Starostas Janko.
1. Rjana ta Liza Nowakec je a rjany Staroscic Janko.

ohne Worte

Schön ist die Lisa Nowakec und schön ist auch Starostas Jan.___
Rjana ta Liza Nowakec je a rjany Staroscic Jank.___

Begleitung

2. Sie sind so stattlich anzuschaun,
dass sich jeder daran erfreuet.
Sie sind so stattlich anzuschaun,
dass sich jeder daran erfreut.

3. Am neuen Tischchen saß einst die Schöne,
öffnet dem Schatz ihr Fenster.
Am neuen Tischchen saß einst die Schöne,
öffnet das Fenster ihm.

4. Rose rot und weiß bricht er für sie
und legt sie auf ihr Tischchen.
Rose rot und weiß bricht er für sie
und legt sie ihr auf den Tisch.

5. So tanzt nun mit den beiden und lasst
die Groschen auch fröhlich klingen!
So tanzt nun mit den beiden und gebt
den Groschen fröhlichen Klang!

2. A staj tak rjanaj, nadobnai staj,
zo kóždoh to zwjeseluje.
A staj tak rjanaj, nadobnai staj,
zo kóždoh to zwjeseli.

3. Za nowym blidom sedźi ta rjana,
wočini jemu wokno.
Za nowym blidom sedźi ta rjana,
wokno jom wočini.

4. Wottorha bělu róžu a čerwjenu,
mjeta jej na blido.
Wottorha bělu róžu a čerwjenu,
mjeta nab blido.

5. Tak reje z nimaj rejujće,
njelutujće tež tołste kroše!
Tak reje z nimi rejujće,
dajće krošiki brinkować!

Die Sorben sind ein slawisches Volk, welches in den Bundesländern Sachsen und Brandenburg lebt und als nationale Minderheit anerkannt ist.

Lieder, Spielstücke und Tänze   219

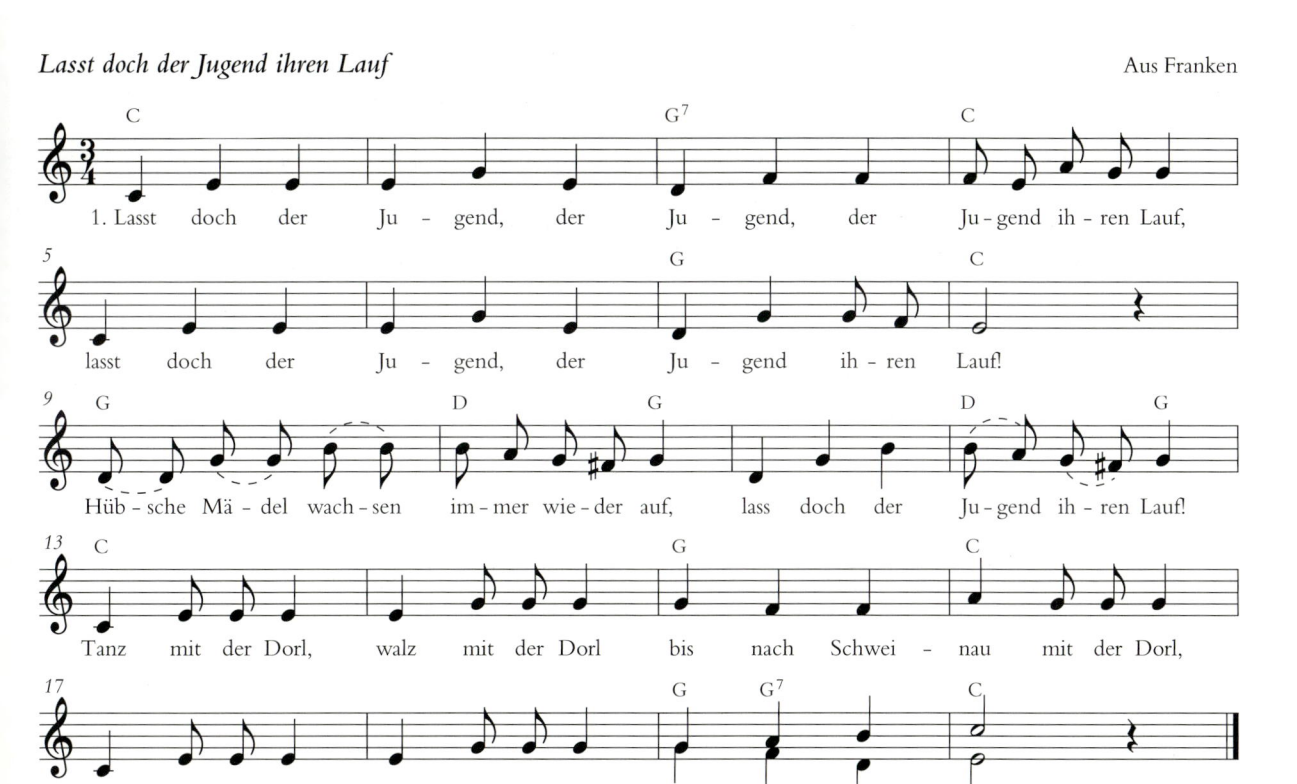

*Lasst doch der Jugend ihren Lauf*                    Aus Franken

1. Lasst doch der Jugend, der Jugend, der Jugend ihren Lauf,
lasst doch der Jugend, der Jugend ihren Lauf!
Hübsche Mädel wachsen immer wieder auf, lass doch der Jugend ihren Lauf!
Tanz mit der Dorl, walz mit der Dorl bis nach Schweinau mit der Dorl,
tanz mit der Dorl, walz mit der Dorl bis nach Schweinau!

2. Ach, noch einen Walzer, einen Walzer zu guter, guter Letzt,
ach, noch einen Walzer, einen Walzer zu guter Letzt.
Seht doch, wie allerliebst und nett 's Mädel die Füße setzt.
Tanz mit der Dorl, walz mit der Dorl
bis nach Schweinau mit der Dorl,
tanz mit der Dorl, walz mit der Dorl bis nach Schweinau!

3. Lasst doch der Jugend, der Jugend, der Jugend ihren Lauf,
lasst doch der Jugend, der Jugend ihren Lauf!
Hübsche Mädel wachsen immer wieder auf,
lasst doch der Jugend ihren Lauf!
Tanz mit der Dorl, walz mit der Dorl
bis nach Schweinau mit der Dorl,
tanz mit der Dorl, walz mit der Dorl bis nach Schweinau!

》▶ **1** *Vergleicht das Lied mit „Schwesterlein, Schwesterlein"
auf ↗ Seite 69. Findet sowohl thematische als auch musikalische
Gemeinsamkeiten und Unterschiede (Tonalität u. a.).*

Albert Kretschmer, Dorftanz in Böhmen, 1864

# The Entertainer ↗ S. 163

Melodie: Scott Joplin · Satz: Ines Mainz

**1** Setzt an den Tutti-Stellen ▨ weitere Instrumente ein. VI | 15

## Come Again ↗ S. 167  III|45

John Dowland · Satz: Ines Mainz
Deutscher Text (nicht singbar): Elisabeth Sasso-Fruth

(Originaltonart: G-Dur)

Come again: Sweet love doth now invite, Thy graces that refrain, to do me due delight, to see, to hear, to touch, to kiss, to die, to see, to hear, to touch, to kiss, to die, with thee again, with thee again in sweetest sympathy.

2. Come again: That I may caese to mourn,
through thy unkind disdain: For new left and forlorn,
I sit, I sigh, I weep, I faint, I die,
in deadly pain and endless misery.

3. All the night my sleeps are full of dreams,
my eyes are full of streams. My heart takes no delight,
to see the fruits and joys that some do find,
and mark the stormes are me assign'd.

1. Komm zurück: Folge dem Aufruf der süßen Liebe
und schenke mir jetzt, du Widerstrebende, mit deiner Gunst die mir gebührende Wonne,
zu sehen, zu hören, zu berühren, zu küssen, zu sterben,
wieder vereint mit dir in süßester Harmonie.

2. Komm zurück: Dann kann ich ablassen von meiner Trauer
ob deiner grausamen Verschmähung; denn jetzt sitze ich da, verlassen und verloren,
ich seufze, weine, verliere die Sinne, sterbe
in tödlicher Qual und endlosem Elend.

3. Die ganze Nacht ist mein Schlaf voller Träume
und meine Augen voller Tränen. Mein Herz springt nicht
beim Anblick von Früchten und Freuden, die andere finden,
es bemerkt nur die Stürme, die mein Los sind.

## Kume, kum, geselle min ↗ S. 204

Aus einer Handschrift aus dem 13. Jh. · Melodie: Adam de la Halle

1. Ku - me, kum, ge - sel - le min! Ich en - bi - te har - te din.
   Ich en - bi - te har - te din! Kum, kum, ku - me, kum, ge - sel - le min!

2. Süßer, rosenvarwer munt, kum und mache mich gesunt!
   Kum, kum, kum und mache mich gesunt, süßer, süßer, rosenvarwer munt.

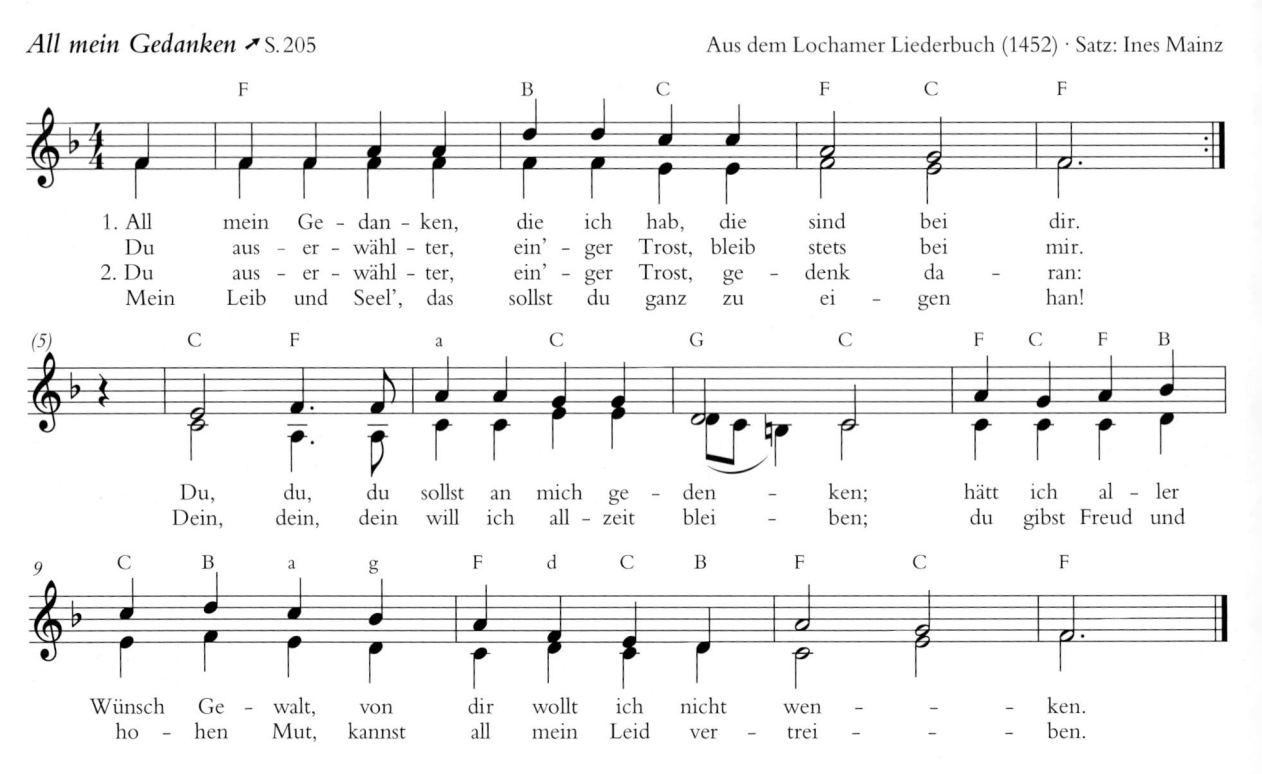

## All mein Gedanken ↗ S. 205

Aus dem Lochamer Liederbuch (1452) · Satz: Ines Mainz

1. All mein Ge - dan - ken, die ich hab, die sind bei dir.
   Du aus - er - wähl - ter, ein' - ger Trost, bleib stets bei mir.
2. Du aus - er - wähl - ter, ein' - ger Trost, ge - denk da - ran:
   Mein Leib und Seel', das sollst du ganz zu ei - gen han!

Du, du, du sollst an mich ge - den - ken; hätt ich al - ler
Dein, dein, dein will ich all - zeit blei - ben; du gibst Freud und

Wünsch Ge - walt, von dir wollt ich nicht wen - ken.
ho - hen Mut, kannst all mein Leid ver - trei - ben.

*All mein Gedanken* gehört zu den bekanntesten Liedern aus der Sammlung „Lochamer Liederbuch". Der Besitzer des Buches hatte unter diesem Lied eingetragen: „Wolflein von Lochamer ist das gesangk puch" („Wolflein von Lochamer gehört dieses Gesangbuch"). Auch noch 500 Jahre nach seiner Entstehung hat dieses Lied nichts von seiner Aussagekraft verloren. Nach der Befreiung Deutschlands vom Nationalsozialismus fand man den Liedtext in der Todeszelle eines Konzentrationslagers in einen Balken geritzt. Die Überschrift lautete: „Letzter Gruß an meine geliebte Frau".

▶ **1** *Singt das Lied zweistimmig. Welche Intervalle prägen die zweite Stimme? Findet Terzen und Sexten und begründet, warum diese zu den konsonanten Intervallen gehören.*

## The Wizard (Uriah Heep) ↗ S. 40

Ken Hensley, Mark Clarke

1. He was the wizard[1] of a thousand kings, and I chanced to meet him[2] one night wandering. He told me tales[3] and he drank my wine, me and my magic mankind of feeling fine.

2. He had a cloak[4] of gold and eyes of fire, and as he spoke I felt a deep desire[5]. to free the world of its fear[6] and pain, and help the people to feel free again. *(zur Bridge)*

3. So spoke the wizard in his mountain home. The vision of his wisdom[7] means we'll never be alone. And I will dream of my magic night and a million silver stars that guide me with their light.

**Bridge**

"Why don't we listen to the voices in our hearts?
'cause then, I know, we'd find we're not so far apart.
Everybody's got to be happy, everyone should sing,
for we know the joy[8] of life and peace that love can bring."

*Boomwhackers*

*4x spielen*
*da capo al fine*

---

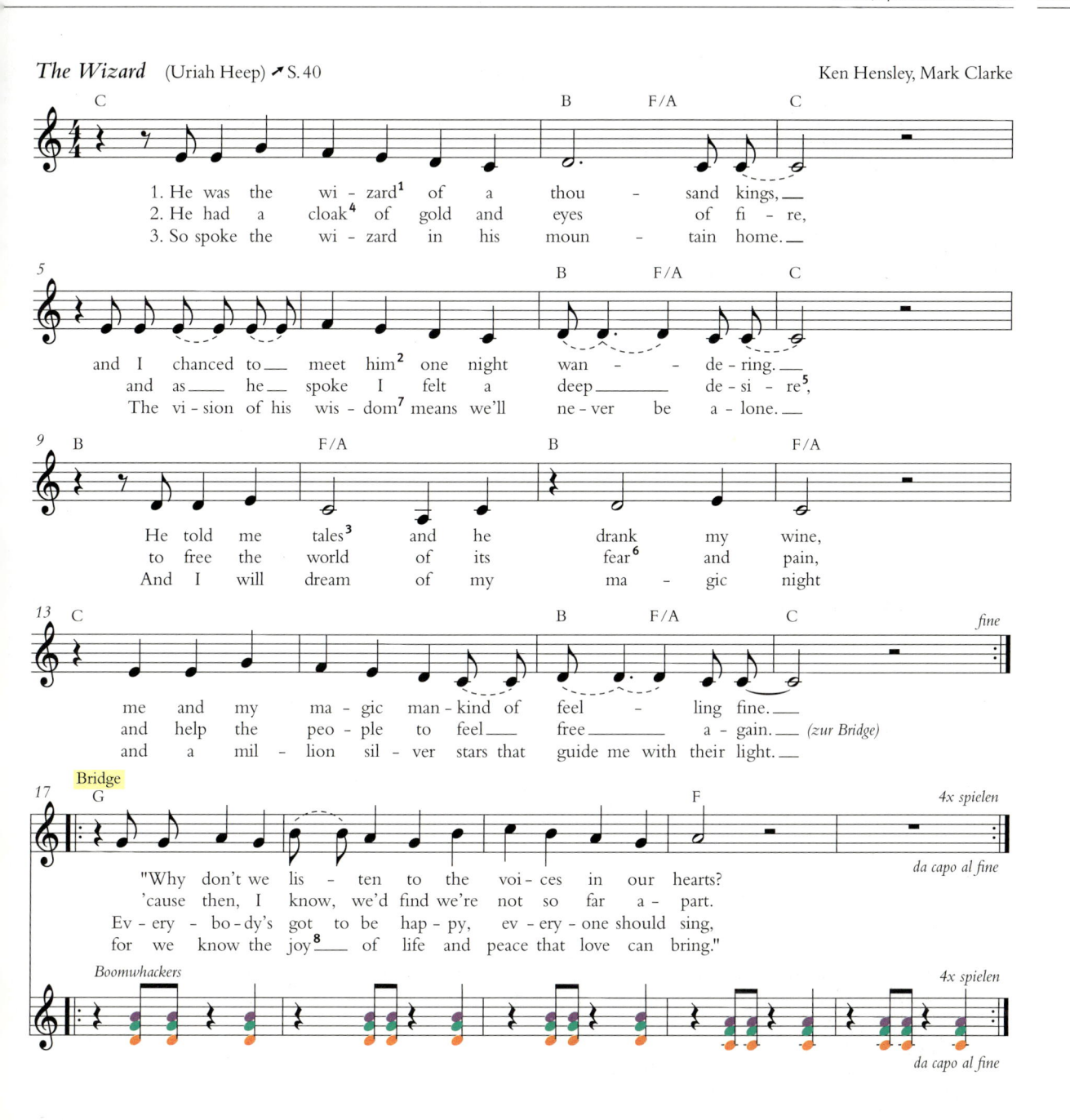

1 wizard: Zauberer
2 I chanced to meet him: ich traf ihn zufällig
3 tales: Geschichten
4 cloak: Umhang
5 desire: Wunsch
6 fear: Angst
7 wisdom: Weisheit
8 joy: Freude

**》▶ 2** *Wodurch gestaltet Uriah Heep den Song abwechslungsreich? Überlegt, wo die Band ihren merkwürdigen Namen her haben könnte?* I|57

Ken Hensley war der Keyboarder der Band, Mark Clarke deren Sänger und Bassist.

## All My Loving (Beatles) ↗ S. 34 f.

John Lennon, Paul McCartney

1. Close your eyes and I'll kiss you, to-mor-row I'll miss[1] you; re-mem-ber I'll al-ways be true. ⎯⎯⎯
2. I'll pre-tend[2] that I'm kis-sing the lips I am miss-ing and hope that my dreams will come true. ⎯⎯⎯

1., 2. And then while I'm a-way I'll write home ev-'ry day, and I'll send all my lov-ing to you.

All my lov-ing I will send to you. All my lov-ing, dar-ling, I'll be true.

>► **1** *Da der Song der Beatles so abgemischt wurde, dass Paul McCartneys Gesang nur auf dem rechten Stereokanal zu hören ist, könnt ihr das Original als Playback nutzen, indem ihr den Balance-Regler auf den linken Kanal stellt.* ⊙ I|37

[1] to miss: vermissen
[2] to pretend: so tun als ob

Die Beatles in der amerikanischen TV-Show, moderiert von Ed Sullivan, 1964

# Let It Be (Beatles) S. 34 f. I|40

John Lennon, Paul McCartney

(Originaltonart: G-Dur)

1. When I find myself in times of trouble Mother Mary comes to me, speaking words of wisdom[1], let it be. And in my hour of darkness she is standing right in front of me speaking words of wisdom, let it be.

Refrain
1.–3. Let it be, let it be, let it be, let it be, whisper words of wisdom, let it be.

*Wiederholung nur bei Strophe 2 und 3*

2. And when the broken-hearted people
living in the world agree,
there will be an answer, let it be.
For though they may be parted[2]
there is still a chance that they will see,
there will be an answer, let it be.

Let it be …

3. And when the night is cloudy
there is still a light that shines on me,
shines until tomorrow, let it be.
I wake up to the sound of music –
Mother Mary comes to me,
speaking words of wisdom, let it be.

Let it be …

Ist *Let It Be* ein religiöses Lied, in dem der Komponist beschreibt, wie ihm die Gottesmuter Maria erschienen ist? Paul McCartney verneinte dies. Als der Song entstand, war der Musiker tief verunsichert, denn in der Band herrschte Streit. Eines Nachts erschien ihm im Traum seine verstorbene Mutter Mary und sagte ihm, er solle sich von allem nicht so fertigmachen lassen, sondern „es sein lassen".

[1] wisdom: Weisheit
[2] parted: getrennt

## (I Can't Get No) Satisfaction

(Rolling Stones) ↗ S. 36  
Worte: Keith Richards · Melodie: Mick Jagger

I____ can't get no____ sa - tis - fac - tion[1].____ fac - tion.____ 'Cause I try____ and I try,____ and I try,____ and I try.____ I can't get no,____ I can't get no.

1. When I'm____ driv - in' in my car____ and a____ man comes on the ra - di - o____ he's tell - in' me more and more a - bout some use - less in - for - ma - tion. Sup - posed[2] to____ fire my i - ma - gi - na - tion[3]. I can't get no, ah, no, no, no.____ Hey, hey, hey, that's what I say.____

I can't get no, I can't get no, I can't

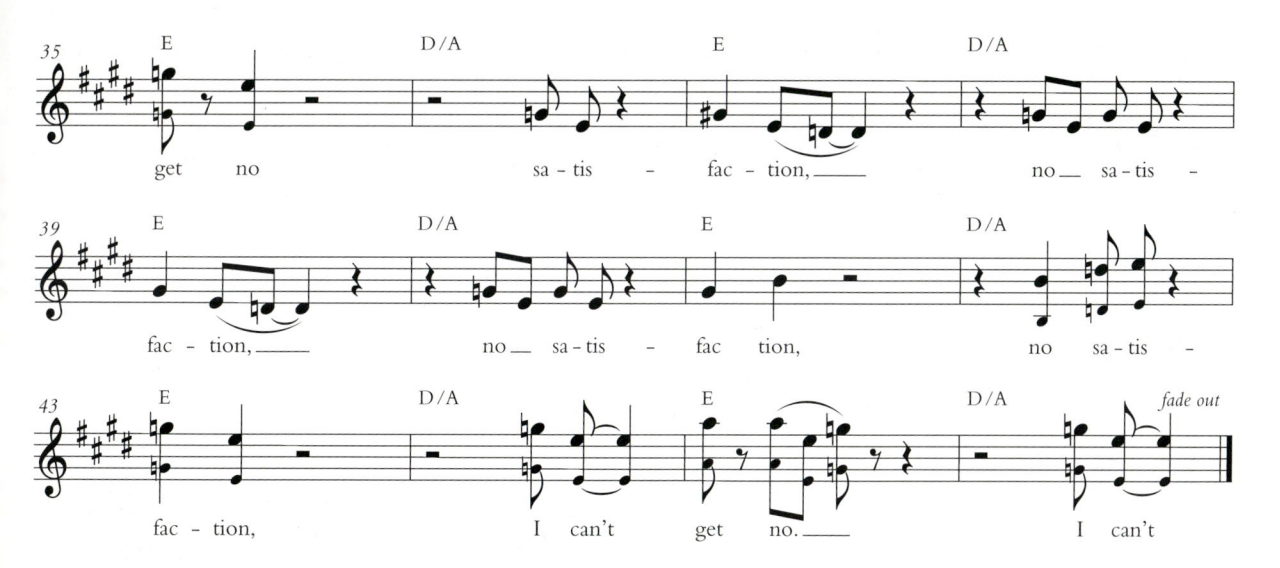

Lieder, Spielstücke und Tänze    227

*[Notenzeilen, Takte 35–46, mit Akkorden E und D/A]*

Text: get no sa-tis-fac-tion, ___ no sa-tis- fac-tion, ___ no sa-tis- fac-tion, ___ no sa-tis- fac-tion, I can't get no. ___ I can't (fade out)

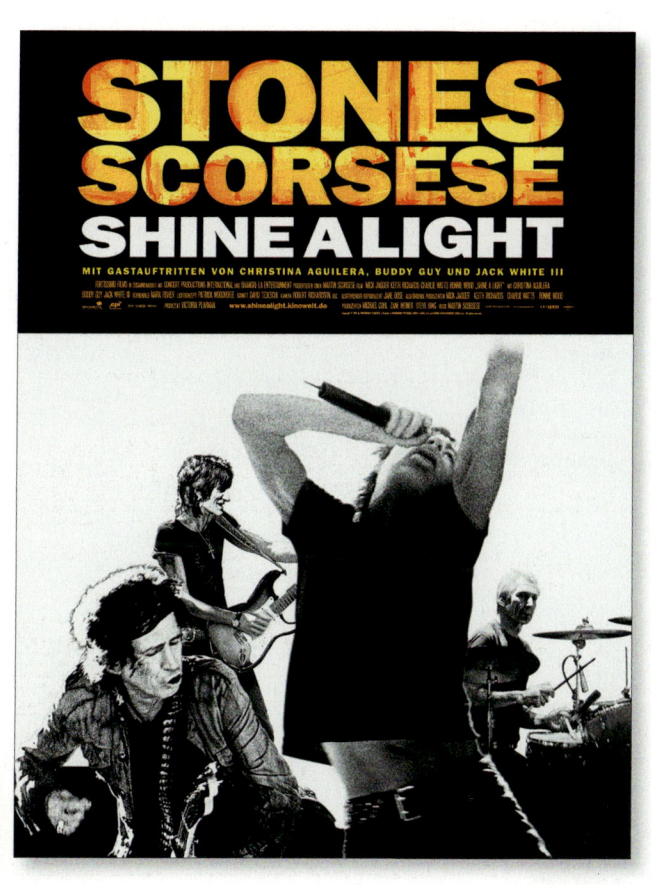

2. When I'm watching' my TV
and that man comes on to tell me
how white my shirts can be.
Well, he can't be a man, 'cause
he doesn't smoke the same
cigarettes as me.

I can't get no …

3. When I'm ridin' 'round the world
and I'm doin' this and I'm singing that,
and I'm trying to make some girl,
who tells me, baby,
better come back
later next week,
'cause you see
I'm on a losing streak[4].

I can't get no …

▶ **1**  *Wovon handelt der Text?*  1|43

Plakat zur Dokumentation „Shine a Light"
(USA 2008) über die Rolling-Stones

### Riffs

*Gitarre* — E, D/A (4/4 Takt)

*Bass* — (4/4 Takt)

[1] satisfaction: Zufriedenheit, Befriedigung
[2] supposed to: vorgesehen zu
[3] imagination: Fantasie
[4] losing streak: Pechsträhne

▶ **2**  *Singt die Riffs von Gitarre und Bass oder spielt sie auf geeigneten Instrumenten.*

## Die Moritat von Mackie Messer ↗ S. 60

Worte: Bertolt Brecht
Melodie: Kurt Weill

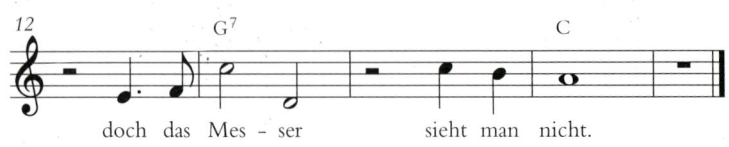

*1. Und der Hai-fisch, der hat Zäh-ne
und die trägt er im Ge-sicht
und Macheath, der hat ein Mes-ser,
doch das Mes-ser sieht man nicht.*

>► **1** *Interpretiert die Strophen.*
*a) Spielt die Melodie auf Tasteninstrumenten.*
*b) Verändert den Rhythmus mit Synkopen und punktierten Notenwerten.* **2**
*c) Verändert auch Tempo und Dynamik.*
*d) Integriert einen Wechsel von gesungenen und gesprochenen Teilen.*

2. Ach, es sind des Haifischs Flossen rot,
wenn dieser Blut vergießt!
Mackie Messer trägt 'nen Handschuh,
drauf man keine Untat liest.

3. An der Themse grünem Wasser
fallen plötzlich Leute um!
Es ist weder Pest noch Cholera,
doch es heißt: Macheath geht um.

4. An 'nem schönen blauen Sonntag
liegt ein toter Mann am Strand
und ein Mensch geht um die Ecke,
den man Mackie Messer nennt.

5. Und Schmul Meier bleibt verschwunden
und so mancher reiche Mann
und sein Geld hat Mackie Messer,
dem man nichts beweisen kann.

6. Jenny Towler ward gefunden
mit 'nem Messer in der Brust,
und am Kai geht Mackie Messer,
der von allem nichts gewusst.

7. Wo ist Alfons Glite, der Fuhrherr?
Kommt das je ans Sonnenlicht?
Wer es immer wissen könnte –
Mackie Messer weiß es nicht.

8. Und das große Feuer in Soho –
sieben Kinder und ein Greis –
in der Menge Mackie Messer,
den man nicht fragt und der nichts weiß.

9. Und die minderjährige Witwe,
deren Namen jeder weiß,
wachte auf und war geschändet –
Mackie, welches war dein Preis?

Campino als Mackie Messer in der
*Dreigroschenoper*, Admiralspalast Berlin, 2006

# Über den Wolken

Reinhard Mey

1. Wind Nord/Ost, Start-bahn null-drei, bis hier hör ich die Mo-to-ren. Wie ein Pfeil zieht sie vor-bei und es dröhnt in mei-nen Oh-ren und der nas-se As-phalt bebt. Wie ein Schlei-er staubt der Re-gen, bis sie ab-hebt und sie schwebt der Son-ne ent-ge-gen.

1.–3. Ü-ber den Wol-ken muss die Frei-heit wohl gren-zen-los sein. Al-le Äng-ste, al-le Sor-gen, sagt man, blie-ben da-run-ter ver-bor-gen und dann wür-de, was uns groß und wich-tig er-scheint, plötz-lich nich-tig und klein.

2. Ich seh ihr noch lange nach,
seh sie die Wolken erklimmen,
bis die Lichter nach und nach
ganz im Regengrau verschwinden.
Meine Augen haben schon
jenen winz'gen Punkt verloren.
Nur von fern klingt monoton
das Summen der Motoren.

3. Damit ist alles still, ich geh,
Regen durchdringt meine Jacke.
Irgendjemand kocht Kaffee
in der Luftaufsichtsbaracke.
In den Pfützen schwimmt Benzin
schillernd wie ein Regenbogen.
Wolken spiegeln sich darin.
Ich wär gern mitgeflogen.

▶ **2** Wie unterscheiden sich die Triolen in diesem Lied von den Beispielen auf ↗ Seite 193? Achtet auf die Wirkung.

## Über sieben Brücken musst du gehn (Karat) ↗ S.72

Worte: Helmut Richter · Melodie: Ulrich Swillms

1. Manchmal geh ich meine Straße ohne Blick, manchmal wünsch ich mir mein Schaukelpferd zurück. Manchmal bin ich ohne Rast und Ruh, manchmal schließ ich alle Türen nach mir zu. Manchmal ist mir kalt und manchmal heiß, manchmal weiß ich nicht mehr, was ich weiß. Manchmal bin ich schon am Morgen müd' und dann such ich Trost in einem Lied.

2. Manchmal scheint die Uhr des Lebens stillzustehn, manchmal scheint man immer nur im Kreis zu gehn. Manchmal ist man wie vom Fernweh krank, manchmal sitzt man still auf einer Bank. Manchmal greift man nach der ganzen Welt, manchmal meint man, dass der Glücksstern fällt. Manchmal nimmt man, wo man lieber gibt, manchmal hasst man das, was man doch liebt.

1., 2. Über sieben Brücken musst du gehn, sieben dunkle Jahre überstehn, siebenmal wirst du die Asche sein, aber einmal auch der helle Schein.

Die DDR-Band Karat vertont das Lied, als die Erzählung *Über sieben Brücken musst du gehn* des Schriftstellers Helmut Richter vom DDR-Fernsehen 1977 verfilmt wird. Der Titel wird sofort nach der Fernsehausstrahlung 1978 zum Hit. Im Westen Deutschlands wird der Song erst 1980 durch die Coverversion von Peter Maffay populär.

## Tears in Heaven ↗ S. 37, 59

Eric Clapton, Will Jennings

1., 4. Would you know my name if I saw you in heav-en?
2. Would you hold my hand if I saw you in heav-en?

Would it be the same if I saw you in heav-en?
Would you help me stand if I saw you in heav-en?

I must be strong and car-ry on, 'cause I know
I'll find my way through night and day, 'cause I know

I don't be-long here in heav-en.
I just can't stay here in heav-en.

Time can bring you down, time can bend your knees.

Time can break your heart have you beg-gin' please, beg-gin' please.

3. Be-yond the door,

there's peace, I'm sure. And I know there'll be no more tears in heav-en.

en. 'Cause I know I don't be-long here, here in heav-en.

---

Bei der Grammy-Verleihung 1993 erhielt Eric Clapton drei der begehrtesten Auszeichnungen der amerikanischen Schallplattenindustrie, darunter auch die für den besten Song des Jahres. Der Hintergrund seiner Entstehung ist allerdings traurig: Der britische Musiker verarbeitet darin den Tod seines vierjährigen Sohnes Conor: Er war zwei Jahre zuvor aus dem Fenster im 53. Stockwerk eines New Yorker Hochhauses gestürzt.

》► **1** *Sucht Lieder, die den Tod eines geliebten Menschen thematisieren und vergleicht sie. Beschreibt das Verhältnis zwischen Verstorbenem und Trauerndem.*

*Die Gedanken sind frei* ↗ S.72

Aus der Schweiz · 17. Jahrhundert
Satz: Karl Haus, Franz Möckl

1. Die Gedanken sind frei! Wer kann sie erraten?
   Sie fliegen vorbei wie nächtliche Schatten.
   Kein Mensch kann sie wissen, kein Jäger erschießen
   mit Pulver und Blei: Die Gedanken sind frei!

2. Ich denke, was ich will und was mich beglücket,
   doch alles in der Still und wie es sich schicket.
   Mein Wunsch und Begehren kann niemand verwehren,
   es bleibet dabei: Die Gedanken sind frei!

3. Ich liebe den Wein, mein Mädchen vor allen,
   sie tut mir allein am besten gefallen.
   Ich bin nicht alleine bei einem Glas Weine,
   mein Mädchen dabei: Die Gedanken sind frei!

4. Und sperrt man mich ein im finsteren Kerker,
   das alles sind rein vergebliche Werke,
   denn meine Gedanken zerreißen die Schranken
   und Mauern entzwei: Die Gedanken sind frei!

5. Drum will ich auf immer den Sorgen entsagen
   und will mich auch nimmer mit Grillen mehr plagen.
   Man kann ja im Herzen stets lachen und scherzen
   und denken dabei: Die Gedanken sind frei!

⏵ **1** *Erkennt die Liedform. Gestaltet entsprechend eurem Gesang (Tempo, Dynamik).* 11

⏵ **2** *Erkundigt euch nach verschiedenen Fassungen des Liedes und nach dem Zusammenhang, in dem sie stehen.*

Lieder, Spielstücke und Tänze  233

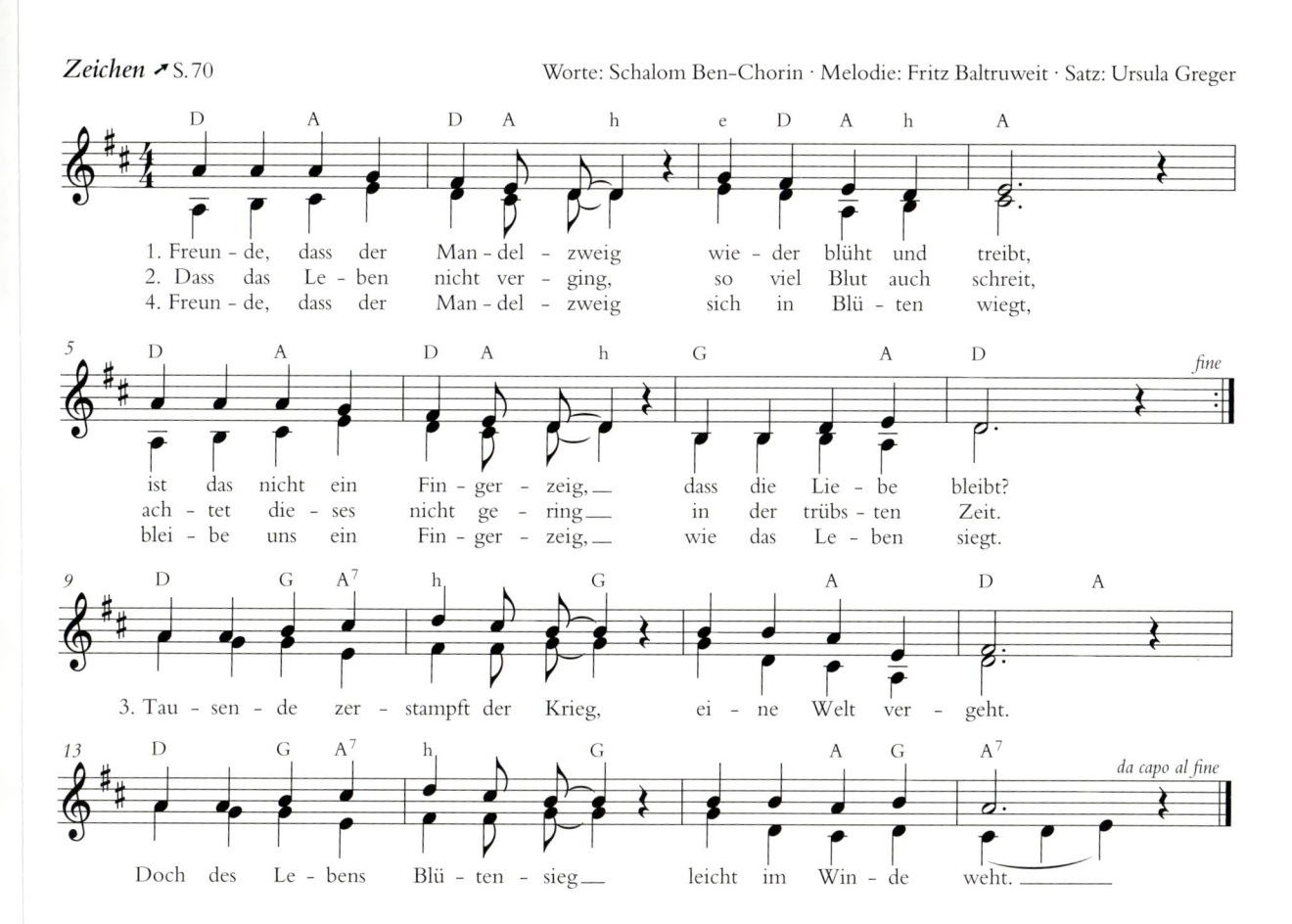

*Zeichen* ↗ S. 70  Worte: Schalom Ben-Chorin · Melodie: Fritz Baltruweit · Satz: Ursula Greger

1. Freun - de, dass der Man - del - zweig wie - der blüht und treibt,
2. Dass das Le - ben nicht ver - ging, so viel Blut auch schreit,
4. Freun - de, dass der Man - del - zweig sich in Blü - ten wiegt,

ist das nicht ein Fin - ger - zeig, dass die Lie - be bleibt?
ach - tet die - ses nicht ge - ring in der trüb - sten Zeit.
blei - be uns ein Fin - ger - zeig, wie das Le - ben siegt.

3. Tau - sen - de zer - stampft der Krieg, ei - ne Welt ver - geht.

Doch des Le - bens Blü - ten - sieg leicht im Win - de weht.

Der Text dieses Liedes entstand im Jahre 1942, in der Zeit des Holocaust, nach Worten des Propheten Jeremia aus dem Alten Testament. Jeremia ist eine sehr interessante Persönlichkeit im Alten Testament. Der Mandelzweig erschien dem einfühlsamen jungen Mann, der nicht Prophet sein wollte, im Traum. Gott wollte damit zum Ausdruck bringen, so deutete es Jeremia, dass er über sein Volk, das Volk Israel, wache. Dahinter verbirgt sich ein Wortspiel, denn Mandel heißt im Hebräischen „schaged", wachen über „schoged". Jeremia erging es in seinem Leben allerdings schlecht: Er wurde mehrfach inhaftiert, schließlich nach Ägypten verschleppt und dort gesteinigt.

▶ **3** *Der Komponist hat die dritte Strophe des Liedes anders vertont als die übrigen. Was mag ihn dazu bewogen haben?*

## Joshua Fit the Battle of Jericho

Spiritual aus den USA · Satz: Walter Layher

1.–3. Joshua fit the battle[1] of Jericho, Jericho, Jericho,
Joshua fit the battle of Jericho and the walls came tumblin'[2] down.

1. Up to the walls of Jericho he marched with spear[3] in hand. "Go blow the ram-horns[4]," Joshua cried, "cause the battle is in my hand."

*nach Strophe 3 da capo al fine*

2. Then the lamb ram sheep horns[5] began to blow,
the trumpets began to sound.
Joshua commanded the children to shout,
and the walls came tumblin' down.

3. You may talk about the king of Gideon[6],
you may talk about the man of Saul[7].
There's none like good old Joshua
at the battle of Jericho.

[1] to fight the battle: die Schlacht schlagen
[2] to tumble: einstürzen, fallen
[3] spear: Speer
[4] ram horns: Angriffshörner
[5] lamb ram sheep horns: Widderhorn-Angriffs-Posaunen
[6] Gideon: Richter im Alten Testament
[7] Saul: erster König Israels

Bassbegleitung für den Refrain

**1** *Erarbeitet das Spiritual.*
*a) Forscht nach, wofür die biblische Gestalt Joshua steht.*
*b) Singt das Lied zunächst mit gleichmäßigen Achtelnoten, dann im Triolenfeeling. ↗ S. 193*
*c) Versucht euch im dreistimmigen Gesang.*

## Nobody Knows the Trouble I've Seen

*Spiritual aus den USA · Satz: Franz Möckl*

[Noten: G / C / G / C / G]

1.–4. No-bod-y knows the trou-ble I've seen, no-bod-y knows but Je-sus.
No-bod-y knows the trou-ble I've seen. Glo-ry hal-le-lu-jah!

1. Some-times I'm up, some-times I'm down, 1.–4. oh yes, Lord.
1. Some-times I'm al-most to the groun', 1.–4. oh yes, Lord.

*nach Strophe 4 da capo al fine*

2. Although you see me goin' long so, oh yes, Lord,
   I have my trials[1] here below, oh yes Lord.

3. One day when I was walkin' 'long, oh yes, Lord,
   the el'ment open'd an' love came down, oh yes, Lord.

4. I never shall forget that day, oh yes, Lord,
   when Jesus washed my sins[2] away, oh yes, Lord.

[1] trials: Belastung, Strapazen
[2] sins: Sünden

Afrikanische Sklaven, die nach Amerika verschleppt wurden, erlebten schon auf ihren Überfahrten unmenschliche Bedingungen. Wie Vieh wurden sie zusammengezwängt, blieben oft tagelang ohne Essen und ausreichend Wasser. So starben viele von ihnen schon auf den Schiffen. Die Überlebenden wurden verkauft und mussten schwer arbeiten. Oft blieb ihnen nur die Musik, um ihren Kummer und Schmerz auszudrücken: „Niemand kennt das Elend, das ich gesehen habe, niemand kennt es, außer Jesus."

Aus dem Kinofilm „Roots" (USA 1977)

**2** *Singt die Strophen zweistimmig in Terzen und Sexten. Findet heraus, welche Sexten am Schluss groß oder klein sind.*

## Guantanamera

Aus Kuba · Worte: José Martí
Melodie: Joseíto Fernández nach einem Tanzlied

1.–3. Guan-ta-na-me-ra, gua-ji-ra[1] Guan-ta-na-me-ra,
Guan-ta-na-me-ra, gua-ji-ra Guan-ta-na-me-ra.
1. Yo soy un hom-bre[2] sin-ce-ro[3] de don-de cre-ce[4] la pal-ma, yo soy un hom-bre sin-ce-ro de don-de cre-ce la pal-ma. Yan-tes de mo-rir me quie-ro[5] e-char[6] mis ver-sos del al-ma.

2. Mi verso es de un verde claro y de un carmin encendido[7],
   mi verso es un ciervo herido que[8] busca en el monte amparo.

3. Con los probres[9] de la tierra quiero yo mi suerte echar,
   el arroyo de la sierra me complace[10] mas que el mar.

Aussprache

1 guachira (ch wie in „ach")
2 h stimmlos
3 sinθero (θ = wie englisch th)
4 kreθe
5 kjero
6 etschar
7 enθendido
8 ke
9 powres
10 komplaθe

Begleitrhythmen

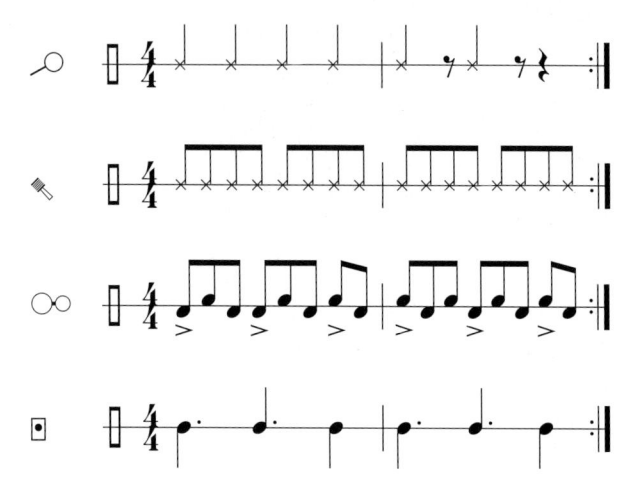

José Martí (geb. 1853 in Havanna) war Journalist und Schriftsteller. Wegen seines Kampfes für die Unabhängigkeit Kubas wurde er verfolgt. Den größten Teil seines Lebens verbrachte er im Ausland. Zahlreiche Gedichte und Aufsätze widmete er seiner kubanischen Heimat. 1895 fiel er im Kampf gegen die Spanier.

## Pata pata

Aus Südafrika · Miriam Makeba, Jerry Ragovoy

*[Notenblatt mit Liedtext:]*

Sa - gu - qu - ga sat hi be - ga nan - tsi___ pa - ta pat. Sa - gu - qu - ga sat - hi be - ga nan - tsi___ pa - ta - pat. Sa - gu - qu - ga sat - hi be - ga nan - tsi___ pa - ta pat. Sa - gu - qu - ga sat - hi be - ga nan - tsi___ pa - ta.

Hi - yo ma - ma hi - yo ma nan - tsi___ pa - ta pa - ta. Hi - yo ma - ma hi - yo ma nan - tsi___ pat.___ Hi - yo ma - ma hi - yo ma nan - tsi___ pa - ta pa - ta. Hi - yo ma - ma hi - yo ma nan - tsi___ pat.___

Dieser Song entstand 1967 und wurde zum Welterfolg der südafrikanischen Sängerin Miriam Makeba (1932–2008), auch „Mama Afrika" genannt.

„Pata pata" heißt so viel wie „berühren" und fordert zum Tanzen auf. Es gibt keine festgelegte choreografische Form. Jeder kann sich individuell entsprechend seiner Ideen dazu bewegen: beispielsweise abwechselnd mit den Beinen „wippen", die Hüfte drehen, mit den Händen kreisen und dazu beide Arme von der Seite bis über den Kopf führen.

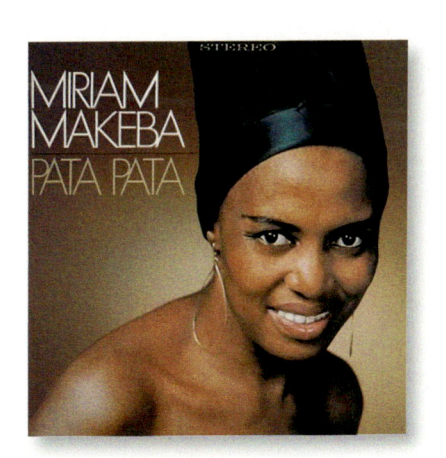

▶ **1** *Erfindet zum Refrain eigene Bewegungen und dreht euch dabei gleichzeitig langsam um euch selbst. Für die Strophen verwendet Bewegungen aus dem Poptanz.* ↗ *S. 13*

## Waltzing Matilda

*Aus Australien · Worte: Andrew Barton Paterson · Melodie: Marie Cowan*

1. Once a jolly swagman camped by a billabong
under the shade of a coolibah tree,
and he sang as he watched and waited till his billy boiled:
"You'll come a-waltzing, Matilda, with me.
Waltzing Matilda, waltzing Matilda,
you'll come a-waltzing, Matilda, with me."
And he sang as he watched and waited till his billy boiled.
"You'll come a-waltzing, Matilda, with me."

2. Down came a jumbuck to drink beside the billabong,
up jumped the swagman and seized him with glee.
And he sang as he talked to the jumbuck in his tuckerbag.
"You'll come a-waltzing, Matilda, with me.
Waltzing Matilda, waltzing Matilda,
you'll come a-waltzing, Matilda, with me."
And he sang as he talked to that jumbuck in his tuckerbag.
"You'll come a-waltzing, Matilda, with me."

3. Down came the stockman, riding on his thoroughbred,
down came the troopers, one, two, three.
"Where's the jolly jumbuck you've got in your tuckerbag.
You'll come a-waltzing, Matilda, with me.
Waltzing Matilda, waltzing Matilda,
you'll come a-waltzing, Matilda, with me."
"Where's the jolly jumback you've got in your tuckerbag.
You'll come a-waltzing, Matilda, with me."

4. Up jumped the swagman and plunged into the billabong.
"You'll never catch me alive", cried he.
and his ghost may be heard as you ride beside the billabong.
"You'll come a-waltzing, Matilda, with me.
Waltzing Matilda, waltzing Matilda,
you'll come a-waltzing, Matilda, with me."
and his ghost may be heard as you ride beside the billabong.
"You'll come a-waltzing, Matilda, with me."

Die „heimliche Nationalhymne Australiens" erzählt in typischen australischen Ausdrücken von einem Wanderarbeiter (swagman), der mit seinem Bündel Habseligkeiten (Matilda) an einem Wasserloch (billabong) rastet und ein streunendes Schaf (jumbuck) schlachtet. „Waltzing" ist abgeleitet von dem deutschen Ausdruck „auf der Walz sein", meint also: herumziehen.
Das Lied entstand 1894 in Queensland und basiert auf einer Begebenheit aus dem Vorjahr, als sich ein gewisser Samuel Hoffmeister an einer Wasserstelle das Leben nahm, um nicht verhaftet zu werden.

## An den Fluss will ich gehen

Aus Russland
Deutscher Text: Hildegard Töttcher · Satz: Ursula Greger

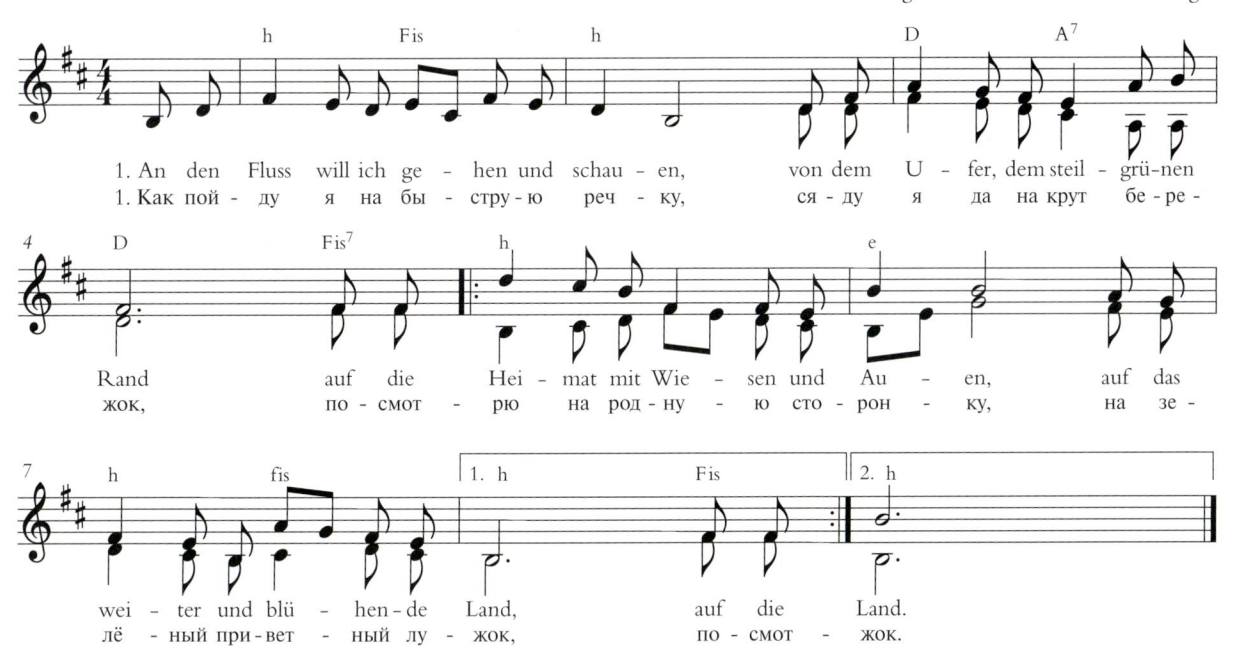

1. An den Fluss will ich gehen und schauen, von dem Ufer, dem steil-grünen Rand, auf die Heimat mit Wiesen und Auen, auf das weiter und blühende Land.

1. Как пойду я на быструю речку, сяду я да на крутой бережок, посмотрю на родную сторонку, на зелёный приветный лужок, посмотрю на родную сторонку, на зелёный приветный лужок.

2. O ihr schönen hellgrünen Weiten,
   in der lieben, geborgenen Welt
   reift das Korn in den wogenden Breiten
   auf dem goldenen, blühenden Feld.

3. Ach, du Heimat, dein Blühen und Werden
   über endlose Weiten gespannt!
   Mutter Heimat, du Schönste auf Erden,
   du geliebtes, du mütterlich Land!

2. Ты, сторонка, сторонка родная,
   нет на свете привольней тебя.
   Уж, ты нива моя золотая
   да высокие наши хлеба.

3. Эх, ты, русское наше приволье,
   краю нет на поля и луга.
   Ты широкое наше раздолье,
   ты родимая матерь-земля.

Isaak Levitan, Goldener Herbst, 1895

>▶ **1** *Zwei Takte dieses in h-Moll notierten Liedes stehen in Dur. Findet diese Takte.* **4**

*Hava nagila* ↗ S. 198  Aus Israel

Ha - va na - gi - la, ha - va na - gi - la, ha - va na - gi - la, ve - nis me - cha.
ve - nis me - cha. Ha - va ne - ra - ne - na, ha - va ne - ra - ne - na,
ha - va ne - ra - ne - na, ne - ra - ne - na. ne - ra - ne - na.
U - ru, u - ru a - chim, u - ru na a - chim be - lev ssa - mey - ach,
u - ru na a - chim be - lev ssa - mey - ach, u - ru na a - chim be - lev ssa - mey - ach,
u - ru na a - chim be - lev ssa - mey - ach, u - ru na a - chim, u - ru na a - chim be - lev ssa - mey - ach.

Textinhalt

Auf, jubelt und freut euch!
Auf, singt, erhebt euch,
ihr Brüder, mit fröhlichem Herzen!

Rhythmusbausteine

**1** *Gestaltet mit den Rhythmusbausteinen eine Begleitung. Eine Gruppe tanzt dazu.*

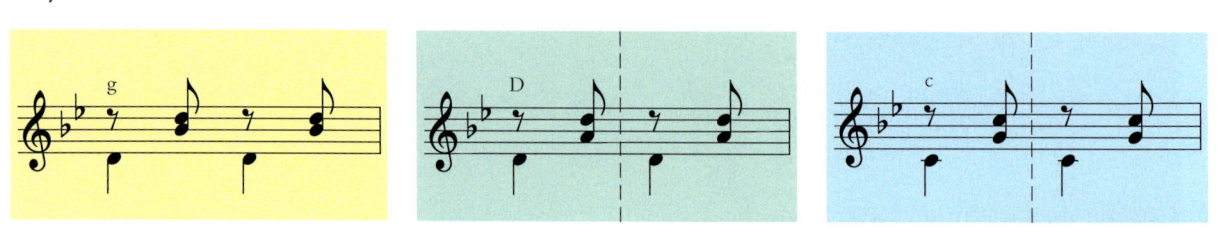

*Syrtos Kalamatianos* ⊚ II|71                                                      Aus Griechenland

Der Syrtos ist der griechische Nationaltanz. Seine Wurzeln reichen bis in die Antike zurück. Heute wird er vor allem auf Dorf- und Familienfesten getanzt. Die Tänzer stehen in einer Schlange, die Hände sind locker gefasst. Ein Tänzer, der gut improvisieren kann, führt die Gruppe an.

Auftritt einer griechischen Volkstanzgruppe

Ablauf A A B B C C D D (dreimal), dann A A B B

Mögliche Schrittfolgen (immer rechts beginnen!)

A / C   1 langer Schritt, 2 kurze Schritte nach rechts (achtmal)

B / D   1 langer Schritt rechts seitwärts, 2 kurze Schritte am Platz
         1 langer Schritt links seitwärts, 2 kurze Schritte am Platz (ganze Figur viermal)

Sprechhilfe für das Erfassen des $^7/_8$-Taktes: My-ko-nos, Rho-dos, Rho-dos

》► 2   *Geht zunächst nach diesem Rhythmus. Bewegt euch dann zur Musik.*

## Scotch Cap ↗ S.200 ⊚ VI|67

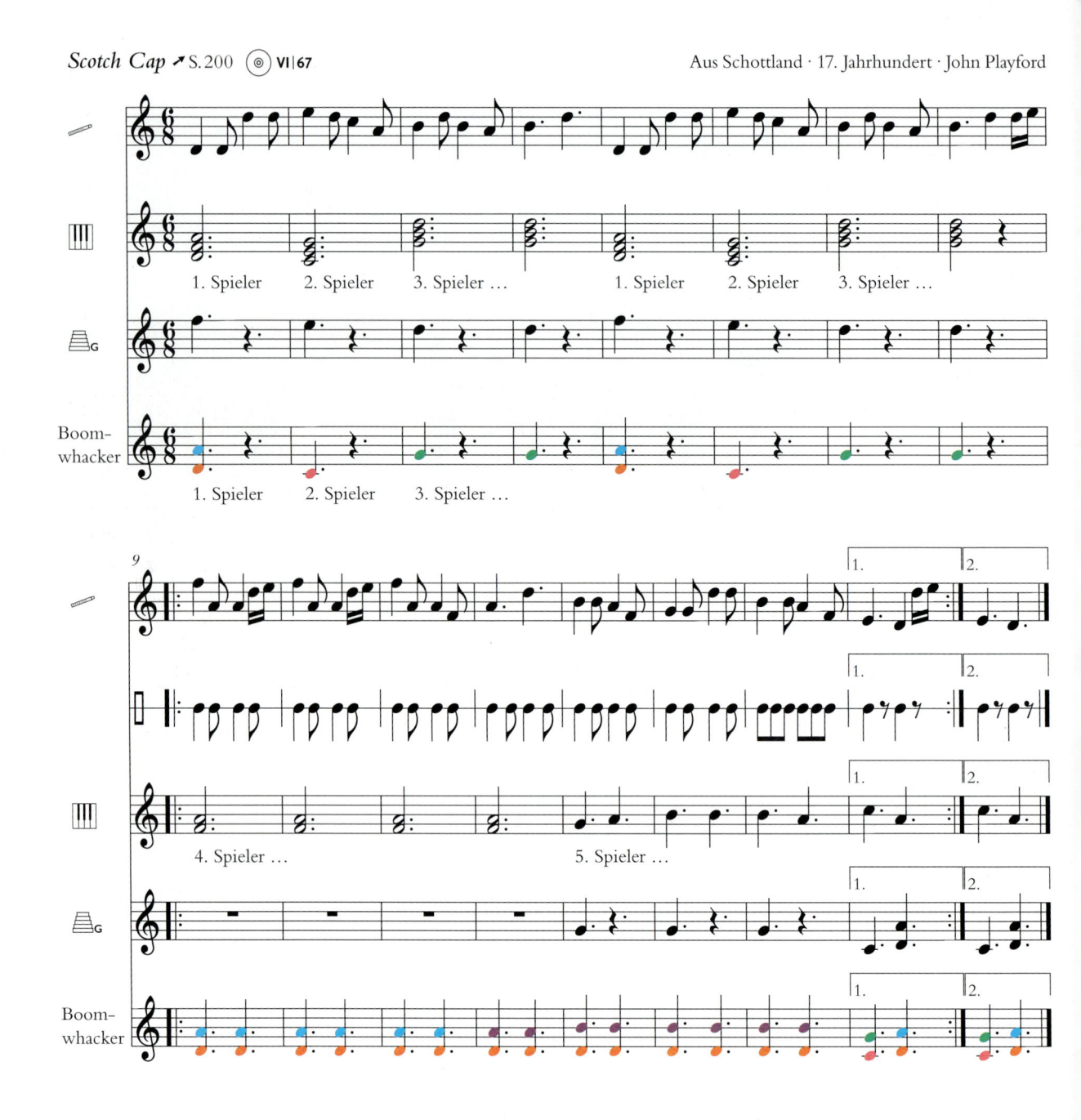

Aus Schottland · 17. Jahrhundert · John Playford

1. Spieler  2. Spieler  3. Spieler ...  1. Spieler  2. Spieler  3. Spieler ...

1. Spieler  2. Spieler  3. Spieler ...

4. Spieler ...  5. Spieler ...

1633 besuchte der englische König Charles I. zum ersten Mal Edinburgh in Schottland, um dort vom Erzbischof von Canterbury gekrönt zu werden. Der König bestand auf den gesamten Ritus der anglikanischen Kirche und versuchte damit, die schottische Kirche der englischen anzupassen. Dies erzürnte die Schotten und ihre Unterstützer in London. Der Titel *Scotch Cap* oder *Edinburgh Castle*, wie der Tanz zeitweise auch genannt wurde, ist ein gewitzter Hinweis auf das Krönungsereignis.

## La Marseillaise ↗ S. 74

Aus Frankreich · Claude-Joseph Rouget de Lisle

Al-lons en-fants de la Pa-tri-e, le jour de gloire est ar-ri-vé! Con-tre nous de la ty-ran-ni-e, l'é-ten-dard san-glant est le-vé, l'é-ten-dard sang-lant est le-vé. En-ten-dez-vous dans les cam-pag-nes mu-gir ces fé-ro-ces sol-dats? Ils vien-nent jus-que dans vos bras é-gor-ger vos fils, vos com-pag-nes.

*Refrain*

Aux ar-mes, ci-toy-ens, for-mez vos ba-tail-lons, mar-chons, mar-chons! Qu'un sang im-pur a-breu-ve nos sil-lons!

*Refrain da capo ad lib.*

*La Marseillaise*[1] (*frz.* die Marseillerin) wird die französische Nationalhymne genannt, weil sie von Soldaten aus Marseille am 30. Juli 1792 beim Einzug in Paris als Marschlied gesungen wurde: Die Zuschauer waren begeistert. Komponiert wurde das Kriegslied in der Nacht vom 25. auf den 26. April 1792 anlässlich der Kriegserklärung Frankreichs an Österreich.

**1** *Welche musikalischen Merkmale könnten für den Publikumserfolg der Marseillaise verantwortlich gewesen sein?* III|20

**1** [lamaʀsɛjɛz]

# Durch Tag und Jahr

## Rock Around the Clock ↗ S. 32

Worte: Max C. Freedman · Melodie: Jimmy de Knight · Satz: Ines Mainz

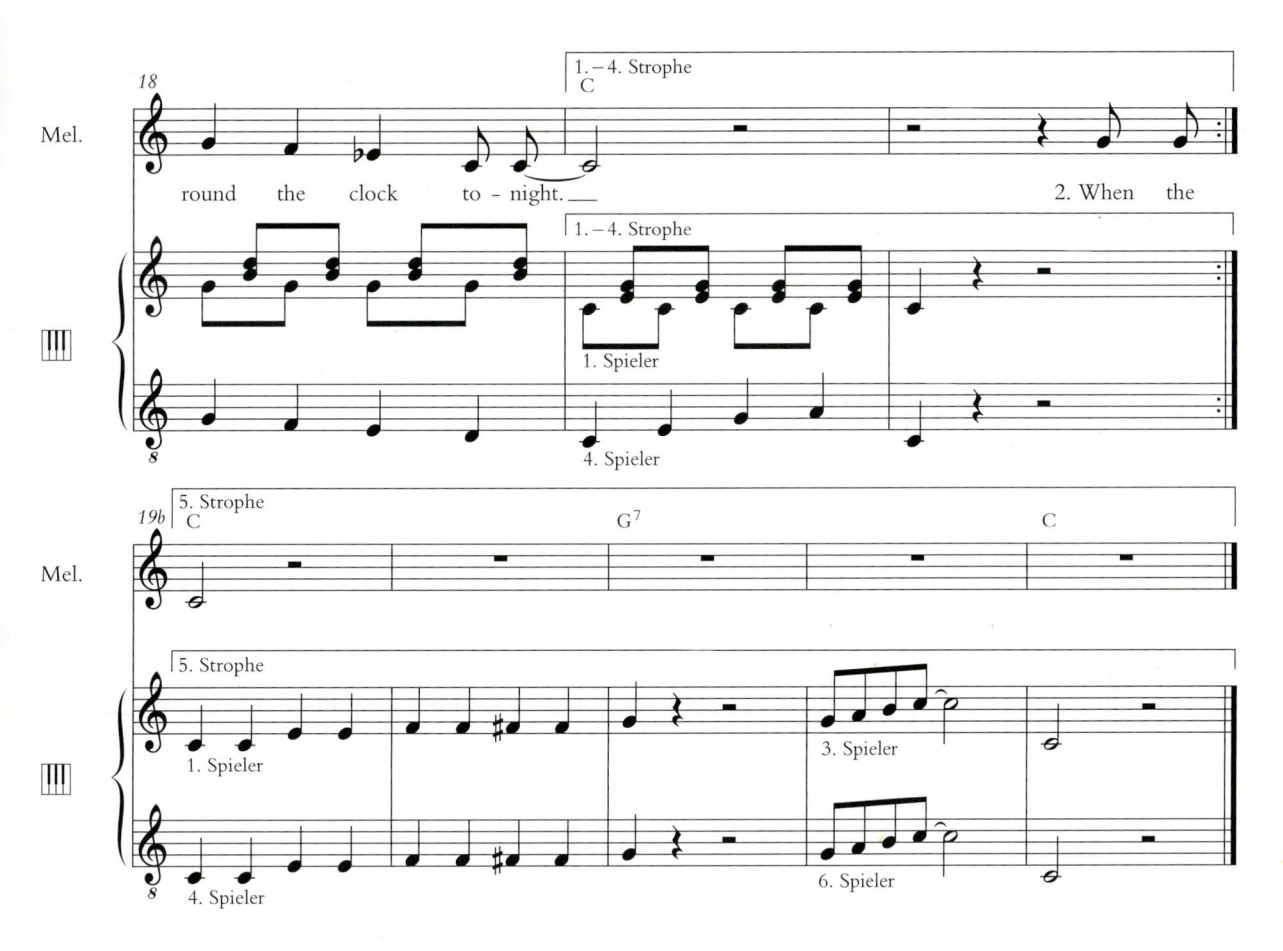

2. When the clock strikes two and three and four,
   if the band slows down we'll yell[4] for more.

3. When the chimes[5] ring five and six and seven,
   we'll rockin' up in the seventh heaven.

4. When it's eight, nine, ten, eleven, too,
   I'll be going strong and so will you.

5. When the clock strikes twelve, we'll cool off then,
   start rockin' round the clock again.

[1] glad rags: beste Klamotten
[2] hon': Liebling (Kurzform von honey)
[3] to strike: schlagen
[4] to yell: schreien, kreischen
[5] chimes: Glockenschlag

▶ **1** *Begleitet die Strophen nach Möglichkeit mit einer Bass-drum durchgängig auf die erste und dritte Zählzeit der Takte. Erfindet einen Klatschrhythmus dazu.* I|32

## Moonlight Shadow

Mike Oldfield

1. The last time ever she saw him, carried away by a moonlight shadow. He passed on worried[1] and warning, carried away by a moonlight shadow. Lost in a riddle that Saturday night. Far away on the other side. He was caught in the middle of a desperate[2] fight and she couldn't find how to push through.

2. The trees that whisper[3] in the evening, carried away by a moonlight shadow. Sing a song of sorrow[4] and grieving[5], carried away by a moonlight shadow. All she saw was a silhouette of gun. Far away on the other side. He was shot six times by a man on the run and she couldn't find how to push through.

3. Four a.m. in the morning, carried away by a moonlight shadow. I watch your vision forming, carried away by a moonlight shadow. Stars move slowly in a silvery light. Far away on the other side. Will you come to talk to me this night? But she couldn't find how to push through.

**Refrain**
I stay, I pray, see you in heaven far away.
I stay, I pray, see you in heaven one day.

### Ablauf

| | |
|---|---|
| 1. Strophe | [1] to worry: sich beunruhigen |
| 2. Strophe | [2] desperate: verzweifelt |
| Refrain | [3] to whisper: flüstern |
| 3. Strophe bis *fine* | [4] sorrow: Sorgen |
| | [5] to grieve: (be)trauern, bekümmern |

## Wenn der Frühling kommt

*Aus Westfalen*

Kanon

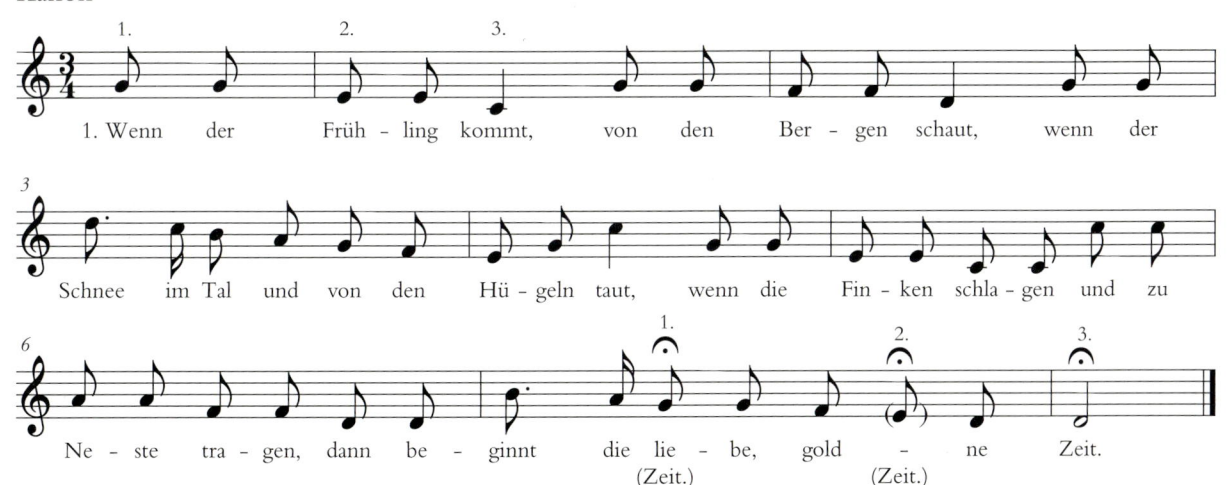

1. Wenn der Frühling kommt, von den Bergen schaut, wenn der Schnee im Tal und von den Hügeln taut, wenn die Finken schlagen und zu Neste tragen, dann beginnt die liebe, goldne Zeit.

2. Wenn der Weichselbaum duft'ge Blüten schneit,
   wenn die Störche kommen und der Kuckuck schreit.
   Wenn die Bächlein quellen und die Knospen schwellen,
   dann beginnt die liebe, goldne Zeit.

▶ **1** *Singt den Kanon dreistimmig.*

## Leise zieht durch mein Gemüt

*Worte: Heinrich Heine · Melodie: Felix Mendelssohn Bartholdy*

1. Leise zieht durch mein Gemüt liebliches Geläute; klinge, kleines Frühlingslied, kling hinaus ins Weite!

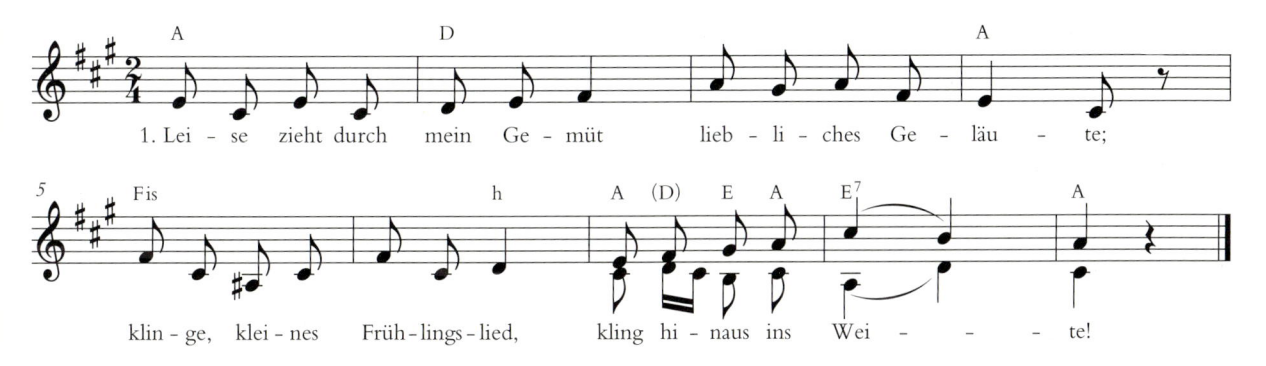

2. Sprich zum Vöglein, das da singt auf dem Blütenzweige;
   sprich zum Bächlein, das da klingt, dass mir keines schweige.

3. Kling hinaus bis an das Haus, wo die Blumen sprießen,
   wenn du eine Rose schaust, sag, ich lass' sie grüßen.

Heinrich Heine und Felix Mendelssohn Bartholdy waren wichtige Vertreter der literarischen und musikalischen Romantik.

▶ **2** *Welcher der beiden war darüber hinaus ein begabter Maler und Zeichner? Forscht nach deren Werken. ↗ S. 154 f.*

## In the Summertime

Ray Dorset

1. In the sum-mer-time when the weath-er is high ___ you can stretch right ___ up ___ an' ___ touch the sky. ___ When the weath-er's ___ fine, you got wom-en, you got wom-en, on your mind. Have a drink, have a drive, go out ___ an' see what you can find.

2. If her daddy's rich, take her out for a meal[1],
   if her daddy's poor, just do as you feel.
   Speed along the lane, do a ton or a ton an' twenty-five.
   When the sun goes down, you can make it, make it good in a lay-by[2].

3. We're not grey people, we're not dirty, we're not mean[3],
   we love everybody, but we do as we please[4].
   When the weather's fine, we go fishing or go swimming in the sea.
   We're always happy, life's for living, yeah! That's our philosophy.

4. When the winter's here, yeah, it's party time,
   bring a bottle, wear your bright clothes, it'll soon be summertime.
   And we'll sing again, we'll go driving or maybe we'll settle down.
   If she's rich, if she's nice, bring your friends an' we'll go into town.

[1] meal: Essen
[2] lay-by: Parkbucht
[3] mean: durchschnittlich/gemein
[4] we do as we please: wie es uns gefällt

### Begleitrhythmus

**1** *Musiziert gemeinsam.*
a) Findet passende Begleittöne zur Melodie aus der C-Dur-Kadenz.
b) Schreibt zum Song ein Arrangement.
c) Transponiert eure Begleitung in die Originaltonart E-Dur und spielt zur Musik. ↗ S. 197

VI | 63

Werbeplakat, 1964

# Du hast den Farbfilm vergessen (Nina Hagen)  S. 43

*Worte: Kurt Demmler · Melodie: Michael Heubach*

1. Hoch stand der Sanddorn am Strand von Hiddensee.
   Micha, mein Micha, und alles tat so weh,
   dass die Kaninchen scheu schauten aus dem Bau,
   so laut entlud sich mein Leid ins Himmelblau.

2. So böse stampfte mein nackter Fuß den Sand
   und schlug ich von meiner Schulter deine Hand.
   Micha, mein Micha, und alles tat so weh,
   tu das noch einmal, Micha, und ich geh!

   Du hast den Farbfilm vergessen, mein Michael,
   nun glaubt uns kein Mensch, wie schön's hier war, aha, aha.
   Du hast den Farbfilm vergessen, bei meiner Seel',
   alles blau und weiß und grün und später nicht mehr wahr.

3. Nun sitz ich wieder bei dir und mir zu Haus
   und such die Fotos fürs Fotoalbum aus.
   Ich im Bikini und ich am FKK,
   ich frech in Mini, Landschaft ist auch da, ja!

4. Aber wie schrecklich – die Tränen kullern heiß –
   Landschaft und Nina und alles nur schwarz-weiß.
   Micha, mein Micha, und alles tut so weh,
   tu das noch einmal, Micha, und ich geh!

🎵 2 *Begleitet mit Rhythmusinstrumenten.*

# Summer Nights

Warren Casey, Jim Jacobs

Doo doo doo doo doo doo doo doo doo doo doo doo doo doo doo doo doo.

1. Sum-mer lov-in', had me a blast[1]. Sum-mer lov-in', hap-pened so fast. Met a girl, cra-zy for me. Met a boy, cute[2] as can be. Sum-mer days drift-ing a-way, to, uh-oh, those sum-mer nights. Well-a, well-a, well-a,

(Refrain) Tell me more, tell me more. Did you get ve-ry far?
Tell me more, tell me more. Like, does he have a car?

A-ha a-ha a-ha. a-ha.
Doo doodoo doo doo doo doo doo doo doo doo doo doo doo doo.

[1] to have a blast: (hier) hat mich erwischt
[2] cute: süß, hübsch

2. DANNY   She swam by me; she got a cramp[3].
   SANDY   He ran by me; got my suit damp[4].
   DANNY   Saved her life, she nearly drowned.
   SANDY   He showed off[5], splashing around.
   BEIDE   Summer sun, somethings begun.
   But, uh-oh, those summer nights.

Refrain
   GIRLS   Tell me more, tell me more.
   SOLO   Was it love at first sight?
   BOYS   Tell me more, tell me more.
   SOLO   Did she put up a fight?

3. DANNY   Took her bowling in the arcade.
   SANDY   We went strolling[6], drank lemonade.
   DANNY   We made out[7], under the dock.
   SANDY   We stayed out till ten o'clock.
   BEIDE   Summer fling[8] don't mean a thing,
   but, uh-oh, those summer nights.

Refrain
   BOYS   Tell me more, tell me more.
   But you don't gotta brag[9].
   GIRLS   Tell me more, tell me more.
   'Cause he sounds like a drag[10].

4. SANDY   He got friendly, holding my hand.
   DANNY   She got friendly down in the sand.
   SANDY   He was sweet, just turned eighteen.
   DANNY   She was good. You know what I mean.
   BEIDE   Summer heat, boy and girl meet.
   But, uh-oh, those summer nights.

Refrain
   GIRLS   Tell me more, tell me more.
   How much dough[11] did he spend?
   BOYS   Tell me more, tell me more.
   Could she get me a friend?

5. SANDY   It turned colder, that's where it ends.
   DANNY   So I told her, we'd still be friends.
   SANDY   Then we made our true love vow[12].
   DANNY   Wonder what she's doin' now.
   BEIDE   Summer dreams ripped at the seams[13].
   But, uh-oh, those summer nights.

Coda
   ALLE   Tell me more, tell me more.

**»▶ 1** *Singt den Song aus dem Musical „Grease" in verteilten Rollen und inszeniert ihn passend zum Inhalt (Strophe 5 zum Beispiel in sehr langsamen Tempo). ↗ S. 110  IV|30*

3 cramp: Krampf
4 damp: (hier) nass
5 to show off: sich aufspielen, angeben
6 to stroll: herumschlendern
7 to make out: (hier) sich küssen
8 summer fling: kurzes Liebesabenteuer
9 to brag: prahlen
10 drag: (hier) Langweiler, Spielverderber
11 dough: (ugs.) Geld
12 vow: Schwur
13 ripped at the seams: (hier) zerrissen, zerplatzt

Filmszene aus „Grease" (USA 1977)

## Auf, auf zum fröhlichen Jagen ↗ S. 101

Worte: Gottfried Benjamin Hanke (1724) · Satz: Ines Mainz

1. Auf, auf zum fröh-li-chen Ja-gen, auf in die grü-ne Heid! Es fängt schon an zu ta-gen, es ist die schön-ste Zeit. Die Vö-gel in den Wäl-dern sind schon vom Schlaf er-wacht und ha-ben auf den Fel-dern das Mor-gen-lied voll-bracht. 1.–3. Tri-di-he-jo, di he-jo, di he-di he-di-jo, tri-di-jo, he-jo, di he-jo, di he-di-jo, tri-di-jo.

2. Früh-mor-gens, als der Jä-ger in'n grü-nen Wald 'nein kam, da sah er mit Ver-gnü-gen das schö-ne Wild-bret an. Die Gams-lein, Paar um Paa-re, sie kom-men von weit her, die Re-he und das Hirsch-lein, das schö-ne Wild-bret schwer.

3. Das ed-le Jä-ger-le-ben ver-gnü-get mei-ne Brust, dem Wil-de nach-zu-strei-fen ist mei-ne höch-ste Lust. Wir la-den uns-re Büch-sen mit Pul-ver und mit Blei; wir führ'n das schön-ste Le-ben, im Wal-de sind wir frei.

1.–3. Tri-di-jo, tri-di-jo, he-di he, tri-di-jo, di-jo, tri-di-jo, tri-di-jo, he, tri-di-jo, tri-di-jo.

**1** *Erfindet ein passendes Vorspiel mit Quarten (d'-g').*

## Herbst ist gekommen

*Clemens Schlegel*

1. Herbst ist gekommen, golden leuchtend, bunte Zeit, und
2. hat mit sich genommen warme Sonne, Sommerkleid. Bringt uns
3. Äpfel, Nüsse, Trauben, Drachen steigen, Wolkenjagd und
4. Laub in Gartenlauben, weiße Nebel, wenn es tagt.

## Das Laub fällt von den Bäumen ↗ S. 83

*Worte: August Mahlmann (1771–1826)*

1. Das Laub fällt von den Bäumen, das zarte Sommerlaub; das Leben mit seinen Träumen zerfällt in Asch und Staub.

2. Die Vöglein traulich sangen,
   wie schweigt der Wald jetzt still.
   Die Lieb ist fortgegangen,
   kein Vöglein singen will.

3. Die Liebe kehrt wohl wieder
   im künft'gen lieben Jahr,
   und alles tönt dann wieder,
   was hier verklungen war.

4. Der Winter sei willkommen,
   sein Kleid ist rein und neu.
   Den Schmuck hat er genommen,
   den Keim bewahrt er treu.

## Ach, bittrer Winter

*Melodie überliefert (ca. 1640) · Satz: Rudolf Kirmeyer (1894–1974)*

1. Ach, bittrer Winter, wie bist du kalt! Du hast entlaubet den grünen Wald! Du hast verblüht die Blümlein auf der Heiden.
2. Die bunten Blümlein sind worden fahl, entflogen ist uns Frau Nachtigall. Sie ist entflog'n, wann wird sie wieder singen?

## Es kommt ein Schiff geladen

*Nach Johannes Tauler (um 1300-1361) von Daniel Sudermann (1550–1631)*

1. Es kommt ein Schiff, geladen bis an sein' höchsten Bord, trägt Gottes Sohn voll Gnaden, des Vaters ewigs Wort.

2. Das Schiff geht still im Triebe,
es trägt ein' teure Last;
das Segel ist die Liebe,
der Heilig Geist der Mast.

3. Der Anker haft' auf Erden,
da ist das Schiff am Land.
Gott's Wort tut Fleisch uns werden,
der Sohn ist uns gesandt.

4. Zu Bethlehem geboren
im Stall ein Kindelein,
gibt sich für uns verloren;
gelobet muss es sein.

## O Heiland, reiß die Himmel auf

Worte: Friedrich Spee (1591–1635) · Melodie überliefert (1666)

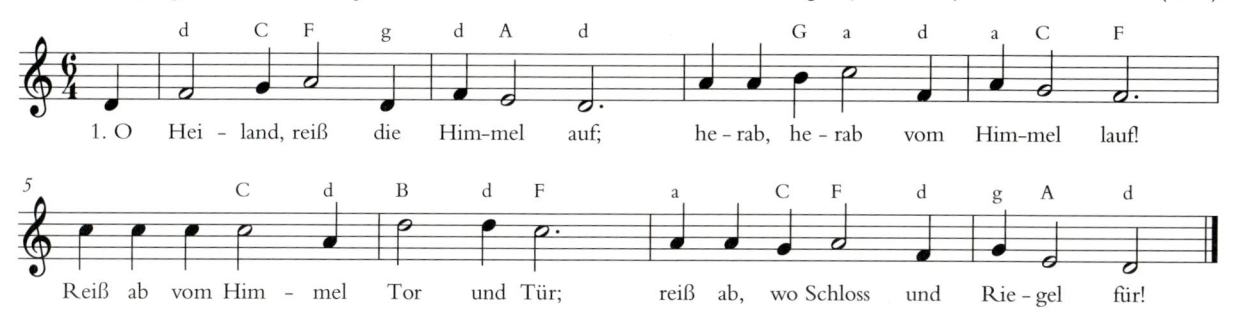

1. O Heiland, reiß die Himmel auf; herab, herab vom Himmel lauf!
Reiß ab vom Himmel Tor und Tür; reiß ab, wo Schloss und Riegel für!

2. Wo bleibst du, Trost der ganzen Welt,
darauf sie all ihr Hoffnung stellt?
O komm, ach komm vom höchsten Saal,
komm, tröst uns hie im Jammertal!

3. O klare Sonn', du schöner Stern,
dich wollten wir anschauen gern.
O Sonn', geh auf, ohn' deinen Schein
in Finsternis wir alle sein.

4. Hie leiden wir die größte Not,
vor Augen steht der ewig' Tod;
ach komm, führ uns mit starker Hand
vom Elend zu dem Vaterland!

5. Da wollen wir all' danken dir,
unserm Erlöser, für und für.
Da wollen wir all loben dich
zu aller Zeit und ewiglich.

## Mary Had a Baby

Spiritual aus den USA

1. Mary had a baby, my Lord. Mary had a baby, my Lord.
Mary had a baby, Mary had a baby, Mary had a baby, my Lord.

2. Where was he born, my Lord …

3. Born in a stable[1], my Lord …

4. Where did she lay him, my Lord …

5. Laid him in a manger[2], my Lord …

6. What did she name him, my Lord …

7. Named him King Jesus, my Lord …

[1] Stall
[2] Krippe ['meɪndʒə]

### Begleitrhythmus

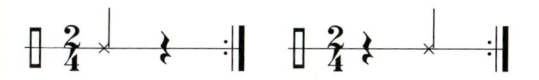

# Barock

## Johann Sebastian Bach

geboren am 21. 3. 1685 in Eisenach
gestorben am 28. 7. 1750 in Leipzig

**Familie** thüringische Musikerfamilie; Vater Johann Ambrosius Bach (Stadtmusicus); 7 Geschwister; verheiratet mit Maria Barbara Bach und (nach deren Tod) mit Anna Magdalena Bach; 20 Kinder (nur 10 wurden älter als 5 Jahre), darunter berühmt gewordene Musiker: Carl Philipp Emanuel B., Friedemann B., Johann Christian B., Johann Christoph B.

**Ausbildung** erste musikalische Ausbildung im Elternhaus, dann beim Bruder Johann Christoph (Organist in Ohrdruf/Thüringen); Besuch der Lateinschule in Ohrdruf und der Schule des Michaelisklosters in Lüneburg; weitere musikalische Ausbildung vor allem autodidaktisch

**Wirkungsstätten** Arnstadt (Organist); Mühlhausen (Organist); Weimar (Hoforganist, Hofkonzertmeister); Köthen (Hofkapellmeister); Leipzig (Thomaskantor)

**Werke** (Auswahl) Kantaten und Oratorien (*Kaffeekantate*, Kantate *Gott ist mein König*, *Weihnachtsoratorium* ↗ S. 138 ff., *Matthäus-Passion*); Orchesterwerke und Konzerte (6 *Brandenburgische Konzerte*); Orgelwerke (*Toccata und Fuge in d-Moll* ↗ S. 141); Klaviermusik (*Notenbüchlein für Anna Magdalena Bach*, Inventionen, 2 Bände *Das Wohltemperierte Klavier*); die Kompositionen wurden 1950 im Bach-Werke-Verzeichnis (BWV) katalogisiert und mit einer Nummer versehen (BWV 1–1128)

**Bedeutung** Schaffen nach Bachs Tod erst weitgehend vergessen; gilt seit dem 19. Jh. als Höhepunkt der deutschen Barockmusik, der Kunst polyfoner Mehrstimmigkeit und der (protestantischen) Kirchenmusik; Musik regte im 20. Jh. zahllose Bearbeitungen im Jazz, Rock und Pop an.

☆ Wenn es um Musik ging, war Bach ein Perfektionist. In seiner Jugend hat er sich sogar mit einem Fagottisten duelliert, weil dieser seine Musik nicht richtig gespielt hatte.
Bei einem Besuch 1717 in Dresden sollte es zu einem Orgelwettstreit zwischen Bach und dem damals berühmten französischen Virtuosen Louis Marchand kommen. Dieses spannende Musikduell kam jedoch nicht zustande, weil Marchand die Stadt fluchtartig verlassen hatte und nicht zum Spiel erschien.

> Nicht Bach, sondern Meer sollte er heißen wegen seines unendlichen, unerschöpflichen Reichtums in Tonkombinationen und Harmonien. *Ludwig van Beethoven*

▶ **1** *Wo findet ihr Spuren von Bach (Gedenkstätten, in Kirchen, bei Konzerten, Festivals und Wettbewerben)?*

# George Frideric Handel

**Georg Friedrich Händel**
geboren am 23. 2. 1685 in Halle (Saale)
gestorben am 14. 4. 1759 in London

**Familie** Vater Georg Händel (Leibchirurg und Geheimer Kammerdiener) verstarb, als Georg Friedrich Händel 11 Jahre alt war; sprach sich gegen eine musikalische Laufbahn seines Sohnes aus

**Ausbildung** erste gründliche musikalische Ausbildung beim Organisten Friedrich Wilhelm Zachow in Halle; Besuch der Lateinschule und Beginn eines Jurastudiums in Halle, Studium nach kurzer Zeit abgebrochen

**Wirkungsstätten** Halle (Organist); Hamburg (Geiger und Cembalist); Italien: Florenz, Venedig, Rom, Neapel („italienischer Stil", Aufenthalt bei adligen Gönnern); Hannover (Hofkomponist); London (Komponist und Leiter von Opernunternehmen)

**Werke** (Auswahl) 42 Opern (*Julius Cäsar*); 25 Oratorien (*Judas Makkabäus, Messias*); Orchestermusik (*Wassermusik, Feuerwerksmusik* ↗ S. 134 ff., Concerti grossi); Kammermusik (Sonaten, Suiten); Cembalomusik, Kantaten, Lieder, Sonaten für Soloinstrument und Generalbass; thematisch angeordnet und nummeriert wurden die Werke 1978 im Händel-Werke-Verzeichnis (HWV 1-612)

**Bedeutung** „Kosmopolit" des musikalischen Barocks; große Bedeutung für die Entwicklung des Musiklebens in England („Nationalkomponist"); Verbindung von deutschen, italienischen, englischen Einflüssen; war vor allem durch seine Oratorien bereits zu Lebzeiten ein sehr populärer Komponist europaweit

☆ Er war zwar ein angesehener Komponist, aber als Opernmanager war Händel weniger erfolgreich, vor allem im Umgang mit Sängern: Als eine zickige Primadonna sich weigerte, eine seiner Arien zu singen, packte sie der kräftige Händel und hielt sie am ausgestreckten Arm aus dem Fenster.

> Mein Herr, ich würde bedauern, wenn ich meine Zuhörer nur unterhalten hätte, ich wünschte sie besser zu machen.
> *Händel im Gespräch mit einem englischen Lord*

> Das ist der Einzige, den ich sehen möchte, ehe ich sterbe, und der ich sein möchte, wenn ich nicht der Bach wäre.
> *Johann Sebastian Bach über Händel; Bach und Händel sind sich nie begegnet.*

**2** *Schreibt eine Szene zu dieser Anekdote. Überlegt und forscht nach, wie die Geschichte ausgegangen sein mag.*

# Klassik

**Wolfgang A. Mozart**
geboren am 27. 1. 1756 in Salzburg
gestorben am 5. 12. 1791 in Wien

**Familie** Vater Leopold Mozart (Geiger, Autor einer Geigenschule, Kapellmeister, Komponist, u. a. „Musikalische Schlittenfahrt") von entscheidendem Einfluss auf Mozarts Entwicklung; mit Schwester Maria Anna („Nannerl") Reisen als musikalische „Wunderkinder" in viele europäische Länder, u. a. Frankreich, Italien, England

**Ausbildung** musikalische Grundausbildung beim Vater; vielfältige Anregungen auf Reisen (besonders in Italien)

**Wirkungsstätten** ab 6. Lebensjahr Konzertreisen; später Anstellung beim Erzbischof von Salzburg (Konzerte, Kompositionen, Hoforganist); Übersiedlung nach Wien, dort freier Musiker (Kompositionsaufträge und Konzerte für adlige und bürgerliche Auftraggeber)

**Werke** (Auswahl) Opern (*Bastien und Bastienne, Die Zauberflöte, Figaros Hochzeit*); Lieder (*Komm, lieber Mai, Das Veilchen*); etwa 41 Sinfonien; Instrumentalkonzerte (Klarinettenkonzert A-Dur ↗ S. 146 f.); Kammermusik (*Eine kleine Nachtmusik*), Klavierwerke (*Ah, vous dirai-je, Maman*); nach seinem Tod wurden die Werke von Ludwig von Köchel nach ihrer Entstehungszeit angeordnet (Köchelverzeichnis, KV 1–626)

**Bedeutung** maßgeblich an der Herausbildung von Sinfonie und Sonate als Gattung beteiligt; Weiterentwicklung des deutschsprachigen Singspiels zur Oper mit ausgeprägter musikdramatischer Gestaltung; Mozart vollzieht den Übergang von höfischer Anstellung zum freien Künstler

☆ Mozart starb unter rätselhaften Umständen und wurde in einem Massengrab beigesetzt. Die Legende entstand, es sei ein Armengrab und Mozart sei verarmt gestorben. Tatsächlich klagte er häufig über Geldsorgen. Diese hatten ihre Ursache möglicherweise in seiner Spielleidenschaft, vor allem aber in seinem luxuriösen Lebensstil.

> Viele Musikliebhaber identifizieren Mozart mit Graziosität und Leichtigkeit, mit Glätte und Gewichtslosigkeit; sie haben am liebsten die Büsten und Bilder Mozarts um sich, die aussehen, als wären sie aus Zucker und Eiweiß gegossen. Nichts falscher als das! Mozart ist voll Glut, voll Leidenschaft.
> *Dirigent Ferenc Fricsay*

**▶ 1** *Recherchiert, wie „Amadeus" in Mozarts Namen gelangte, obwohl er anders getauft war.*

# Ludwig van Beethoven.

**Ludwig van Beethoven**
geboren am 16. 12. 1770 in Bonn
gestorben am 26. 3. 1827 in Wien

**Familie**  Vorfahren stammten aus dem Flämischen, daher auch der Zusatz „van"; Mutter Maria Magdalena v. Beethoven, Vater Johann v. Beethoven (Musiker in der kurfürstlichen Hofkapelle in Bonn); 6 Geschwister (nur 2 überleben); der Vater will seinen Sohn zum Wunderkind machen, ist sehr streng und unberechenbar (Alkoholiker)

**Ausbildung**  erste musikalische Unterweisungen durch den Vater und verschiedene Bonner Musiker, gründlicher Unterricht durch Christian Gottlob Neefe, später auch Unterricht bei Joseph Haydn und Antonio Salieri; Besuch der Bonner Lateinschule bis zum 11. Lebensjahr, erste Komposition veröffentlicht 1882; mit 14 bereits Hoforganist

**Wirkungsstätten**  Bonn (Hofkapelle); Wien (seit 1794, Pianist, Komponist, freischaffender Künstler); durch die völlige Ertaubung kann er ab 1819 nicht mehr konzertieren

**Werke** (Auswahl)  Orchesterwerke (9 Sinfonien); Konzerte (Klavierkonzerte, Violinkonzert); Klaviermusik (*Für Elise*, 32 Klaviersonaten, z. B. *Pathétique* op. 13 ↗ S. 148 f.), Kammermusik (Streichquartette, Violinsonaten); eine Oper (*Fidelio*); Lieder und Chorwerke; einer der ersten Komponisten, die ihre Werke konsequent mit Opuszahlen versahen (op. 1-138)

**Bedeutung**  seine Weiterentwicklung von Sinfonie und Sonate prägt entscheidend die folgenden Komponistengenerationen; leidenschaftliche Auseinandersetzung mit den Zeitereignissen (Französische Revolution, bürgerliche Aufklärung), die er in seinen Werken verarbeitete; Ansehen war zu Lebzeiten schon so groß, dass er seit 1809 eine jährliche Rente erhielt, damit er als Komponist in Wien blieb; 20 000 Menschen beim Begräbnis

☆ In der 9. Sinfonie wird das Orchester im 4. Satz um Gesangssolisten und Chor ergänzt („Freude schöner Götterfunken") – eine damals neue Idee. Die Melodie wird so populär, dass sie (ohne Text) seit 1986 offizielle Hymne der Europäischen Gemeinschaft ist („Europahymne").

> Ist der auch nicht anders wie ein gewöhnlicher Mensch! Nun wird er auch alle Menschenrechte mit Füßen treten, nur seinem Ehrgeize frönen; er wird sich nun höher wie alle andern stellen, ein Tyrann werden! *Beethoven zu einem Freund, als er erfuhr, dass sich Napoleon zum Kaiser erklärt hatte.*

> Ich will dem Schicksal in den Rachen greifen, ganz niederbeugen soll es mich gewiss nicht! – Oh, es ist so schön das Leben tausendmal leben! *Beethoven 1801 angesichts seiner zunehmenden Ertaubung*

▶ **2**  *Eine seiner Klaviersonaten trägt die Überschrift „Sonata quasi una fantasia" („… fast eine Fantasie"). Berühmt ist das Werk jedoch unter dem Namen „Mondscheinsonate". Verschafft euch einen Höreindruck. Inwiefern passt der Name?*

# Romantik

**Niccolò Paganini**
geboren am 27.10.1782 in Genua
gestorben am 27.5.1840 Nizza

**Familie** 3. von 6 Kindern, Vater Antonio (erfolgloser Geschäftsmann und Mandolinenspieler); da Paganini selbst falsche Angaben zu seiner Herkunft und Karriere machte, werden manche Daten über sein Leben in der neueren Literatur infrage gestellt

**Ausbildung** erster Unterricht beim strengen Vater mit 5 Jahren in Mandoline, 2 Jahre später Wechsel zur Geige; angeblich harte Strafen bei mangelhaftem Fleiß (Zimmerarrest, kein Essen); Unterricht bei verschiedenen Geigern; Kompositionsunterricht (1795–1797)

**Wirkungsstätten** Lucca (1805–1809 Kammervirtuose und Operndirektor), reisender Virtuose (Italien, Deutschland, Frankreich usw.)

**Werke** (Auswahl) Zu Lebzeiten wurden nur 5 Werke veröffentlicht, darunter als op. 1 *24 Capricen* für Violine solo (↗ S. 150 ff.); nach dem Tod weitere Veröffentlichungen fast ausnahmslos für Violine und Orchester (z. B. 5 Violinkonzerte)

**Bedeutung** entwickelte virtuose Spieltechniken auf der Violine, die heute zum Standard beim Studium auf diesem Instrument gehören; der „Teufelsgeiger" beeindruckte durch sein Spiel und dessen Inszenierung nicht nur Musiker; pflegte ein Image, das seine Konzerteinnahmen steigerte; galt als Inbegriff des Virtuosen und reisenden Künstlers; Vorbild für andere romantische Künstler

☆ Paganini konnte begnadet improvisieren. Bei seinen Konzerten durften sich die Zuhörer manchmal wünschen, über welche Melodien er fantasieren sollte. Besonders berühmt wurde sein Spiel auf nur einer Saite.

> Die einen nennen ihn einen Zauberer, die anderen einen Dämon, die Moderaten ein Gespenst. *Genueser Rezension, 1824*

> Paganini ist ein Wunder. Mag er ein Teufel sein oder ein Engel, gewiss ist nur, dass er ein musikalisches Genie ist.
> *Gazetta di Genova; 10. September 1814*

**》▶ 1** *Schon immer hat akrobatisch-virtuoses Spiel das Publikum begeistert. Überlegt, woran das liegen könnte, und sucht nach Beispielen aus Vergangenheit und Gegenwart.*

## Carl Maria von Weber

**Carl Maria von Weber**
geboren am 18. 11. 1786 in Eutin (Holstein)
gestorben am 5. 6. 1826 in London

**Familie** Vater Franz Anton von Weber (Leiter eines Wandertheaters, später Besitzer einer Notendruckerei; unsteter Abenteurer, der sich den Adelstitel „von" selbst zugelegt hat); viele Umzüge

**Ausbildung** schulische und musikalische Ausbildung durch häufigen Wohnortwechsel geprägt; in Salzburg Unterricht bei Michael Haydn, dem Bruder von Joseph Haydn

**Wirkungsstätten** Breslau (Kapellmeister); Stuttgart (Sekretär des Herzogs und Musiklehrer); Prag (Operndirektor des Landständischen Theaters); Dresden (Musikdirektor der Deutschen Oper); London (Einstudierung seiner Oper *Oberon*)

**Werke** (Auswahl) Opern (*Der Freischütz* ↗ S. 100 ff.), Schauspielmusik, Sinfonien, Ouvertüren, Klaviermusik, Kammermusik, Kantaten, Chöre und Lieder; Schriften zur Musik

**Bedeutung** Repräsentant der deutschen romantischen Oper; *Der Freischütz* bis in die Gegenwart Repertoirestück des Musiktheaters; Verwendung von neuartigen musikalischen Gestaltungsmitteln zur Charakterisierung von Personen und Situationen, z. B. Leitmotive und durchkomponierte Szenen (*Wolfsschlucht*); als Dirigent und Komponist konsequentes Eintreten für eine deutsche Opernkunst gegen die Vorherrschaft italienischer Opern; bedeutender Musikkritiker und Musikschriftsteller

☆ Auf Wunsch seiner Frau kaufte der Komponist in Hamburg einen niedlichen zahmen Kapuzineraffen, den er „Schnuff Weber" nannte. Als ungewöhnliches Haustier sorgte Schnuff in Dresden für Aufsehen, wenn er seinen Herrn begleitete. Beiden wurde ein Denkmal gesetzt.

> Das sonst so weiche Männel, ich hätt's ihm nimmermehr zugetraut. Nun muss der Weber Opern schreiben, eine über die andere. Der Kaspar, das Untier, steht da wie ein Haus: Überall, wo der Teufel die Tatzen reinstubt, da fühlet man sie auch.
> *Ludwig van Beethoven über Carl Maria von Weber und den „Freischütz"*

▶ **2** *Weber ging als Dirigent in seiner Arbeit sehr zielstrebig vor und schuf Standards, die auch heute noch gültig sind. Beispielsweise legte er eine sinnvolle Sitzordnung im Orchester fest und regelte den Ablauf von Proben. Er führte auch den Taktstock (Dirigierstab) ein. Überlegt, warum sich diese Neuerung bis heute durchgesetzt hat, vor allem auch in den dunklen Orchestergräben der Opernhäuser.*

# 20. Jahrhundert / Klassische Moderne

**Claude Debussy**
geboren am 22. 8. 1862
in Saint-Germain-en-Laye
gestorben am 25. 3. 1918 in Paris

**Familie** einfache Verhältnisse, Vater (erfolgloser Geschäftsmann)

**Ausbildung** nach erstem Klavierunterricht mit 10 Jahren Zulassung zum Pariser Konservatorium (Klavier) und erste Wettbewerbserfolge; trotz rebellischem Auftreten Aufnahme in die Kompositionsklasse; 1884 Gewinn des berühmten Kompositionspreises „Prix de Rome" und dreijähriger Aufenthalt in der römischen Villa Medici

**Wirkungsstätten** als freischaffender Komponist nach dem Rom-Aufenthalt in Paris; Reisen nach Ungarn, England, Österreich, Russland

**Werke** (Auswahl) Orchesterwerke (*Prélude à l'après-midi d'un faune*, *La Mer*); Klavierwerke (*Préludes* 2 Bände ↗ S. 91, *Etudes* ↗ S. 205, *Children's Corner* ↗ S. 162); Bühnenwerke (*La chute de la Maison Usher* ↗ S. 127); Kammermusik, Chorwerke; Musikkritiker (Pseudonym *Monsieur Croche*)

**Bedeutung** neben Maurice Ravel Hauptvertreter des musikalischen Impressionismus (etwa 1890–1920); die Klangfarbe tritt in den Vordergrund, Taktstrukturen werden verschleiert, Harmonik und Melodik erobern sich neue Freiheiten (Dissonanzen, teils Jazz-verwandt, ungewöhnliche Skalen z. B. Pentatonik, indonesische/javanische Musikeinflüsse); die oft anschaulichen Namen der Kompositionen weisen auf die Nähe der Musik zur Malerei hin

☆ Seit er 18 Jahre war, wurde Debussys Leben begleitet von skandalösen Liebesaffären bis hin zum Selbstmordversuch einer verlassenen Geliebten. Aus seiner zweiten Ehe stammte sein einziges Kind: Claude-Emma, genannt „Chouchou" (gespr. schu-schu). Sie ging in die Musikgeschichte ein, weil ihr ihr Vater den Klavierzyklus *Children's Corner* widmete, in dem *Golliwogg's Cakewalk* enthalten ist. Mit 14 Jahren verstarb das Mädchen (Diphtherie).

> Die Musik ist ihrem Wesen nach nicht eine Sache, die man in eine strenge und überlieferte Form gießen kann. Musik ist der Bereich zwischen den Noten. *Claude Debussy*

▶ **1** *Informiert euch über die Ursprünge und Merkmale der Epoche des Impressionismus. Welche Rolle spielte dabei die Malerei? Findet ein Bild, das euch besonders anspricht.*

### Leonard Bernstein

geboren am 25. 8. 1918
in Lawrence (Massachusetts)
gestorben am 14. 10. 1990 in New York

**Familie** Vorfahren aus Russland in die USA eingewandert, unter ihnen Rabbiner und Schriftgelehrte; Vater Samuel Bernstein (Leiter eines kleinen Unternehmens)

**Ausbildung** zielstrebige musikalische Ausbildung ab dem 10. Lebensjahr; Musikstudium in Cambridge (Massachusetts), Philadelphia und Tanglewood

**Wirkungsstätten** New York (Assistent der New Yorker Philharmoniker, Leiter des New York City Orchestra, Chefdirigent des New York Philharmonic Orchestra, Komponist, Jugendkonzerte); Gastdirigent und Pianist in allen Musikzentren der Welt

**Werke** (Auswahl) Musical *West Side Story* (↗ S. 106 ff.); weitere Bühnenwerke: *Trouble in Tahiti* (Oper), *Fancy Free* (Ballett); Sinfonien, Konzerte, eine Filmmusik (*Die Faust im Nacken*); Fernsehsendungen zu musikalischen Themen; Bücher über Musik

**Bedeutung** international anerkannter Komponist, Dirigent, Pianist und Pädagoge; verarbeitet in seinem Schaffen vielfältige musikalische Elemente wie Klassik, Jazz, lateinamerikanische Volksmusik, jüdische liturgische Musik; Musikvermittlung im Fernsehen (*Young People's Concerts*); engagierter Einsatz für Musik des 20. Jh. vor allem amerikanischer Komponisten und für die Werke Gustav Mahlers; konsequentes Eintreten für Humanität und Demokratie (gegen Rassismus und Antisemitismus)

☆ Zum Fall der Berliner Mauer, der die Unfreiheit der DDR-Bürger beendete, dirigierte Bernstein die *9. Sinfonie* von Beethoven. In seiner Begeisterung wandelte er den eigentlichen Text des Schlusschors um in *Freiheit, schöner Götterfunken* (statt *Freude ...*).

> Ich liebe die Musik fanatisch. Ich kann nicht einen Tag leben, ohne Musik zu hören, ohne Musik zu spielen, mit Musik zu arbeiten, über sie nachzudenken. Und all dies ist unabhängig von meinem Beruf als Musiker. Ich bin ein „Fan". *Leonard Bernstein*

**》▶ 2** *Wählt ein Musikstück aus, für das ihr euch begeistert. Entwickelt Ideen und Methoden, wie ihr andere für diese Musik interessieren könnt.*

## 20. Jahrhundert / Rock- und Popmusik

**The Beatles**

John Lennon
geboren am 9. 10. 1940 in Liverpool
gestorben am 8. 12. 1980 in New York (Attentat)

George Harrison
geboren am 25. 2. 1943 in Liverpool
gestorben am 29. 11. 2001 in Los Angeles

Ringo Starr (Richard Starkey)
geboren am 7. 7. 1940 in Liverpool

Paul McCartney
geboren am 18. 6. 1942 in Liverpool

**Herkunft** McCartneys Vater James machte selbst Musik (Laien-Jazzband). Mutter Mary starb, als Paul 14 Jahre war. Lennon wuchs bei seiner Tante Mimi auf und litt darunter, dass sich seine Mutter Julia nicht um ihn kümmerte. Harrison wurde als Sohn eines Busfahrers geboren. Ringo Starr war häufig schwer krank; das Schlagzeugspiel in verschiedenen Bands war für ihn ein wichtiger Ausgleich.

**Ausbildung** autodidaktisch

**Besetzung** John Lennon (Gesang, Rhythmusgitarre); Paul McCartney (Gesang, Bassgitarre), George Harrison (Melodiegitarre, Gesang); Ringo Starr (Schlagzeug, selten Gesang)

**Wirkungsstätten** anfangs Auftritte in wechselnder Besetzung bei Festen und in Clubs in Liverpool, Gastspiel in Hamburg auf der Reeperbahn (als Quintett und ohne Ringo Starr); zurück in Liverpool und nach „Entdeckung" durch Manager Brian Epstein 1963 Aufstieg in der Quartett-Besetzung zu Weltstars, Konzerte, Fernsehauftritte; Schallplatten erreichten Millionenauflagen, der Gesamtverkauf überstieg bis heute die Milliardengrenze; 1970 Auflösung der Gruppe

**Werke** (Auswahl) über 200 Songs meist von Lennon, McCartney (*All My Loving* ↗ S. 224, *Strawberry Fields Forever* ↗ S. 185, *All You Need Is Love* ↗ S. 35, *Something* (Harrison), *Let It Be* ↗ S. 225); einflussreichstes Album *Sgt. Pepper's Lonely Hearts Club Band*; Kinofilme

**Bedeutung** wichtigste Gruppe der um 1960 entstehenden englischen Beatmusik, der ersten jugendlichen Musikbewegung, die von Großbritannien aus die gesamte Welt erfasste; durch eine Vielzahl neuer Ideen (Studiotechnik, „Schallplattengesamtkunstwerke", Videoclips, stilistische Verschmelzungen, Stadionkonzerte) und ihre Wandlungsfähigkeit prägen die Beatles die Musikentwicklung dieses Jahrzehnts; wurden zu Vorbildern von Kollegen und folgenden Musikergenerationen

☆ *Yesterday*, einer der erfolgreichsten Beatles-Hits, erhielt zunächst von McCartney den sehr merkwürdigen Titel *Scrambled Eggs* (*engl.*, Rührei). Ob der Song damit zum Welthit geworden wäre?

> Lennons Musik wird bestimmt so lange bestehen wie die Werke von Brahms, Beethoven und Bach. *Leonard Bernstein*

▶ **1** *Findet heraus, welche Personen als „5. Beatle" bezeichnet wurden und warum.*

## Michael Jackson

geboren am 29. 8. 1958 in Gary (Indiana)
gestorben am 25. 6. 2009 in Los Angeles

**Familie** Michael war das 7. der 9 Kinder von Joseph Jackson (Kranführer) und Katherine (Verkäuferin); Schwester Janet (*1966) wurde eine erfolgreiche Solokünstlerin, zeitweilig auch Jermaine (*1954) und La Toya (*1956)

**Ausbildung** ehrgeiziger, zu Gewalt neigender Vater, forderte von seinen Kindern Höchstleistungen, schickte sie zu Talentwettbewerben; in der Gesangsgruppe The Jackson Five (1964–1989) war „Little Michael" der weitaus Erfolgreichste; Singen und Tanzen erlernte er autodidaktisch; später Musikproduzent für andere Künstler.

**Wirkungsstätten** The Jackson Five hatten ihren Durchbruch in den USA Ende 1969 und starteten eine Weltkarriere; 1979 mit Solo-Album *Off the Wall* Beginn der eigentlichen Solo-Karriere von Michael auf Bühne, Tonträgern, in Film und Fernsehen; überraschender Tod vor Comeback

**Werke** (Auswahl) Schallplatten mit The Jackson Five (↗ S. 49), dann Solo-Alben (*Off the Wall*, *Thriller*, *Bad*); Videoclips u. a. in Langform (*Thriller*) und Musikfilme (*The Wiz*, *Moonwalker*); Komposition und All-Star-Hilfsprojekt *We are the World* U.S.A. for Africa (1985); Zusammenarbeit mit verschiedenen Künstlern (z. B. Paul McCartney); posthume Filmdokumentation „This is it"

**Bedeutung** In den 1960er-Jahren entwickelt sich vor allem im Umfeld der Plattenfirma Motown eine selbstbewusste „schwarze" Musik (Soul), in der The Jackson Five und Michael zu Leitfiguren werden; stilprägender Performer („Moonwalk" als spezielle Tanzfigur); als erster Schwarzer mit Videoclips in MTV zu sehen; Gründung einer Stiftung, Förderung von Wohltätigkeitsprojekten; trotz Rückzug von der Öffentlichkeit immer wieder im Brennpunkt medialen Interesses z. B. durch seine Heirat mit Lisa Marie Presley, der Tochter von Elvis

☆ Nach seinem Tod setzte ein unvorstellbares Geschäft rund um Jacksons künstlerischen Nachlass ein. Durch CD-Verkäufe, Filme, Bücher und Fanartikel wurden große Summen eingenommen. Es wird geschätzt, dass Jacksons Erben im ersten Jahr nach seinem Tod 1 Milliarde US-$ verdienten.

> Ich denke, dass jeder Kinderstar diese Phase durchleidet, wenn du nicht mehr so süß und niedlich bist. Du wächst und die wollen dich auf ewig klein halten. *Michael Jackson*

⟩⟩▶ **2** *Sucht nach Rekorden, die mit Jacksons Person und seiner Musik verbunden sind.*

# Musiklexikon

**Akkord** Zusammenklang von mehr als zwei Tönen unterschiedlicher Höhe

**Alt** tiefe Stimmlage der Frau, auch tiefe Kinderstimme

**Arie** kunstvoller und gefühlsbetonter Sologesang mit Orchesterbegleitung, z. B. in der Oper; Vor-, Zwischen- und Nachspiel, meist in A-B-A-Form

**Artikulation** Vortragsweise; 1. beim Sprechen: die (sorgfältige) Aussprache; 2. in der Musik: binden (legato) oder trennen (staccato) von Tönen

**Ballett** 1. szenische Tanzdarbietung, die Teil einer Aufführung, aber auch ein selbstständiges Bühnenwerk sein kann, die Handlung wird zur Musik ohne Sprache und Gesang tänzerisch dargestellt und durch Mimik, Gestik, Kostüme und Bühnenbild unterstützt; 2. Gruppe der ausführenden Tänzer (Ballett-Ensemble)

**Barock** Kunstepoche, etwa 1600 bis 1750

**Bass** tiefe Stimmlage des Mannes

**Bigband** (*engl.* Gruppe, Kapelle) großes Jazz- oder Tanzorchester mit mehrfach besetzten Bläserstimmen

**Blues** (*engl.*) eine Liedform, die in der zweiten Hälfte des 19. Jahrhunderts in den Südstaaten der USA unter Schwarzen entstand; Vorform des Jazz; entwickelte sich aus Worksong, Spiritual, Gospel; fand Eingang in die Rock- und Popmusik; verbreitetes 12-taktiges Formmodell (Bluesschema)

**Breakdance** (*engl.*) akrobatische Tanzform, die in den 1970er-Jahren in New York von schwarzen Jugendlichen erfunden wurde als Straßentanz

**BWV** (Abk. für Bach-Werke-Verzeichnis) Verzeichnis aller Kompositionen von Johann Sebastian Bach

**CD** (Abk. für Compact Disc) digitaler Musik- und Datenspeicher als Nachfolger der Schallplatte

**Chart** (*engl.* Tabelle, Karte) in Zusammenhang mit Musik: Hitliste

**Choral** (*lat.* choralis, zum Chor gehörig) im allgemeinen Sinne ein- oder mehrstimmiges Lied für den Gottesdienstgebrauch

**Choreograf** (*altgriech.* „Tanzschreiber") Gestalter einer Choreografie, der die Tanzbewegungen zu einer Musik erfindet, aufzeichnet und mit den Tänzern einstudiert

**Chromatische Tonleiter** Melodiebewegung in Halbtonschritten, also unter Verwendung von tonleiterfremden Tönen (s. Stammtöne); die chromatische Tonleiter besteht ausschließlich aus Halbtonschritten und umfasst alle zwölf verschiedenen Töne unseres Tonsystems

**Combo** kleine, solistisch besetzte Band

**Cover** (*engl.* Hülle, Verb: covern) 1. Bucheinband; 2. Hülle einer CD, DVD o. Ä.; 3. Kurzform für Coverversion

**Coverversion** Bearbeitung, Neuaufnahme und -interpretation eines von einem anderen Künstler bereits veröffentlichten Songs

**Dissonanz** (*lat.* unterschiedlich, auseinander klingen, Gegensatz: Konsonanz) Zusammenklang von Tönen, der als spannungsgeladen oder misstönend empfunden wird

**Dominante** 5. Ton der Tonleiter (Quinte) sowie der darauf gebildete Dreiklang

**Dorisch** Tonart, deren Tonleiter den Stammtönen beginnend auf d entspricht (s. Kirchentonleiter)

**Dramaturgie** (*griech.*) die Kunst, einen Spannungsbogen als Kompositionsprinzip zu gestalten

**Dreiklang** Zusammenklang von drei Tönen im Terzabstand: Grundton-Terz-Quinte (Grundstellung)

**Dur** Tongeschlecht, dessen Tonleiter u. a. durch die große Terz zwischen Grundton und drittem Ton charakterisiert ist (s. Moll)

**DVD** (Abk. für Digital Versatile Disc) digitaler Film- und Datenspeicher vom Durchmesser einer CD; technischer Nachfolger: Blu-ray Disc (BD)

**Dynamik** in der Musik: Lautstärke und deren Abstufungen, z. B. piano (leise) oder forte (laut)

**Elektro** seit den 1970er-Jahren Begriff für Musik, die auf elektronischer Klangerzeugung basiert

**Ensemble** (*frz.* ensemble, zusammen) Gruppe von Musikern, die gemeinsam musizieren

**Eurovision Song Contest** (*engl.*) seit 1956 jährlich ausgetragener Gesangswettbewerb der Europäischen Rundfunkunion

**Fermate** ⌒ (*ital.* Haltestelle) Haltezeichen, auch Schlusszeichen in Kanons

**Festival** (*lat.* festivus, festlich, auch: Festspiele) in der Musik: eine Veranstaltungsreihe, die mehrere Konzerte oder Aufführungen unter einem bestimmten Motto, an einem ausgewählten Ort oder während eines begrenzten Zeitraums zusammenfasst

**Filmschlager** Schlager, der in einer Filmhandlung vorgetragen wird und dadurch Popularität gewinnt

**Gospel** (*engl.* Evangelium, frohe Botschaft; auch: Gospelsong) christliches schwarzamerikanisches Gemeindelied, Gospel heute auch Sammelbegriff für englischsprachige christliche Popmusik; Thema der Texte ist die Erlösung der Menschen durch Jesus

**Grundtaktart** (einfache Taktart) Taktarten mit nur einer Betonung (2er- und 3er- Taktarten); systematisch betrachtet handelt es sich schon beim 4/4-Takt um eine zusammengesetzte Taktart (Nebenbetonung auf 3)

**Grundton** 1. erster Ton einer Tonleiter und damit das tonale Zentrum; 2. der Ton, auf dem ein Akkord aufgebaut ist

**Hardrock** Musikstil etwa seit 1970

**Hauptdreiklang** (Gegensatz: Nebendreiklang) Dreiklang auf der I., IV. oder V. Stufe einer Tonleiter (s. Tonika, Subdominante, Dominante)

**Heavy Metal** (*engl.* Schwermetall) Musikstil in Weiterentwicklung des Hardrock

**Hip-Hop** seit den 1970er-Jahren in den USA entstandene Jugendkultur mit Musik, die vor allem durch den Rap charakterisiert ist

**Hob.** (Abk. für Hoboken-Verzeichnis) gebräuchlichstes Verzeichnis aller Kompositionen von Joseph Haydn, das Anthony van Hoboken in drei Bänden erstellt hatte (1957–1978)

**Homofonie** (*griech.* Gleichklang) Mehrstimmigkeit, in der sich alle Stimmen einer Hauptstimme (Melodie) unterordnen; Gegensatz Polyfonie

**Imitation** 1. Nachahmung von Naturgeräuschen durch Musik; 2. Nachahmung eines Melodieabschnitts in einer anderen Stimme, häufiges Gestaltungsmittel in mehrstimmiger Musik

**Improvisation** 1. (Musik) erfinden aus dem Stegreif; 2. spontanes Verändern (improvisieren über) einer musikalischen Vorlage; 3. Für Jazz-, Rock- und Popmusik typische Musizierpraxis (s. Soloimprovisation)

**Interpretation** (*lat.* deuten, erklären) die persönliche Auslegung eines Musikwerks bei seiner Aufführung durch den Interpreten; dasselbe Werk kann dadurch sehr unterschiedlich wirken

**Intervall** (*griech.* intervallum, Zwischenraum) Abstand zwischen zwei Tönen, die gleichzeitig oder nacheinander erklingen

**Jazz** (*engl.*) rhythmisch akzentuierter Musikstil, der sich ursprünglich um 1900 von den USA aus verbreitete; im Jazz spielt das Improvisieren eine große Rolle

**Kabarett** (*frz.* cabaret, Schänke) in Deutschland um 1900 entstehende Form der Kleinkunst, in der Musik, Szenen, Gedichte unterhaltsam bis kritisch für ein Publikum vorgetragen werden

**Kadenz** (*lat.* cadere, fallen) 1. Akkordfolge mit Schlusswirkung (z. B. Tonika-Subdominante-Tonika); 2. virtuoses Spiel des Solisten in einem festgelegten Teil des Solokonzertes

**Kantate** (*lat.* cantare, singen) „Singstück", mehrteiliges Werk für Gesangssolisten, Chor und Orchester

**Karaoke** (*jap.* leeres Orchester) 1971 in Japan entstandenes Singen zu Playbackaufnahmen als gesellige Unterhaltungsform in Bars, bei Wettbewerben usw.

**Kirchentonart** Tonleitern mit von Dur und Moll abweichendem Aufbau, die vor allem in der Kirchenmusik des Mittelalters verwendet wurden (z. B. Dorisch)

**Konsonanz** (*lat.* zusammen klingen, Gegensatz: Dissonanz) Zusammenklang von Tönen, der als wohlklingend und in sich ruhend empfunden wird

**Konzeptalbum** LP oder CD, bei der alle Musiknummern und oft auch die Covergestaltung einer übergeordneten Idee folgen

**Konzert** 1. Veranstaltung, bei der Musiker für ein Publikum spielen; 2. mehrsätziges Musikstück für ein oder mehrere Soloinstrumente mit Orchester (s. Solokonzert)

**KV** (Abk. für Köchel-Verzeichnis) Verzeichnis aller bekannten Werke W. A. Mozarts, das Ludwig von Köchel 1862 angelegt hat

**LP** (Abk. für Langspielplatte) analoger Tonträger mit 30 cm Durchmesser

**Menuett** 1. „zierlicher Tanz", aus Frankreich stammender Tanz im ¾-Takt, besonders beliebt am Hof Ludwig XIV.; 2. in Barock und Wiener Klassik oft ein Satz in Suiten, Sonaten und Sinfonien in der Form Menuett – Trio – Menuett (A-B-A)

**Metrum** Puls, gleichmäßig wiederkehrende Grundschläge; die Geschwindigkeit der Grundschläge bestimmt das Tempo

**Moll** Tongeschlecht, dessen Tonleiter u.a. durch die kleine Terz zwischen Grundton und drittem Ton charakterisiert ist (s. Dur)

**Motiv** kleinster sinnstiftender Baustein

**MP3** Kurzform für ein in Deutschland entwickeltes Verfahren zur Datenreduktion digital gespeicherter Audiodaten

**Musical** (*engl.* Kurzform von musical play, musikalisches Theaterstück) musikalisches Bühnenwerk mit Showeffekten, mit Einbezug von Schauspiel, Gesang und Tanz, musikalisch angelehnt an Jazz, Rock und Pop

**Musikstil** besondere Merkmale eines Musikstücks, die typisch für eine bestimmte Person (Komponist, Interpret) oder Zeit (z. B. Barock) sind

**Musiktheater** 1. Theatergebäude, in dem musikalische Bühnenwerke aufgeführt werden; 2. Sammelbegriff für musikalische Bühnenwerke (Oper, Operette, Musical, Ballett usw.)

**Musikvideo** (auch: Videoclip) filmische Inszenierung eines Songs; Grundformen sind Concept-Clips, Performance-Clips und Trailer; in der Langform wird der Song in eine Rahmenhandlung eingebettet

**Nationalhymne** Lied oder Instrumentalstück, das als musikalisches Erkennungszeichen für einen Staat festgelegt wurde

**Nebendreiklang** (Gegensatz: Hauptdreiklang) Dreiklang auf der II., III., VI. oder VII. Stufe einer Tonleiter

**Notation** schriftliche Aufzeichnung von Musik; die traditionelle Notenschrift gibt die genaue Länge und Höhe von Tönen wieder

**Notenschlüssel** Zeichen, das festlegt, welche Tonhöhen durch die Notenlinien dargestellt werden

**Oper** musikalisches Bühnenwerk, in dem dramatische Handlung, Musik, Text, Bühnenbild und Bühnentechnik zusammenwirken

**Operette** („kleine Oper") musikalisches Bühnenwerk, in dem unterhaltsame Themen in einprägsamen Melodien, gesprochenen Dialogen und lebhaften Tänzen präsentiert werden

**op., Opus** (*lat.* Werk)

**Orchester** große Gruppe von Instrumentalisten, die von einem Dirigenten geleitet wird; die Instrumente sind nach Gruppen geordnet und meist mehrfach besetzt; unterschieden werden vom großen Sinfonieorchester kleinere spezielle Gruppen wie Blas-, Streich- und Tanzorchester usw.

**Ostinato** gleichbleibende, immer wiederkehrende musikalische Figur, meist in der Begleitung

**Ouvertüre** Eröffnungs-, Einleitungsmusik, z. B. zu einer Oper oder einer Suite

**Parodieverfahren** (*griech*. „Gegenlied" oder „verstellt gesungenes Lied") Umgestaltung eines Musikstücks beispielsweise durch einen neuen Text, damit es für einen anderen Zweck genutzt werden kann; in der Zeit Bachs eine verbreitete musikalische Praxis

**Partitur** Aufzeichnung aller Einzelstimmen einer Komposition in übereinander angeordneten Notensystemen, sodass der Dirigent das musikalische Geschehen im Chor oder Orchester jederzeit überschauen kann

**Pattern** (*engl*. Muster) ein rhythmisches (seltener: melodisches) Modell, das sich zur Ostinato-Begleitung eines Musikstücks eignet (s. Ostinato, Riff)

**Pavane** höfischer Schreittanz spanisch-italienischer Herkunft, vor allem im 16., 17. Jh. populär

**Playback** (*engl*. Musikaufnahme der Instrumentalstimmen, zu denen „live" gesungen werden kann (Sonderform: zur Begleitung von Instrumentalisten, z. B. ein Soloinstrument)

**Polyfonie** (*griech*. Vielstimmigkeit, Gegensatz: Homofonie) Mehrstimmigkeit, in der die einzelnen Stimmen gleichberechtigt sind, z. B. im Kanon

**Popmusik** abgeleitet vom Begriff „popular music" (*engl*. beliebte, weit verbreitete Musik) gilt Popmusik als Oberbegriff für Musik, die vornehmlich durch Massenmedien und eingebunden in die Musikwirtschaft eine möglichst große Bekanntheit anstrebt (s. Rockmusik)

**Powerchord** (*engl*. „Kraftakkord") Gitarrengriff, der beim Dreiklang die Terz ausspart, sodass er weder Dur noch Moll zugeordnet werden kann und besonders „druckvoll" klingt

**Programmmusik** Instrumentalmusik, in der sich der Komponist auf bestimmte Geschehnisse oder außermusikalische Vorlagen (ein Programm, z. B. Bild, Gedicht, Naturereignisse usw.) bezieht

**Protestlied** gesellschaftskritisches Lied, das sich gegen (vermeintliche) Missstände richtet

**Punk** (*engl*. auch: Punkrock) provozierender Musikstil vor allem Mitte der 1970er-Jahre in London

**Quartett** (*lat*. quartus „vierter") 1. Musikstück für vier; 2. Gruppe von vier Ausführenden; Besetzung variabel, richtet sich u. a. nach der Epoche/dem Musikstil

**Quintenzirkel** Hilfsmittel zum Merken der Vorzeichen von Dur- und Molltonarten

**Quintett** (*lat*. quintus, „fünfter", s. Quartett)

**Quintverwandtschaft** Bezeichnung für Tonleitern gleicher Tonalität, deren Grundtöne eine Quint entfernt sind, und die sich deshalb durch nur ein Vorzeichen voneinander unterscheiden

**Rap** (*engl*. to rap, pochen, klopfen, schlagen, meckern) rhythmischer Sprechgesang zu einem stark rhythmisch betonten Musikfundament, vor allem im Hip-Hop

**Remix** (*engl*.) 1. neue Abmischung bestehender Spuren einer Mehrkanalaufnahme; 2. Neumontage einer bestehenden Aufnahme durch Demontage des Vorhandenen (Zerstückelung, Klangveränderung u. Ä.) und Hinzufügen neuer Klangeffekte, speziell in der Techno-Musik

**Renaissance** (*frz*. „Wiedergeburt") Kunstepoche im 19. Jahrhundert

**Revue** Gattung des Musiktheaters, eine Folge von Musik-, Tanz- und Wortbeiträgen, üblicherweise unter ein Motto gestellt, aber ohne durchgehende Handlung

**Rezitativ** Sprechgesang, der die Handlung vorantreibt und instrumental mit wenigen Akkorden begleitet wird

**Rhapsodie** Musikwerk, das in loser Form oft um eine einprägsame Melodie oder flüchtige musikalische Einfälle kreist

**Rhythmus** Gestaltung der musikalischen Bewegung durch die verschiedenen Tonlängen und Pausen, eng an das Metrum gebunden

**Riff** (*engl.*) kurze prägnante Reihung sich wiederholender Töne oder Akkorde

**Rock 'n' Roll** (*engl.* schaukeln und wälzen, Abk. R&R) 1. Sammelbegriff für die in den USA in den 1950er-Jahren entstehende Jugendmusik; 2. in engerem Sinne ein sich damals entwickelnder Musikstil; 3. ein dazu praktizierter Tanzstil

**Rockmusik** seit Mitte der 1960er-Jahre gebräuchlicher Überbegriff für vielfältige Musikstile, die u.a. aus der Weiterentwicklung des Rock'n'Roll entstanden

**Romantik** Kunstepoche, in der Musik ca. 1820–1890

**Satz** in sich geschlossener Teil eines größeren musikalischen Werkes (s. Sinfonie, Suite)

**Schallplatte** analoges Klangspeichermedium, bei dem die Signale als Spirale in eine flache runde Kunststoffscheibe geprägt werden (s. Single, LP)

**Schlager** 1. erfolgreicher Verkaufsartikel; 2. deutschsprachiger Musiktitel, der auf massentauglichen Musikgeschmack setzt

**Sinfonie** großes Orchesterwerk, meist aus vier Sätzen bestehend (s. Satz)

**Single** (*engl.* einfach, einzeln) Schallplatte mit jeweils nur einem Musiktitel auf jeder Seite, ca. 18 cm Durchmesser (s. Schallplatte)

**Solo** (*ital.* allein, Plural: Soli, Gegensatz: Tutti) 1. Werk für ein einzelnes Instrument (z. B. Flöte); 2. Abschnitt innerhalb eines Werkes, bei dem ein einzelnes Instrument in den Vordergrund tritt, s. Tutti; 3. ein Tanz für einen Tänzer allein

**Soloimprovisation** in Jazz-, Rock- und Popmusik übliche Spielform, bei der ein Musiker oder Sänger improvisiert, während die Mitmusiker eine festgelegte Begleitung dazu spielen, z. B. eine bestimmte Akkordfolge (s. Improvisation)

**Solokonzert** mehrsätziges Musikstück, in dem ein herausgehobenes Einzelinstrument in Wettstreit mit dem Orchester tritt; der Musiker, der das Soloinstrument spielt, wird als Solist bezeichnet

**Sonate** (*lat.* sonare, klingen) drei- oder viersätziges Instrumentalwerk für ein Soloinstrument oder mehrere Instrumente (z. B. Violine und Klavier)

**Sonatenhauptsatzform** oft Form des ersten Satzes in Sonate, Sinfonie, Konzert, Quartett u.a. (Exposition – Durchführung – Reprise)

**Sopran** hohe Stimmlage der Frau, Lage der Kinderstimme

**Sound** (*engl.* Klang, Geräusch) Klang(farbe), speziell in Rock- und Popmusik

**Soundtrack** (engl. Tonspur) 1. Tonspur eines Films, die Musik, Geräusche und Sprache enthält; 2. veröffentlichte Fassung einer Filmmusik z. B. auf CD (oft Original Soundtrack, Abk. OST)

**Spiritual** (*engl.*) geistliches Lied der Afroamerikaner in den USA, in dem ursprünglich die Sklaven ihr Schicksal beklagten und auf Erlösung hofften, die Texte orientieren sich oft am Alten Testament (s. Gospel)

**Stammtöne** die sieben Töne der C-Dur-Tonleiter (weiße Tasten der Klaviatur, s. Chromatik)

**Stimmgattung** s. Alt, Bass, Sopran, Tenor

**Stufe** (Tonleiter) die tonleitereigenen Töne einer Dur- und Molltonleiter mit den auf ihnen gebildeten Akkorden (Beispiel: I. Stufe = Tonika)

**Subdominante** 4. Ton der Tonleiter sowie der darauf gebildete Dreiklang

**Suite** (*frz.* Folge) 1. Folge von in sich geschlossenen Sätzen, meist mit tänzerischem Charakter; 2. Zusammenstellung von Ballett-, Musiktheater- und Filmmusikmelodien für eine Konzertaufführung

**Takt** gleichlange Abschnitte, in die jedes Musikstück eingeteilt ist. Takte sind mit einer festgelegten Anzahl von Notenwerten gefüllt und werden durch Taktstriche voneinander getrennt. Takte haben einen regelhaften Wechsel von betonten und unbetonten Grundschlägen (im ¾-Takt drei Grundschläge, der erste ist betont) und gliedern so ein Musikstück, (s. Metrum)

**Taktart** zeigt die Anzahl der zu zählenden Grundschläge an, es gibt z. B. ²/₄-Takt, ³/₄-Takt, ³/₈-Takt, ⁴/₄-Takt (s. Grundtaktart)

**Techno** rhythmusorientierte elektronisch produzierte Tanzmusik

**Tempo** Geschwindigkeit der regelmäßigen Grundschläge; das Tempo kann langsam (largo) oder schnell (allegro) sein, wird zumeist vom Komponisten in italienischer Sprache angegeben und kann sich auch innerhalb eines Musikstückes verändern

**Tenor** hohe Stimmlage des Mannes

**Tetrachord** (*griech*. Vierton) Viertonfolge im Rahmen einer Quarte (1.–4. Ton)

**Thema** einprägsame Melodie, musikalische „Gestalt", die für den Charakter eines Musikstückes und für dessen Verlauf besonders bedeutsam ist; es bildet den Grundgedanken einer Komposition

**Tonalität** 1. Bezug aller Töne und Akkorde einer Komposition auf eine Tonleiter und deren Grundton; 2. insbesondere die Unterscheidung, ob die zugrunde liegende Tonleiter eine Dur- oder eine Molltonleiter ist

**Tonart** Bezeichnung einer bestimmten Tonleiter in Dur oder Moll, z. B. F-Dur oder a-Moll

**Tonhöhe** Eigenschaft jedes Tones, die sich aus der Schwingungszahl ergibt; Töne mit höherer Schwingungszahl empfinden wir als heller, Töne mit niedrigerer Schwingungszahl als dunkler; die Tonhöhe wird im Notensystem genau fixiert

**Tonika** Grundton einer Tonleiter sowie der darauf gebildete Dreiklang

**Tonleiter** Folge von Tönen in einer festgelegten Anordnung unterschiedlich großer Tonschritte. Die Tonleiter bietet den Grundvorrat an Tönen einer Komposition; Vorzeichen zeigen an, auf welcher Tonleiter eine Komposition beruht (s. Dorisch, Dur, Moll)

**Tonstudio** Einrichtung zur Aufnahme von Musik, Sprache oder Geräuschen für CD, Rundfunk, Film, Fernsehen, Computerspiele usw.

**Transposition** Übertragen eines Musikstücks in eine andere Tonart (z. B. um die Tonhöhe für das Singen zu verändern)

**Triller** (Abk. tr.) musikalische Verzierung, schneller Wechsel mit dem benachbarten Ton

**Trio** (*lat.* tres, drei, s. Quartett; auch: Zwischenstück z. B. beim Menuett)

**Tritonus** (wörtlich „3 Ganztonschritte") das spannungsreichste Intervall, als diabolus in musica (*lat.* Teufel in der Musik) bezeichnet

**Variation** 1. Veränderung eines Themas als musikalisches Gestaltungsprinzip; 2. ein selbstständiges Musikstück bzw. ein Satz innerhalb eines größeren Werkes, der aus einer Folge von Variationen besteht; 3. Solotanz im Ballett

**Virtuose** Musiker, der seine Kunst in vollendeter Weise beherrscht

**Vorzeichen** Versetzungszeichen (♯, ♭, ♮), durch die die Stammtöne nach oben oder unten verändert werden

**Wiener Klassik** Stilrichtung der Musik, etwa 1750–1820

**Worksong** (*engl*. Arbeitslied) unbegleiteter Gesang der Sklaven auf den Plantagen im Süden der USA, oft als Wechselgesang zwischen Vorarbeiter und der Gruppe (Blues, Call and Response, Gospel, Spiritual)

**Zyklus** eine umfassende Gesamtkomposition zu einer Thematik, zu der mehrere in sich eigenständige Einzelwerke zusammengefasst werden

# Anhang

## Sachwortverzeichnis

Ablauf 13, 30, 34, 40, 80, 117, 177, 196, 212
Agogo 9
Akkord , -begleitung 40, 59, 65, 102, 129, 197, 199, 201, 203 f.
Akustik, akustisch 21, 179, 186
Album 35, 39, 48
Alltag 18, 21, 58, 173
Alt (Stimmgattung) 16, 138, 140
Altschlüssel (C-Schlüssel) 214
Ambient 44
Amboss 21
Arabische Musik 86, 94
Arie 101, 205
Arrangeur 82
Artikulation 22
Atem 23
Aufnahme, -gerät, -prinzip 172, 174, 176, 186
Aufnahmetechnik, -studio 29, 35, 49, 53, 129
Auftakt 136, 195
Ausgabegerät 187
Außenohr 21
Autodidakt 183

Ballade 40, 82
Ballett 48, 98, 104, 142, 159
Band (Musikgruppe) 18, 22, 28, 30, 34, 36, 39, 53, 182
Banjo 63, 162
Barock (Epoche) 134–143, 154
Barocktrompete 135
Bass (Instrument) 28, 44, 62
Bass (Stimmgattung) 16, 140
Bass-drum 29, 44, 47, 190, 210
Bassetthorn 146
Basso continuo 116
Bassschlüssel (F-Schlüssel) 140, 214
Bauerntanz 159
Bearbeitung 39, 52, 118, 131, 141, 152, 155
Beatmusik 36
Becken (Instrument) v. V., 9, 190
Beleuchtungsmeister 99
Besetzung 34, 62, 82
Bigband 21, 62
Biografie 49, 73, 149, 183, 258 ff.

Black Almaine 166
Blasinstrument h. V.
Blechblasinstrument 147, h. V.
Blockflöte h. V.
Blue notes 59, 63
Blues 36, 58 f.
Bluesschema 59
Blues shouting 58
Bluestonleiter 59
Bogen (Streichinstrumente) v. V., 150
Bongos 9, 191
Boomwhacker 197
Bourrée 136
Bratsche (Viola) v. V. , 117, 214
BRAVO 39, 42
Break (Pause, Formteil) 34, 190
Breakdance 14 f., 45
Bridge (Überleitung, Formteil) 13
Bruststimme 23
Bühne 112, 121, 127, 129
Bühnenbauer 99
Bühnenbild, -ner 98 f., 112
Bühnenmusik 120
Bühnentanz 159
Bühnenwerk 113
BWV 138

Cabasa (Kettenrassel) 9, 89
Cajón 9, 92
Cakewalk 162
Call and Response 57, 89
Canario 212
Caprice 150
Castingshow 184
Cello (Violoncello) v. V., 117, 214
Cembalo 116, 210, h. V.
Chalumeau 146
Chanson, -ier 81 f.
Chart 26, 39, 52
Chassée 165
Chefregisseur 98
Chor (Call and Response) 57, 138
Choral 70
Choreograf, -ie 13, 23, 38, 47, 104, 159, 163, 200
Chormusik 154
Chorus (Gitarren-Effekt) 30
Chorus (Refrain, Formteil) 13
Chromatische Tonleiter 203
Claves (Klanghölzer) 9
Clavinet 29

Clean Sound 30
Coda (Nachspiel, Formteil) 11, 13, 121, 145
Combo 62
Computer, -spiel, -präsentation 18, 29, 123, 126, 176, 183, 186
Concept-Clip 50 f.
Concerto grosso 135
Conga v. V., 9
Cover, -version 31, 35, 39, 40, 42, 52, 70, 77, 83, 131, 153
Cowbell (Kuhglocke) 9
Crash-Becken v. V., 29
Cutter 183

Diamond Step 13
Digitalrecorder 180
Direktor 98
Dirigent 8, 22, 98, 192
Disco (Musikstil) 26, 38, 41
Discjockey (Abk. DJ) 20, 32, 44
Discothek 44, 168
Dissonanz 204 f.
Distortion (Verzerrer, Gitarren-Effekt) 30
Djembé 9, 89, h. V.
Dokumentation (TV) 184
Dominante 196, 199, 208
Dorisch 200 f., 203
Double (Tanz) 167
Drama, -turg, -ie 98, 100, 104, 109, 120, 145, 162
Drehbuch 183
Dreiklang (Dur, Moll) 197, 199, 201, 203
Durchführung (Formteil) 145
Dur, -tonleiter 196, 198 f., 202
Dynamik (Lautstärke) 17, 22, 69, 109, 117, 121, 148, 173

E-Bass 28
Ecossaise (Tanz) 165, 168
Effekt (Gitarre) 30
Effektgerät 30, 37
E-Gitarre v. V., 28, 30, 33, 40
Eingabegerät 187
Einleitung (Formteil) 10
Elektrisch, elektronisch 28 f., 44
Elektro (Musikstil) 44, 94
Endprobe 99
Englischhorn 127
Ensemble 62, 64, 86, 98, 129, 212

Entertainer 49, 163
Epoche 154, 169
Etüde 205
Eurovision Song Contest 39, 80
Eustachische Röhre 21
Exposition (Formteil) 145

Fagott 134, 214, h. V.
Fan, -kult 27, 39, 40, 153
Feature (TV) 184
Feeling 60
Fellklinger 9, h. V.
Fender Rhodes E-Piano 29
Fermate 24 f., 54 f., 66 f., 84 f., 96 f., 114 f., 132 f., 156 f., 168 f., 186 f., 194 f., 202 f., 208 f., 214 f.
Fernsehen 18, 27, 33, 50, 184 f.
Festival 27, 64
Fiedel 90
Figuren (Tanz) 160, 164
Film, -musical, -musik, -schlager 32, 38, 44, 50, 52, 64, 75, 80, 106, 110, 123, 130, 152, 163, 180 ff.
Flöte (Blockflöte, Große Flöte, Querflöte u. a.) 86, 90, 93, 214, h. V.
Flügel h. V.
Form 143, 162, 210, 215
Format (TV) 184
Formation (Tanz) 13
Fortsetzung 211
Frequenz 44
Fuge 141
Funktionen (Filmmusik) 182 f.

Gabber 44
Galliarde 95, 166
Gamelan 90 f.
Ganz- und Halbton 21, 198, 200, 202 ff., 206
Garderobiere 99
Gasse 165
Gebrochener Dreiklang 197
Gehörgang, -knöchel, -schaden 21
Geige (Violine) v. V., 117, 150, 214
Generalbass 116
Generalmusikdirektor 98
Generalprobe 99, 134
Genre 51, 181

Geräusch 173, 178, 180
Geräuschemacher 180, 186
Gesellschaftstanz 159, 162
Gigue 143
Gitarre v. V., 30, 37, 58, 92 f.
Glissando 23
Glocke 88 f., 172 f.
Gong 90 f.
Gospel 57, 70, 82
Grammophon 80, 175
Groove 47
Grundtaktart 121
Grundton 59, 83, 168, 197, 198–203, 208 f., 212, 215
Guiro (Gurke) 9

Haarzelle (Ohr) 21
Hammer (Ohr) 21
Hammond-Orgel 29
Hänge-Tom v. V., 29
Hardrock 40
Harfe v. V., 214
Harmonie, -folge, -schema 37, 59, 82, 152, 168, 199, 201, 211 f.
Harmonik 41
Hauptdreiklang 206, 208
Hauptprobe 99
Heavy Metal 26, 40, 131
Hi-hat v. V., 29, 190, 210
Hip-Hop 14 f., 45 f.
Hippie 35, 61
Hit, -parade 26, 32, 34, 36, 39 f., 42, 44, 80, 82, 155, 185, 197
Hob. 144
Holzblasinstrument 135, 147, h. V.
Holzblocktrommel 9
Homofonie, homofon 139 f.
Hookline 26, 44, 51
Horn (Instrument) 134, 214, h. V.
Hörnerv, -organ, -schnecke 21
Hörspiel, -musik 178 f., 186
Hymne 35, 74, 82

Idol 27, 48
Image 34, 36, 48, 51
Imitation, imitieren 139 (nur Parodie)
Improvisation 59, 61, 95, 141, 204, 212 f.
Indonesische Musik 90
Innenohr 21
Inspizient 99
Instrumental 62

Instrumentenbauer 20
Instrumentengruppe 64, 127, 135, 146, 153, 176
Instrumentierung 32, 34, 63, 78, 105, 179, 183
Intendant 98
Internet, -portal 18, 26, 38, 42, 50, 123, 172, 178, 183, 185, 210
Interpret 33, 35, 50, 81, 175
Interpretation 16, 26, 32, 60, 68, 98, 113, 116, 167, 212
Intervall, -folge, -sprung 23, 40, 106, 109, 140, 152, 198, 204 f., 208, 214
Interview 51, 98 f., 183
Intro (Vorspiel, Formteil) 13, 33
Inszenierung 22, 36, 34, 81, 98 f.

Jazz, -musik 56 f., 89, 94, 117, 152, 162, 193, 213

Kabarett 81
Kadenz (Dur, Moll) 196, 199, 208
Kammermusik 154, 211
Kanon 212
Kantate 138 ff.
Kantor 138
Kapelle 80
Kapellmeister 138, 144
Karaoke 27
Karriere, 34, 36 f., 48
Kehlkopf 17
Keyboards (Instrument) 22, 28 f., 40, 44, 147, 196, h. V.
Kick Ball Change 13, 160
Kino 32, 38, 180 f.
Kinokapellmeister 181
Kirchentonart, -leiter 200, 203
Klangbibliothek 186
Klang, -bild, -effekt, -erzeugung, -farbe, -volumen, -zeichen 11, 26, 29 f., 39, 40, 44, 80, 127, 135, 146, 152, 172, 212
Klarinette 146, 214, h. V.
Klassenband, -musizieren 22, 30, 53
Klassik 63, 94, 117, 144–149, 152, 154, 164
Klavier, -begleiter, -stimmer 20, 33, 48, 62 f., 151, 163, 180, 214, h. V.

Komponist 45, 60, 63, 82, 91, 104, 116, 124 f., 163, 172, 211
Komposition 118, 129, 210 f., 214
Konsonanz 204 f.
Kontertanz 164, 197
Kontrabass 29, 117, 210, 214, v. V.
Kontrast 210 f.
Konzeptalbum 128
Kritik 43, 113
Konzert 16, 40, 53, 146, 150, 168, 211
Konzertmeister 138
Konzerttournee 27
Kopfhörer 186
Kopfstimme 23
Körperinstrument 22, 56, 62, 111, 117, 191, 210
Korrepetitor 98
Kostümbildner 98, 102
Kreuzschritt 13
Kulisse 98
KV 147

Langspielplatte 41, 129
Langvideo 185
Laute 86, 116, 167
Lautsprecher 172, 176
Leadsänger 49
Leitmotiv 182
Liebeslied 68, 82 f.
Liedermacher 43, 70, 79
Liedform 58, 145, 215
Live, -konzert 27, 40, 87, 93, 184
Loveparade 44

Magazin (TV) 184
Manager 34
Manual (Tastatur) 141
Maracas (Kugelrassel) 9
Maskenbildner 20, 99, 102
Medien 36, 43
Menuett 135 f., 143, 145
Metallofon 90
Metrum 56, 82, 163, 190, 193, 196
Midi 29, 183
Mikrofon 32, 45, 173, 186 f.
Mittelalter 200, 204
Mittelohr 21
Mix 177
Mixolydisch 203
Moderator 20, 184
Moll, -tonleiter 198 f., 200, 202, 206 f.

Moritat 60
Motiv (musikal.) 109, 124, 148, 179, 186, 201, 211, 215
MP3 18, 175
MTV 185
Mundharmonika 58
Musical 39, 98 f., 106 ff.
Musikalienhändler, -beruf 20
Musikdirektor 138
Musikformat, -player 175
Musikgeschmack 18
Musikproduktion, -produzent 34, 48, 177
Musiksender 184 f.
Musikstil 26, 34, 40, 48, 52, 64, 184, 201, 210
Musiktheater 98, 112, 184, 211
Musikvideo 18, 35, 48, 50 f., 155, 185
Musikwissenschaftler 125, 127
Mutation 17

Nachsatz 215
Nachspiel (Formteil) 13, 79, 111
Nationalhymne 74
Naturton 135
Nebendreiklang 196, 208
Nervenimpuls 21
Neue Deutsche Welle (Abk. NDW) 42
Notenbild 117
Notenlinie 214
Notennamen 22
Notenschlüssel, -system 117, 140, 214
Notenwert 194

Oboe 134, 214, h. V.
Ohr, -muschel 21
Oktave 17, 109, 208, 214
Opus, op. 116
Open Air 21
Oper 98, 100, 127, 130, 142, 154
Operette 80, 98
Orchester 100, 147, 152, 181
Orchester, -lied, -werk 82, 146, 211
Organist 20
Orgel 116, 141, 210, h. V.
Original 40, 44, 52, 80, 118, 131, 152
Ostinato 28, 89, 92, 129, 210
Ouvertüre (Formteil) 100, 103, 106, 135

Pandero (Schellentrommel) 9
Parodieverfahren 139
Partie 98
Partitur 117 f., 147
Pas de deux 159
Passacaglia 143
Pattern 190
Pausenwert 194
Pauke v. V., 134, 214
Pavane 105, 129
Pedal 141
Pentatonische Tonleiter 203, 213
Performance-Clip 50 f.
Periode 215
Phonograph 174
Pianist 163
Piano h. V.
Pikkoloflöte (Kleine Flöte) h. V.
Platte, -nfirma, -nproduzent 45, 51, 185
Playback 30, 177, 184, 213
Polka 10, 159
Poptanz 13, 23
Populär 26, 46 f., 80, 92, 141, 149
Polyfonie, polyfon 139 f.
Popmusik 26, 52, 94, 111, 117, 153, 176, 190, 213
Posaune 214, h. V.
Powerchord 40, 213
Premiere 98, 128, 142
Prime 208
Produktion 185 f.
Produzent 34, 48
Probenbühne 99
Programm 98, 117
Programmmusik 116 ff.
Prolog 106, 109
Protestlied 82
Punk, -rock 41

Quarte 204 f., 208
Quartett 62
Querflöte (Konzertflöte, Große Flöte) h. V.
Quinte 197, 206, 208 f.
Quintett 62
Quintverwandtschaft 206
Quintenzirkel 206 f., 209

Radio 18, 32, 35, 38, 80, 173, 178
Ragtime 163
Rap 45 ff.
Rave 44
Refrain (Formteil) 13, 38, 82, 193, 215

Regieplan 186 f.
Regisseur 51, 98, 183, 211
Register (Orgel) h. V.
Reihe (Tanz) 13, 164
Remix 44
Renaissance 95, 105, 166, 212
Reprise (Formteil) 145
Requisiten 98
Resonanzkörper 162
Revue 80
Rezitativ 101
Rhapsodie 63
Rhythmus 8, 9, 22, 26, 56, 82, 173, 190 ff., 210
Ride-Becken v. V., 29
Riff 40
Rockinstrument 28
Rock'n'Roll (Musikstil) 32, 33, 160
Rock'n'Roll (Tanz) 111, 160
Rock, -musik 26 ff., 64, 111, 153, 176, 190, 213
Rohr (Instrument) 135
Romantik 100, 126, 150–155
Ronde (Tanz) 168

Saite (Instrument) 28, 92, 150, 213
Saiteninstrument v. V.
Satz (Musik) 116, 134, 144, 147, 148
Saxofon 19, 62 f., h. V.
Scatgesang 61, 65
Schall, -leistung, -pegel, -quellen, -wellen 21
Schallplatte, -nspieler 34, 38, 45, 80, 128, 175
Schellentrommel (Pandero) 9
Schlager 32, 80, 82, 160
Schlaginstrument v. V.
Schlagzeug (Drum) v. V., 28 f., 62 f., 177
Schnitt (Audio, Video) 183
Scratching 45
Schwerhörigkeit 21
Schwingung 21
Seitanstellschritt 13
Seitgalopp 165
Sekunde (groß, klein) 208
Selbstklinger v. V., 9
Sendeformat (TV) 184
Septime (groß, klein) 203, 208
Set (Tanz) 167
Sexte (groß, klein) 203, 205, 208
Sinfonische Dichtung 124
Sinfonie, -orchester 21 f., 63, 127, 144, 146 f., 154, 181

Single 32
Slip (Tanz) 167
Snare-drum v. V., 29, 92, 190
Software 186 f.
Solo/solo 63, 150, 212 f.
Solist 49, 62, 147
Soloimprovisation 213
Soloinstrument 28, 30, 63, 116 f., 147 f.
Solokonzert 147, 154
Solokünstler 39
Sonate 144, 147 f., 154
Sonatenhauptsatzform 145
Song 30 f., 58, 110, 128, 205
Songwriter 35
Sopran (Stimmgattung) 16, 140
Sound 26, 29, 37, 147
Soundtrack 38
Spannungsbogen 215
Speicherkapazität, -platz 175
Spiritual 70, 82, 193, 199, 205
Spottingsession 183
Sprintanz 159
Stabspiel 201
Stammton 203
Standbild 112
Stand-Tom v. V., 29
Star 27, 32, 48, 53, 155, 185
Steigbügel (Ohr) 21
Step Turn 13
Stereo, -fonisch 186 f.
Stimmbruch 17
Stimme 16 f., 23, 33, 44, 60
Stimmfach 98
Stimmgattung 16
Stimmgruppen 8, 22
Stimmlippen, -organ 17
Stimmung (Instrument) 28
Stummfilm 180
Streetdance 159
Streichinstrument v. V., 134, 147
Streichquartett 35, 117, 144, 154
Strophe, -nlied 13, 35, 81 f., 215
Subdominante 196, 199, 208
Stufe 196, 204, 208
Suite 120, 135
Synkope 63, 192, 194
Szene 99, 105, 107, 112, 121, 124, 143, 179, 182, 186

Takt, -art 136, 153, 191 f., 195
Taktwechsel 93, 191, 195
Tanz 12–15, 158–169

Tanzstil 23
Tamburin (Handtrommel) 9
Tasteninstrument 62, 151, 197, 201, h. V.
Tastatur (Klaviatur) h. V.
Taubheit 149
Techno (Musikstil) 44
Tempo 8, 22, 69, 121, 151, 165, 192, 212
Temp Track 183
Tenor (Stimmgattung) 16, 160
Tenorschlüssel (C-Schlüssel) 214
Tetrachord 200, 202, 209
Terz (kleine, große) 197, 202, 205, 208
Thema 100, 121, 145, 147 f., 151, 173, 183, 215
Thomaner 138
Thomaskirche, -schule 138
Toccata 141
Tom-Tom 190 f.
Tonabnehmer v. V.
Tonalität 69 f.
Tonart 200, 206 f., 209
Tonband, -gerät 176
Tonfilm 80, 181
Tonhöhe 23
Tonika 196, 199, 208, 215
Tonleiter 196, 198, 200 ff., 206
Tonmeister 128
Tonschleife (loop) 44
Tonspur 176 f., 187
Tonstudio 32, 175 f.
Tontechnik, -er 20, 26
Tonträger 18, 26, 175
Tonumfang 17, 60, 214
Trailer 50 f.
Trance 44
Transposition 147, 206
Triller 117 f.
Trio 11, 62
Triole, -nfeeling 61, 63, 193 f.
Tritonus 102, 124, 205, 208
Trommel 89 f.
Trommelfell (Tympanum) 21
Trompete 76, 134, 173, 214
Tuba 214, h. V.
Twist 161

Überleitung (Bridge, Formteil) 13
Ud 86
Umkehrung 197, 208
Unterhaltungsmusik 26
Uraufführung 63, 81, 100

Variation 16, 151 f., 171 ff., 190, 212
Ventil 135
Verse (Strophe, Formteil) 13
Verstärker 29
Vibraslap 9
Viola (Bratsche) v. V., 117, 214
Violine (Geige) v. V., 117, 150, 214
Violinschlüssel (G-Schlüssel) 214
Violoncello (Cello) v. V., 117, 214

Virtuose, -ntum, Virtuosität 37, 61, 86, 141, 147, 150
Vocal Percussion 22, 190
Vokalmusik 154
Volltakt 136, 195
Volkslied 52, 82, 101, 215
Volkstanz 136, 159
Vordersatz 215
Vorsänger (Call and Response) 57, 70
Vorspiel (Intro, Formteil) 13, 93, 111
Vorzeichen 198, 200, 202 f., 206 f., 209

Wah-wah (Gitarren-Effekt) 30
Walzer 159
Warm-up 12, 112
Weihnachtsoratorium 138 ff.
Werbekampagne 37
Werbung 37, 64, 117, 123
Wiener Klassik 144–149, 154
Worksong 57

Xylofon 90

Zählzeit (Abk. ZZ) 33, 36, 89, 95, 163
Zampoña 93

Zither 90
Zupfinstrument v. V., 142, 162
Zusammengesetzte Taktart 191
Zweihandfassung 165
Zwischenspiel, -teil (Formteil) 13, 93, 129
Zyklus (musikal.) 116, 153, 162

v. V. = vordere Vorsatz (Umschlaginnenseiten)
h. V. = hintere Vorsatz (Umschlaginnenseiten)

## Personenverzeichnis

ABBA 39
Alan Parsons Project 128
Aljinovic, Boris 178
Al-Wâsitî, Yahyâ ibn Mahmûd 86
Andersson, Benny 39
Armstrong, Louis 60
Ärzte, Die 78
Ashby, Derek 179

Bach, Johann Sebastian 138–141, 148 f., 258
Baker, Ginger 37
Baltruweit, Fritz 233
Bartók, Béla 204
Beatles, The 34 f., 52, 74, 130, 176, 185, 224 f., 266
Beck, Michael 46
Bee Gees 52
Beethoven, Ludwig van 53, 148 f., 153 f., 165, 168, 199, 261, 263, 265
Ben-Chorin, Schalom 233
Bernstein, Leonard 8, 106–109, 191, 205, 265 f.
Berry, Chuck 33, 169
Bert de Bar, Fred le 164
Björk 9, 94, 210
Bobo 69
Brahms, Johannes 83
Brecht, Bertolt 60, 228
Britten, Benjamin 91
Bruce, Jack 37
Brueghel, Jan d. Ä. 212
Brueghel, Pieter d. Ä. 119

Caffi, Ipolito 116
Carman, Dick 174
Casey, Warren 111, 252
Cazalis, Henri 124

Chandra, Shaila 95
Channing, Chad D. 213
Chopin, Frédéric 205
City 43
Clapton, Eric 37, 59, 231
Clark, Dick 185
Clark, Mark 223
Clash, The 41
Cobain, Kurt 213
Cochran, Eddie 52
Cole, Tom 179
Crawford, Randy 31
Cream 37
Cruikshank, George 164

Dahl, Johan Christian Clausen 120
Dantas, Rubem 92
Danz, Tamara 43
Debussy, Claude 91, 127, 129, 162, 205, 266
Demmler, Kurt 251
Deep Purple 40, 64
Depeche Mode 44
Desmond, Paul 62
Disney, Walt 124 f.
Doldinger, Klaus 64, 182
Dorset, Ray 250
Dowland, John 167, 221
Drach, Hans 78
Drumgool, Ebenezer 179
Dürr, Thomas 46
Dylan, Bob 30, 72 f.

Ebert, Friedrich 74
Echt 83
Edison, Thomas Alva, 174
Elias, Eliane 64
Elisabeth I., 166 f.
Epstein, Brian 34

Erzbischof von Canterbury 244
Erzbischof von Salzburg 260
Evanescence 50

Fairuz 87, 95
Falco 42, 155
Fallersleben, Heinrich Hoffmann von 74
Fältskog, Agnetha 39
Fantastischen Vier, Die 46
Fernández, Joséito 238
Feyerabend, Johann Rudolf 124
Fischer, Tim 81
Fitzgerald, Ella 61
Fleetwood Mac 130
Focks, Annette 183
Franklin, Aretha 60
Freed, Alan 33
Freedman, Max C. 246
Fredrik, Charles 134
Fricsay, Ferenc 262
Friedrich, Caspar David 127
Fürst Esterházy 144
Fürst Nikolaus 144
Fürst von Anhalt-Köthen 138

Gabler, Joseph 141
Garbage 50
Georg II. 134
Gershwin, George, 63
Gibran, Khalil 87
Giordano, Luca 143
Goebbels, Heiner 211
Goethe, Johann Wolfgang von 164
Great Kat, The 153
Greger, Ursula 233, 241
Grieg, Edvard 120–123, 131

Grofé, Ferde 63
Grönemeyer, Herbert 21, 69
Gundermann, Gerhard 43
Guns N'Roses 31
Guthrie, Woody 235

Hagen, Nina 251
Haley, Bill 33
Hamilton, Hugo 211
Händel, Georg Friedrich 134–137, 259
Hanke, Gottfried Benjamin 254
Hardin, Eddie 28
Harrison, George 34, 266
Haus, Karl 232
Haydn, Joseph 74, 144 f., 150, 263
Heine, Heinrich 150, 249
Hendrix, Jimi 74, 161
Hensley, Ken 223
Hepburn, Audrey 161
Heubach, Michael 251
Hitchcock, Alfred 130
Hoffmann, E. T. A. 126
Hubert, Peter 42

Ibsen, Henrik 120, 122
Itten, Johannes 19

Jackson Five, The 49, 269
Jackson, Michael 49, 185, 267
Jacobs, Jim 111, 252
Jagger, Mick 36, 51, 226
Jakob VI. 166
Jarre, Jean Michel 29
Jay-Z 45
Jazzkantine 64
Jennings, Will 231

Johannes der Täufer 125
John, Elton 28
Johnson, Robert 59
Joplin, Scott 163, 192, 220
Judas Priest 40

Kagel, Mauricio 173
Kaiser Franz I. 74
Karat 72, 230
Keys, Alicia 45
Khalil, Rabih Abou 94
Kind, Friedrich 100
King, B. B. 58
Kirchherr, Astrid 34
Kirmeyer, Rudolf 256
Kittelsen, Theodor 121
Klimt, Gustav 148
Knight, Jimmy de 246
Kolumbus 56
Kraftwerk 44
Kravitz, Lenny 190
Kruesi, John 174

Lady Gaga 26
La Halle, Adam de 226
Lamb 210
L'angelo misterioso 37
Layher, Walter 236
Lawrence, Jay 179
Leckebusch, Mike 185
Lena 80
Lennon, John 34–36, 176, 221, 224, 268
Lindenberg, Udo 42 f., 53, 228
Liszt, Franz 151
Little Richard 33
Lloyd Webber, Andrew 153
Lloyd Webber, Julian 153
Logan, Johnny 80
Loos, Anna 43
Lucia, Paco de 92
Ludwig der XIV. 142
Luhrmann, Baz 104
Lully, Jean-Baptiste 142
Lumière, Gebrüder 180
Luther, Martin 70
Lutosławski, Witold 152
Lyngstad, Anni-Frid 39

Madonna 39, 48 f., 51
Madsen 79
Magnus, Wolf 135
Malmsteen, Yngwie 39
Marest, Daniel 142
Maria Josepha, Kurfürstin von Sachsen 139
Martì, José 238

Martin, George 34
McCartney, Paul 34–36, 221, 224, 266
Mendelssohn Bartholdy, Felix 249
Messiaen, Olivier 130, 172
Metallica 131
Mey, Reinhard 81, 229
Möckl, Franz 232, 237
Moments, The 45
Mounir, Mohamed 87
Mozart, Wolfgang A. 53, 74, 146 f., 154 f., 196 f., 204 f., 260
Mr. X & Mr. Y 50
Munch, Edvard 123
Mungo Jerry 197
Mussorgski, Modest 125

Nagel, Elke 218
Nagel, Jan Paul 218
Naidoo, Xavier 72
Napoleon 261
Neef, Siegrid 125
Neefe, Christian Gottlob 261
NENA 42
Nerke, Uschi 185
Newton-John, Olivia 110
Nicole 80
Nietzsche, Friedrich 75
Nirvana 213
Novoselic, Krist Anthony 213
N-trance 52

O'Connor, Sinéad 16
Oldfield, Mike 248
Opus 26
Orff, Carl 91, 191
Otto 52

Pachelbel, Johann 212
Paganini, Niccolò 150–153, 262
Parsons, Alan 128 f.
Paterson, Andrew Barton 240
Piaf, Edith 81
Platon 159
Playford, John 200, 244
Plummer, Willis J. 57
Poe, Edgar Allan 126–129
Portishead 210
Powell, Andrew 128
Prawy, Marcel 109
Presley, Elvis 26, 33, 41, 269
Preußler, Ottfried 182
Prince 16
Prokofjew, Sergej 104 f., 109

Queen 190

Rachmaninow, Sergej 152
Rattle, Sir Simon 211
Ravel, Maurice 264
Reiser, Rio 72 f., 83
Reusch, Arnold 10
Richards, Keith 36, 226 f.
Richter, Helmut 230
Riecke, Andreas 46
Rockhaus 43
Rolling Stones, The 36, 226 f.
Rouget de Lisle, Claude-Joseph 245
Rowohlt, Harry 178
Rundfunk-Jugendchor Wernigerode 68

Saint-Saëns, Camille 124
Salieri, Antonio 261
Say, Fazil 152
Schiller, Friedrich 165
Schmidt, Michael 46
Schnitger, Arp 141
Schönberg, Arnold 204
Schöne, Gerhard 79
Schrade, Katharina 98 f.
Schumann, Robert 130
Seidenberg, Danny 117–119
Servandoni, Giovanni 134
Sex Pistols 41
Shakespeare, William 104 f., 109, 166 f.
Shamma, Naseer 86
Silbermann, Gottfried 141
Silbermond 68
Silcher, Friedrich 68
Silly 43, 72
Soha 94
Sondheim, Steven 106, 109
Spee, Friedrich 257
Sportfreunde Stiller 72
Stadler, Anton 146
Starr, Ringo 34, 266
Starship 28
Steppenwolf 190
Sterne, Die 72
Sting 64, 167
Stockhausen, Karlheinz 44, 128
Stölzl, Philipp 51 f., 102 f.
Strauch, Peter 70
Strauß, Johann 11
Sudermann, Daniel 256
Sugarhill Gang 45
Susato, Tielmann 168
Swillms, Ulrich 230
Szczesny, Gerhard 159

Tauler, Johannes 256
Ton, Steine, Scherben 73
Toten Hosen, Die 50
Töttcher, Hildegard 241
Travolta, John 38, 110
Trio 42
Tucholsky, Kurt 75
Turner, Tina 26
Turtle Island String Quartet 117
Twiggy 161

U2 26 f.
UFO 52
Ulvaeus, Björn 39
Uriah Heep 40, 223

Vai, Steve 37
Vàmos, Youri 105
Veen, Hermann van 78
Victor V. 175
Village People 38
Vinci, Leonardo da 131
Vivaldi, Antonio 53, 116–119

Wagner, Richard 130
Waldoff, Claire 81
Weber, Carl Maria von 100–103, 204, 263
Weill, Kurt 60, 228
Weineck, Fritz 76 f.
Williams, Robbie 185
Wise Guys 72
Woolfson, Eric 128 f.

Yardbirds 37
Yello 44
York, Pete 91

Zuccalmaglio, Anton Wilhelm von 69

v. V. = vordere Vorsatz (Umschlaginnenseiten)
h. V. = hintere Vorsatz (Umschlaginnenseiten)

## Lieder, Spielstücke und Tänze (nach Kapiteln)

### Ouvertüre
- 8 Let's Play! (S)
- 9 Earth Intruders (S)
- 10f. Tritsch-Tratsch-Polka (S)
- 16 Nothing Compares 2 U (to you)

### Rock- und Popmusik
- 26 Live Is Life (S)
- 30f. Knockin' on Heaven's Door (S)
- 32f. Rock Around the Clock (S)
- 34 All My Loving
- 35 Let It Be
- 36 (I Can't Get No) Satisfaction (S)
- 40 Smoke On the Water (S)
- 40 The Wizard (S)
- 46f. Populär

### Jazztime
- 56 Ein afrikanisches Rhythmusmodell (S)
- 57 Pick a Bale of Cotton
- 59 Ramblin' On My Mind
- 60 Die Moritat des Mackie Messer
- 61 Scat Yourself
- 62 Take Five
- 65 Jazz geht's los! (S)

### Lieder zum Nachdenken
- 68 Ännchen von Tharau
- 69 Schwesterlein, Schwesterlein
- 69 Lasst doch der Jugend ihren Lauf
- 70 Ein feste Burg ist unser Gott
- 73 Blowin' in the Wind
- 74 Deutschlandlied
- 76 Der kleine Trompeter
- 83 Ich hab die Nacht geträumet

### Musik ohne Grenzen
- 89 Kpatsa
- 93 Ojos Azules

### Musik und Szene
- 105 Pavane (T)
- 106 Maria
- 107 America
- 109 Somewhere
- 110 Summer Nights
- 111 We Go Together

### Hören mit Programm
- 121 In der Halle des Bergkönigs (S)
- 129 Pavane (S)

### Musikgeschichte(n)
- 136 Menuet II (Händel) (S)
- 138 Eingangschor (Bach) (S)
- 143 Menuet (Lully) (S)

### Aufforderung zum Tanz
- 163 The Entertainer (S)
- 167 Come Again
- 168 Ronde (Susato) (S)
- 168 Ecossaise (Beethoven) (S)
- 169 Memphis, Tennessee (Berry) (S)

### Musiklabor
- 192 Synkopen (S)
- 193 Wortsalat
- 193 Joshua Fit the Battle of Jericho (S)
- 196 Auf und ab (S)
- 197 Kontertanz (Mozart)
- 197 In the Summertime (S)
- 198 Hava nagila (S)
- 199 Go Down Moses
- 200 Scotch Cap (S) (T)
- 201 Harmonien in Dorisch
- 204 Kume, kum, geselle min
- 205 Maria
- 205 Nobody Knows the Trouble I've Seen
- 205 Go Down Moses
- 205 All mein Gedanken
- 210 Rhythmix (S)
- 212 Canario (S)
- 212 Pachelbel-Kanon
- 213 Come as You Are (S)

### Lieder, Spielstücke und Tänze
- 218 Schön ist die Lisa
- 219 Lasst doch der Jugend ihren Lauf
- 220 The Entertainer (S)
- 221 Come Again
- 222 All mein Gedanken
- 222 Kume, kum, geselle min
- 223 The Wizard (S)
- 224 All My Loving
- 225 Let It Be
- 226f. (I Can't Get No) Satisfaction (S)
- 228 Die Moritat des Mackie Messer
- 229 Über den Wolken
- 230 Über sieben Brücken musst du gehn
- 231 Tears in Heaven
- 232 Die Gedanken sind frei
- 233 Zeichen
- 234 America
- 235 This Land Is Your Land
- 236 Joshua Fit the Battle of Jericho (S)
- 237 Nobody Knows the Trouble I've Seen
- 238 Guantanamera (S)
- 239 Pata pata (T)
- 240 Waltzing Matilda
- 241 An den Fluss will ich gehen
- 242 Hava nagila (S)
- 243 Syrtos Kalamatianos (T)
- 244 Scotch Cap (S)
- 245 La Marseillaise
- 246f. Rock Around the Clock (S)
- 248 Moonlight Shadow
- 249 Wenn der Frühling kommt (K)
- 249 Leise zieht durch mein Gemüt
- 250 In the Summertime (S)
- 251 Du hast den Farbfilm vergessen
- 252f. Summer Nights
- 254 Auf, auf zum fröhlichen Jagen
- 255 Herbst ist gekommen (K)
- 255 Das Laub fällt von den Bäumen
- 256 Ach, bittrer Winter
- 256 Es kommt ein Schiff geladen
- 257 Mary Had a Baby
- 257 O Heiland, reiß die Himmel auf

(K) = Kanon
(S) = Spielstück
(T) = Tanz

# Lieder, Spielstücke und Tänze (alphabetisch)

| Lied | Seite | Singen | Körperinstrumente | rhythmische/melodische Begleitung | Bewegung/Tanz | komponieren/improvisieren/arrangieren | szenisches Interpretieren | Sprachen/Texten | außermusikalische Angebote | Kapitelbezug |
|---|---|---|---|---|---|---|---|---|---|---|
| Ach, bittrer Winter | 256 | ♪ | | | | | | | | 7, 13 |
| All mein Gedanken | 205, 222 | ♪ | | | | | | | | 12, 13 |
| All My Loving | 224 | ♪ | | | | | | | | 2, 13 |
| America | 107, 234 | ♪ | ♪ | ♪ | | | ♪ | | | 6, 13 |
| An den Fluss will ich gehen | 241 | ♪ | | | | | ♪ | | | 13 |
| Ännchen von Tharau | 68 | ♪ | | | | ♪ | | | | 4, 13 |
| Auf, auf zum fröhlichen Jagen | 101, 254 | ♪ | | | ♪ | | | | | 6, 13 |
| Auf und ab | 196 | | | ♪ | | | | | | 12 |
| Blowin' in the Wind | 73 | ♪ | | | | | | | | 4 |
| Canario | 212 | | | ♪ | ♪ | | | | | 12 |
| Come Again | 167, 221 | ♪ | | | | | ♪ | | | 9, 13 |
| Come as You Are | 213 | ♪ | | | ♪ | | | | | 12 |
| Das Laub fällt von den Bäumen | 255 | ♪ | | | | | | | | 13 |
| Der kleine Trompeter | 76 | ♪ | | | | | | | | 4 |
| Deutschlandlied | 74 | ♪ | | | | | | | | 4 |
| Die Gedanken sind frei | 206, 232 | ♪ | | | | | | | | 12, 13 |
| Die Moritat des Mackie Messer | 60, 228 | ♪ | | | | | ♪ | | | 3, 13 |
| Du hast den Farbfilm vergessen | 251 | ♪ | | | | | ♪ | | ♪ | 2, 13 |
| Earth Intruders | 9 | | | ♪ | | | | | | 1 |
| Ecossaise (Beethoven) | 165, 168 | | | ♪ | ♪ | ♪ | | | | 8, 9 |
| Ein afrikanisches Rhythmusmodell | 56 | | ♪ | ♪ | ♪ | ♪ | | | | 3 |
| Ein feste Burg ist unser Gott | 70 | ♪ | | | | | | | | 4 |
| Eingangschor (Bach) | 138 | ♪ | | | | | | | | 8 |
| Es kommt ein Schiff geladen | 256 | ♪ | | | | | | | | 13 |
| Go Down Moses | 199, 205 | ♪ | | | | | ♪ | | | 3, 12 |
| Guantanamera | 238 | ♪ | | ♪ | | | | ♪ | ♪ | 13 |
| Harmonien in Dorisch | 201 | | | | | ♪ | | | | 12 |
| Hava nagila | 198, 242 | ♪ | | ♪ | | | | ♪ | | 12, 13 |
| Herbst ist gekommen | 255 | ♪ | | | | | | | | 13 |
| (I Can't Get No) Satisfaction | 36, 226 f. | ♪ | | ♪ | | | ♪ | | | 2, 13 |
| Ich hab die Nacht geträumet | 83 | ♪ | | ♪ | | | | | | 4, 13 |
| In der Halle des Bergkönigs | 121 | | | ♪ | | | | | | 7 |
| In the Summertime | 197, 250 | ♪ | | | ♪ | | ♪ | | | 12, 13 |
| Jazz geht's los! | 65 | ♪ | | ♪ | | | | | | 3 |
| Joshua Fit the Battle of Jericho | 193, 236 | ♪ | | ♪ | | | ♪ | | | 12, 13 |
| Knockin' on Heaven's Door | 30 f. | ♪ | | ♪ | | | ♪ | | | 2 |
| Kontertanz (Mozart) | 197 | | | | ♪ | | | | | 12, 13 |
| Kpatsa | 89 | | ♪ | ♪ | ♪ | | ♪ | | | 5 |
| Kume, kum, geselle min | 204, 222 | ♪ | | | | ♪ | | | | 12, 13 |
| La Marseillaise | 245 | ♪ | | | | | ♪ | ♪ | | 4, 13 |
| Lasst doch der Jugend ihren Lauf | 69, 219 | ♪ | | | | | | | | 4, 13 |
| Leise zieht durch mein Gemüt | 249 | ♪ | | | | | | | | 13 |
| Let It Be | 35, 225 | ♪ | | | | | ♪ | ♪ | | 2, 13 |
| Let's Play! | 8 | | ♪ | ♪ | ♪ | | | | | 1 |
| Live Is Life | 26 | ♪ | | ♪ | | | | | | 2 |
| Maria | 106, 205 | ♪ | | | | | | | | 6, 12 |
| Mary Had a Baby | 257 | ♪ | ♪ | ♪ | | | ♪ | | | 13 |

# Anhang

| Lied | Seite | Singen [A] | Körperinstrumente | rhythmische/melodische Begleitung | Bewegung/Tanz | komponieren/improvisieren/arrangieren | szenisches Interpretieren | Sprachen/Texten | außermusikalische Angebote | Kapitelbezug |
|---|---|---|---|---|---|---|---|---|---|---|
| Memphis, Tennessee (Berry) | 169 | ♪ | | ♪ | ♪ | | ♪ | | | 2, 9 |
| Menuet (Lully) | 143 | ♪ | | ♪ | ♪ | | | | | 8 |
| Menuet II (Händel) | 136 | | | ♪ | ♪ | | | | | 8 |
| Moonlight Shadow | 248 | ♪ | | | | | ♪ | | | 13 |
| Nobody Knows the Trouble I've Seen | 205, 237 | ♪ | | | | | ♪ | ♪ | | 3, 12, 13 |
| Nothing Compares 2 U (to you) | 16 | | | | | | | | | 1 |
| O Heiland, reiß die Himmel auf | 257 | ♪ | | | | | | | | 13 |
| Ojos Azules | 93 | ♪ | | | ♪ | | ♪ | | | 5 |
| Pachelbel-Kanon | 212 | ♪ | | ♪ | | ♪ | | | | 12 |
| Pata pata | 239 | ♪ | | | ♪ | | | ♪ | ♪ | 13 |
| Pavane | 105, 129 | | | ♪ | ♪ | | | | | 6, 7 |
| Pick a Bale of Cotton | 57 | ♪ | | | | | ♪ | | | 3 |
| Populär | 46 | | | ♪ | ♪ | | ♪ | | | 2 |
| Ramblin' On My Mind | 59 | ♪ | | ♪ | | | ♪ | | | 3 |
| Rhythmix | 210 | | ♪ | ♪ | | | | | | 12 |
| Rock Around the Clock | 246 f. | ♪ | | ♪ | | ♪ | ♪ | | | 2, 13 |
| Ronde (Susato) | 168 | | | ♪ | ♪ | ♪ | | | | 9 |
| Schön ist die Lisa | 218 | ♪ | | | | | ♪ | | | 13 |
| Scat Yourself | 61 | ♪ | | ♪ | | ♪ | | | | 3 |
| Schwesterlein, Schwesterlein | 69 | ♪ | | | | ♪ | | | | 4, 13 |
| Scotch Cap | 200, 244 | | | ♪ | ♪ | | | | ♪ | 12, 13 |
| Smoke On the Water | 40 | | | ♪ | | | | | | 2 |
| Somewhere | 109 | ♪ | | | | ♪ | ♪ | | | 6 |
| Summer Nights | 110, 252 f. | ♪ | | | | | ♪ | | | 6, 13 |
| Synkopen | 192 | ♪ | ♪ | | | | | | | 12 |
| Syrtos Kalamatianos | 243 | | | ♪ | ♪ | | ♪ | ♪ | | 13 |
| Take Five | 62 | | ♪ | ♪ | | | | | | 3, 13 |
| Tears in Heaven | 231 | ♪ | | | | | ♪ | ♪ | | 3, 4, 13 |
| The Entertainer | 163, 220 | | | ♪ | | ♪ | | | | 9, 13 |
| The Wizard | 40, 223 | ♪ | | | | | ♪ | | | 2, 13 |
| This Land Is Your Land | 235 | ♪ | | | | | ♪ | | | 13 |
| Tritsch-Tratsch-Polka | 10 f. | | ♪ | ♪ | | | | | | 1 |
| Über den Wolken | 229 | ♪ | | | | | | | | 4, 13 |
| Über sieben Brücken musst du gehn | 230 | ♪ | | | | | | | | 4, 13 |
| Waltzing Matilda | 240 | ♪ | | | | | ♪ | ♪ | | 13 |
| We Go Together | 111 | ♪ | | | | ♪ | ♪ | | | 6 |
| Wenn der Frühling kommt | 249 | ♪ | | | | | | | | 13 |
| Wortsalat | 193 | ♪ | ♪ | ♪ | | | | | | 12 |
| Zeichen | 233 | ♪ | | | | | | ♪ | | 13 |

[A] insbesondere mehrstimmiges Singen, auch Kanon, Vocal Percussion

1 Ouvertüre
2 Rock- und Popmusik
3 Jazztime
4 Lieder zum Nachdenken
5 Musik ohne Grenzen
6 Musik und Szene
7 Hören mit Programm
8 Musikgeschichte(n)
9 Aufforderung zum Tanz
10 Musik und Medien
12 Musiklabor
13 Lieder, Spielstücke und Tänze

# Hörbeispielverzeichnis

| Seite | Aufg. | CD | Titel des Hörbeispiels | Seite | Aufg. | CD | Titel des Hörbeispiels |
|---|---|---|---|---|---|---|---|
| 8 | 2 | VI\|36 | E. Bernstein: *Die glorreichen Sieben* (A) | 34 | 4 | I\|36 | Beatles: *Roll Over Beethoven* (A) |
| | | VI\|44 | Queen: *Another One Bites The Dust* (A) | | | I\|34 | C. Berry: *Roll Over Beethoven* (A) |
| | | VI\|47 | J. Schrammel: *Wien bleibt Wien* (A) | | 5 | I\|37 | Beatles: *All My Loving* |
| | | VI\|50 | C. Orff: *Uf dem Anger* (A) aus *Carmina Burana* | 35 | 6 | I\|38 | Beatles: *All You Need Is Love* |
| | | VI\|72 | *Ave Maris Stella* (A) | | | I\|39 | J. S. Bach: *Zweistimmige Invention in F-Dur* (A) |
| | | VI\|75 | W. A. Mozart: *Bildnis-Arie* (A) aus *Die Zauberflöte* | | 7 | I\|40 | Beatles: *Let It Be* (A) |
| | | | | 36 | 2 | I\|41 | Rolling Stones: *I Wanna Be Your Man* (A) |
| | | VI\|82 | J. Pachelbel: *Kanon* (A) | | | I\|42 | Beatles: *I Wanna Be Your Man* (A) |
| | 4 | I\|1 | J. Arndt/I. Mainz: *Let's Play!* (PB) | | 4 | I\|43 | Rolling Stones: *(I Can't Get No) Satisfaction* (A) |
| 9 | 6 | I\|2 | Björk: *Earth Intruders* (A) | | | | |
| 11 | 1 | I\|3 | J. Strauß: *Tritsch-Tratsch-Polka* | 37 | 5 | I\|44 | Cream: *Badge* (A) (E. Clapton, G. Harrison) |
| 13 | 7 | I\|50 | Village People: *YMCA* | | 6 | I\|45 | E. Clapton: *Layla* (A) (als Derek & The Dominos) |
| 16 | 2 | VI\|33 | J. S. Bach: *Weihnachtsoratorium, Eingangschor* (A) (Tenor, Bass, Alt, Sopran) | | 7 | I\|46 | S. Morse: *Tumeni Notes* (A) |
| | 3 | I\|4 | Prince: *Nothing Compares 2 U* (S. O'Connor) | | | I\|47 | Al Di Meola: *Beyond the Mirage* (A) |
| 19 | 7 | I\|13 | Porcupine Tree: *Strip the Soul* (A) | | | I\|48 | S. Vai: *Juice* (A) |
| | | I\|48 | S. Vai: *Juice* (A) | 38 | 1 | I\|49 | Bee Gees: *Night Fever* (A) |
| | | III\|19 | *The Star-Spangled Banner* (A) (W. Houston) | | 2 | I\|50 | Village People: *YMCA* |
| | | VI\|37 | J. S. Bach: *Toccata und Fuge in d-Moll* (A) | 39 | 5 | I\|51 | ABBA: *Waterloo* (A) |
| | | VI\|57 | W. A. Mozart: *Klavierkonzert Nr. 21 in C-Dur, KV 467, 2. Satz* (A) | | 6 | I\|52 | ABBA: *Gimme! Gimme! Gimme!* (A) |
| | | | | | | I\|53 | Y. Malmsteen: *Gimme! Gimme! Gimme!* (A) |
| 26 | 1 | I\|5 | E. Presley: *Hound Dog* (A) | | | I\|54 | Madonna: *Hung Up* (A) |
| | | I\|6 | Lady Gaga: *Pokerface* (A) | 40 | 1 | I\|55 | Deep Purple: *Smoke On the Water* (A) (Hard Rock) |
| | | I\|26 | S. Twain: *Man! I Feel Like a Woman* (A) | | 2 | I\|56 | Judas Priest: *Hell Patrol* (A) (Heavy Metal) |
| | 4 | I\|7 | Opus: *Live Is Life* (A) | | 3 | I\|57 | Uriah Heep: *The Wizard* |
| 28 | 2 | I\|8 | E. John: *Crocodile Rock* (A) | | | I\|58 | Sex Pistols: *God Save the Queen* (A) |
| | | I\|9 | M. Mann: *Davy's on the Road Again* (A) | 41 | 4 | I\|59 | The Clash: *White Riot* (A) |
| | | I\|10 | F. Gall: *Ella, elle l'a* (A) | | 5 | I\|60 | NENA: *Leuchtturm* (A) |
| | | I\|11 | Red Hot Chili Peppers: *Higher Ground* (A) (Ostinato) | 42 | 1 | I\|61 | Falco: *Der Kommissar* (A) (Notenbeispiel 2) |
| | | I\|12 | C. Hodgkinson: *San Francisco Bay Blues* (A) (Soloinstrument) | | 2 | I\|62 | Trio: *Da Da Da* (A) (Notenbeispiel 1) |
| | | | | | | I\|63 | UKW: *Sommersprossen* (A) (Notenbeispiel 3) |
| | | I\|13 | Porcupine Tree: *Strip the Soul* (A) (Ostinato) | | 3 | II\|1 | U. Lindenberg: *Wir wollen doch einfach nur zusammen sein* (A) |
| | 3 | I\|8 | E. John: *Crocodile Rock* (A) (Notenbeispiel 1) | | | | |
| | | I\|14 | Starship: *Nothing's Gonna Stop Us Now* (A) (Notenbeispiel 2) | 43 | 4 | II\|2 | Rockhaus: *I. L. D.* (A) |
| | | | | | | II\|3 | G. Gundermann: *Halte durch* (A) |
| | | I\|15 | E. Hardin: *Love Is All* (A) (Notenbeispiel 3) | | | II\|4 | Silly: *Raus aus der Spur* (A) |
| 29 | 5 | I\|16 | B. Joel: *James* (A) (Fender Rhodes) | | 5 | II\|5 | City: *Wand an Wand* (A) |
| | | I\|8 | E. John: *Crocodile Rock* (A) (Klavier) | 44 | 1 | II\|6 | Kraftwerk: *Die Roboter* (A) |
| | | I\|17 | S. Wonder: *Superstition* (A) (Clavinet) | | 3 | II\|7 | Depeche Mode: *Master and Servant* (A) |
| | | I\|18 | The Oboe Goes Baroque: *Norwegian Wood* (A) (Cembalo) | | | II\|8 | Yello: *Lost Again* (A) |
| | | | | | 5 | II\|9 | Tunnel Allstars: *Das Boot* (A) (Techno Remix) |
| | | I\|19 | Deep Purple: *Speed King* (A) (Hammond) | | | VI\|31 | K. Doldinger: *Das Boot* (A) (Filmmusik) |
| | | I\|20 | B. Dennerlein: *Opus de Funk* (A) (Hammond) | 45 | 6 | II\|10 | The Sugarhill Gang: *Rapper's Delight* (A) |
| | 6 | I\|21 | J. M. Jarre: *Oxygène Part IV* (A) (Synthesizer/Keyboard) | | 8 | II\|11 | Beastie Boys: *Pass the Mic* (A) |
| | | | | | 9 | II\|12 | Jay Z feat. Alicia Keys: *Empire State of Mind* (A) |
| | 7 | VI\|43 | Schlagzeugklänge | | | | |
| 30 | 1 | I\|22 | E-Gitarre: Grundklang (Clean Sound) | | | II\|13 | Alicia Keys: *Empire State of Mind (Part II)* (A) (Vorlage) |
| | | I\|23 | Distortion | | | | |
| | | I\|24 | Chorus | | | II\|14 | The Moments: *Love on a Two-Way Street* (A) (Sample-Vorlage) |
| | | I\|25 | Wah-Wah | | | | |
| | | I\|26 | S. Twain: *Man! I Feel Like a Woman* (A) (Verzerrer) | 47 | 1/2 | II\|15 | Die Fantastischen Vier: *Populär* (A) |
| | | | | 48 | 2 | II\|16 | Madonna: *Like a Virgin* (A) |
| | | I\|27 | J. Hendrix: *The Burning of the Midnight Lamp* (A) (Wah-Wah) | | | II\|17 | Madonna: *One More Chance* (A) |
| | | | | | | I\|54 | Madonna: *Hung Up* (A) (Vorlage von ABBA) |
| | | I\|28 | R. Carrà: *A far l'amore cominicia tu* (A) (Chorus) | 49 | 3 | II\|18 | The Jackson Five: *I Want You Back* (A) |
| | | | | | 4 | II\|19 | M. Jackson: *Beat It* (A) |
| | 2 | I\|29 | B. Dylan: *Knockin' on Heaven's Door* | | | II\|20 | M. Jackson: *Earth Song* (A) |
| 31 | 3 | I\|30 | Guns 'N Roses: *Knockin' on Heaven's Door* (A) | 50 | 1 | II\|21 | Evanescence: *Bring Me to Life* (A) |
| | | I\|31 | Randy Crawford: *Knockin' on Heaven's Door* (A) | | | II\|22 | Mr X & Mr Y: *Viva la Revolucion* (A) |
| | | | | | | II\|23 | Die Toten Hosen: *Strom* (A) |
| 32 | 1 | I\|32 | B. Haley: *Rock Around the Clock* | | | II\|24 | Garbage: *The World Is Not Enough* (A) |
| | 2 | I\|33 | D. Day: *My Blue Heaven* (A) | 52 | 1 | II\|25 | ABBA: *Waterloo* (dt. Fassung) (A) |
| 33 | 3 | I\|5 | E. Presley: *Hound Dog* (A) | | | II\|26 | E. Presley: *Wooden Heart* (A) |
| | | I\|34 | C. Berry: *Roll Over Beethoven* (A) | | | II\|27 | Beatles: *Komm, gib mir deine Hand* (A) |
| | | I\|35 | Little Richard: *Long Tall Sally* (A) | | 2 | II\|28 | M. Rosenberg: *Er gehört zu mir* (A) (Disco) |

| Seite | Aufg. | CD | Titel des Hörbeispiels | Seite | Aufg. | CD | Titel des Hörbeispiels |
|---|---|---|---|---|---|---|---|
| | | II|29 | Feeling B: *Artig* (A) (Punk) | 72 | 2 | III|3 | G. Gundermann: *Halte durch* (A) |
| | | II|30 | BAP: *Waschsalon* (A) (R & R) | | | III|11 | Sportfreunde Stiller: *Was dein Herz dir sagt* (A) |
| | | II|31 | Subway to Sally: *Schneekönigin* (A) (Metal/Heavy Metal) | | | III|12 | Wise Guys: *Es ist nicht immer leicht* (A) |
| | 3 | II|32 | E. Cochran: *C'mon Everybody* (A) (Original: R & R) | | | III|13 | Die Sterne: *Was hat dich bloß so ruiniert?* (A) |
| | | | | | | III|14 | Karat: *Über sieben Brücken musst du gehn* (A) |
| | | II|33 | UFO: *C'mon Everybody* (A) (Cover: Hardrock) | | | III|15 | X. Naidoo: *Alles kann besser werden* (A) |
| | | | | 73 | 4 | III|16 | B. Dylan: *Blowin' in the Wind* (A) |
| | | II|34 | Bee Gees: *Stayin' Alive* (A) (Original: Disco) | | | III|17 | R. Reiser: *König von Deutschland* (A) |
| | | II|35 | N-trance: *Stayin' Alive* (A) (Cover: Hip-Hop) | 74 | 1 | III|18 | J. Haydn: *Kaiserquartett*, 1. Satz (A) (Dt.) |
| | | II|36 | Beatles: *Another Girl* (A) (Original: Beat) | | | III|19 | *The Star-Spangled Banner* (A) (W. Houston) (USA) |
| | | II|37 | Punkles: *Another Girl* (A) (Cover: Punk) | | | | |
| | | II|38 | Otto: *Hänsel und Gretel Variationen* (A) | | | III|20 | C. J. Rouget de Lisle/H. Berlioz: *La Marseillaise* (A) (Frankreich) |
| | 4 | I|55 | Deep Purple: *Smoke On the Water* (A) | | | III|21 | *God Save the Queen* (A) (Großbritannien) |
| | | II|39 | A. Wilkinson: *Can't Buy Me Love* aus *Beatle Cracker Suite* (Beatles, Tschaikowski) | | | III|22 | *Russische Nationalhymne* (A) |
| | | | | | 2 | III|23 | *The Star-Spangled Banner* (A) (J. Hendrix) |
| | | II|40 | Big Daddy: *Lucy in the Sky With Diamonds* (A) (Beatles/Jerry Lee Lewis) | 75 | 6 | III|24 | Soundtrack von *Casablanca* (A) (M. Steiner: *Die Wacht am Rhein* vs. *La Marseillaise*) |
| | | II|41 | The Black Sweden: *Smoke On the Water/Mamma Mia* (A) (ABBA/Deep Purple) | 77 | 3 | III|25 | *Der kleine Trompeter* (A) (Pionierchor German Titow) |
| | | II|42 | Beatles: *Can't Buy Me Love* (A) | 78 | 1 | III|26 | G. Kohlmey/H. Drach: *Mein Vater wird gesucht*, Ausschnitt 1 (H. v. Veen) |
| | | II|43 | P. I. Tschaikowski: *Tanz der Zuckerfee* (A) aus *Der Nussknacker* | | | III|27 | *Mein Vater wird gesucht*, Ausschnitt 2 |
| | | II|44 | Beatles: *Lucy in the Sky With Diamonds* (A) | | 2 | III|28 | Die Ärzte: *Schrei nach Liebe* (A) |
| | | VII|6 | J. L. Lewis: *Great Balls of Fire* (A) | 79 | 3 | III|29 | G. Schöne: *Gesprengter Bunker* (A) |
| 56 | 2 | II|45 | Afrikan. Begleitrhythmus (Hauptstimme) | | 4 | III|30 | Madsen: *Du schreibst Geschichte* (A) |
| | | II|46 | Afrikanischer Begleitrhythmus | 80 | 1 | III|31 | Lena: *Satellite* (A) |
| 58 | 1 | II|47 | B. B. King: *Why I Sing the Blues* (A) | | | III|32 | J. Logan: *Hold Me Now* (A) |
| | 2 | II|48 | R. Johnson: *Walking Blues* (A) | | | III|33 | Nicole: *Ein bisschen Frieden* (A) |
| 59 | 3 | II|49 | E. Clapton: *Before You Accuse Me* (A) | | 3 | III|34 | W. Fritsch, O. Karlweiss, H. Rühmann: *Ein Freund, ein guter Freund* (A) |
| | 4 | II|50 | R. Johnson: *Ramblin' On My Mind* (A) | | | | |
| 60 | 1 | II|51 | A. Franklin: *What a Difference a Day Makes* (A) | | 4 | III|33 | Nicole: *Ein bisschen Frieden* (A) |
| | | III|31 | Lena: *Satellite* (A) | | 5 | III|35 | The Band: *The Night They Drove Old Dixie Down* (A) |
| | 2 | II|52 | L. Armstrong: *Mack the Knife* (A) (B. Brecht/K. Weill/M. Blitzstein) | | | | |
| | | | | | | III|36 | J. Werding: *Am Tag, als Conny Kramer starb* (A) |
| 61 | 3 | II|53 | E. Fitzgerald: *It Don't Mean a Thing If It Ain't Got That Swing* (A) (Duke Ellington/I. Mills) | 81 | 6 | III|37 | C. Waldoff: *'ne dufte Stadt ist mein Berlin* (A) (W. Kollo) |
| | 4 | II|54 | Scatman John: *Scatman* (A) | | 7 | III|38 | R. Mey: *Mairegen* (A) |
| 62 | 1 | II|55 | Rabbits in the Moon: *Movies Break* (A) (Trio) | | | III|39 | T. Fischer: *Das große Glück* (A) (M. Lothar/G. Gründgens) |
| | | II|56 | D. Brubeck: *Take Five* (A) (Quartett) | | | | |
| | | II|57 | M. Greger: *Up to Date* (A) (Bigband) | | | III|40 | E. Piaf: *Non, je ne regrette rien* (A) |
| | 2 | II|58 | E. Kunzel: *Well, Git It!* (A) | 83 | 4 | III|41 | R. Reiser: *Junimond* (A) |
| | 3 | II|56 | D. Brubeck: *Take Five* (A) | | | III|42 | Echt: *Junimond* (A) |
| 63 | 4 | II|59 | G. Gershwin: *Rhapsody in Blue* Ausschnitt 1 (Anfang) | 86 | 1 | III|43 | Al Turath Ensemble: *Quadd Yallah Sawa* (A) |
| | | | | | 3 | III|44 | N. Shamma: *Halat wayd* (Ud) |
| | | II|60 | Ausschnitt 2 (Orchester) | | | III|45 | J. Dowland: *Come Again* (A) (Laute) |
| | | II|61 | Ausschnitt 3 (Klavier) | 87 | 4 | III|46 | M. Mounir: *Banat* (A) |
| | 5 | II|62 | Ausschnitt 4 (Orchester, Klavier) | | 7 | III|47 | Fairuz: *Atini nay* (A) |
| 64 | 2 | II|63 | Jazzkantine: *Es ist Jazz* (A) | 88 f. | 2/4 | III|48 | *Kpatsa* (A) |
| | | II|64 | K. Doldinger: *Liebling Kreuzberg* (A) | 89 | 5 | III|49 | *Sugar Soup* (A) |
| | | II|65 | E. Elias: *Just Kidding* (A) | 90 | 1 | III|50 | Gamelan-Orchester Java |
| | | II|66 | Sting: *Englishman in New York* (A) | | | III|51 | Gamelan-Orchester Bali |
| | | II|67 | Deep Purple: *Wring that Neck* (A) | | 2 | III|52 | slendro-Skala auf Originalinstrumenten |
| | 3 | II|68 | A. Lloyd Webber: *Papas Blues* (A) aus *Starlight Express* (dt.) | | | III|53 | pelog-Skala auf Originalinstrumenten |
| | | | | 91 | 3 | III|54 | *Kotekan norot* (Bali) |
| 65 | 4 | II|69 | S. P. Stratmann: *Jazz geht's los!* (PB) | | 4 | III|55 | *Kecak* (A) |
| 68 | 1 | III|1 | Silbermond: *Das Beste* (A) | | 5 | III|56 | C. Debussy: *Voiles* (A) (A. B. Michelangeli) |
| | 2 | III|2 | F. Silcher: *Ännchen von Tharau* (Rundfunk-Jugendchor Wernigerode) | 92 | 1 | III|57 | Ojos Azules, Ausschnitt 1 (Panflöte) |
| | | | | | 2 | III|58 | Ojos Azules, Ausschnitt 2 (Strophen 1, 2) |
| 69 | 4 | III|3 | A. W. v. Zuccalmaglio: *Schwesterlein, Schwesterlein* (A) (Konzertchor Darmstadt) | 93 | 5 | III|59 | *Pollerita* (A) |
| | | | | | 6 | III|60 | P. de Lucía: *Sólo Quiero Caminar* (A) |
| | | III|4 | A. W. v. Zuccalmaglio: *Schwesterlein, Schwesterlein* (Bobo) | 94 | 2 | III|61 | Björk: *Pagan Poetry* (A) |
| | | | | | 3 | III|62 | R. A. Khalil: *Amal Hayati* (A) |
| | 5 | III|5 | H. Grönemeyer: *Der Weg* (A) | | 4 | III|63 | Soha: *On ne Saura jamais* (A) |
| 70 | 2 | III|6 | P. Strauch: *Meine Zeit* (A) | 95 | 5 | III|64 | S. Chandra: *Speaking in Tongues III* (A) |
| 71 | 4 | III|7 | Fortuna: *Adon olam* (A) | | 7 | III|65 | Fairuz: *Oudak Rannan* (A) |
| | 5 | III|8 | El Avram Group: *Adon olam* (A) | 100 | 1 | IV|1 | C. M. v. Weber: *Der Freischütz*, Ouvertüre, Ausschnitt 1 (Anfang) |
| | | III|9 | Abayudaya: *Adon olam* (A) | | | | |
| | | III|10 | G. Feidman: *Adon olam* (A) | | 2 | IV|2 | Ausschnitt 2 (Max) |

| Seite | Aufg. | CD | Titel des Hörbeispiels | Seite | Aufg. | CD | Titel des Hörbeispiels |
|---|---|---|---|---|---|---|---|
| | | IV\|3 | Ausschnitt 3 (Agathe) | 2/5 | | V\|3 | *Intermezzo* |
| | | IV\|4 | Ausschnitt 4 (Kaspar) | 2 | | V\|4 | *Pavane* |
| | | IV\|6 | Ausschnitt 5 (Samiel) | 2/5 | | V\|5 | *Fall* |
| 101 | 3 | IV\|7 | *Jägerchor* (A) | 5 | | V\|6 | Alan Parsons Project: *To One in Paradise* (A) |
| | 4 | IV\|8 | Rezitativ und Arie *Nein, länger trag ich nicht die Qualen!* (A) | 130 | 2 | V\|7 | R. Wagner: Waldvogelszene aus *Siegfried* (A) |
| | | | | | | V\|8 | Fleetwood Mac: *Albatros* (A) |
| | 5 | IV\|9 | Lied *Hier im ird'schen Jammertal!* (A) | | | V\|21 | O. Messiaen: *L'Alouette lulu* (A) |
| 102 | 1 | IV\|5 | Samiel-Akkord | | | V\|9 | O. Sala: *Die Vögel* (A) |
| | 5 | IV\|10 | Rezitativ und Arie *Wie nahte mir der Schlummer* (A) | | | V\|10 | R. Schumann: *Der Vogel als Prophet* (A) |
| 103 | 6 | IV\|11 | *Finale,* Ausschnitt 1 (*So eile, mein Gebiet zu meiden*) | 131 | 3 | V\|11 | Apocalyptica: *Hall of the Mountain King* (A) (Grieg) |
| | | IV\|12 | Ausschnitt 2 (*Wer legt auf ihn so strengen Bann?*) | | | V\|12 | Ekseption: *Danse macabre* (A) (Saint-Saëns) |
| | 8 | IV\|13 | Ausschnitt 3 (*Ja, lasset uns die Blicke erheben!*) | | | V\|13 | F. & F. Önder: *Der Winter* (A) (Vivaldi, Fassung für 2 Klaviere) |
| 104 | 2 | IV\|14 | S. Prokofjew: *Romeo und Julia*, Julia Ausschnitt 1 | | | V\|14 | D. Shire: *Night on Disco Mountain* (A) (Mussorgsky) |
| | | IV\|15 | Ausschnitt 2 | | | V\|15 | R. Lefèvre: *L'Hiver* (A) (Vivaldi) |
| | | IV\|16 | Ausschnitt 3 | 134 f. | 1/3 | V\|16–24 | G. F. Händel: *Feuerwerksmusik, Ouverture,* Ausschnitt 1 (langsame Einleitung) |
| | | IV\|17 | Ausschnitt 4 | | 2 | V\|17 | Ausschnitt 2 (Tutti, Notenbeispiel 1) |
| 105 | 3 | IV\|18 | Ballszene (A) | | | V\|18 | Ausschnitt 3 (Tutti, Wechselspiel) |
| | 4 | IV\|19 | Kampfszene (A) | | | V\|19 | Ausschnitt 4 (Tutti) |
| | 5 | IV\|20 | Am Grab (A) | | | V\|20 | Ausschnitt 5 (Streicher und Holzbläser) |
| 106 | 3 | IV\|21 | L. Bernstein: *West Side Story, Prologue* | | | V\|21 | Ausschnitt 6 (Tutti) |
| | | IV\|22 | „Hass-Motiv" | | | V\|22 | Ausschnitt 7 (Wechselspiel) |
| 107 | 5 | IV\|23 | *Maria* (A) (J. Carreras) | | | V\|23, 24 | Ausschnitt 8, 9 (Tutti) |
| | 7 | IV\|24 | *America,* Ausschnitt 1 (Anfang) | | 2 | V\|25 | Ausschnitt (Streicher und Holzbläser, Notenbeispiel 2) |
| | | IV\|25 | Ausschnitt 2 (Taktwechsel) | | 2 | V\|26 | Ausschnitt (Trompeten und Hörner, Notenbeispiel 3) |
| 108 | 1 | IV\|26 | *A Boy Like That* | | | | |
| | | IV\|27 | *I Have a Love* | 136 | 1 | V\|27 | *Bourrée* (A) |
| 109 | 3 | IV\|28 | *Somewhere* (A) | | 2 | V\|28 | *La Paix* (A) |
| | 4 | IV\|29 | *Finale* (A) | | 3 | V\|29 | *La Réjouissance* |
| 110 | 2 | IV\|30 | W. Casey/J. Jacobs: *Grease, Summer Nights* (A) | | 4 | V\|30 | *Menuet II* (A) |
| | 3 | IV\|31 | *Greased Lightning* (A) | 138 | 2/5 | V\|31 | J. S. Bach: *Weihnachtsoratorium,* Eingangschor |
| 111 | 4 | IV\|32 | *We Go Together* (A) | 139 | 4 | V\|35 | J. S. Bach: *Tönet, ihr Pauken!,* Eingangschor |
| 113 | 7 | IV\|33 | L. Bernstein: *Somewhere* (A) (D. Grusin, J. Secada) | 140 | 1 | V\|33 | *Weihnachtsoratorium,* Eingangschor Ausschnitt 3, *Dienet dem Höchsten* |
| | | IV\|34 | L. Bernstein: *America* (A) (N. Cole, P. Labelle & Sheila E.) | | 2 | V\|34 | *Weihnachtsoratorium,* Eingangschor (Ausschnitt 4, *Lasset uns* |
| 116 | 1/3 | IV\|35, 36 | A. Vivaldi: *Der Winter,* 1. Satz (N. Harnoncourt) | 141 | 4 | V\|36 | J. S. Bach: *Toccata und Fuge in d-Moll* (A) (Silbermann-Orgel) |
| 118 | 1 | IV\|35 | *Der Winter,* 1. Satz (Teil 1) | | | V\|37 | *Toccata und Fuge in d-Moll* (A) (Schuke-Orgel) |
| | | IV\|37 | D. Seidenberg: *Thin Ice* (Teil 1) aus *Variations on Winter* | 142 | 2 | V\|38 | J.-B. Lully: *Persée, J'ai perdu ma beauté* (A) (Medusa) |
| | 2 | IV\|36 | *Der Winter,* 1. Satz (Teil 2) | 143 | 4 | V\|39 | *Gigue* (A) |
| | | IV\|38 | *Thin Ice* (Teil 2) | | 5 | V\|40 | *Notre espoir allait faire naufrage* (A) (Mercure) |
| 119 | 3 | IV\|37–39 | Turtle Island String Quartet: *Thin Ice* | | 6 | V\|41 | *Passacaille* (A) |
| | | IV\|39 | *Brazil* | 144 f. | 1 | V\|42 | J. Haydn: *Sinfonie Nr. 39,* 1. Satz: *Allegro assai* |
| 121 | 1 | IV\|40 | E. Grieg: *In der Halle des Bergkönigs* aus *Peer Gynt* | | 4/6 | V\|43 | 2. Satz: *Andante* (A) |
| 122 | 1 | IV\|41 | *Aases Tod* (A) | | 4 | V\|44 | 3. Satz: *Menuetto* (A) |
| 123 | 4 | IV\|42 | *Morgenstimmung* (A) | | 4/5 | V\|45 | 4. Satz: Finale, *Allegro molto* |
| 124 | 1 | IV\|43–46 | C. Saint-Saëns: *Danse macabre* op. 40 (komplett) | 146 f. | 3/4 | V\|46 | W. A. Mozart: *Klarinettenkonzert in A-Dur,* KV 622, 2. Satz |
| | | IV\|44 | Ausschnitt 1 (Knochenklappern) | 147 | 4 | V\|47 | 1. Satz (A) |
| | | IV\|45 | Ausschnitt 2 (Höhepunkt) | | 5 | V\|48 | 3. Satz (A) |
| | | IV\|46 | Ausschnitt 3 (Hahnenschrei) | 148 | 2 | V\|49 | L. v. Beethoven: *Klaviersonate op. 13,* 1. Satz, Ausschnitt 1 (A. Rubinstein) |
| | 3 | IV\|47 | C. Saint-Saëns: *Fossilien* (A) aus *Karneval der Tiere* | | 3 | V\|50 | Ausschnitt 2 |
| 125 | 4 | IV\|48 | M. Mussorgski: *Eine Nacht auf dem kahlen Berge* (L. Stokowski), Ausschnitt 1 | | 4 | V\|51 | Ausschnitt 3 |
| | | IV\|49 | Ausschnitt 2 | 149 | 6 | V\|49–53 | 1. Satz (komplett) |
| | | IV\|50 | Ausschnitt 3 | 150 f. | 2/3 | V\|54 | N. Paganini: *Caprice in a-Moll,* Thema (Midori) |
| | | IV\|51 | Ausschnitt 4 | | 2/3/5 | V\|55–57 | Variationen 1–3 (Reihenfolge der Notenbeispiele: gelb – blau – grün) |
| | | IV\|52 | Ausschnitt 5 | | | | |
| | | IV\|53 | Ausschnitt 6 | | 6 | V\|58 | F. Liszt: *Etude de Paganini,* Thema, Variationen 1, 2 (Brendel) |
| 127 | 3/4 | IV\|54 | C. Debussy: *La Chute de la Maison Usher* (A) | | | | |
| 129 | 2/3/5 | V\|1 | Alan Parsons Project: *The Fall of the House of Usher, Prelude* | 152 | 1 | V\|59 | S. Rachmaninow: *Paganini-Rhapsodie,* Anfang (A) |
| | 2 | V\|2 | *Arrival* | | | | |

| Seite | Aufg. | CD | Titel des Hörbeispiels | Seite | Aufg. | CD | Titel des Hörbeispiels |
|---|---|---|---|---|---|---|---|
| | 2 | VI 60 | Variation 18 (A) | 190 | 1 | VII 43 | Schlagzeugklänge |
| | 3 | VI 61 | W. Lutosławski: *Paganini-Variationen* (A) | | 2 | VII 44 | Queen: *Another One Bites the Dust* (A) |
| | 4 | VI 62 | F. Say: *Paganini-Variations* (A) | | | VII 45 | L. Kravitz: *Let Love Rule* (A) |
| 153 | 5 | VI 63 | A. Lloyd Webber: *Variations*: Thema | | | VII 46 | Steppenwolf: *Born to Be Wild* (A) |
| | 6 | VI 64 | Variations 1–4 (A) | 191 | 5 | II 56 | D. Brubeck: *Take Five* (A) |
| | | VI 65 | Variation 9 (A) | | | VII 47 | J. Schrammel: *Wien bleibt Wien* (A) |
| | | VI 66 | Variation 7 (A) | | | VII 48 | J. Strauß: *Wiener Blut* (A) |
| | 8 | VI 67 | The Great Kat: *Paganini's 24th Caprice* (A) | | | VII 49 | Pink Floyd: *Money* (A) |
| 155 | 3 | VI 68 | Falco: *Rock Me Amadeus* (A) | | 6 | IV 25 | L. Bernstein: *America* (A) |
| | 4 | VI 69 | E. Cicero: *Bach Goes Latin* (A) | | | VII 50 | C. Orff: *Uf dem Anger* (A) aus *Carmina Burana* |
| | | VI 70 | J. S. Bach: Ouvertüre D-Dur: *Air* (A) | 192 | 1 | VII 51 | Synkope |
| | | VI 71 | Sweetbox: *Everything's Gonna Be Alright* (A) | | 4 | VII 52 | S. Joplin: *Original Rag* (A) |
| | 5 | VI 72 | H. Shore: *The Prophecy* (A) aus *Herr der Ringe* | 193 | 7 | VII 53 | S. Auerswald: *Wortsalat* (PB) |
| 158 | 1 | I 54 | Madonna: *Hung Up* (A) (Disco) | | 9 | VII 54 | Fats Domino: *Blueberry Hill* (A) |
| | | VII 1 | P. I. Tschaikowsky: *Pas de deux* (A) aus *Der Nussknacker* (Ballett) | | | VII 55 | G. Miller: *American Patrol* (A) |
| | | VII 2 | J. Strauß: *Pizzicato Polka* (A) (Gesellschaftstanz) | | | VII 56 | Danny and The Juniors: *At the Hop* (A) |
| | | VII 3 | T. Arbeau: *Bransles d'Escosée* (A) (Bauerntanz) | | | VII 57 | W. A. Mozart: *Klavierkonzert Nr. 21 in C-Dur*, KV 467, 2. Satz |
| | | VII 4 | J. Brahms: *Ungarischer Tanz Nr. 5* (A) (Volkstanz) | | 10 | VII 58 | O. Peterson: *Etüde* (ohne Triolenfeeling) |
| | | VII 5 | A. Dramé: *Kofli* (A) (Springtanz) | | | VII 59 | O. Peterson: *Etüde* (mit Triolenfeeling) |
| 160 | 2 | VII 6 | J. L. Lewis: *Great Balls of Fire* (A) | 196 | 1, 2 | VI 60 | Kadenz *Auf und ab* |
| 161 | 3 | VII 7 | Mood Mosaic: *A Touch of Velvet* (A) | | 3 | VI 61 | C. M. v. Weber: *Aufforderung zum Tanz* (A) |
| | | VII 8 | H. Mancini: *Moon River* (A) | | | VII 57 | W. A. Mozart: *Klavierkonzert Nr. 21 C-Dur*, KV 467, 2. Satz (A) (F-Dur) |
| | | VII 9 | J. Hendrix: *Hey Joe* (A) | 197 | 4 | VII 62 | W. A. Mozart: *Kontertanz* KV 609/1 (A) |
| | 4 | VII 10 | C. Checker: *Let's Twist Again* | | 7 | VII 63 | Mungo Jerry: *In the Summertime* (A) |
| 162 | 2 | VII 11 | W. Collins/J. Cullen: *Eli Green's Cakewalk* (A) | 198 | 1 | VII 64 | J. Haydn: *Sinfonie Nr. 94*, 2. Satz (A) (Dur) |
| | 3 | VII 12 | C. Debussy: *Golliwogg's Cakewalk* aus *Children's Corner* (A) | 199 | 8 | VII 65 | 2. Satz (A) (Moll) |
| | | | | | | VII 66 | L. v. Beethoven: *Für Elise* (A) |
| 163 | 4 | VII 13 | S. Joplin: *Maple Leaf Rag* (A) (linke Hand) | 200 | 1 | VII 67 | J. Playford: *Scotch Cap* (A) |
| | | VII 14 | *Maple Leaf Rag* | 201 | 5 | VII 68 | Beatles: *Eleanor Rigby* (A) |
| | 5 | VII 15 | S. Joplin: *The Entertainer* (A) | | | VII 69 | M. Davis: *So What* (A) |
| 165 | 2 | VII 16 | L. v. Beethoven: *Ecossaisen* (langsam) | | | VII 70 | *Drowsy Maggie* (A) |
| | | VII 17 | im Tempo | 204 | 3 | IV 7 | C. M. v. Weber: *Jägerchor* (A) aus *Der Freischütz* |
| 166 | 1 | VII 18 | M. Praetoriaus: *Galliarde* (A) | | | VII 71 | W. A. Mozart: *Hornkonzert in D-Dur*, 2. Satz (A) |
| 167 | 3 | VII 19 | *Black Almaine* (A) (Orange/Lemons) | | 4 | VII 72 | *Ave Maris Stella* (A) |
| | 4 | III 45 | J. Dowland: *Come Again* (A) (Sting) | | 5 | VII 73 | B. Bartók: *Sonate für 2 Klaviere und Schlagzeug* (A) |
| 172 | 1 | VII 20 | Heidelerche | | | VII 74 | A. Schönberg: *Kammersinfonie* op. 9 (A) |
| | 2 | VII 21 | O. Messiaen: *L'Alouette lulu* (A) | 205 | 6 | IV 23 | L. Bernstein: *Maria* (A) aus der *West Side Story* |
| 173 | 4 | VII 22 | M. Kagel: *Nah und Fern* (A) | | 8 | VII 75 | W. A. Mozart: *Bildnis-Arie* (A) aus *Die Zauberflöte* |
| 174 | 1 | VII 23 | J. Strauß: *Rosen aus dem Süden* (A) (Phonograph) | 210 | 1 | VII 76 | I. Mainz: *Rhythmix* |
| | | VII 24 | *Rosen aus dem Süden* (A) (moderne Aufnahme) | | 2 | VII 77 | Björk: *Violently Happy* (A) |
| | | | | | 3 | VII 78 | Lamb: *Merge* (A) |
| 176 | 1 | II 40 | Beatles: *Lucy in the Sky With Diamonds* (A) | | 4 | VII 79 | Portishead: *Undenied* (A) |
| 178 | 1 | VI 47 | W. A. Mozart: *Klarinettenkonzert in A-Dur*, KV 622, 2. Satz (A) | 211 | 5 | VII 80 | H. Goebbels: *Surrogate Cities* (A) |
| | | VII 25 | Bohren & Der Club Of Gore: *Crimson Ways* (A) | 212 | 1 | VII 81 | *Canario* (A) |
| 179 | 4 | VII 26 | Point Withmark – *Der Steinerne Fluch* (A) | | 3 | VII 82 | J. Pachelbel: *Kanon* (A) |
| | | VII 27 | Hörspielmusik (Motiv 1) | 213 | 4 | II 70 | Nirvana: *Come as You Are* (A) |
| | | VII 28 | Hörspielmusik (Motiv 2) | | 6 | I 47 | Al Di Meola: *Beyond the Mirage* (A) |
| | 5 | VII 29 | *In den Hallen des Claymore College* (A) | | | I 48 | S. Vai: *Juice* (A) |
| | | VII 30 | *Das Geheimnis des Sees* (A) | 220 | 1 | VII 15 | S. Joplin: *The Entertainer* (A) |
| 180 | 2 | VII 31 | K. Doldinger: Titelmusik (A) aus *Das Boot* | 221 | | III 45 | J. Dowland: *Come Again* (A) |
| | | VII 32 | A. Focks: *Zauberkraft* (A) aus *Krabat* | 223 | 2 | I 57 | Uriah Heep: *The Wizard* |
| | | VII 33 | T. Kuhn/S. Wehlings: *Wir lieben die Musik* (A) aus *Rock It!* | 224 | 1 | I 37 | Beatles: *All My Loving* |
| 181 | 5 | VII 34 | C. S. Chaplin: *Lichter der Großstadt* (A) | 225 | | I 40 | Beatles: *Let It Be* (A) |
| | 7 | VII 35 | M. Steiner: *Vom Winde verweht* (A) | 226 | | I 43 | Rolling Stones: *Satisfaction* (A) |
| | | VII 36 | E. Bernstein: *Die glorreichen Sieben* (A) | 234 | | IV 24, 25 | L. Bernstein/S. Sondheim: *America* (A) |
| | | VII 37 | E. W. Korngold: *Der Herr der sieben Meere* (A) | 243 | 2 | II 71 | *Syrtos Kalamatianos* |
| 182 | 1 | VII 38 | K. Doldinger: *Auslaufen* aus *Das Boot* | 244 | | VI 67 | J. Playford: *Scotch Cap* (A) |
| | | VII 39 | K. Doldinger: *Rückzug* aus *Das Boot* | 245 | 1 | III 20 | C. J. Rouget de Lisle/H. Berlioz: *La Marseillaise* (A) |
| | | VII 31 | K. Doldinger: Titelmusik (A) aus *Das Boot* | 246 f. | 1 | I 32 | B. Haley: *Rock Around the Clock* |
| | 2 | VII 40 | Krabat: *Das Fest* | 250 | 1 | VI 63 | Mungo Jerry: *In the Summertime* (A) |
| | 3 | VII 41 | Rock It!: *Wie die Welt leuchtet* (A) | 252 | 1 | IV 30 | W. Casey/J. Jacobs: *Summer Nights* (A) |
| 185 | 4 | VII 42 | Buggles: *Video Killed the Radio Star* (A) | | | | |

(A) = Ausschnitt   (PB) = Playback

## Bildverzeichnis

9/1 (Cabasa), 3 (Cowbell), 4 (Maracas), 5 (Agogo), 7–11 (Holzblocktrommel, Tamburin, Claves, Pandero, Vibraslap), 13 (Bongos), 14 (Congas) Cornelsen Verlagsarchiv | 9/2 macroart (Cajón) | 9/6 Burned Flowers (Djembé) | 9/12 Fotolia.com/mbonotto (Guiro) | 10 picture-alliance/APA/Georg Hochmuth | 11 Cornelsen Verlagsarchiv | 14 picture-alliance/J.B.Djawan/Djakarta Post | 15/1, 2 picture-alliance/PhotoAlto/Michael Mohr | 15/3 picture-alliance/PhotoAlto | 15/4 Cinetext | 16 jat, münchen | 18 Sebastian Schobbert, Berlin | 19/1 Photothek/Ute Grabowsky | 19/2 Kunsthalle Bremen (Mit freundlicher Genehmigung)/VG Bild-Kunst, Bonn 2010 | 20/1 vario images | 20/2 CARO/Kaiser | 20/3 picture-alliance/dpaZB/Peter Endig | 20/4, 5, 6 Sebastian Schobbert | 20/7 www.mtvnetworks.de | 22, 23 Sebastian Schobbert | 26/1 Cornelsen Verlagsarchiv | 26/2 picture-alliance/dpa/Fotoreport/Boest | 26/3 Musikvideo Lady Gaga: *Pokerface* | 27/1 mpichler | 27/2 picture-alliance/dpa/epa/Robin Utrecht | 27/3 dapd/AP | 27/4 picture-alliance/dpa/Norbert Försterling | 28 Cinetext | 30 Sebastian Schobbert | 32/1 pwe/ddp images | 32/2 New Eyes, Hamburg | 33/1 Wikipedia/GNU/Robert Dumont | 33/2 Getty Images/Redferns/GAB | 33/3 Irom.Files/Wordpress/Press Image | 34/1 New Eyes | 34/2 www.morethings.com/Astrid Kirchherr | 35 www.sixtiescitys.com | 36/1, 2 picture-alliance/dpa/PAwire/Ian West | 37/1 Cream/Press Image | 37/2 Steve Vai-Heart/Press Image | 38/1 Cinetext | 38/2 plainpicture/Stockwerk-Images | 40/2 www.independent.co.uk/multimediaarchive | 41/1 Pistols/Press Image | 42/1 Pressebild Nena/Frederic Gabowicz, Gauting | 42/2 picture-alliance/dpaZB/Gueffroy | 43/1 Pressebild Silly | 43/2 Sebastian Schobbert | 44/1 Wikipedia/GNU/CC/Ronald Preuß | 44/2 Pressebild Paul Glaser, Berlin | 45/1 Cornelsen Verlagsarchiv/Work in Progress | 45/2 Cornelsen Verlagsarchiv | 45/3 Cinetext | 45/4 picture-alliance/dpa/Frederik v. Erichsen | 46/1 Cinetext | 46/2 Pressebild Die Fantastischen Vier | 48/1, 2, 3 picture-alliance/dpa | 49/2 Corbis/Bettmann | 50/1 Musikvideo Evanescene: *Bring Me to Life* | 50/2 Musikvideo Mr X and Mr Y: *Viva la Revolucion* | 50/3 Musikvideo Die Toten Hosen: *Strom* | 50/4 Musikvideo Garbage: *The World Is Not Enough* | 51 Ulrike Siegrist, Berlin | 56 J. Häußler Verlag, Darmstadt | 57 akg-images | 58/1 Axel Benzmann, Berlin | 58/2 Corbis/Nathan Benn | 59 ullstein bild/POP-EYE | 60/1 Getty Images/David Redfern | 60/2 ullstein bild | 61 Corbis/Jazz/Sign | 62 www.debrahurd.com/resource16/livinglg.jpg | 63/1 akg-images | 63/2 ullstein bild | 65/1 Nele Martens, Hamburg | 65/2 Johannes Moritz, Leipzig | 65/3 Jutta Stein, Dessau | 65/4 Steffen Pohle, Leipzig | 69 Sebastian Schobbert | 72/1 picture-alliance/dpa | 72/2 picture-alliance/dpa/Mary Evans/Patrick Productions/Ronald Gra | 75 Cinetext | 76 Cornelsen Verlagsarchiv/Volk und Wissen | 77 Bundesarchiv Koblenz/183-58198- 0024 | 78 picture-alliance/akg-images | 79 picture-alliance/dpa/UPI | 80/1 picture-alliance/dpa/Athenstädt | 80/2 picture-alliance/dpa | 80/3 picture-alliance/dpa/RIA Novosti/Melnikov | 81/1 ullstein bild/bpk/Donderer | 81/2 ullstein bild | 81/3 picture-alliance | 81/4 ullstein bild/JazzArchive, Hamburg | 83 akg-images | 86/1 BNP, Paris | 86/2 Naseer Shamma/Press Image | 87/1 Bridgeman Art Library Berlin/London | 87/2 Mohamed Mounir/Press Image | 88/1 Africa Media Online, Pietermaritzburg (RSA) | 88/2 picture-alliance/maxppp/Wostok Press | 89/1, 2 www.tahougan.de | 90 Getty Images/AFP | 91/1 Slg. Peter Hartmann | 91/2 eisele-photos | 91/3 Corbis/Dallas and John Heaton | 92/ 1, 2, 3 Cornelsen Verlagsarchiv | 93/1 Superbild | 93/2, 3 Anja Heinzelmann, Berlin | 94/1 pagan-poetry/Bjoerk Family Free | 94/2 picture-alliance/dpa-Fotoreport/Erwin Elsner | 94/3 Soha/Press Image/EMI-Music | 95/1 Wikipedia/CC/Mark Bennett | 95/2 picture-alliance/dpa/epa/afp/Guay | 98 Drama-Berlin/Iko Freese | 101 akg-images | 102/103/1–3 Matthias Baus, Meiningen | 104 Cinetext | 105 Andreas Birkigt, Leipzig | 106–109 Drama-Berlin/Iko Freese | 110, 111 Cornelsen Verlagsarchiv | 113/1 Drama-Berlin/Iko Freese | 113/2 Erwin Döring, Dresden | 116 akg-images/Camerphoto | 119 akg-images | 120 Nationalgalleriet Oslo | 121 Vaeriny EFTF A. S., Oslo | 123 The Munch Museum/The Munch Ellingsen Group/VG Bild-Kunst, Bonn 2011 | 124 akg-images/Hist. Museum Basel | 125 Walt Disney's FANTASIA. Aus: John Culhane, Abradale Press/Harry N. Abrahams, Inc. Publishers, New York 1983 | 126/127 akg-images | 130 Cinetext | 131/1 Cornelsen Verlagsarchiv | 131/2 Voller Ernst/Heinz Krimmer | 132/133 Stiftung Preußische Schlösser und Gärten/Berlin-Brandenburg | 134/1 akg-images | 134/2 National Portrait Gallery, London | 137/1, 3, 4 akg-images | 137/2 Händel- Haus Halle (Saale) | 137/5 bpk | 138/1 Cornelsen Verlagsarchiv | 138/2 Gert Mothes, Leipzig | 139 Sammlung Bach-Haus Eisenach/Neue Bachgesellschaft e.V. | 141/1 Wikipedia/GNU/Mattano | 141/2 Stichting Oude Kerk, Amsterdam | 142/1 Cornelsen Verlagsarchiv | 142/2 akg-images | 143/1, 2 Inszenierung am Elgin Theatre, Toronto | 144 Pressebild Haydn-Festival Schloss Esterházy 2009, Eisenstadt (A) | 146/1 Internationale Stiftung Mozarteum (ISM), Biblioteca Mozartiana | 146/2, 3, 4 Cornelsen Verlagsarchiv | 148 akg-images/Erich Lessing | 149/1 Historisches Museum der Stadt Wien (33.8601/I) | 149/2 Grafitti in Bonn nach Carsten Carstens (Wikipedia) | 149/2 Cornelsen Verlagsarchiv | 153 www.greatkat.com/Press Image | 154/1 Cornelsen Verlagsarchiv | 154/2 Wikipedia/GNU/Cezary Piwowarsky | 154/3 Wikipedia/GNU/Kolossos | 155/1 Cinetext | 155/2 New Line Productions, Inc. | 158/1, 5 Slg. Kaspar Mainz, Wolteritz | 158/2 picture-alliance/dpa/TASS Alexander Alpatkin | 158/3 Fotolia.com/DWP | 158/4 picture-alliance/Photoshot | 158/6 Wikipedia/GNU/Iain Gerrit | 159/1 Tanzfabrik Berlin/Florian Büttner, Berlin | 159/2 Andreas Knapp Kulturservice GmbH, Berlin | 160/2 ullstein bild/Zeitbild | 160/3 picture-alliance/KPA | 160/5–8 Sebastian Schobbert | 161/1 Cornelsen Verlagsarchiv | 161/2 picture-alliance/dpa/EMPICS | 161/3 Getty Images/Berry Z Levine/Premium Image | 161/4 picture-alliance/dpa | 161/5–8 Sebastian Schobbert | 161/6 picture-alliance/dpa | 162/1 Slg. Kaspar Mainz | 162/2 Cornelsen Verlagsarchiv | 163/1 Aus: John Stark, Scott Joplin, 1923 | 163/2 www.pegopera.org | 163/3 Cinetext | 164/1 Slg. Kaspar Mainz | 164/2 Anhaltische Gemäldegalerie Dessau/Graphische Sammlung | 166 Bridgeman Art Library | 167 akg-images/Pirozzi | 169 Getty Images/Vincent McEnvoy | 172/1 Wikipedia/CC/Daniel Pettersson | 172/2 www.churchtimes.co.uk | 172/3 Pressebild ZOOM H2 | 173/1 www.analogartenensemble.net | 173/2 Olaf Protzel/Travelbild.com | 173/3 Wikipedia/CC/Andreasdziewor | 174/1 BNP/Markthorp | 175/1 Wikipedia/CC/Norman Bruderhofer | 175/4 Chris Supranowicz/University of Rochester | 176/1 Pro Boards Inc., Lake forest CA (USA) | 176/2 plainpicture/Hoppe | 177 MAGIX AG, Berlin | 178 picture-alliance/dpa/Rainer Jensen | 180/1, 4 Cinetext | 180/2 Mit frdl. Genehmigung der Verleiher | 180/3 Filmorchester Babelsberg/Bothmer | **181/1** Getty Images | **181/2** Getty Images/Hulton Archive;Time & Life Pictures/Gjon Mill | **182** Cinetext | **183** Annette-Focks.de/Foto: Thomas Schloemann | **184/1** Pressebild Musikantenstadel | **184/2** Berliner Philharmoniker/www.rhythmisit.com/Boomtownmedia GmbH, Berlin | **184/3** Cinetext | **185/1** bpk, Berlin; MTV/Press Officer | **186** Sebastian Schobbert | **187/7** MAGIX AG, Berlin | **188, 189** Sebastian Schobbert | **190** Cornelsen Verlagsarchiv | **201/3** Lord Of the Dance/Pressebild | **211/1** Pavel Krok | **211/2** Andreas Knapp Kulturservice GmbH | **212** Bridgeman Art Library | **219** akg-images | **224** Ed Sullivan Show, London | **227** Cinetext | **228** picture-alliance | **232, 233** Sebastian Schobbert | **235** The Oklahoma State Senate/Senate Artwork/Press Images | **237** Cinetext | **241** Slg. Peter Hartmann | **243** Helga Lade Fotoagentur | **249** Fotolia.com | **250** FOCUS/Neckermann | **253** Cinetext | **255** Fotolia.com | **257** Sebastian Schobbert

## Zwischentitel

**6, 7** Schüler der Friedrich-Ebert-Oberschule, Gymnasium, Berlin-Wilmersdorf | **24, 25** Gitarrist von Silly, Berlin | **54, 55** David Helbocks Random/Control, Berlin | **66, 67** Friedhof, Berlin-Wilmersdorf | **84, 85** Derwischtanz-Aufführung, Kairo | **96, 97** Staatsoper Unter den Linden, Berlin | **114, 115** Sächsische Schweiz, Elbsandsteingebirge in Sachsen | **132, 133** Konzertzimmer im Schloss Sanssouci, Potsdam | **156, 157** Tanzpädagogin und Autorin Julia Veigel, Leipzig | **170, 171** Studio für Sprachaufnahmen, audioberlin.com | **188, 189** Chemielabor der Friedrich-Ebert-Oberschule, Gymnasium, Berlin-Wilmersdorf | **216, 217** Schüler der Friedrich-Ebert-Oberschule, Gymnasium, Berlin-Wilmersdorf

## Illustrationen

**8, 100, 191, 192, 196–198, 200, 204–207, 211, 258–267** Peter Menne, Potsdam | **12, 13, 17, 29, 152, 177** Hans Wunderlich, Berlin | **21, 74, 75, 94, 165, 166, 245** Karl-Heinz Wieland, Berlin | **52** Dorothee Mahnkopf, Berlin | **87/2** Rayan Abdullah, Leipzig

## Quellenverzeichnis

**8** Autor | **10, 11** Verlag Moritz Diesterweg, Frankfurt am Main | **16** Controversy Music, Universal Music Publ. GmbH, Berlin | **26** Opus Music, Rolf Budde Musikverlag GmbH, Berlin | **28/1** Dick James Music Ltd., für D/A/CH Universal Music Publ. GmbH, Berlin, 1972 | **28/2** Albert Hammond Enterprises Inc., BMG Songs Inc., Realsongs, Musik Edition Discoton GmbH, Berlin | **28/3** Crocodile Music Management GmbH, Sony/ATV Music Publishing (Germany) GmbH, Berlin | **29** Edition Francis Dreyfus, für D/GUS/osteuropäische Länder Musikverlag Intersong GmbH, Hamburg | **30** Ram-s-Horn-Music/Dwarf Music, für D/A/CH Sony/ATV Publishing (Germany) GmbH, Berlin | **31** Autor | **40** Henrees Music Co., für D/A/CH/osteuropäische Länder EMI Music Publishing Germany GmbH, Hamburg, 1972 | **42/1** BMG Ricordi Music Pufl. SPA/Materie Prime Circolari SNC/PC Music Wien, Hanseatic Musikverlag GmbH & Co. KG, Hamburg, Musik Edition Discoton GmbH, Berlin | **42/2** Just Us Music Production GmbH, S. Remmler, G. Krawinkel GbR, 1982 | **42/3** Miau Musikverlag GmbH, Merseburg | **46, 47** Musikverlag EMI Quattro GmbH, Hamburg | **47** Autor | **56** Lugert Verlag, Handorf | **58** ABC Circle Music Universal Music Publ. GmbH/MCA Music GmbH, Hamburg | **59** Kobalt Music Publishing Limited, Berlin | **60** Marc Blitzstein (engl.), Universal Edition A.G., Wien | **61** Autor | **62** Derry Music Co., San Francisco, für D/A Paul C.R. Arends Verlag, Rimsting, 1959 | **65** Autor | **73, 195/4** Special Rider Music, für D/A/CH Sony/ATV Music Publishing (Germany GmbH), Berlin | **78** C. F. Peters Musikverlag, Frankfurt am Main | **79** Gerhard Schöne | **104** Musikverlag Hans Sikorski, Hamburg | **106–109, 191/1, 195/7, 205, 234** Leonard Bernstein Music/Chappel-Co Inc., Universal Music Publ. GmbH, Berlin, Chappell & Co. GmbH & Co. KG, Hamburg | **111, 252, 253** Edwin H. Morris & Co. Inc., für D/A/CH/osteuropäische Länder Chappell & Co. GmbH & Co. KG, Hamburg | **118** Makai Music Global Musikverlag, München | **129** Woolfsongs Ltd./Careers-BMG UFA Publ. Inc., Musik Edition Discoton GmbH, Berlin | **169** ARC Music Corp., New York, für D/A/CH Good Tunes Music, Genf, 1959, 1963 | **172** Edition Musicales, Studio SM, Paris | **173** Henry Litolff's Verlag, Frankfurt am Main | **179** Volker Sassenberg, Werner Günther, Berlin | **190/1/2, 223** EMI Virgin Music Publishing Germany GmbH, Hamburg | **190/3** Manitou Music, Universal Music Publ. GmbH/MCA Music GmbH, Berlin | **191/2** Schott Music GmbH & Co. KG, Mainz | **193, 196, 200, 210** Autor | **195/2, 233** tvd-Verlag, Düsseldorf | **195/6, 218** ENA Musikverlag, Litschen | **211** AP Watt Ltd., Literary Agents, London | **213** EMI Virgin Songs Inc./The End of Music, für D/A/CH/osteuropäische Länder EMI Virgin Music Publishing Germany GmbH, Hamburg | **220–222** Autor | **224, 225** Northern Songs Ltd. Maclen Joint Ltd., Sony/ATV Music Publishing (Germany GmbH), Berlin | **226, 227** Abkco Music Inc. Westminster Music Inc. | **228** Marc Blitzstein (engl.), Universal Edition A.G., Wien | **229** Edition Reinhard Mey GmbH, Berlin | **230** Harth Musikverlag, Leipzig, Musik-Edition Discoton, München, 1980 | **231** Blue Sky Rider Songs/EC-Music, Rondor Musikverlag GmbH, Berlin, Neue Welt Musikverlag GmbH, Hamburg | **232** Autor | **235** Ludlow Music Publ. GmbH, Berlin, für D/A/CH Essex Musikvertrieb GmbH, Hamburg | **236, 237** Autor | **238** Ediciones Quiroga S. L., Schott Music GmbH & Co. KG, Mainz | **239** Budde Songs Inc./Abekam Music, für D/A/CH Nordton Musikverlag GmbH, Berlin, 1967 | **240** Allan & Co. Pty. Ltd. Melbourne, für D/A Bosworth GmbH, Köln, Wien | **241** Friedrich Hofmeister Verlag, Leipzig | **246, 247** Autor/Meyers-Music Inc., Edition Kassner & Co. Musikverlag, Inzlingen | **248** EMI Virgin Music Ltd., für D/A/CH/osteuropäische Länder EMI Virgin Music Publishing Germany GmbH, Hamburg, 1983 | **250** Broadly Music Int. Ltd., Associated Music Int. Ltd., Sony/ATV Music Publishing (Germany GmbH), Berlin | **251** Harth Musik Verlag/Pro Musica Verlag GmbH, 1974 | **254, 255** Autor | **256/1** Bayerischer Schulbuchverlag, München

|  |  |
|---|---|
|  | Zum Musikbuch DREIKLANG 7/8 gehören |
| *Musikbuch* | ISBN 978-3-06-081561-6 |
| *Handreichung* | ISBN 978-3-06-081564-7 |
| *CD-Paket* | ISBN 978-3-06-081567-8 |
|  |  |
| *Redaktion* | Simone Gebhardt |
| *Gutachter* | Yvonne Funck, Hamburg · Dr. Eva-Maria Ganschinietz, Potsdam · Eckhard Gehder, Halberstadt · Prof. Dr. Stefan Gies, Dresden · Constanze Klinkicht, Meerane · Christian Tobias Köhler, Brandis · Holger Lopens, Sanitz · Dr. Ulrike Möller, Rostock · Birgit Poyda, Senftenberg · Prof. Andreas Richter, Berlin · Annett Stiehler, Zwickau · Dr. Gerd Stiehler, Waldenburg · Annett und Uwe Schulze, Leipzig |
| *Gesamtgestaltung, Grafik, technische Umsetzung* | Wladimir Perlin, Berlin |
| *Künstlerische Beratung* | Frank Schneider |
| *Einbandfoto* | Gundula Friese, Berlin |
| *Zwischentitel* | Prof. Rayan Abdullah, Leipzig (S. 84, 85) · Sebastian Schobbert, Berlin |
| *Illustration* | Peter Menne, Potsdam · Karl-Heinz Wieland, Berlin · Hans Wunderlich, Berlin |
| *Bildrecherche* | Peter Hartmann |
| *Notensatz* | Holger Jeschke, Leipzig |

In einigen Fällen waren die Rechteinhaber nicht zu ermitteln.
Der Verlag ist hier bereit, rechtmäßige Ansprüche abzugelten.

www.cornelsen.de
www.vwv.de

1. Auflage, 1. Druck 2011

Alle Drucke dieser Auflage sind inhaltlich unverändert
und können im Unterricht nebeneinander verwendet werden.

© 2011 Cornelsen Verlag / Volk und Wissen Verlag, Berlin

Das Werk und seine Teile sind urheberrechtlich geschützt.
Jede Nutzung in anderen als den gesetzlich zugelassenen Fällen bedarf
der vorherigen schriftlichen Einwilligung des Verlages.
Hinweis zu den §§ 46, 52a UrhG: Weder das Werk noch seine Teile dürfen ohne eine
solche Einwilligung eingescannt und in ein Netzwerk eingestellt oder sonst öffentlich
zugänglich gemacht werden.
Dies gilt auch für Intranets von Schulen und sonstigen Bildungseinrichtungen.

Druck: CS-Druck CornelsenStürtz, Berlin

ISBN 978-3-06-081561-6

Inhalt gedruckt auf säurefreiem Papier aus nachhaltiger Forstwirtschaft.

## Gitarrengriffe

| ▶ | Saite, auf der der Basston liegt. |
|---|---|
| – – | Saite wird nicht angeschlagen. |
| große Buchstaben | Dur |
| kleine Buchstaben | Moll |
| x⁷ | Septakkorde |
| U | Barré (*frz.* versperrt, verriegelt) |

**Blasinstrumente**

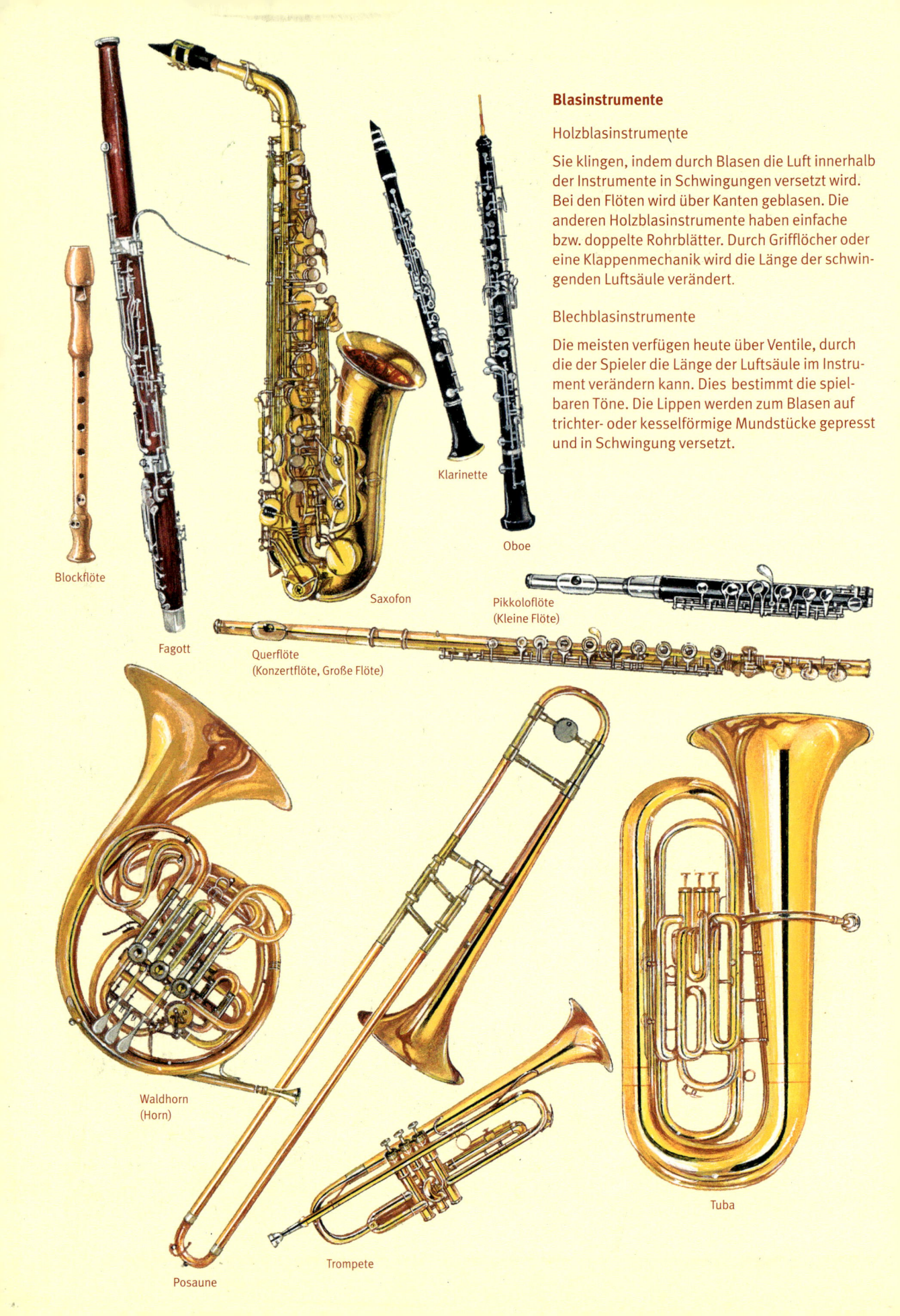

Holzblasinstrumente

Sie klingen, indem durch Blasen die Luft innerhalb der Instrumente in Schwingungen versetzt wird. Bei den Flöten wird über Kanten geblasen. Die anderen Holzblasinstrumente haben einfache bzw. doppelte Rohrblätter. Durch Grifflöcher oder eine Klappenmechanik wird die Länge der schwingenden Luftsäule verändert.

Blechblasinstrumente

Die meisten verfügen heute über Ventile, durch die der Spieler die Länge der Luftsäule im Instrument verändern kann. Dies bestimmt die spielbaren Töne. Die Lippen werden zum Blasen auf trichter- oder kesselförmige Mundstücke gepresst und in Schwingung versetzt.

Klarinette

Oboe

Blockflöte

Saxofon

Pikkoloflöte
(Kleine Flöte)

Fagott

Querflöte
(Konzertflöte, Große Flöte)

Waldhorn
(Horn)

Tuba

Posaune

Trompete